U0885256

权威·前沿·原创

皮书系列为

“十二五”“十三五”国家重点图书出版规划项目

BLUE BOOK

智库成果出版与传播平台

体育蓝皮书
BLUE BOOK OF SPORTS

长三角地区体育产业发展报告（2020~2021）

ANNUAL REPORT ON DEVELOPMENT OF SPORTS INDUSTRY IN YANGTZE RIVER DELTA (2020-2021)

主　编 / 黄海燕
副主编 / 余诗平　孙金荣　姜建成　杨晨曦　徐开娟

社会科学文献出版社
SOCIAL SCIENCES ACADEMIC PRESS (CHINA)

图书在版编目(CIP)数据

长三角地区体育产业发展报告.2020－2021/黄海燕主编.－－北京：社会科学文献出版社，2021.12
（体育蓝皮书）
ISBN 978－7－5201－9603－1

Ⅰ.①长… Ⅱ.①黄… Ⅲ.①长江三角洲－体育产业－产业发展－研究报告－2020－2021 Ⅳ.①G812.75

中国版本图书馆 CIP 数据核字（2021）第 278096 号

体育蓝皮书
长三角地区体育产业发展报告（2020~2021）

主　　编／黄海燕
副 主 编／余诗平　孙金荣　姜建成　杨晨曦　徐开娟

出 版 人／王利民
责任编辑／刘同辉
文稿编辑／王红平
责任印制／王京美

出　　版／社会科学文献出版社
　　　　　地址：北京市北三环中路甲 29 号院华龙大厦　邮编：100029
　　　　　网址：www.ssap.com.cn
发　　行／市场营销中心（010）59367081　59367083
印　　装／天津千鹤文化传播有限公司

规　　格／开 本：787mm × 1092mm　1/16
　　　　　印 张：26.75　字 数：400 千字
版　　次／2021 年 12 月第 1 版　2021 年 12 月第 1 次印刷
书　　号／ISBN 978－7－5201－9603－1
定　　价／158.00 元

本书如有印装质量问题，请与读者服务中心（010－59367028）联系

《长三角地区体育产业发展报告（2020～2021）》编委会

主要编撰者简介

黄海燕　教授，博士生导师，上海体育学院体育人文社会学博士、上海财经大学应用经济学博士后、美国佐治亚大学国际体育管理研究中心博士后。现任上海体育学院体育科学研究院副院长、上海体育学院上海运动与健康产业协同创新中心主任、长三角地区体育产业协作会常务副秘书长、上海体育科学学会体育产业专委会主任委员。主要研究方向为体育产业、体育赛事、体育旅游。近年来主持国家级和省部级项目20余项，发表学术论文100余篇，获霍英东青年教师奖、上海市哲学社会科学优秀成果奖等10余项省部级以上奖项。作为核心成员参与国家和地方多项体育产业政策文件和发展规划的制定。

摘　要

自2018年11月长三角一体化上升为国家战略以来，习近平总书记多次就扎实推进长三角一体化发展做出重要指示批示、发表重要讲话。2020年，习近平总书记在合肥主持召开扎实推进长三角一体化发展座谈会并发表重要讲话，指出要深刻认识长三角区域在国家经济社会发展中的地位和作用，率先形成新发展格局，充分发挥长三角地区在人才、科技、产业链、供应链、市场潜力等方面的优势，积极探索形成新发展格局的路径。

体育产业一体化是长三角地区率先开始一体化探索的领域之一，截至2020年已经过9年的发展，在产业发展、产业协作等方面都取得了可喜的成绩。体育产业的发展壮大也带动了自身结构优化和基础夯实，具体表现为体育产业市场主体数量增多、规模扩大，体育人口基础不断夯实，体育空间提质升级，体育消费水平稳步提高，体育赛事资源愈加丰富以及各类示范项目赋能发展。在体育产业一体化高质量发展方面，长三角地区三省一市也做出了创新探索，并形成了具有借鉴意义的发展经验。如形成以“一个协作制度”、“一个协调机构”和“一个统筹规划”为内容的协作机制，以项目为抓手全面推进体育产业一体化协作，探索形成体旅融合、体医融合等产业融合发展模式，大力发展户外运动产业，把握数字经济、智能化浪潮发展数字体育和智能制造，精准施策应对新冠肺炎疫情影响，有序推进“放管服”改革，加速体育产业标准化建设等。

长三角一体化战略实施两年来，三省一市紧密携手、各扬所长、协同发力，共同推动体育产业领域一批协同项目顺利开展，长三角地区体育产业一体化正进入加速发展期。未来，长三角地区体育将以抢占全球体育产业竞合战略制高点、打造国际领先的现代体育产业集群、建设“双循环”新格局引领区、形成全国体育产业高质量发展先行区和区域体育产业一体化发展示范区为目标，围绕建设现代体育产业体系、构建体育产业空间新格局、强化体育产业一体化示范引领作用、培育壮大体育市场主体、强化创新要素驱动、加强区域体育赛事联动、创新体育产业一体化体制机制、提升体育产业区域发展贡献度八大任务全面发力，探索更深层次、更高水平的体育产业一体化发展模式。

《长三角地区体育产业发展报告（2020～2021）》是长三角地区体育产业协作会组织编写的反映长三角地区体育产业发展情况的年度报告，三省一市体育局、上海体育学院、南京体育学院、宁波大学、安徽财经大学等单位共同参与了本书部分报告的撰写工作。本书主要分为六部分。第一部分是总报告，全面梳理了近年来长三角地区体育产业发展的整体状况，分析了协作机制创新、产业融合创新、体育科技创新等发展亮点，并提出了在“双循环”新发展格局下长三角地区体育产业发展的新思考。第二部分是地区篇，分别阐述了长三角三省一市的体育产业发展概况、工作举措、突出成果及未来发展思路。第三部分是行业报告，分别分析了长三角地区竞赛表演业、健身休闲业和体育用品业的发展情况。第四部分是经验篇，对上海体育赛事科学管理、江苏县域体育产业、浙江数字体育创新、安徽体育旅游等三省一市发展的重点领域予以深度剖析。第五部分是前瞻研究，分别就长三角地区部分城市居民体育消费情况、体医融合行业发展情况、体育产业人才供需情况等进行了深入讨论。第六部分是案例篇，精选长三角地区体育产业发展的数个典型案例，总结和分享发展经验，以供各位同人借鉴。

关键词： 体育产业一体化　高质量发展　长三角地区

目 录

Ⅰ 总报告

Ⅱ 地区篇

Ⅲ 行业报告

Ⅳ 经验篇

Ⅴ 前瞻研究

Ⅵ 案例篇

皮书数据库阅读**使用指南**

总报告

General Report

B.1 长三角地区体育产业发展报告

黄海燕　徐开娟*

摘　要：长三角地区体育产业历来是全国体育产业发展的排头兵，在产业规模、产业发展趋势等方面都发挥着引领作用。近年来，长三角地区体育产业继续保持良好发展态势：在产业规模、产业结构、市场主体、体育人口、体育空间、体育消费、体育赛事、示范项目等各个维度都取得了进展。这一时期，长三角地区体育产业在一体化协作、产业融合、数字体育和政策创新等方面取得了突破，逐步形成了具有长三角特色的体育产业发展模式。未来，长三角地区体育产业应抓住“双循环”新发展格局、重大体育赛事举办契机和重大政策与制度红利等带来的发展机遇，围绕打造特色体育产业体系、构

* 黄海燕，博士，教授，博士生导师，上海体育学院体育科学研究院副院长、上海体育学院上海运动与健康产业协同创新中心主任，研究方向为体育产业、体育赛事、体育旅游；徐开娟，博士，复旦大学博士后，上海体育学院上海运动与健康产业协同创新中心副教授，研究方向为体育政策、体育产业管理。

建体育产业空间新格局、打造核心领域示范项目和强化体育企业主体地位等重点工作任务继续发力，努力为体育强国建设、长三角一体化等国家战略贡献力量。

关键词： 长三角一体化 体育产业 产业体系

2021年是《长江三角洲区域一体化发展规划纲要》印发两周年之际，两年来，三省一市认真落实党中央的决策部署，各个领域的一体化水平不断提高，长三角一体化的新局面正在形成。2020年8月，习近平总书记在合肥考察时主持召开扎实推进长三角一体化发展座谈会，并在会上对长三角一体化的下一步发展提出三项战略任务：率先形成新发展格局、勇当我国科技和产业创新的开路先锋、加快打造改革开放新高地。这为下一阶段长三角一体化工作指明了方向和重点。

长三角地区体育产业一体化起步早，发展基础扎实，并在诸多领域取得了实质性进展。根据习近平总书记提出的三项战略任务，以及新时期长三角地区面临的机遇和挑战，长三角地区体育产业应继续以“高质量”和“一体化”作为核心理念，从把握新发展阶段、贯彻新发展理念、构建新发展格局的高度出发，以体育产业一体化为抓手，努力践行国家重大发展使命。

一 长三角地区体育产业发展基础

（一）产业规模稳步增长

产业发展水平首先体现在产业规模上。2019年，长三角地区体育产业总规模突破10000亿元，达到10202.5亿元。同期全国体育产业总规模为29483.4亿元，长三角地区体育产业总规模超过全国总规模的1/3。

2015～2019年，长三角地区体育产业总规模年均增速达到16.23%，高于全国年均增速。从体育产业增加值来看，2019年，长三角地区体育产业增加值为3413.0亿元，同期全国体育产业增加值为11248.0亿元，长三角地区体育产业增加值占全国的比重为30.34%，与体育产业总规模所占比重相当。部分省市体育产业增加值展现出强劲的增长势头，如2015～2019年安徽省体育产业增加值年均增速达到38.61%，远高于全国年均增速。从体育产业增加值对地方经济的贡献度来看，2019年，长三角地区体育产业增加值占地区GDP比重达到1.44%，相比2015年提高了0.31个百分点，其中江苏省体育产业增加值占地区GDP比重已达到1.58%，浙江省内多个地市体育产业增加值占地区GDP比重也已在1.5%以上。长三角地区体育产业的经济贡献度正稳步向发达国家的平均水平2%迈进（见表1）。

表1　2015～2019年全国和长三角地区体育产业总规模和增加值情况

指标		全国	长三角	上海	江苏	浙江	安徽
体育产业总规模	2015年(亿元)	17107.0	5589.7	910.1	2805.5	1507.8	366.2
	2019年(亿元)	29483.4	10202.5	1780.9	4620.4	2614.8	1186.4
	年均增速(%)	14.58	16.23	18.27	13.28	14.75	34.16
体育产业增加值	2015年(亿元)	5494.4	1812.9	351.2	879.8	463.4	118.6
	2019年(亿元)	11248.0	3413.0	559.0	1570.9	845.5	437.6
	年均增速(%)	19.62	17.14	12.32	15.60	16.22	38.61
体育产业增加值占GDP或地区GDP比重	2015年(%)	0.80	1.13	1.40	1.25	1.08	0.54
	2019年(%)	1.14	1.44	1.46	1.58	1.35	1.20
	增幅(百分点)	0.34	0.31	0.07	0.33	0.27	0.66

注：若总量与分量合计尾数不等，是由数值修约误差所致，未做机械调整。

资料来源：根据三省一市体育局官网整理。

（二）产业结构逐步优化

产业结构是反映产业成熟度的重要指标之一，根据发达国家的经验，体育服务业在体育产业中所占比重越高，体育产业发展成熟度越高。而且体育服务业中的生活性服务业具有需求弹性相对较小、市场需求更稳定的特征，一般不受经济波动的较大影响，[①] 因此扩大体育服务业比重是推动体育产业向高级化发展的必经之路。2019 年，长三角地区体育服务业增加值占体育产业增加值比重为 66.0%，略低于全国平均水平（67.7%）。其中，上海市体育服务业增加值的比重为 86.9%，基本达到发达国家水平，江苏省体育服务业增加值的比重略高于全国平均水平，而浙江和安徽两省的体育服务业增加值占体育产业增加值的比重相对较低，分别为 56.8% 和 61.4%（见图 1）。长三角地区体育服务业增加值整体占比较全国平均水平低，与长三角地区体育产业发展历史相符。长三角地区历来是全国体育用品生产制造的重镇，许多企业已成为其细分市场的隐形冠军，并形成一批体育制造业特色产业集群，人造草坪、水上运动装备等多项产品已在国内和国际市场上占据主要地位。因此呈现长三角地区体育制造业增加值比重较全国平均水平高的特征。

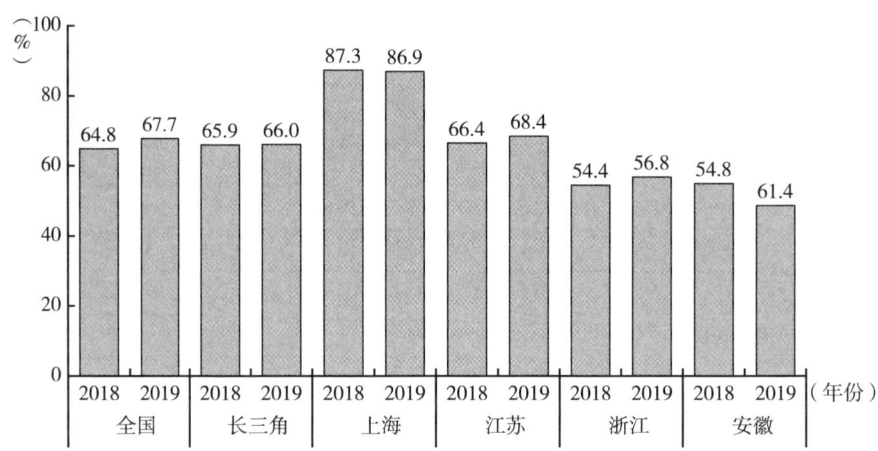

图 1　2018～2019 年全国和长三角地区体育服务业增加值占比情况

资料来源：根据三省一市体育局官网整理。

① 刘志彪等：《全面深化改革与中国长三角地区的试验》，中国人民大学出版社，2015，第 57 页。

（三）市场主体越发壮大

市场主体是经济发展的主要参与者、就业机会的主要提供者，以及技术进步的主要推动者。市场主体的数量多寡不仅反映了产业本身的发展水平，也暗示了产业未来的发展潜力。2019 年，长三角地区共有体育产业市场主体 103724 家，占全国体育产业市场主体总量的 35.9%，这一比例略高于长三角地区体育产业总规模在全国总规模中的占比。2019 年，江苏省和浙江省的体育产业市场主体数量均超过 30000 家，分别为 36572 家和 34627 家，上海市和安徽省的体育产业市场主体数量分别为 22385 家和 10140 家（见表 2）。长三角地区体育企业的优势不仅仅体现在“量”上，更体现在“质”上。据不完全统计，截至 2019 年长三角地区体育企业中已有 19 家在 A 股或港股上市（见表 3），占所有上市体育企业的近 40%，且上市的体育企业主要分布在体育用品制造与销售领域。

表 2　2018～2019 年全国和长三角地区体育产业市场主体数量

单位：家

年份	全国	长三角	上海	江苏	浙江	安徽
2018	240030	79024	16286	27166	27679	7893
2019	289000	103724	22385	36572	34627	10140

资料来源：根据三省一市体育局官网整理。

表 3　截至 2019 年长三角地区上市体育企业

股票类型	公司所在地	公司简称	股票代码	行业分布
A 股	上海	姚记科技	002605	体育用品制造与销售、体育传媒与信息服务
		荣泰健康	603579	体育用品制造、销售
		力盛赛车	002858	竞赛表演
		嘉麟杰	002486	体育用品制造
		上海凤凰	600679	体育用品制造
	江苏	金陵体育	300651	体育用品制造、销售
		共创草坪	605099	体育用品制造、销售

续表

股票类型	公司所在地	公司简称	股票代码	行业分布
A 股	浙江	完美世界	002624	体育传媒与信息服务
		春风动力	603129	体育用品制造、销售
		牧高笛	603908	体育用品制造、销售
		浙数文化	600633	体育传媒与信息服务
		莱茵体育	000558	体育场馆运营
		健盛集团	603558	体育用品制造、销售
		大丰实业	603081	体育建筑业、体育用品制造与销售
		浙江永强	002489	体育用品制造与销售
		浙江自然	605080	体育用品制造与销售
港股	上海	滔搏	06110. HK	体育用品销售
		波司登	03998. HK	体育用品制造、销售
	浙江	申洲国际	02313. HK	体育用品制造、销售

资料来源：根据上市公司公开资料整理。

（四）体育人口基础夯实

体育人口是体育产业发展的基石，体育人口的数量直接影响产业发展的需求。得益于发达的经济、开放的思想和良好的体育文化氛围，2020 年上海、浙江两省市的体育人口比重均已突破 40%，显著高于全国平均水平 37.2%，为产业发展奠定了良好的基础；但江苏、安徽两省的体育人口比重[①]低于全国平均水平（见表 4）。未来，预计到 2025 年，长三角地区整体体育人口比重将在 40% 以上。此外，最新发布的第七次全国人口普查数据显示，长三角地区人口老龄化和城镇化趋势显著，老龄化率与城镇化率均高于全国平均水平（见表 5）。根据发达国家的发展经验，人口老龄化和城镇化将分别为体育人口增加、体育产业发展带来机遇。首先，老年人拥有充足的闲暇时间参加体育锻炼，据统计，2019 年上海市 60 ~ 69 岁经常参加体育锻炼的人口比例达 60.0%，位于各年龄段人群之首。[②] 其次，老龄化加速

① 鉴于数据可得性，以 2019 年数据代替 2020 年数据进行比较。

② 《〈2019 年上海市全民健身发展报告〉发布》，搜狐网，2020 年 10 月 1 日，https：//www. sohu. com/a/422142572_ 649768。

所带来的沉重医疗负担，将加速体育健身被纳入国民健康保障体系的进程，并客观上提高老年人群众中体育人口比例，美国、日本等率先进入老龄化的发达国家都曾经历这一过程。最后，城镇化的快速发展也将带来城市人口集聚、城市空间和产业结构调整，进而推动各类体育产业要素集聚和城市公共体育设施完善，为体育产业发展带来机遇。

表 4　全国和长三角地区体育人口比重

	年份	体育人口比重(%)
全国	2020	37. 2
上海		45. 7
浙江		42. 0
江苏	2019	37. 1
安徽		32. 2

资料来源：根据三省一市体育局官网及 2020 年各省市国民经济和社会发展统计公报整理。

表 5　2020 年全国和长三角地区人口老龄化率和城镇化率

单位：%

指标	全国	长三角	上海	江苏	浙江	安徽
老龄化率(60 岁及以上人口比重)	18. 7	20. 4	23. 4	21. 8	18. 7	18. 8
城镇化率	63. 9	70. 9	89. 3	73. 4	72. 2	58. 3

资料来源：国家统计局：《第七次全国人口普查公报（第五号）》，2021 年 5 月 11 日，http：//www. stats. gov. cn/tjsj/tjgb/rkpcgb/qgrkpcgb/202106/t20210628_ 1818824. html；国家统计局：《第七次全国人口普查公报（第七号）》，2021 年 5 月 11 日，http：//www. stats. gov. cn/tjsj/tjgb/rkpcgb/qgrkpcgb/202106/t20210628_ 1818826. html；上海市统计局、江苏省统计局、浙江省统计局、安徽省统计局发布的第七次全国人口普查主要数据。

（五）体育空间提质升级

体育空间是居民开展体育活动的基本场所，体育空间的大小与质量是影响居民参与体育活动意愿的重要因素。从体育空间的大小来看，2018 ~ 2020 年长三角地区人均体育场地面积整体实现增长，且 2020 年上海、江苏、浙江三省市人均体育场地面积均高于全国平均水平（见表6）。从体育空间的类型来看，大型体育场馆、户外运动设施等多元化的体育空间设施不断完善，能够满足不同类型的体育活动需求。其中，为筹备2022年杭州亚运会、亚残运会，浙江省共计划新建、改建竞赛场馆53个，目前大部分场馆已竣工。其中，杭州奥体博览城主体育场（“大莲花”）将作为杭州亚运会主体育场及田径项目比赛场地，同时它也是继国家体育场鸟巢和广东奥体中心体育场之后，全国第三大体育场馆。位于上海的浦东足球场则是为2023年亚洲杯专门兴建的专业化场馆，是目前国内最先进的足球场馆。其不仅满足FIFA国际足联A级赛事要求，还将满足上海承办更多国际一流赛事的需要。目前浦东足球场已成功举办2020英雄联盟全球总决赛（S10）。在户外运动设施方面，三省一市结合各地自然环境特征，积极推进体育公园、健身步道、步行道、骑行道及汽车越野道等设施建设，截至2020年4月浙江省已建成9条1300公里国家登山健身步道，在建3条400公里。[①] 从体育空间的内容看，近年来，各类体育场馆汇集体育产业高端要素、优化项目布局的功能逐步发挥，并为场馆带来经济效益。上海市的都市运动中心、江苏省的体育服务综合体等均以体育休闲活动为核心，同时布局日常消费、文化娱乐、商务活动等城市功能，形成以“体育+休闲+文化+商业”为特征的体育服务综合平台。

表6　2018～2020年全国和长三角地区人均体育场地面积

单位：平方米

年份	全国	上海	江苏	浙江	安徽
2018	1.86	2.23	—	2.19	1.78
2019	2.08	2.38	2.79	2.34	2.00
2020	2.20	2.35	3.15	2.40	—

资料来源：根据国家体育总局官网、三省一市体育局官网整理。

① 浙江省体育局：《万里绿道已建成5800公里，浙江“大花园”里健身有道》，2020年4月29日，http://www.sport.gov.cn/n14471/n14482/n14519/c948908/content.html。

专栏 1 “步道经济”引领浙江户外运动

宁海国家登山健身步道是第一个符合国家标准的登山健身步道，当地政府在登山健身步道的基础上，结合城乡规划，推动沿海、沿路、沿溪、沿湖休闲自行车绿道建设，并同步配套慢行系统建设，形成了由徒步、健身等共同构成的“步道经济”，每年为宁海带来直接营业收入 4 亿元，带动农民收入 4.5 亿元。

宁海模式逐步向全省辐射，近年来浙江省共建成 9 条 1300 公里国家登山健身步道，绿道 5800 余公里，骑行道 3000 公里，原有古道及汽车越野道约 7000 公里，步道建设为户外运动开展奠定了坚实基础。

（六）体育消费水平进一步提高

体育消费是服务消费的重要内容，尤其是随着人均收入水平的提高，服务消费支出在居民消费支出中的占比逐年提高，并成为居民消费中增长最快、热点最多、潜力最大的新兴消费，以休闲娱乐、健康养生等为代表的服务消费空间正在打开。近年来，上海、江苏的居民人均体育消费金额有明显增长，且 2020 年，上海、江苏、浙江的居民人均体育消费金额[①]远超全国平均水平（见表 7）。在 2020 年 8 月公布的首批 40 个国家体育消费试点城市名单中，长三角地区有 10 个城市入选，根据这 10 个消费试点城市的 2020 年居民体育消费调查数据，可以深入了解长三角地区居民的体育消费特征。在人均体育消费金额上，试点城市均在 2000 元以上，远超全国人均体育消费水平（1130.4 元）。其中，上海市的杨浦区、徐汇区，江苏省的南京市、苏州市以及常州市的人均体育消费金额均超过 3000 元，徐汇区已达到 4024.9 元（见表 8），接近澳大利亚和韩国的居民人均体育消费水平。[②] 在消费结构上，实物型体育消费依旧占

① 鉴于数据可得性，以 2019 年数据代替 2020 年数据进行比较。

② 黄海燕：《推动体育产业成为国民经济支柱性产业的战略思考》，《体育科学》2020 年第 12 期，第 3 ~16 页。

据主导地位，10 个消费试点城市中有 6 个城市的实物型体育消费占比超过 50%，而其中又以运动服装和鞋帽消费为主。服务型体育消费中，以健身会费、健身指导费和线上健身指导咨询费为主的健身休闲消费占据主导地位，其次是体育培训和教育相关的消费。在消费分层上，各试点城市的居民体育消费呈现女性消费崛起、青少年体育消费潜力巨大等特点。居民体育消费结构的变化不仅从侧面展现出长三角地区体育产业发展水平，也为制定体育消费政策、促进体育消费提供了依据。

表 7　2018～2019 年全国和长三角地区居民人均体育消费水平

单位：元

年份	全国	上海	江苏	浙江	安徽
2018	—	2580	2382	—	—
2019	—	2849	2442	2300	—
2020	1330.4	2995.9	—	—	—

资料来源：根据三省一市体育局官网整理。

表 8　2020 年长三角地区体育消费试点城市居民人均体育消费水平

单位：元

省市	消费试点城市	人均体育消费金额
上海	杨浦区	3046.4
	徐汇区	4024.9
江苏	南京市	3083.0
	苏州市	3077.0
	常州市	3053.2
浙江	宁波市	2684.3
	绍兴市	2574.9
	金华市	2802.0
安徽	合肥市	2427.4
	黄山市	2043.5

资料来源：各体育消费试点城市 2020 年居民体育消费调查报告。

（七）体育赛事资源得天独厚

竞赛表演业是体育产业的核心业态，具有强大的辐射和带动作用。基于长三角地区较高的经济、社会发展水平，较强的体育人口与体育场地基础，各类国际、全国性赛事资源都十分青睐这一区域。从赛事数量上看，长三角地区是我国举办国际性赛事最密集的区域，仅上海市一地每年举办的国际性赛事数量就有 80 余场，江苏省和浙江省每年举办的国际性赛事数量也保持在 50 场以上。虽然受到新冠肺炎疫情影响，众多国际性赛事纷纷停摆，但长三角地区依然继续做好举办 2021 年国际足联世俱杯、2022 年亚运会、2023 年亚洲杯等重大国际性体育赛事的筹备工作。在职业联赛方面，江苏苏州连续举办 2020 赛季和 2021 赛季中超联赛，且江苏苏宁获得 2020 赛季中超联赛冠军，实现球队历史上首次夺冠。上海海港、绿地申花等俱乐部纷纷加大投入，联赛成绩稳中有升。长三角地区共有上海久事、江苏肯帝亚、南京同曦大圣、浙江广厦控股、浙江稠州金租 5 支球队参加 2020 ~ 2021 赛季 CBA 联赛，且浙江诸暨是新赛季赛会制形式下的举办城市。另外，还有电子竞技等新兴职业联赛在长三角地区快速发展，为居民提供高水平的赛事体验。

（八）示范项目赋能发展

体育产业基地是一定区域空间内体育产业快速发展的重要载体。体育产业基地具有集聚各类产业资源、营造良好发展环境、发挥产业集群效应的优势，是我国体育产业发展的重要实践抓手。自全国性体育产业基地工作开展以来，长三角地区已累计入选国家体育产业示范基地 23 个、国家体育产业示范单位 36 个和国家体育产业示范项目 34 个。在总量上，长三角地区占全国体育产业基地的 1/3。其中，2020 年长三角地区入选国家体育产业示范基地 3 个、国家体育产业示范单位 11 个、国家体育产业示范项目 10 个（见表 9）。在 2020 年新认定的国家体育产业基地中，“体育 + 科技”成为长三角地区体育产业发展载体的新特征。以合肥高新区国家体育产业示范基地为例，园区内体育企业已达 257 家，其中高新技术企业 37 家，体育骨干企业

9 家，吸纳就业1 万多人，体育产业总值达 69. 34 亿元，税收超 2 亿元。2019 年实现体育产业产值增加 20. 6 亿元，占全区 GDP 的 1. 99%。[①] 园区内的华米科技入选了 2020 年国家体育产业示范单位，该公司生产的智能手表设备在全球市场的占有率达 15. 2%。另外，还有每步科技、巅峰健康、杭州乐刻等入选企业纷纷以科技为特色，赋能体育产业发展。

表 9　2020 年长三角地区新入选国家体育产业基地情况

类型	上海	江苏	浙江	安徽
国家体育产业示范基地			三门国家体育产业示范基地	合肥高新区国家体育产业示范基地
			安吉国家体育产业示范基地	
国家体育产业示范单位	上海巅峰健康科技股份有限公司	常州市钱璟康复股份有限公司	绍兴上虞大康体育健身设施制造有限公司	安徽华米信息科技有限公司
	每步科技(上海)有限公司	南京体育产业集团有限责任公司	牧高笛户外用品股份有限公司	安庆永大体育用品有限公司
			浙江省黄龙体育中心	
			杭州乐刻网络技术有限公司	
			杭州孚德品牌管理有限公司	
国家体育产业示范项目	中国(上海)国际健身、康体休闲展览会	盐城大纵湖体育旅游	健盛之家功能性运动面料研发	马仁奇峰森林高空体育旅游
	上海“我要运动”学校体育场地托管服务		莫干山郡安里体旅综合体	马鞍山郑蒲港启迪乔波冰雪世界
	弈客围棋		台州柴古唐斯·括苍越野赛	
	“午间一小时”运动健康巡回赛			

资料来源：国家体育总局：《体育总局关于命名、认定 2020 年国家体育产业基地的通知》，2021 年 4 月 27 日，http：//www. sport. gov. cn/n315/n20001395/c20998331/content. html。

① 《新成员入列　显现新趋势　科技创新成为体育产业发展新动能》，微信公众平台，2021 年 7 月 8 日，https：//mp. weixin. qq. com/s/q9U_ l_ rmcyt7KsK21LdQUQ。

二 长三角地区体育产业发展亮点

（一）一体化协作工作有序推进

1. 形成“三个一”协作机制

长三角地区体育产业一体化发展始于2012年，经过9年的发展，形成了典型的由政府主导推进，自上而下的区域一体化发展模式。概括起来，长三角地区推进体育产业一体化发展的顶层协作机制主要体现在“三个一”上，即“一个协作制度”、“一个协调机构”和“一个统筹规划”。“一个协作制度”即联席会议制度，这是长三角地区体育产业协作工作的核心制度。其主要内容为，由江浙沪皖三省一市体育局及上海体育学院共同组成长三角地区体育产业协作会，定期召开联席会议，共同探讨各阶段体育产业一体化工作的主要任务、协作事项，明确工作分工，以及审议决定一体化协作中的其他重大事项。“一个协调机构”指长三角地区体育产业协作会秘书处，作为一体化协作的常设机构。虽然秘书处不具有任何行政权力，但依然发挥了统筹日常工作、协调合作事项、强化信息对接、组织重要会议的作用。“一个统筹规划”指《长三角地区体育产业一体化发展规划（2021—2025)》，这是三省一市体育局及上海体育学院联合编制并发布的区域体育产业一体化发展指导性文件。该规划围绕长三角地区体育产业体系建设、体育产业空间布局、一体化示范引领、市场主体培育、创新要素驱动、区域体育赛事联动、一体化体制机制创新以及区域发展贡献度提升八大方面提出了具体的任务和要求。

2. 一体化协作项目全面推进

长期以来以项目为抓手是长三角地区体育产业协作的共识。三省一市通过不断推进实施各领域的协作项目，才使得体育产业一体化协作得以落地，更加务实。欧洲地区的一体化进程也证实合作协调从具体项目做起，避免在广泛领域中进行抽象议论和讨论是最为切实有效的方法。[①] 2019～2020年，

① 刘志彪等：《全面深化改革与中国长三角地区的试验》，中国人民大学出版社，2015，第153页。

三省一市围绕15个重点项目开展协作。在赛事共办方面，虽然2020年突袭而至的新冠肺炎疫情导致各项体育赛事或取消或推迟，但三省一市在严格做好疫情防控工作的基础上，探索通过多种方式实现赛事共办、赛事互动。2020年O-TOUR中国长三角定向越野巡回赛、不止骑·2020第八届24H单车环太湖认证赛等比赛以线下方式成功举办，2020年环太湖国际公路自行车赛则以线上的形式如期举办。自2019年杭州马拉松、南京马拉松和合肥马拉松联合推出长三角马拉松直通车以来，第一次实现了跨区域马拉松赛事参赛资格的互动。在特色品牌活动方面，第七届和第八届长三角运动休闲体验季如期举办，三省一市共同克服新冠肺炎疫情带来的不利影响，在严格做好防疫工作的基础上，为长三角市民提供特色体育活动体验。另外，自2019年起，长三角地区体育产业协作会还推出了“长三角地区精品体育旅游项目”评选活动，向社会大众推广三省一市有特色的体育旅游项目、路线、目的地，激发居民的体育旅游需求。在平台建设方面，目前长三角地区已建立的一体化特色服务平台包括长三角体育资源交易平台、长三角体育产业信息发布平台、全域户外运动信息平台等。其中，长三角体育资源交易平台于2020年1月成立，该平台立足于长三角，将发挥体育资源共享、信息互通、平台共建、业务共拓的作用。全域户外运动信息平台则是围绕长三角地区户外运动资源搭建的数字化平台，该平台汇集了户外徒步路线、休憩营地、休闲项目、体育旅游目的地等信息，具有为体验者提供服务等功能。目前，该平台已基本覆盖浙江省，未来将进一步拓展至其他三省市。

专栏2　长三角马拉松直通车

2019年杭州马拉松、南京马拉松和合肥马拉松联合推出长三角马拉松直通车，第一次实现了跨区域马拉松赛事参赛资格的互动。2020年，上海又计划推出长三角半程马拉松，且赛事男女前200名将获得直通2020上海马拉松的参赛资格。虽然由于疫情原因，该比赛并未如期举行，但这足以证明以马拉松比赛为代表的长三角区域性参赛渠道已经初步打通。

（二）产业融合引领发展新风尚

1. 体旅融合加速推进

随着体育消费升级和全域旅游发展，居民对体育活动和旅游活动的内容形式均提出了更高的需求，强调个性化、特色化、体验性和休闲性的体育旅游融合业态成为产业融合发展的新趋势。长三角地区作为我国体育产业和旅游产业最为发达的区域之一，不仅体育设施和旅游设施完善，还是我国重要的体育旅游消费客源市场。在供需市场的共同作用下，长三角地区的体育旅游产业加速发展。三省一市依托本省市特色旅游资源和体育资源，分别形成了各具特色的体育旅游项目。其中，上海市重点发展都市体验型体旅融合项目，在传统的都市休闲目的地中增加运动休闲项目，吸引市民参与体验，如上海铁马生活城市骑行路线将都市风光、文化街区、旅游线路深度融入骑行运动中，增加骑行运动的趣味性。浙江省发挥其在自然旅游资源方面的优势，将运动体验项目融入当地旅游项目中，形成兼具观光属性和运动属性的体育旅游目的地、线路等，如浙江省安吉县云上草原高山体育旅游度假区将滑雪、滑翔、攀岩等运动项目与高山旅游相结合。安徽省将民族传统特色运动项目与民间智慧相结合，形成亳州五禽戏、花鼓灯等民俗体育旅游体验项目。通过举办体育比赛，扩大城市知名度，吸引客流，带动当地旅游市场发展，也是三省一市促进体旅融合的重要手段，如江苏省着力打造“一带一路”“大运河”“环太湖”等一系列赛事品牌，拓展马拉松、自行车等群众参与面广、旅游拉动功能强的赛事旅游，形成体育旅游产业的独特竞争力。

专栏3　中国·天柱山木风国际长板速降赛

中国·天柱山木风国际长板速降赛于每年的9月中下旬在安徽省潜山市天柱山风景区龙潭至天柱山公路举办。天柱山又名潜山、皖山、皖公山（安徽省简称“皖”由此而来）。天柱山因独特的自然景观，名列安徽省三大名山（黄山、九华山、天柱山）之一。该景区于2011年获5A级旅游景区称号。2011年9月景区经联合国教科文组织正式批准成为世界地质公园。

潜山市政府在安徽木风滑板体育器材贸易有限公司的技术支持下，斥资在天柱山修建2.4公里的专业长板速降赛道。目前该项赛事已连续举办四届（2021年为第五届），参加比赛的运动员、裁判员100余人，来自世界十几个国家（历届）和全国各省区市；历届大赛比赛现场观赛人数在万人以上。

中国·天柱山木风国际长板速降赛用赛事语言向世界描述了世界地质公园、首批国家级风景名胜区、国家5A级旅游景区天柱山雄奇灵秀的山水、令人赞叹的文化、争奇斗艳的花卉和四季宜人的气候。这些独特的价值使天柱山成为体育旅游观光和陶冶情操的圣地。同时，速降赛还融合了滑板特色，向世界展示了“安徽之源、皖国古都”天柱山的文化底蕴，用滑板文化的魅力吸引世界各地滑板爱好者、体育运动爱好者加入此项运动中来。

2. 体医融合全面试点

以人民健康为中心，以主动健康管理为导向，推动健康关口前移是我国建设健康中国的重要理念之一。将体育与医疗卫生相结合，能有效应对现阶段我国面临的公共健康、老龄化、医疗负担等问题。《“健康中国2030”规划纲要》明确提出要“加强体医融合和非医疗健康干预”“发挥全民科学健身在健康促进、慢性病预防和康复等方面的积极作用”；《全民健身计划（2021—2025年）》中将体卫融合作为“十四五”时期全民健身发展的重要任务，提出“探索建立体育和卫生健康等部门协同、全社会共同参与的运动促进健康模式”“推广体卫融合发展典型经验”等工作要求。长三角三省一市早在2016年就开始探索通过“体育+医疗”手段提高居民健康水平，并在多年的实践探索中形成了符合各地方实际情况的发展模式。例如，上海具有消费市场广阔、居民收入水平高的特点，消费者对各类新兴业态的接受程度也较高，因此，依托各类市场机构提供体医融合服务的市场化模式成为主流。根据大众点评“康复类”商户的检索结果筛选后统计，上海市有各类提供体医融合服务（包括运动损伤康复、术后康复、亚健康调理、体态调整等）的市场机构上千家。其中大部分机构以运动康复工作室形式提供服务，少部分市场机构是具有医疗资质的民营医疗机构，还有部分健身房、健身工作室等也提供此类服务。江苏省则以体育医院作为体医融合实践的主要抓手。根据《省体育局关于印发江苏省运动促进健康中心建设试点工作方案（试行）的通知》（苏体群〔2021〕17 号）等文件规定，江苏省人民医院（南京医科大学第一附属医院）、常州市体育医院、扬州市体育康复医院、南京市溧水区中医院、镇江市丹徒区世业镇卫生院等五个单位被列为 2021 年江苏省运动促进健康中心试点单位，作为江苏省探索建立运动促进健康新模式的载体。浙江省、安徽省也纷纷通过设立社区体质健康监测站、省体育局与省卫健委共建运动医学中心、举办运动处方业务培训班、开展慢性病干预治疗项目等形式全方位推动健康关口前移，实现体育与医疗的深度融合。

3. 户外运动产业特色鲜明

长三角地区山水资源丰富多样，各具特色，具有发展户外运动的优势。三省一市将山水资源与体育运动相结合，形成别具特色的户外运动产业。浙江省利用“七山二水一分田”的自然禀赋特征，将户外运动作为本身体育产业发展的重要抓手之一，并出台《浙江省户外运动发展纲要（2019—2025 年）》（浙体经〔2019〕133 号），将之作为本省户外运动发展纲要，随后湖州、丽水等地纷纷出台户外运动发展规划，提出户外运动发展目标。目前，浙江省已初步形成水陆空全覆盖的户外运动业态体系，包括以登山、徒步、露营、定向穿越、自行车、汽车越野等为核心的山地户外运动，以帆船、皮艇、冲浪、潜水、海钓等为核心的水上户外运动，以滑翔伞、热气球、运动飞机等为核心的航空户外运动。江苏省则将体育公园作为全省户外运动发展的重要载体，截至 2020 年底，全省已建成体育公园 1016 个、水上运动场 194 个、航空运动机场 15 个、冰雪场地 47 片，以及汽车赛车场、卡丁车运动场和摩托车运动场 102 个[①]，为居民提供参与户外休闲活动的好去处。此外，三省一市还通过

---

① 《陈少军：打造增长新引擎　引领高品质生活　加快推动江苏体育旅游高质量发展》，微信公众平台，2021 年 5 月 24 日，https：//mp. weixin. qq. com/s/vEuM7HSAQl TE5U_Be2hoCQ。

举办户外运动赛事活动，提升户外运动项目的吸引力、知名度和参与度。如浙江省重点举办户外运动大会，江苏省创立“亚洲户外节”自主赛事品牌等，形成户外运动产业发展的新风尚。

专栏4　浙江省户外运动大会

浙江省自2019年起举办户外运动大会，大会以“1 + N”的办会形式，借助一系列“新、奇、特、险”的户外运动赛事将运动体验、运动露营、运动音乐等进行集中展示，涵盖40余项户外运动项目。2020年第二届户外运动大会在第一届的基础上，推出“2020年浙江省首届最酷运动俱乐部”评选活动和向全国征集十佳音乐作品的特色活动。

户外运动大会既是浙江省户外运动产业发展的成果展示，也进一步扩大了全省户外运动的影响力，成为浙江省打造“运动浙江，户外天堂”的又一抓手。

（三）数字体育培育发展新动能

1. 智能制造加码加力

在2020年新冠肺炎疫情的影响下，全球供应链不畅和国际贸易停滞，给体育用品市场带来衰退的风险。这预示着未来国内体育用品市场的复苏与发展将更加依赖创新融合与技术迭代，体育用品业的智能化趋势势不可当。体育用品制造业在长三角地区体育产业内部结构中占据重要地位，推动大数据、人工智能等新兴技术在体育制造领域的应用，加快行业自主创新和转型升级，是长三角地区体育用品制造业的发展方向。江苏、浙江、安徽三省都是我国体育用品生产制造的重要省份，在新冠肺炎疫情冲击和行业自身发展趋势的影响下，三省紧抓智能化趋势，加快体育用品业智能化转型升级。江苏的金陵体育，浙江的英飞体育、针永体育等公司通过升级生产流水线、新建智慧化工厂等方式，提高产品品质、增强市场竞争力。另一些企业则通过加大科研投入，将最前沿的技术应用于体育用品的生产制造领域。如安徽的华米科技利用芯片、生物传感器、操作系统、AI 算法等技术手段，进行智能可穿戴设备的研发与制造，根据该公司 2021 年第二季度财报，截至 2021 年 6 月，华米科技已经获得授权的专利数量达到 550 项，同时国际数据公司（IDC）发布的 2021 年第一季度可穿戴设备报告显示，华米科技旗下品牌智能手表出货量冲进全球前 4 位。

专栏 5　金陵体育“智慧篮球”项目

“智慧篮球”是金陵体育在转型升级上的第一个项目。该公司利用信息技术、机器人自动化设备打造了一个 16000 平方米的全智能篮球架集成化生产车间，让篮球架近百个零件实现了高精度的集中加工处理，使篮球架品质进一步得到提升，年产量也将跃升到 3 万副。

目前金陵体育已成为篮球架、田径器材等多项国家标准和行业标准的主要起草人。公司的众多产品通过国际篮联、国际排联、国际田联、国际手联认证，公司也作为 2016 年里约奥运会排球器材供应商，让“中国制造”闪耀世界舞台。

2. 数字经济全线布局

数字经济是经济转型发展的重要引擎，数字技术具有促进传统产业与科技融合创新、加快传统产业创新性发展的强大动能。体育产业高质量发展同样离不开数字技术，依靠数字技术改造传统体育产业，不仅能有效解决体育产业所具有的公共属性带来的效率低的问题，而且能倒逼企业加快技术创新，提高创新速度。长三角地区十分重视数字经济在体育产业中的布局，在公共体育服务各个领域率先进行尝试，并取得了进展。一是依靠数字技术加码公共体育服务。上海、浙江分别推出全民健身电子地图“来沪动 | 健身地图”和“浙里办”，覆盖省市内主要健身场馆，并提供场馆查询、地图导航、在线预约、优惠券领用、线上支付等多种便民服务，大大提升了公共体育服务效率。二是利用数字化改造升级体育场馆。浙江省黄龙体育中心于 2017 年起开始智能化改造，并依托旗下的浙江黄龙呼啦网络科技有限公司

自主研发的智慧场馆管理系统，协助湖州、舟山、德清、北仑等省内大中型体育场馆及合肥等省外体育场馆实现传统场馆智慧化升级改造。一些体育中心依托标准服务模型、大数据及人工智能算法，实现智慧体育场馆“服务、管理、营销”三位一体，探索创新了大型体育场馆“一体化智慧运营”新模式。三是借助数字技术提升赛事管理和服务水平。以马拉松赛事为例，杭州马拉松自 2018 年开始进行数字化升级，经过 3 年的打磨和实践，现已形成“数字马拉松 3.0”解决方案，并广泛应用于武汉、南京、重庆等马拉松赛事。

专栏 6　数字技术为杭州马拉松赋能

杭州马拉松是马拉松行业数字化变革的先锋，经过 3 年的打磨和实践，杭州马拉松不仅实现了赛事服务的数字化管理，如将检录时的人脸识别、身份验证、绿码检查、体温测量四项检查植入同一台移动设备，既确保防疫检查，又不影响入场速度，还研发了数字化赛事指挥和管理系统，通过可视化和互联网技术，将赛事和赛道结合，多维分析跑者画像，实时监测跑者状态。新增的可视化医疗急救系统将车辆、人员、急救设备等连接，可以更好地调度急救资源，并加强对赛事现场的管理控制。例如，当选手发生突发事故时，系统能同步事发现场画面，提升急救指挥工作的效率。

（四）政策创新优化营商环境

1. 疫情应对精准高效

自 2020 年新冠肺炎疫情发生以来，三省一市体育局积极采取多种措施，一方面严格控制体育类公共场所活动，另一方面为各类体育企业提供援助支持，最大限度地减少疫情对体育产业的负面影响，彰显了体育部门在应对突发公共安全事件时决策的精准高效。三省一市在疫情发展不同阶段，纷纷出台针对体育场馆、体育赛事举办等方面的疫情防控的工作指引，如上海市体育局先后出台《新型冠状病毒肺炎疫情期间本市体育场所复工工作指引》（沪体规〔2020〕38 号）、《常态化疫情防控期间体育赛事举办指引（第二版)》等文件；在为体育企业提供支持援助方面，江苏省出台“体育产业15条”，提出对受疫情影响较严重的体育赛事、体育健身与培训等领域企业，优先给予体育产业发展专项资金支持；浙江省在《致全省体育企业的公开信》中，新增疫情纾困类项目，并提出在各市2020年省级体育产业发展资金中安排不超过30%的比例用于补助受疫情影响损失较大的体育企业和积极应对疫情创新体育产业业态的项目。

2. “放管服”改革有序推进

全面优化营商环境是体育产业发展的基础保障，得益于长三角地区良好的经济发展基础和市场环境，体育行政部门针对体育产业发展特征，提出并落实了一系列措施，旨在为体育企业在长三角地区生根落地、发展壮大提供肥沃的土壤。根据《体育赛事活动管理办法》（国家体育总局令第25号）和《上海市体育赛事管理办法》（上海市人民政府令第30号），上海市体育局加快“放管服”改革，将上海市体育赛事信息公示、查询系统纳入上海市“一网通办”门户网站，实现赛事信息的线上调整和更新。江苏省为进一步深化“放管服”改革，于2020年出台《江苏省贯彻〈体育赛事活动管理办法〉实施细则》，进一步明确取消商业性和群众性体育赛事活动审批后，体育赛事活动的申办和审批程序，体育赛事活动组织方、参与方及其他人员的权利和义务，体育部门和体育协会应当为社会力量举办的体育赛事活动提供必要的指导和服务，以及体育部门应当建立健全体育赛事活动监管工作机制等工作要求。浙江省则通过三年（2018～2020年）试点，形成了社会力量办体育的“温州经验”。

专栏7　“一网通办”——体育赛事“一站式”服务

“一网通办”体育赛事信息公示、查询系统是在上海市体育局持续推进体育领域“放管服”改革，取消相关体育赛事活动审批的背景下，建立的线上查询系统。“一网通办”的上线，不仅有助于加快体育部门职能转变、提升政务服务效率，还有助于优化营商环境，为上海市建设国际赛事之都保驾护航。“一网通办”体育赛事信息公示、查询系统主要具有以下几大功能。

实现上海市国际国内体育赛事信息线上填报、发布和查询。传统的赛事信息采集周期长，过程复杂，涉及通知下发、单位填报、政府核实等多个环节，而使用“一网通办”后最多只需要10个工作日就能给予办赛主体反馈。

落地上海市赛事信息的线上调整和更新。线上填报在缩短工作时间的同时，也保证了赛事信息的实时性，为市民和各类社会主体检索赛事信息提供便利。

实现与相关政府职能部门数据交换，为办赛主体提供“一站式”服务。未来“一网通办”还将实现与其他政府职能部门的信息交互，办赛主体不仅可以获得更加便捷、规范的“一站式”服务，还可以获得从赛事筹备、审批到申请政府补助等各个环节、方方面面的“一条龙”服务。

除了以上功能，“一网通办”平台的最大价值在于数据的采集，未来通过对数据的沉淀、分析和运用，为赛事管理提供更多依据，帮助监管部门对赛事的发展甚至整个竞赛表演业的发展方向进行判断，以及对监管的具体标准、方式进行完善和优化，为今后产业政策的制定提供能够量化的依据。

专栏8　温州社会力量办体育

温州自2017年以来成为全国唯一的社会力量办体育改革试点城市。经过三年（2018~2020年）的实践，温州的社会力量办体育硕果累累，同时也将所形成的“温州经验”推广至全省，助力浙江省体育“放管服”改革深入推进。温州在社会力量办体育试点改革中形成了以下几方面的经验。

一是吸引社会力量参与体育产业。在三年试点中，温州共吸引社会投资体育设施建设超50亿元，投入体育人才培养超1亿元、投入体育赛事活动超2亿元，体育类市场主体翻了一倍多，体育社团和民办非企业单位已达876家，增长46%。

二是创新赛事管理和服务机制。温州以多种方式鼓励体育赛事活动交给社会“众筹办”。三年间，通过政府购买服务的方式，490项市级以上赛事全部交由社会力量承办，政府购买服务金额达7680万元，同时吸引社会资本投入超过3000万元。

三是创新场馆设施建设模式。温州积极引导支持社会资本参与体育特色小镇、运动休闲基地、运动休闲综合体、体育场馆等体育设施建设和运营，温州冰雪运动中心、百丈时尚体育小镇等都是依靠社会力量投资建成的体育设施。在社会力量的参与下，温州全市人均体育场地面积从1.71平方米提升到2.28平方米，且体育场馆设施的专业化、时尚化、特色化更加鲜明。

3. 标准化建设走在前列

标准化建设是优化产业营商环境的重要内容，尤其对于快速发展的体育产业而言，标准化能有效保障各类新兴业态市场的有序竞争。加强重点领域标准的制定与修订，率先开展部分地方的标准化试点工作，以点带面，逐步形成区域性标准是长三角地区体育产业标准化建设的重要工作路线。据不完全统计，截至2021年三省一市已发布实施各类体育领域地方标准15项、团体标准12项（见表10），其中《百姓健身房建设与服务规范》《跆拳道场所运营服务规范》等多项地方标准属于全国首创，具有开拓性意义。尤其是针对一些近年来兴起的体育运动项目、体育旅游项目，部分地方先行先试，率先破题，率先制定、出台涉及体育旅游新业态项目的安全管理规范，为新兴行业发展保驾护航。未来，长三角三省一市还将就标准的跨省域共享互认做出探索，以实现区域体育市场的规范化运营。

表10 长三角地区体育标准制定情况

区域	标准类型	标准名称	实施时间
上海	地方标准	《攀岩场所服务规范》	2020年1月
		《上海市体育健身行业会员服务合同示范文本(2021版)》	2021年1月
		《跆拳道场所运营服务规范》	2021年7月
	团体标准	《高智尔球运动基础术语》	2021年3月
		《学校室外运动场地合成材料面层 铺装技术规程》	2021年5月
		《学校室外运动场地基础建设标准》	2021年5月
		《高智尔球教练员规范》	2021年3月
		《高智尔球裁判员规范》	2021年3月
		《高智尔球赛事规范》	2021年3月
	地方行业规范	《电竞场馆建设规范》	2019年8月
		《电竞场馆运营服务规范》	2019年8月

续表

区域	标准类型	标准名称	实施时间
江苏	地方标准	《赛事志愿服务》	2013 年 10 月
		《体育赛事信息化系统软件检测基本要求》	2018 年 3 月
	团体标准	《电子竞技产业人才岗位能力要求标准》	2021 年 7 月
浙江	地方标准	《大型赛会志愿服务岗位规范》	2019 年 3 月
		《体质测定与健身指导技术规范》	2019 年 4 月
		《特色休闲示范点品质评定》(第 6 部分:运动休闲)	2020 年 5 月
		《百姓健身房建设与服务规范》	2020 年 10 月
		《大中型体育场馆智慧化建设和管理规范》	2021 年 2 月
	团体标准	《篮球培训机构等级评估规范》	2020 年 10 月
		《篮球运动员技术等级认定要求》	2020 年 10 月
		《小篮球运动员技能测评规范》	2020 年 10 月
		《运动场地建设与验收标准》	2021 年 4 月
		《大型游乐设施安全管控规范》	2021 年 4 月
	地方行业规范	《湖州市旅游新业态安全监督管理办法》	2021 年 4 月
安徽	地方标准	《“体卫结合”的健康促进服务规范》	2018 年 9 月
		《体育场馆服务基本要求》	2020 年 7 月
		《运动促进健康服务技术规范》	2021 年 2 月
		《体育赛事项目管理规范》	2021 年 6 月
		《体育拓展培训服务规范》	2021 年 6 月

资料来源：根据地方标准信息服务平台和全国团体标准信息平台整理。

专栏 9　湖州为体育新业态“立规矩”

体育旅游、户外运动等是近年来兴起的行业，许多体育旅游目的地为了增强游客体验感，纷纷开设了漂流、飞拉达、滑翔伞等具有一定刺激性的户外运动项目。然而，现阶段，国家体育总局仅将游泳、滑雪、潜水、攀岩 4 个项目列入高危险性体育项目，并实施行政许可管理制度。许多具有较大危险性的新兴项目缺少行业标准、运行规范、监管主体、安全保障，导致安全事故偶有发生。一旦发生事故，不仅对人身安全造成伤害，也不利于体育旅游行业健康有序发展。湖州市体育局针对这一现实问题，自 2020 年起对全市 20 多家文旅企业所涉及的 7 个体育旅游项目进行摸底排查。同时走访各级体育职能部门、行业社团管理部门、标准化建设管理部门，以及通过与专家学者的座谈交流，更加深入全面地了解这些新业态的发展趋势、存在的管理问题等。经过1年的走访、调研和论证，2021年4月，《湖州市旅游新业态安全监督管理办法》正式发布。该管理办法对全地形车、射箭、滑翔伞、皮划艇、飞拉达、凌空飞步、漂流7个新兴户外运动项目进行了规范，包括对飞拉达项目涉及的装备安全帽质量提出明确要求，规定射箭项目中无人区的划定范围、箭位之间的挡板设置等内容。目前湖州市所辖的县（市、区）也正在制定实施细则，实现市、县两级管理上的同频共振与齐心协力。

4. 产城融合服务发展大局

长三角地区是我国城镇化水平最高的区域之一，区域城镇化率达到70.9%。城市的更新发展、城市与乡村的互动共处都与产业升级息息相关。产业的发展、布局不仅仅是城市更新、乡村发展的核心驱动，更为城乡互动指明了方向和目标。体育产业兼具一定的公共属性，既能为城乡居民提供必要的公共体育产品、服务，又能辐射带动旅游、文化等相关产业的发展，是城市更新、乡村发展的新支点。上海市积极推动五大新城体育产业综合项目布局，如将体育产业纳入五大新城之一奉贤区的城市建设目标中，提出要将奉贤建设成为“南上海运动健康新城”，从体育维度放大奉贤的发展势能。江苏省将体育产业作为县域经济发展的重要抓手，通过载体建设和规划引领，明确县域体育产业发展的方向和重点。如江阴市提出“两片两带”的体育产业布局；昆山市先后制定涉及花桥国际商务城电竞基地、锦溪体育健康特色小镇、体育科技村等体育载体的多项规划文件；溧阳市明确将体育旅游作为发展重点，并在土地、金融等政策上给予配套优惠。浙江省将体育作为新型城镇化、乡村振兴等国家战略的重要抓手，在2021年出台的《浙江省乡村振兴促进条例》中指出，通过培育省级运动休闲乡镇、建设“环浙步道”、引进赛事、体育设施进文化礼堂等方式，塑造浙江省乡村振兴的新形态。其中浙江省金华市自2016年以来率先开展“体育+”特色村（居）探索，目前已形成52个特色村（居），不仅带动了当地乡村经济发展，也形成了体育服务乡村振兴的宝贵经验。

三 长三角地区体育产业面临的新机遇

（一）顺应好“双循环”新发展格局

“逐步形成以国内大循环为主体、国内国际双循环相互促进的新发展格局”是基于当前及未来一段时期国内发展形势和国际发展大势做出的重大判断和重要战略选择。构建国内国际双循环相互促进的新发展格局，利用好国内国际两个市场也是持续推进我国经济高质量发展的必然要求。长三角地区作为下一阶段我国经济发展的主要阵地，理应率先承担起构建新发展格局的重要使命。体育产业具有资源消耗低、需求弹性大、覆盖领域广、产品附加值高、产业链条长、带动作用强的特点，是具有较强成长性和可持续性的朝阳产业、绿色产业①，也是适应“双循环”发展的特色产业。长三角地区体育产业不仅仅要统筹好国内国际“大循环”，提升全球体育资源配置能力，构建与国内需求结构相匹配的体育产业供给体系，更要打通长三角地区体育产业与其他地区的“小循环”和内部“微循环”，加快各类资源要素自由流动，探索形成跨区域的体育产业供应链、市场链、创新链，共同推进国家体育消费中心城市建设，引领全国体育产业高质量发展。

（二）利用好重大体育赛事举办契机

体育赛事与城市经济、文化、基础设施建设等深度融合，对城市更新、城市互动具有特殊作用。下一阶段，长三角地区将举办 2022 年亚运会、2023 年亚洲杯等国际性重大赛事，这些国际性赛事不仅促使举办城市基础设施、体育场馆等的更新升级，甚至将影响长三角地区未来的城市空间规

① 黄海燕：《推动体育产业成为国民经济支柱性产业的战略思考》，《体育科学》2020 年第 12 期，第 3 ~ 16 页。

划。将筹备举办重大赛事放到长三角地区体育产业一体化的大背景下，统筹规划长三角地区各类体育基础设施的空间形态，探索区域间资源要素的流动机制，构建长三角地区有重点、有区分、互补互惠的体育赛事、体育设施空间格局，形成区域协同、共同参与的办赛模式，整体提升长三角地区举办重大体育赛事的承载力和国际竞争力，为未来联合举办更高规格的国际性重大体育赛事奠定基础。

（三）把握好重大政策与制度红利

体育强国建设是全面建设社会主义现代化国家的重要内容，是实现中华民族伟大复兴事业的重要组成部分。在近几年颁布的各类重大政策文件中均多次强调了体育产业对体育强国、健康中国等国家战略的重大意义。《体育强国建设纲要》提出，要将体育产业发展成为国民经济支柱性产业。《全民健身计划（2021—2025年）》提出，到2025年全国体育产业总规模达到5万亿元的发展目标。在一系列全国性重大政策文件的催化下，《长三角地区体育一体化高质量发展的若干意见》《长三角地区体育产业一体化发展规划（2021—2025）》等区域性规划文件也相继发布，对下一阶段长三角地区体育产业的发展方向、发展目标、重点任务等提出明确要求，为区域体育产业高质量发展提供了良好的政策环境。

四　长三角地区体育产业发展新思考

（一）打造特色体育产业体系

长三角地区体育产业体系健全，体育服务业、体育制造业和体育建筑业三大业态稳步发展，且三省一市都提出在“十四五”期间要加快构建以服务业为主导的现代体育产业体系。但在区域体育产业共同发展的层面上，三省一市可以依托各自优势，形成差异化发展。上海体育服务业优势明显，未来可以推动生产性体育服务业向专业化和价值链高端延伸，辐射带动长三角乃至全国其他省区市体育产业的发展。江苏和浙江两省应发挥各自在运动装备研发、高端装备制造、供应链管理方面的优势，加快构建跨区域体育制造业链条。安徽则应紧抓产业融合发展的机遇，加快探索体旅融合、体医融合等产业融合发展的新模式，并逐渐推广到长三角全区域。

（二）构建体育产业空间新格局

体育资源的空间分布存在差异，因此要从区域整体发展角度出发，推动体育资源在空间上有序开发，促进城市间的合理分工与协作，形成特色体育产业发展轴、产业带和集聚区。结合长三角地区空间地理特征和产业发展布局，应加快形成以“一核两轴三带五圈”为特征的网络化空间格局。其中，应发挥上海全球著名体育城市和区域龙头的核心引领作用，打造长三角地区体育产业核心；布局沿长江和沿钱塘江水系—京杭运河的路径，形成纵贯南北的两条体育产业发展轴线；围绕区域体育产业发展优势和特色运动项目，打造海洋特色运动产业带、浙皖山地特色运动产业带和南北翼运动装备产业带；同时加快推进南京、杭州、合肥、苏锡常、宁波等都市圈体育产业发展，加强都市圈间的合作互动，打造区域体育产业协调发展典范。

（三）打造核心领域示范项目

长三角地区运动项目丰富，核心优势明显。未来可以重点领域一体化试点项目为主要抓手，探索形成长三角地区体育产业一体化各领域实操范本。围绕区域内国家体育消费中心城市建设等工程，探索体育产业促进“双循环”新发展格局的可行路径；根据三省一市优势运动项目发展基础，形成具有示范引领作用的区域运动项目合作发展新模式；对标世界级著名湖区的发展经验，以长三角生态绿色一体化示范区为基础，打造长三角国际水上运动中心。通过各类示范引领项目，以点带面，推广复制，逐步扩大一体化协作的范围和领域。

（四）强化体育企业主体地位

市场主体是产业发展的活力所在。长三角地区体育产业发展应继续以培养壮大各类市场主体为主要任务，培育壮大龙头体育企业，加快发展中小微体育企业，同时提高体育企业服务层次，增强区域体育产业发展活力。其中，要尤其鼓励体育企业进行跨区域发展和体育企业间的兼并重组活动，促使企业的生产要素实现跨区域自由流动和组合。探索建立各类中小微体育企业培育库、中小微体育企业服务平台，引导中小微体育企业特色化发展、专业化运营、精细化管理。引进集聚高能级的体育企业全球服务机构、发挥第三方专业机构和相关体育行业协会的力量，完善服务供给清单，制定专项引导政策，加强长三角地区体育企业综合服务能力。

参考文献

黄海燕主编《长三角地区体育产业发展报告（2018～2019）》，社会科学文献出版社，2020。

刘志彪等：《价值链上的中国：长三角选择性开放新战略》，中国人民大学出版社，2012。

王志光主编《江苏省体育产业发展报告（2019～2020）》，社会科学文献出版社，2020。

地 区 篇

Regional Reports

B.2
上海市体育产业发展报告

余诗平 *

摘　要：　本报告总结了近两年上海体育产业发展的总体情况，分析了上海体育产业发展过程中的亮点，包括疫情下的经验做法、培育新兴项目产业、完善赛事承办机制、促进产业融合和提升产业智能化水平。结合当前国内外经济社会环境和变化趋势，本报告分析了上海体育产业发展面临的机遇和挑战。最后，本报告结合上海体育产业发展基础和引领长三角一体化发展的重要使命，确定了上海体育产业未来的发展方向和目标定位。

关键词：　体育产业　长三角一体化　上海市

* 余诗平，上海市体育局规划产业处（法规处）处长，研究方向为体育产业、体育政策。

体育产业是国民经济的新增长点，是城市软实力和吸引力的重要支撑，是建设“健康上海”的重要组成部分，也是践行“人民城市人民建，人民城市为人民”重要理念的体现。自2020年上海市人民政府办公厅印发《上海全球著名体育城市建设纲要》（沪府办发〔2020〕12号）以来，上海市体育产业在顶层设计、要素配置、科技创新、推动区域一体化方面先试先行，取得了良好成效。同年，上海市体育局还联合江苏、浙江、安徽三省体育局共同发布了《长三角地区体育一体化高质量发展的若干意见》，未来上海在推动长三角地区体育产业一体化发展中将肩负更加重要的使命。

一　上海体育产业发展的总体情况

（一）产业规模不断扩大

上海市体育产业整体发展态势良好，量质齐升，对经济社会发展的贡献度进一步提高。一是全市体育产业总规模不断扩大。2015～2019年，上海市体育产业总规模（即总产出）从910.1亿元增长至1780.9亿元，年均增长率达18.27%。体育产业增加值从2015年的351.2亿元增长至2019年的559.0亿元，年均增长率达12.32%。2019年体育产业增加值占全市GDP比重为1.46%（见图1），较全国水平的1.14%高出0.32个百分点。面对全市经济进入新常态发展阶段，体育产业总规模保持了两位数的高速增长，成为本市经济发展新动能，凸显出巨大的发展潜力。二是各区体育产业总规模增势良好。2015～2019年，上海市16个辖区的体育产业总规模基本保持稳定增长，其中徐汇区和崇明区的年均增长率均超过50%，虹口区、宝山区的年均增长率均超过30%，显示出强劲的增长潜力。2019年，徐汇区、浦东新区、虹口区的体育产业总规模列上海市前三强，均突破了200亿元（见表1）。

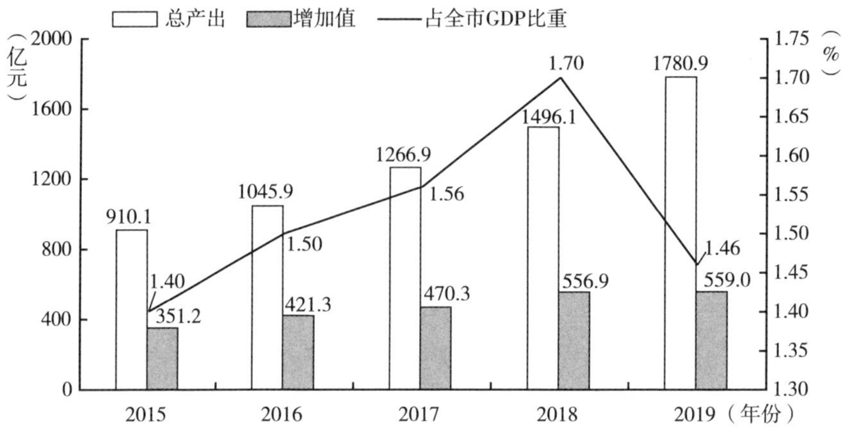

图1　2015～2019年上海市体育产业总产出、增加值

资料来源：根据2015～2019年《上海市体育产业统计公告》相关数据整理得出。

表1　2015～2019年上海市各区体育产业总规模及年均增长率

单位：亿元，%

辖区	2015年	2016年	2017年	2018年	2019年	年均增长率
徐汇	43.3	142.4	191.2	227.0	280.7	59.59
浦东	141.8	171.3	221.8	241.0	248.3	15.04
虹口	53.0	68.7	103.2	173.8	237.8	45.52
闵行	158.4	170.7	207.5	177.6	183.8	3.79
杨浦	59.4	79.6	93.4	110.8	148.0	25.64
嘉定	104.6	104.6	109.7	121.8	130.0	5.58
长宁	72.2	75.9	73.0	80.3	114.0	12.08
黄浦	99.4	57.8	32.7	45.3	85.8	-3.62
青浦	52.6	54.1	60.9	68.3	75.2	9.35
静安	34.8	33.0	29.6	46.6	72.3	20.04
崇明	13.3	18.6	52.9	68.6	68.6	50.73
奉贤	24.7	28.2	26.0	35.1	37.3	10.83
松江	25.5	19.1	22.5	25.8	32.0	5.88
金山	12.9	13.0	30.2	28.9	31.5	24.90
宝山	8.1	5.6	7.5	36.1	23.7	30.87
普陀	6.1	3.6	4.9	9.2	11.9	18.11

资料来源：上海市体育局提供。

（二）产业结构持续优化

产业结构是反映产业成熟度的重要指标，产业结构重心向服务业转移已成为经济发展的普遍规律。上海市产业结构不断优化，体育服务业始终保持领先地位，2015～2019 年体育服务业增加值占体育产业增加值的比重从 78.61% 增至 86.85%，基本达到发达国家或地区的水平。体育制造业（体育用品及相关产品制造）和体育建筑业（体育场地设施建设）居于从属地位，发展较为平稳，2015～2019 年二者的增加值占体育产业增加值的比重略有下滑（见表 2）。从各业态发展情况来看，上海市体育产业体系越发完善。借助良好的区位优势，体育用品及相关产品销售、出租与贸易代理成为支柱性产业，增加值占比约为 50%。体育健身休闲活动、体育竞赛表演活动、体育传媒与信息服务成为引领上海体育产业高质量发展的重要驱动力。体育教育与培训，体育经纪与代理、广告与会展、表演与设计服务，体育场地和设施管理等各类业态呈现蓬勃发展的态势。此外，“体育 +” 与 “ +体育” 等新兴业态成为产业发展新亮点。

表 2　2015 年、2019 年上海市体育产业结构

单位：亿元，%

业态	2015 年			2019 年		
	总产出	增加值	增加值结构	总产出	增加值	增加值结构
一、体育服务业	548.6	276.1	78.61	1414.7	485.5	86.85
体育管理活动	26.3	18.0	5.11	39.0	16.8	3.01
体育竞赛表演活动	23.4	15.0	4.26	44.7	31.9	5.70
体育健身休闲活动	40.4	25.8	7.36	145.6	57.7	10.31
体育场地和设施管理	15.6	11.6	3.31	18.5	4.8	0.86
体育经纪与代理、广告与会展、表演与设计服务	6.8	1.4	0.40	36.2	5.3	0.94
体育教育与培训	12.5	10.0	2.85	21.6	10.5	1.88
体育传媒与信息服务	31.1	17.5	4.98	130.7	49.5	8.86
其他体育服务	41.8	6.8	1.92	300.0	29.9	5.34
体育用品及相关产品销售、出租与贸易代理	350.8	170.1	48.42	678.6	279.2	49.94
二、体育用品及相关产品制造	346.1	71.3	20.29	336.3	69.8	12.48
三、体育场地设施建设	15.5	3.9	1.10	30.0	3.7	0.67

注：若总量与分量合计尾数不等，是由数值修约误差所致，未做机械调整。下同。

资料来源：根据 2015 年、2019 年《上海市体育产业统计公告》相关数据整理得出。

（三）市场主体活力增强

上海市营商环境良好，体育产业蓬勃发展，经营主体活力持续增强。

一是体育产业主体规模扩大，营收能力提升。2019 年，上海市主营体育产业单位增至 22385 家，创造营业收入增至 1952.73 亿元，2015～2019 年主营体育产业单位数和营业收入的年均增长率分别为 29.59%、27.39%。2019 年，全市体育类企业上缴企业所得税 41.19 亿元，占同期企业所得税总额的 2.8%，对地方财税的贡献日益凸显。其中，2019 年体育服务业主营单位 21399 家，营业收入 1715.87 亿元；体育制造业主营单位 626 家，营业收入 223.01 亿元；体育建筑业主营单位 360 家，营业收入 13.85 亿元（见表 3）。

表 3　2015 年、2019 年上海市主营体育产业单位发展状况一览

分类	2015 年		2019 年		年均增长率(%)	
	单位数（家）	营业收入（亿元）	单位数（家）	营业收入（亿元）	单位数	营业收入
体育服务业	7236	544.74	21399	1715.87	31.14	33.22
体育制造业	474	181.24	626	223.01	7.20	5.32
体育建筑业	228	15.51	360	13.85	12.10	-2.79
总计	7938	741.49	22385	1952.73	29.59	27.39

资料来源：上海市体育局提供。

二是体育龙头企业发力。2018 年上海市 500 强体育企业营业收入为 1365.28 亿元，占当年全市主营体育类单位营业收入的比重为 87.7%。2019 年上海市体育企业 500 强营业收入为 1711.41 亿元，较去年增长 25.4%，占当年全市主营体育产业单位营业收入的比重为 87.6%；利润总额为 140.33 亿元，同比增长 15.6%，占当年全市主营体育类单位利润总额的比重为 63.9%。与此同时，上海市 500 强体育企业的数量也在不断增加，2019 年营业收入在 1000 万元及以上的单位数量达 716 家，较 2018 年的 641 家增长了11.70%。从各区企业数量上看，2019年上海市500强体育企业数量排名前2位的分别是浦东新区（82家）和嘉定区（51家）。从营业收入上看，全市有3个区的营业收入突破200亿元大关，依次为虹口区（383.82亿元）、浦东新区（224.82亿元）、杨浦区（209.90亿元）。从利润总额上看，全市有3个区的利润总额超过20亿元，依次为虹口区（29.51亿元）、浦东新区（23.51亿元）、长宁区（20.44亿元），3个区500强企业利润总额占全市比重过半，达到52.4%（见表4）。其中虹口区的营业收入和利润总额均位列全市第一，区内大型龙头企业集聚，排名前十的体育企业有3家，总体经济效益显著。

表4　2019年上海市500强体育企业分区情况一览

辖区	总量			占比		
	企业数量（家）	营业收入（亿元）	利润总额（亿元）	企业数量（%）	营业收入（%）	利润总额（%）
浦东	82	224.82	23.51	16.4	13.1	16.8
嘉定	51	101.23	4.36	10.2	5.9	3.1
闵行	36	130.78	4.48	7.2	7.6	3.2
静安	34	70.77	10.21	6.8	4.1	7.3
青浦	33	52.94	6.28	6.6	3.1	4.5
奉贤	31	22.19	2.40	6.2	1.3	1.7
黄浦	29	117.59	13.41	5.8	6.9	9.6
虹口	28	383.82	29.51	5.6	22.4	21.0
崇明	27	42.43	1.35	5.4	2.5	1.0
徐汇	26	181.93	13.43	5.2	10.6	9.6
长宁	26	120.77	20.44	5.2	7.1	14.6
松江	26	15.83	1.70	5.2	0.9	1.2
杨浦	25	209.90	6.83	5.0	12.3	4.9
金山	19	19.16	2.01	3.8	1.1	1.4
宝山	19	12.33	0.34	3.8	0.7	0.2
普陀	8	4.91	0.07	1.6	0.3	0.0
总计	500	1711.41	140.33	100	100	100

资料来源：上海市体育局提供。

三是市场主体形式多元。民营体育企业迅速崛起，虎扑体育、力盛赛车、网映文化、洛合体育、巅峰减重、跃动跳绳、每步科技等各自领域的“领头羊”企业逐渐增多。IMG 等国际大型体育与娱乐集团落户上海市，布局体育产业，为国内企业带来可借鉴的经营与管理经验。久事集团、东浩兰生、上港集团等一批本市大型国有企业围绕体育产业展开布局，成为培育体育产业链条、推动市场发展的重要力量。体育社会组织平稳增长，到 2020 年底全市共有体育社会组织 1282 个，其中体育类社团 409 个、体育基金会 4 个、体育类民非组织 869 个。在册体育健身团队 57931 个，其中社区健身团队 44913 个、学生体育社团 13018 个，平均每千人拥有健身团队数量为 2. 33 个。[①]

（四）产业供给能力提高

上海市供给侧结构性改革取得显著成效，体育产业供给能力全国领先。

一是运动项目体系发展完善，能满足老年人、妇女、青少年、儿童等不同人群的体育需求。近年来，上海市冰雪、水上、山地户外、汽摩和航空等具有消费引领性的户外运动项目发展迅猛；足球、篮球、排球、乒乓球、羽毛球、网球、游泳、武术、徒步、路跑、骑行、棋牌、台球、钓鱼、体育舞蹈等运动项目深受人民群众的喜爱；极限运动、电子竞技、击剑、跆拳道、飞镖、射箭、马术等时尚运动项目健康发展；民间传统健身休闲项目及列入非物质文化遗产名录的传统体育项目也受到广泛关注。2020 年，上海市民经常参加的体育锻炼项目有快走、跑步、骑行、羽毛球、游泳、舞蹈（广场舞、体育舞蹈）、乒乓球、篮球等。受疫情影响，占地面积小、可在室内进行的跳绳、踢毽等传统体育项目的锻炼人数大幅提升，而徒步、登山、攀岩等户外运动跌出前十。

二是体育赛事效益显著。一方面，上海市承办重大体育赛事的数量增多，带来了巨大的经济效益。虽然 2020 年受到新冠肺炎疫情的影响，上海

① 上海市体育局提供。

市全年仍成功举办国内外重大赛事 41 项。其中，2020 年 3 月首次升级为国际田联白金标牌赛事的上海马拉松共带来 4943 万元的直接经济效益，为政府带来税收收入 528 万元，相关产业拉动效应达到 1.4 亿元。[①] 上海市第三届市民运动会 2020 年共举办赛事活动约 7100 场，共有 1093 万人次参与，掀起全民健身热潮。[②] 另一方面，上海市举办的国内外体育赛事影响力不断扩大。2019 年上海市举办的 163 项国际国内体育赛事共产生约 35 万篇的媒体报道，其中传统媒体报道约 8 万篇、社交媒体报道约 27 万篇，对上海城市形象的媒体报道达 33 万篇，为上海市创造了显著的传播价值。[③] 2020 年上海市举办的 41 项赛事共产生 25.6 万篇媒体报道，提及“上海”这一关键词的报道 24.6 万篇，占全部报道的 96%。[④] 境外媒体对上海市体育赛事的关注度也创历史新高。举办体育赛事使上海市的全球曝光度进一步提升，彰显了中国抗疫成果。目前上海 ATP1000 网球大师赛、F1 中国大奖赛和上海马拉松等重大体育赛事均对标国际最高标准，上海市国际大赛举办步入常态化。

三是运动促进健康服务深入推进。2020 年上海市率先试点推进社区老年人“体医融合”中心建设，在静安区、杨浦区、虹口区、徐汇区、普陀区、长宁区及闵行区建成 17 家社区老年人“体医融合”中心。2019 年完成社区体育服务配送[⑤] 6792 场次，覆盖街道 205 个，参与人数达 19 万人次。[⑥] 2020 年完成社区体育服务配送 5547 场次，服务街镇 199 个，街镇覆盖率达

① 上海市体育局、上海体育学院：《2020 年上海市体育赛事影响力评估报告》。

② 上海体育学院经济管理学院：《〈2020 年上海全民健身发展报告〉正式发布》，2021 年 6 月 30 日，http：//sem. sus. edu. cn/info/1094/4814. htm。

③ 上海市体育局提供。

④ 上海市体育局：《〈2020 年上海市体育赛事影响力评估报告〉发布　上马 S10 领衔上海最具影响力赛事》，2021 年 5 月 12 日，http：//tyj. sh. gov. cn/gzdt2/20210512/0dc90d1c9be0445b89e3b852cb0b1779. html。

⑤ 社区体育服务配送内容包括为社区居民提供健身技能培训、科普健身讲座、青少年体育基础等课程。

⑥ 上海市体育局：《关于印发〈2019 年上海市体育局工作总结〉的通知》，2020 年 1 月 8 日，http：//tyj. sh. gov. cn/glywxx/20200329/fa5a96890f774aa3ae9ab949c366edb5. html。

到92.6%，服务市民13万余人次。[①] 在上海市体育局的支持下，杨浦区、上海体育学院开展“社区健康师”试点工作，为社区居民提供线上线下服务。上海市体育局还举办了市民体育科学大讲堂，传授健康管理和慢性病运动干预的知识，吸引市民约350万人次，并整合市社区体育协会和市社会体育指导员协会，全市共有社会体育指导员约6万名，占常住人口比例约为2.5‰。

四是体育消费新场景、新空间丰富多元。体育产业是城市发展新增长极，也是创建城市生活新场景、新空间的重要推动力。上海市依托体育场馆、户外运动休闲空间、商业空间等载体，探索“体育+文化+教育+商业+旅游”等多元化运营方式，促使都市运动中心发展成为多功能、多业态、高效益的体育消费集聚区，并通过挖掘城市“金边银角”、鼓励社会力量参与体育场馆建设等方式，打造消费新载体。上海市积极利用公共体育用地、产业园区、各类商业设施、仓库、屋顶等城市余裕空间打造都市运动中心，为市民提供多元化的消费和休闲场景。截至2020年底，上海市已有较为成熟的体育文化综合体数十家，其中宝山区三邻桥体育文化园、嘉定区翔立方体育文化综合体、闵行区游悉谷体育产业园获评国家体育总局体育服务综合体典型案例。

（五）产业基础越发夯实

一是体育人口规模扩大。2020年，上海市经常参加体育锻炼的人口占常住人口比例达到45.7%，较2019年增长了2.0个百分点，多出了近50万人。随着年龄增长，上海市民经常参加体育锻炼的人口比例呈增长态势，19~29岁、30~39岁、40~49岁、50~59岁、60岁及以上参加体育锻炼的人数占该年龄段人数的比例分别为33.8%、32.4%、45.9%、51.1%、63.0%。截至2020年12月底，上海市健身人口约为268万人，约占全国健身人口的3.64%；健身人口的渗透率高于全国平均水平，达到11.03%。上海市的健身人口数量居于全国首位。

---

① 上海市体育局提供。

二是体育场地面积增多。2015～2020 年，上海市可供市民健身的人均体育场地面积从 1.76 平方米增至 2.35 平方米，除 2020 年略有下降外，其余年份均呈现上升趋势（见图 2）。依据第七次全国人口普查数据，2020 年全市常住人口较 2019 年增长了 58.95 万人，2020 年人均体育场地面积较 2019 年减少了 0.03 平方米，但市民对体育场地的满意度指数呈上升趋势。截至 2020 年，全市社区公共体育设施包括：市民益智健身苑点 17556 个，平均每个村居委 2.9 个；市民球场 2714 片，市民健身步道（绿道）1669 条，村居委覆盖率 71.6%；社区市民健身中心 1010 个，街镇覆盖率 47.0%；市民健身房 186 个，健身设施实现城乡社区全覆盖。①从各区人均体育场地面积来看，截至 2020 年，上海市体育场地主要分布在外环城区，受制于土地面积、城区定位和常住居民人口等因素，崇明区、嘉定区、奉贤区、金山区、松江区、青浦区、浦东新区的人均体育场地面积均超过上海市平均水平（2.35 平方米），其中崇明区最高，突破了 7 平方米（见图 3）。

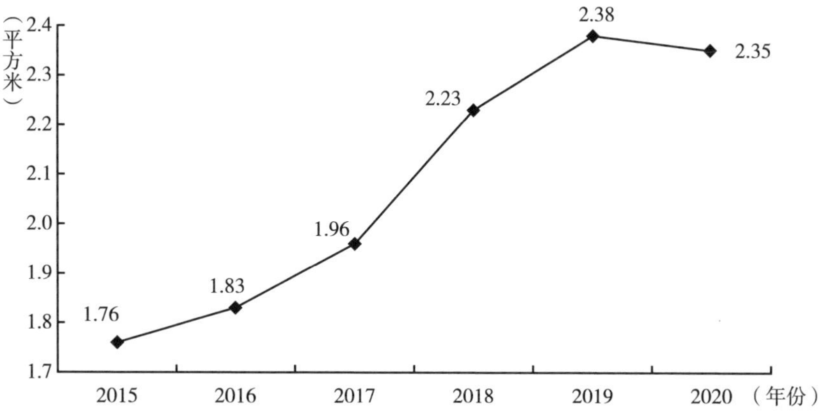

图 2　2015～2020 年上海市人均体育场地面积

资料来源：上海市体育局、上海体育学院：《2020 年上海市全民健身发展报告》，2021 年 6 月。

① 上海市体育局、上海体育学院：《2020 年上海市全民健身发展报告》，2021 年 6 月。

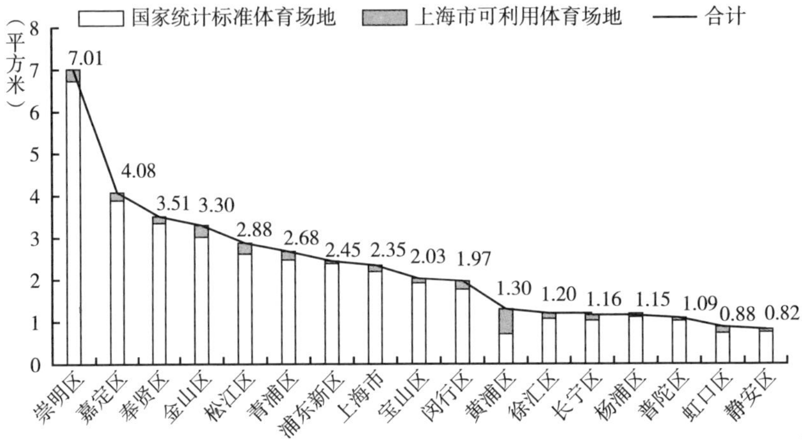

图 3　2020 年上海市及各区可供市民健身的人均体育场地面积

资料来源：上海市体育局、上海体育学院：《2020 年上海市全民健身发展报告》，2021 年 6 月。

三是示范项目作用显著。体育产业基地工作是体育产业发展的基础工作之一，为上海市体育产业发展提供项目支撑。上海市体育局按照国家体育总局工作要求，积极开展国家级和市级体育产业基地培育和评定工作，完善修订了《上海市体育产业基地管理办法（试行）》，明确了体育产业基地退出和复评机制。2020 年全市共入选国家级体育产业示范单位 2 个、示范项目 4 个，入选市级体育产业示范单位 8 个、示范项目 3 个。杨浦区和徐汇区成功入选首批国家体育消费试点城市。截至 2020 年，上海市累计共获评国家体育产业示范基地 3 个、国家体育产业示范单位 10 个、国家体育产业示范项目 11 个（见表 5）。

表 5　截至 2020 年上海市国家体育产业基地情况

类型	名称
国家体育产业示范基地(3 个)	徐家汇国家体育产业示范基地
	五角场国家体育产业示范基地
	马桥国家体育产业示范基地

续表

类型	名称
国家体育产业示范单位（10个）	上海长远文化（集团）有限公司
	上海美帆游艇俱乐部有限公司
	上海久事体育产业发展（集团）有限公司
	虎扑（上海）文化传播股份有限公司
	上海红双喜股份有限公司
	上海东方体育中心
	上海力盛赛车文化股份有限公司
	五星体育传媒有限公司
	上海巅峰健康科技股份有限公司
	每步科技（上海）有限公司
国家体育产业示范项目（11个）	上海飞扬青少年冰上运动项目
	上海国际马拉松赛
	尚体乐活空间
	跃动跳绳体育培训项目
	上海优体青少年足球推广项目
	翔立方体育服务综合体
	环崇明岛国际自盟女子公路世界巡回赛
	中国（上海）国际健身、康体休闲展览会
	上海“我要运动”学校体育场地托管服务
	弈客围棋
	“午间一小时”运动健康巡回赛
国家体育消费试点城市（2个）	上海市杨浦区
	上海市徐汇区

资料来源：国家体育总局历年国家体育产业基地认定名单、国家体育总局首批国家体育消费试点城市公布名单。

（六）体育消费水平提升

上海市体育消费总规模呈现良好的上升趋势。2020年，上海市体育消费总规模达到744.7亿元，居民人均体育消费为2995.9元，明显高于全国平均水平；相较2019年居民人均体育消费的2849.0元增长了146.9元，涨幅达5.2%。[①] 2020年，上海市居民人均体育消费支出占当年人均可支配收入的比例为4.1%，占当年人均消费支出的比例为7.0%，与2019年基本持平。此外，徐汇区、杨浦区在建设国家体育消费试点城市工作中取得良好成绩。2020年，徐汇区体育消费总规模达到37.51亿元，居民人均体育消费为4024.87元，比全市人均体育消费的2995.90元高出1028.97元。2020年，杨浦区体育消费总规模达到37.90亿元，居民人均体育消费为3046.40元，比全市人均体育消费的2995.90元高出50.50元。

从体育消费人群来看，2020年上海市有体育消费人群占比为81.6%，有体育消费人群人均体育消费达3693.1元，与2019年[②]基本持平。其中，6~17岁有体育消费人群占比[③]为70.9%，该群体人均体育消费为4871.4元；18~59岁有体育消费人群占比为82.8%，该群体人均体育消费为4309.6元；60岁及以上有体育消费人群占比为59.5%，该群体人均体育消费为2071.9元（见表6）。受2020年新冠肺炎疫情影响，上海市居民有体育消费人群的人均体育消费额下降，但有体育消费人群占比上升，体育消费整体能力进一步升级。从体育消费结构来看，2020年上海市居民体育消费以实物型产品为主，实物型消费[④]共计1830.2元，占比61.1%；服务型消费[⑤]共计863.5元，占比28.8%；体育旅游、彩票及其他消费共计302.1元，占比10.1%（见图4）。其中，受2020年新冠肺炎疫情影响，上海市居民的服务型消费（尤其在购买赛事门票上）占比降低，实物型消费则较2019年提升了5.8个百分点。

---

① 上海市体育局提供。

② 2019年上海市有体育消费人群占比80.3%，有体育消费人群人均体育消费达3701元。

③ 此占比为上海市6~17岁有体育消费人群占上海市6~17岁人群的比重，下同。

④ 实物型消费包含运动服装和鞋帽、运动装备器材、智能体育设备、户外运动装备、运动代餐/补剂/饮品等5项。

⑤ 服务型消费包括赛事门票、健身会费及指导费、体育教育与培训、参赛费和报名费、场地和相关器材用品租金、运动保健康复等8项。

表 6　2019～2020 年上海市居民人均体育消费分层情况

单位：元，%

年龄	2019 年		2020 年	
	人均体育消费	较上年增长	人均体育消费	较上年增长
6～17 岁	4837	15.70	4871.4	0.70
18～59 岁	4606	26.30	4309.6	-6.40
60 岁及以上	1888	16.40	2071.9	9.70
有体育消费人群	3701	22.40	3693.1	-0.21

资料来源：上海市体育局提供。

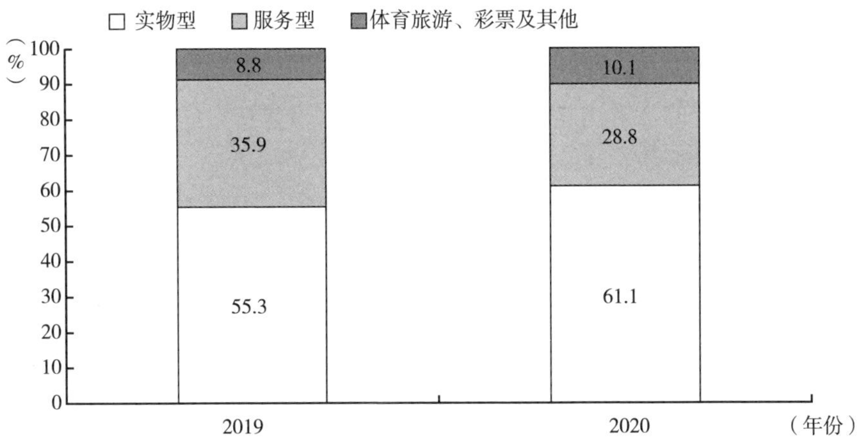

图 4　2019～2020 年上海市居民体育消费结构情况

资料来源：上海市体育局提供。

（七）产业工作成效显著

1. 完善地方标准建设

2020 年上海市体育局制定了《上海市体育标准化建设工作方案》，全面推进体育标准化建设工作，联合体育社会组织、企业参与体育标准的制定，不断提高体育产品质量和体育网络水平。围绕行业需求，上海市公布实施《攀岩场所服务规范》《跆拳道场所运营服务规范》等地方标准，《学校室外运动场地基础建设标准》《高智尔球赛事规范》等团体标准，引领和规范体育产业的发展。新冠肺炎疫情防控时期，市体育局组织开展体育场馆安全开放的团体标准研制工作，为疫情防控工作提供可参照执行的技术指引。

2. 搭建产业发展平台

一方面，通过建设体育资源交易平台，促进体育资源公开流转。上海联合产权交易所搭建了文体旅资源交易中心，2020 年初市体育局通过该平台完成了上海市仙霞网球中心的运营管理权公开招募和转移工作，加快了市属公共体育场馆委托运营的步伐。此外，文体旅资源交易中心还增设了长三角体育资源交易业务，这有利于进一步优化长三角体育资源配置、创新交易产品、推动产融结合，助力长三角地区体育资源交易市场做大做强。另一方面，上海市通过举办体育产业博览会，助力全球体育产业核心资源汇聚上海。2020 中国国际体育用品博览会（第 38 届体博会）在线下成功举办，展示了国内体育企业复工复产成效，提升了体育行业的发展信心，是上海市吸引体育资源的代表平台。

3. 推动体育消费

2020 年 9 月，上海市体育局首次在全市范围开展“你运动，我补贴”体育消费券配送活动，促进全民健身和体育消费，助力体育场馆复工复产。这是全国首个依托数字技术的省级体育消费券项目，16 个区共有 520 多家定点体育场馆参与其中。2020 年完成近 2000 万元财政资金的消费券配送，消费券累计领取人数约 80 万人次，拉动定点场馆直接消费近 5000 万元，取得了良好的社会与经济效益。

4. 加强行业监管

为加强对健身休闲市场的管理，2019 年以来上海市体育局联合多部门制定发布《上海市单用途预付消费卡管理规定》《上海市单用途预付消费卡管理实施办法》，对体育健身行业单用途预付消费卡资金进行管理，针对健身房预付费类消费“退卡难、退费难”的痛点问题，做出明确规定，并提出会员办卡后将享有“七天冷静期”。上海市积极推广使用《上海市体育健身行业会员服务合同示范文本》，进一步保障消费者权益，约束健身房预收费行为，维护市场公平竞争秩序。

二　上海市体育产业发展的亮点

（一）疫情防控下创新谋发展

1. 充分发挥政策引导作用

新冠肺炎疫情发生后，上海市体育产业各类相关主体采取多种措施积极应对疫情，取得了显著成效。上海市体育局出台给予体育场馆租金减免、水电燃气费补贴等优惠政策，对承租市属公共体育场馆的非国有中小体育企业，免收2020年2~3月两个月租金。至2020年4月底，市体育局直属6家场馆单位共为92家租赁企业（直接租赁45家、间接租赁47家）减免租金500.45万元，其中直接租赁减免300.45万元、间接租赁减免200万元。全市各区共减免租金1909.61万元，涉及66家场馆单位，惠及160余家企业。此外，市体育局还为赛事企业提供资金补贴，对纳入上海市年度国际国内重大体育赛事计划并受疫情影响的赛事，视承办企业损失程度，从市年度体育发展专项资金中给予一定比例的补贴。

2. 落实赛事防疫精细化管理

虽然2020年受新冠肺炎疫情影响，上海市全年依然举办了40余项国际国内重要体育赛事，85%的赛事由专业公司运营，不但赛事运营专业化水平高，还呈现精细办赛、创新办赛的显著特点，赛事防疫形成“上海样板”。疫情防控常态化背景下，上海市体育局陆续出台了《常态化疫情防控期间体育赛事举办指引》及其第二版和第三版，贯彻“一赛一策”制度，明确体育赛事举办路径，构建风险评估机制，建立“熔断机制”，落实办赛主体责任，多渠道确保办赛安全。2020英雄联盟全球总决赛于2020年10月如期举办，成为2020年少数如期举办的国际性体育赛事；2020上海马拉松获得市体育、卫生、疾控部门的多方支持，于2020年11月顺利举办，规模达到9000人，并受到世界田联邀请，向全球分享赛事防疫工作经验。

专栏1　2020上海马拉松树立赛事防疫精细化管理的“上海样板”[①]

2020年11月29日，2020上海马拉松鸣枪开跑。2020年，不仅是上马25周年，也是赛事晋升“白金标”后的首场比赛。在疫情防控常态化时期，上马成功举办的意义已经超乎赛事本身，是中国疫情防控、上海城市治理的体现。

赛前，在市卫健委、市疾控中心和市防疫专家的指导下，赛事组委会制定了《2020上海马拉松疫情防控工作方案》，从参赛选手到所有一线工作人员均要在赛前接受核酸检测且结果呈阴性方可入场。同时，参赛规模精简到9000人，只保留了全马项目，分三枪起跑。赛道沿线共设9处能量补给站、26个医疗救助点，配置200余名医疗人员，20辆救护车负责现场转运，近千名医护人员及急救志愿者参与保障赛事。防疫举措贯彻赛事始终，所有参赛者进入起点集结区前都必须通过测温、身份证原件绑定的三码合一检测，并且直至起跑前都全程佩戴口罩。上赛道后，组委会在地面上标好蓝色点位，候跑时一人一点保证了社交距离。起跑后，选手可以摘下口罩，赛事前3公里配备志愿者进行废弃口罩回收。选手抵达终点后，为避免冲刺区域拥挤由工作人员进行引导，终点处还为参赛选手提供消毒液和口罩。

3. 体育场馆创新开展自救

2020年初，受新冠肺炎疫情影响，所有上海市体育场馆暂停对外开放，场馆服务业遭受重创。2020年3月17日，上海市体育局发布《新型冠状病毒肺炎疫情期间本市体育场所复工工作指引（第二版）》，除室内游泳池、利用地下空间的密闭体育场所需要备案外，其他体育场所可以全面复工。在此基础上，上海市公共体育场馆积极开展自救，转变经营思路，利用智能化管理系统，开拓线上与线下经营渠道，取得了良好的社会效益。2020年8月，虹口足球场在全国范围内首创向公众开放踢球业务，成为疫情防控时期

① 《精细化管理确保赛事安全，防疫举措贯彻始终——来之不“疫”上海马拉松圆满收官》，“《潇湘晨报》”百家号，2020年11月30日，https://baijiahao.baidu.com/s?id=1684721872183390683&wfr=spider&for=pc。

国内大型体育场馆多元经营的典型案例。虹口足球场每周向公众开放两天，7 人制场地每场 2 小时定价 8000 元，11 人制场地每场 2 小时定价 10 万元，运营收益不仅能基本覆盖场地维护费用、降低运营方经济压力，同时也为申花球迷提供了独特的运动体验，促进了体育和文化的深度融合。

4. 搭建体育金融服务平台

为帮助疫情防控时期出现资金缺口的中小体育企业解决融资问题，上海市体育局与多家金融机构签订战略合作协议，为体育企业提供普惠金融服务。上海市体育局携手中国银行上海市分行创新推出了“中银健体贷”业务，为体育制造、体育贸易和体育服务三个领域内的中小企业打造专属金融授信服务方案；2020 年 3 月，上海市为体育中小企业举办了“中银普惠 e 站通”体育专场对接会，前后对接了 220 余家有融资需求的体育企业，部分企业通过对接会获得了 300 万元预授信额度，贷款利率为 3.75%，对体育企业复工复产起到重要的推动作用。

（二）新兴运动引领产业发展

上海市运动项目体系完善，特别是近年来兴起的运动项目深受大众喜爱，带动了装备制造、体育赛事、体育旅游等相关产业的发展，成为体育产业增长的新引擎。

一是上海市冰雪运动发展迅速，成为“南展”典范。受自然环境影响，上海市尚无室外滑雪场，冰雪运动区域以室内冰场和室内雪场为主。但 2019 年，上海市民参加各类冰雪活动（训练）的人数依然达 120 多万人次，呈井喷式增长。[①] 上海开展冰雪运动的成功经验为南方地区提供了借鉴。截至 2019 年底，上海已开展短道速滑、花样滑冰、冰球、速度滑冰等 8 个冰雪项目，共有 16 家冰上、雪上及轮滑俱乐部，运营 15 片冰场（其中 4 片标准场）及 17 个室内滑雪场所。到 2022 年上海还将建成全球最大的室内滑雪

① 《上海如何为实现“带动三亿人参与冰雪运动”的目标贡献力量?》，“《中国经济周刊》”百家号，2019 年 12 月 10 日，https://baijiahao.baidu.com/s?id=1652506337119983676&wfr=spider&for=pc。

场——冰雪之星，预计每年吸引游客量将超过320万人次。

二是上海市电子竞技实现了快速产业化发展。2019年上海电子竞技游戏市场规模达167.1亿元，2020年达201.8亿元，增长率达20.77%[①]，电竞产业成为体育产业增长新引擎。首先，头部资源聚集优势明显。上海电子竞技俱乐部数量占全国比重达46.7%，包括RNG、EDG和IG等知名电竞俱乐部。其次，赛事资源丰富。上海是全球疫情防控时期首个启动电竞线上赛事的城市，英雄联盟职业联赛、王者荣耀职业联赛等赛事均在上海举办。得益于上海的头部赛事版权收入的提升，2020年上海电竞市场规模达到201.8亿元。最后，行业标准领先。2019年8月，上海市文化和旅游局发布了《电竞场馆建设规范》和《电竞场馆运营服务规范》，两项电子竞技团体标准明确规定了电子竞技场馆的建设要求、等级划分、运营规范，以及电子竞技场馆应配备的服务设施和设备及更新等要求，完善了产业发展的顶层设计、行业规范和标准建设，推动了上海电竞产业的健康繁荣发展。

专栏2　上海电子竞技行业规范走在前列[②]

自2017年上海首次提出要打造“全球电竞之都”，电子竞技产业进入快速发展阶段，如何规范它、让它又好又快地发展成为电竞产业发展的当务之急。2019年8月在全球电竞大会上，上海市文化和旅游局发布了《电竞场馆建设规范》和《电竞场馆运营服务规范》。它们分别是全国范围内出台的首个电子竞技场馆建设和运营的地方行业规范。《电竞场馆建设规范》详细规定了电子竞技场馆，包括光学、声学、舞台、电力、照明、网络在内的基础设施配套建设，并根据电竞赛事级别、建筑规模和功能化指标，明确各场馆的选址、设置、设施布局和相应的交通、疏散等安全要求。《电竞场馆运营服务规范》从选手比赛和观众观赛需求角度出

① 数据来源于《2020上海电子竞技产业发展评估报告》。

② 《刚刚，上海重磅发布〈电竞场馆建设规范〉与〈电竞场馆运营服务规范〉!》，文汇网，2019年8月3日，http：//www.whb.cn/zhuzhan/xinwen/20190803/280986.html。

发，规定了电子竞技场馆应配备的服务设施、设备及相应的更新要求，明确了工作人员应具备的技能和职业素养，以及日常服务、支付服务、赛事服务、广告服务和应急服务的具体流程和服务规范。电竞产业的标准化建设是上海建设“全球电竞之都”的重要一环。未来上海电竞产业将沿着规范化的轨道高效、优质发展。

（三）赛事承办机制日益完善

重大体育赛事是向世界推介上海的窗口和展示上海经济社会发展水平、城市精神与活力的重要平台。上海市体育赛事总体水平一直保持全国领先，赛事综合效益日趋显著，发展过程中涌现出诸多优秀的工作经验和值得推广的做法。一是办赛科学化、专业化水平显著提高。上海市体育赛事形成了政府引导、市场运作的模式，超过 70% 的赛事联合专业公司运营推广，超过 20% 的赛事的赞助商数量在 10 个以上，超过 40% 的赛事得到世界 500 强或上市公司的赞助，超过 20% 的赛事总收入在 300 万元以上，实现了从赛事运营、赛事保障到商业开发的全产业链市场化运作，赛事专业化运营和科学化管理模式被广泛使用，促进了赛事的健康发展。二是鼓励社会力量参与办赛。上海市第三届市民运动会坚持政府引导、市场主导、社会参与的原则，所有活动都面向社会公开招标，共有 465 家企业、社会组织参与竞标，195 家企业、社会组织成为合作伙伴。2021 年市民运动会通过指导社会力量办赛，实际吸引社会资金近 1.5 亿元。三是联合办赛机制走在前列。2021 年上海市携手嘉兴市等成功举办 2021 复兴之路·薪火驿传百公里接力赛，以长三角一体化联合办赛的模式、线上与线下赛事同步开展的形式向建党 100 周年献礼，推进了长三角体育一体化高质量发展。四是赛事评估机制完善。2019～2020 年连续两年发布赛事影响力评估报告，充分展现了重大赛事对上海市经济的拉动效应，同时建立体育赛事认证制度，开展赛事分类分级管理，推进体育竞赛表演业高质量发展。

（四）产业融合取得显著成效

一是体医养融合发展成为新趋势。近年来，“运动是良医”的观念越来越深入人心，体育作为一种非医疗健康干预手段和医疗、养老产业的联系越发紧密。上海是较早开始探索体医养融合发展的地区，取得了一系列显著的工作成效。一方面，上海市体医养融合机构种类多元，既形成了以政府部门为主导、依托社区服务中心打造的公益性机构，如上海市体育局联合上海市卫健委打造的智慧健康驿站，又形成了基于政企合作的社区老年人健康服务中心，如尚体乐活空间，还有完全市场化运作的营利性机构，如运动康复中心、具有医疗资质的养老院等。另一方面，上海市体医养融合服务深入推进，不仅鼓励养老机构采取合作、委托等方式向社区卫生服务中心或其他医疗机构购买服务，还在社区为老年人提供体质监测、体育康复训练、科学健身指导、伤病防护、心理调适等运动健康咨询服务。2020 年上海市先行先试，杨浦区与上海体育学院推出了“社区健康师”创新型社会服务项目，由运动专家深入社区为老年人提供运动咨询服务，根据每个人的身体健康状况和运动数据开具运动处方，为老年慢性病患者开展体育运动提供科学的依据。

二是体教融合迈向纵深发展。首先，青少年赛事活动丰富。2020 年全市共组织 37 个项目 64 个市级青少年最高级别体育赛事，开展 43 个项目 287 期周末营、冬夏令营，并举办线上亲子体育活动，吸引 3500 余个家庭，活动网络点击量超 56 万次。第二届 MAGIC3 上海市青少年三对三超级篮球赛通过打造特色专场、强化赛事服务，吸引了 2168 支队伍近 9000 名青少年参赛。其次，人才培养渠道多元，鼓励社会力量办体育。2020 年，上海市体育局首次命名 62 个“上海市竞技体育后备人才社会培养基地”“上海市青少年足球精英培训基地”“上海市青少年智力运动精英培训基地”。未来还将面向不同运动水平的青少年，搭建校内与校外相结合的青少年学生体育竞赛平台。最后，马术运动、冰雪运动进校园获得较大进展。截至 2019 年底，上海市评选出了 39 所“北京 2022 年冬奥会和冬残奥会奥林匹克教育示范学校”，57 所中小学校园冰雪运动特色学校，冰雪课程进入了上海约 135 所大中小学。

（五）产业智能化水平不断提升

上海是全国科技创新的高地，未来还将成为具有全球影响力的科技创新中心。在“体育 + 科技”的趋势下，体育赛事、运动装备、体育场馆、信息服务等领域都涌现出许多新产品和新服务。

一是体育赛事与智能化场景运用深度融合。上海市应用智能数据查重、AI 裁判、自动识别等技术，实现了线上与线下赛事深度融合，能有效保障赛事的公平性和安全性。在上海市举行的 2020 高校百英里接力赛总决赛中用科技为赛事保驾护航，启用了运动参数自动识别与适配系统，以智慧化赛道管理减少了赛道人员与选手的直接接触，在新冠肺炎疫情防控时期大大增加了赛事的安全性，创建了智能技术在路跑赛事场景下的新应用。

二是运动装备智能化程度提高。5G、AI、大数据等技术渗透到运动训练、体育教育、体育制造以及全民健身领域中，成为延长体育产业价值链、提升体育产业竞争力的强劲动力。新冠肺炎疫情突袭而至后，体感健身设备、VR/AR 等新兴居家运动类设备需求激增，涉足智能制造、医疗健康的体育科技企业也展现出了强大的成长潜力。例如已经运用到国家队训练中的庞伯特乒乓球训练机器人，配置了高速双目立体视觉系统、骁龙 865 芯片以及人工智能算法平台；上海跃动跳绳发明的搭载无线技术的智能跳绳，可以自动生成运动数字。

三是场地设施数字化建设完善。上海市还积极开展智慧场馆、智能跑道、智能体育公园、无人值守场地等体育空间的数字化建设和升级工作，不断拓展群众参与体育运动的空间。创新运用“互联网 + 体育”运营模式，打造上海共享健身房、迷你“共享健身舱”等社区小型体育场地，以优惠的价格、便利的收费方式吸引众多市民参与健身锻炼，为推动全民健身做出重大贡献。

专栏3　共享健身房助力全民健身[①]

共享健身房采用无须年费、按次消费的经营管理模式，颠覆了传统健身房办卡推销的预付费模式。市民通过线上注册充值，扫码进入健身房，运动结束时费用自动扣除；还可在线预约私教课程，按课程次数付费。早在2018年，上海就开始探索用“互联网+体育”解决传统体育设施管理模式的痛点问题，在全国率先实现智能化体育场馆管理。2019年静安区洛川东路出现了首家共享健身房，每天营业时间分3个时段，收费标准分别为每小时2元、5元、8元。2021年上半年，健身房入场人数已经超过3万人次。利用闲置空间因地制宜地嵌入共享健身房，不仅降低了市民健身的成本，而且提高了公共体育服务的管理水平，达到便民、利民、惠民的目的，助力全民健身普及。

三　上海市体育产业发展面临的新形势

（一）主要机遇

1. “双循环”新发展格局带来产业发展黄金期

“十四五”时期，我国构建以国内大循环为主体、国内国际双循环相互促进的新发展格局日益迫切。上海作为“双循环”重要节点城市，肩负着“引进来”和“走出去”的重任。面对错综复杂的国内外形势，体育产业拥有危中寻机，甚至弯道超车的战略性契机。体育既是“内循环”中消费需求升级和生活方式转变的重要取向，也是“双循环”中国际国内交往交流的重要手段。重大体育赛事是向世界推介上海的窗口，也是展示上海经济社会发展水平、城市精神与活力的重要平台，以举办国内外重大体育赛事为抓手，有利于上海树立地区特色品牌，加快建设全球著名体育城市。

① 《共享健身房：2元起步无需年费》，上观新闻，2021年7月15日，https：//web.shobserver.com/journal/article/share？id=317581。

2. 体育消费需求迎来爆发式增长

体育作为人民日益增长的美好生活需要的组成部分，将成为不可或缺的一种现代生活方式。2020 年，我国居民人均可支配收入为 32189 元，与之相比，上海人均可支配收入达到 72232 元，高居全国榜首。2020 年上海人均消费支出达到 42536 元，成为全国唯一超过 4 万元的地区。这一阶段将带来体育消费的跨越式上升，体育消费作为新型消费、升级消费的重要内容，在消费习惯、方式、量级等方面都将发生诸多新变化。上海拥有全国最具活力的体育消费市场，2020 年上海市体育消费总规模达到 744.7 亿元，居民人均体育消费达 2995.9 元，领先全国水平，而且诞生了诸多体育消费新产品、新服务、新模式，涌现出宝山区三邻桥、嘉定区翔立方、闵行区游悉谷等新型体育服务综合体，体育项目产业丰富，体育消费场景多元，体育消费市场潜力巨大。

3. 技术进步赋能体育产业变革

互联网、大数据、人工智能、5G 等前沿技术正在给体育产业带来颠覆性影响，数字技术在经济社会发展中的作用从提升效率和劳动生产率的辅助角色上升到生产力的中心位置。① 上海科技创新资源丰富，依托张江高科示范区、松江 G60 科创云廊、徐汇西岸国际人工智能中心等集聚区，上海“体育 + 科技”产业发展具有得天独厚的优势，体育赛事、装备制造、体育场馆、信息服务等领域的产业链均面临新调整，科技创新助推上海体育产业高质量发展将是未来的主导趋势。

4. 长三角一体化发展迎来战略机遇期

长三角区域经济发展水平走在全国前列，随着长三角一体化在交通、医疗、生态、科技、人才等方面的深入推进，体育产业也迎来了新机遇。为探索长三角地区体育一体化发展的制度体系和路径模式，提升长三角地区体育整体综合实力，2020 年上海市体育局联合江苏、浙江、安徽三省体育局发

---

① 中国电子信息产业发展研究院：《2019 年中国数字经济发展指数》，2019 年 10 月，http：//www.cbdio.com/image/site2/20191105/f42853157e261f2b7ce507.pdf。

布了《长三角地区体育一体化高质量发展的若干意见》，上海市在促进资源流动、引领区域发展等方面承担着重要使命。2021 年长三角体育一体化办公室成立，并编制《长三角地区体育产业一体化发展规划（2021—2025）》，未来将通过项目合作方式推动长三角地区体育一体化发展，助力加快推进体育强国建设。

（二）面临的挑战

1. 世界格局正在发生深刻变化

当今世界处于百年未有之大变局，贸易保护主义抬头，贸易和债务争端加剧，全球产业链、供应链政治化切割频发，要素流动速度放缓，逆全球化趋势明显，世界政治、经济、社会、文化固有格局正在加速变动和重构。世界主要体育大国将工作重心转向国内，减少国际赛事承办，压缩国际体育文化交流项目，全球主要职业体育联盟、联赛步入收缩周期。[①] 在此复杂多变的国际大环境下，上海打造全球著名体育城市的难度加大。

2. 疫情防控常态化背景下面临诸多不确定因素

一方面，竞赛表演业遭受冲击，大量原定于上海举办的国际性赛事面临取消、延期或异地举办，如上海劳力士大师赛、上海浪琴环球马术冠军赛、世界斯诺克上海大师赛、国际田联钻石联赛上海站、2021 年世界赛艇锦标赛都被迫取消。部分体育赛事通过限制观众人数、空场比赛等方式降低办赛风险，使得体育赛事的商业价值有所缩减。另一方面，健身行业经营模式受到挑战，疫情放大了健身行业经营模式的弊端，更多消费者的健身地点从健身房转移到家里，线下服务受到较大影响，多家企业面临资金链断裂和倒闭的风险。

3. 人口变化带来新挑战

上海市第七次全国人口普查数据显示：上海市生育率持续走低，新生儿

---

① 鲍明晓：《“十四五”时期我国体育发展内外部环境分析与应对》，《体育科学》2020 年第 6 期，第 3 ~ 8 页。

数量较少，0～14 岁人口为 243.63 万人，占比达 9.8%；老年人口数量庞大，人口老龄化程度进一步加深，60 岁及以上人口为 581.55 万人，占比达 23.4%，人口老龄化水平位居全国第二，仅次于辽宁省。这将在一定程度上导致体育人口减少、体育参与活力下降、运动项目普及难度大、竞技体育后备人才不足、体育消费水平下降等问题。

四 “十四五”时期上海市体育产业发展方向

（一）完善现代体育产业体系

一是加强体育赛事和运动项目的驱动力，持续推进以竞赛表演业、健身休闲业和体育传媒业为引领的产业体系建设。二是推进公共体育场馆功能改造和机制改革，鼓励企业积极参与场馆运营。三是促进体育与文化、教育、旅游、健康、科技等产业融合，逐渐形成“体育＋”和“＋体育”的发展格局。四是大力发展体育服务贸易，主动对接中国国际进口博览会和中国国际服务贸易交易会，支持中国国际体育用品博览会继续落户上海。

（二）优化体育产业空间布局

一是依托体育场馆和赛事集聚资源，结合国家体育消费试点城市、体育产业基地、都市运动中心、体育类特色小镇的发展，吸引国内外体育企业总部、功能性体育行业协会、国际体育组织落户上海，加强文商体旅融合发展，重点打造几个在全市乃至全国具有示范效应的省级体育产业集聚区。二是与五大新城规划衔接，促进体育产业布局更加科学、合理，以项目为支撑实现错位发展。松江新城依托 G60 科技云廊和大学城资源，打造新兴体育科技产业。浦东依托其海空港齐备的区位优势和临港新区的政策优势，创新打造临港体育产业自贸创新试验区，发展体育商贸服务产业。奉贤依托海湾运动休闲特色小镇，打造时尚运动项目产业集聚区。嘉定依托国际赛车场、嘉定汽车城和新能源赛车公园发展汽摩运动。青浦紧抓长三角生态绿色一体化发展示范区建设机遇，大力发展水上运动，联合周边水域，打造一批水上运动赛事 IP，形成“江南水乡客厅”体育品牌。

（三）提升体育产业能级

体育消费是推动上海市体育产业高质量发展的突破口，也是全球著名体育城市建设的重要支撑。体育消费升级有利于构建完善的体育产业内需体系。上海市要以建设国际知名的体育消费中心为契机，积极促进体育消费。一是扩大体育产业市场供给，推广适合公众广泛参与的健身休闲项目，加快发展普及性广、关注度高、市场空间大的运动项目，培育相关专业培训市场。扩大优质体育赛事供给，吸引大众观赛消费。二是提升体育产业产品和服务质量，加强体育产业行业和产品的标准制定工作，鼓励企业和行业协会参与制定满足体育产业消费需求和产品创新需求的各项标准。三是挖掘体育产业消费潜力，着力打造以城市商圈为核心的“都市运动中心”模式，促进体育消费与商业服务对接，营造优良的体育消费环境。依托体育资源禀赋和体育消费潜力，推动徐汇区、杨浦区国家体育消费试点城市建设。

（四）提高体育资源配置效率

一是加快建设体育资源交易中心。推动国家体育资源交易平台落户上海。依托上海联合产权交易所体育资源交易平台，适应体育资源交易特点，不断完善交易规则、竞价方式、信息系统等配套体系，促进本市体育资源合理配置。加快体育资源市场化交易创新机制研究。二是加快建设国际体育贸易中心。发挥上海市总部经济和服务贸易集聚的优势，优化体育贸易整体营商环境，提高上海市在体育资源要素流通环节的配置效率，打造具有国际影响力的国际体育贸易中心。

（五）引领长三角体育一体化建设

一是要落实长三角一体化发展国家战略，积极发挥上海市龙头带动作用，借助长三角地区体育产业一体化发展协作机制，在体育资源共享、赛事联办、信息互通、项目合作和人才交流培养等方面主动作为，将长三角地区体育产业一体化发展向纵深推进，提升长三角地区体育产业全球竞争力、创造力与辐射带动力。二是要深入落实《长三角地区体育一体化高质量发展的若干意见》（沪体办〔2020〕159 号），促进长三角地区体育领域规划衔接、政策联动、项目推广，打造体育产业协同发展典范，建成全国体育高质量发展样板区和区域体育一体化发展示范区。

参考文献

常亚杰：《上海在双循环发展战略中的功能与路径选择》，《科学发展》2021 年第 4 期。

康露、黄海燕：《体育与科技融合助推体育产业高质量发展：逻辑、机制及路径》，《体育学研究》2021 年第 5 期。

黄海燕主编《上海体育产业发展报告（2019～2021）》，社会科学文献出版社，2021。

黄海燕：《“‘双循环’新发展格局下体育产业高质量发展”专题思考》，《体育学研究》2021 年第 3 期。

B.3
江苏省体育产业发展报告

徐光辉　王丽丽*

摘　要： 为实现体育强省建设目标，近几年江苏省全面发力体育产业，实现全省体育产业全方位发展。在产业工作方面，江苏省体育局积极实施惠企纾困政策，支持体育企业应对疫情；同时配合发力需求侧，提振复苏体育消费市场；坚持示范引领先行，推进体育消费试点建设。此外，在升级体育产业载体、推动体旅融合发展、统筹运用两个资金、打造产业发展平台、加强政策引导服务等方面，江苏省体育局全面展开了一系列工作，并取得了显著成效。面对体育产业发展中仍存在的问题，下一阶段江苏省将继续在促进体育消费、优化体育产业体系、激发体育市场活力、增强体育产业发展能级、拓展体育发展新空间、营造体育产业高质量发展环境等方面持续发力，为实现体育强省建设目标而努力。

关键词： 体育产业　体育强省　复工复产

体育产业是新时代满足人民群众对美好生活向往的新兴产业、幸福产业、健康产业，承担着落实体育强国、健康中国等国家重大战略的责任和使

* 徐光辉，江苏省体育产业指导中心副主任，江苏省体育产业研究院副院长，研究方向为体育产业；王丽丽，江苏省体育产业指导中心（江苏省体育产业研究院）部长，研究方向为体育产业政策。

命。近年来，江苏省体育产业主动融入中心大局，坚持市场主导，优化结构布局，强化载体建设，采取供给侧改革和消费端刺激同步发力，推动体育产业高质量发展，在促进经济增长、满足消费需求等方面发挥了积极作用，为加快体育强省建设做出了重要贡献。

一　江苏省体育产业发展状况

（一）产业规模体量持续扩大

江苏省体育产业总规模从2015年的2805.51亿元提高到2019年的4620.42亿元（约占全国的1/7），增长了0.65倍；体育产业增加值从2015年的879.81亿元提高到2019年的1570.94亿元，年均增长率达到15.60%，由高速发展向高质量发展转变；2019年体育产业增加值占全省GDP的比重为1.58%，较2015年提高了0.33个百分点（见图1）；体育服务业增加值占体育产业增加值的比重达到68.4%（较2015年增长了15.4个百分点），数字体育、在线健身、网上赛事、线上培训等新模式、新业态蓬勃发展。

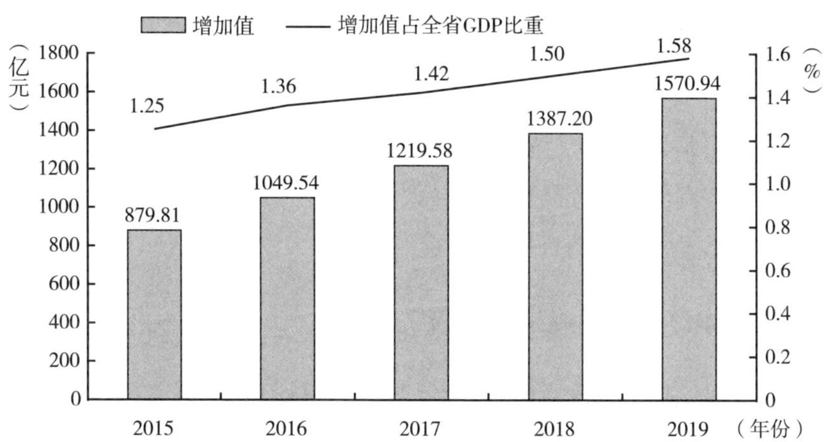

图1　2015～2019年江苏省体育产业数据

资料来源：江苏省体育产业历年统计数据。

（二）体育消费持续提质扩容

江苏省城乡居民体育消费总规模从 2017 年的 1700 亿元提高到 2019 年的 1971 亿元，增长了 15.9%；人均体育消费支出从 2017 年的 2028 元提高到 2019 年的 2442 元（占全省居民人均可支配收入的 5.9%），增长了 20.4%。[①] 付费观赛、数字体育消费，以及马拉松、徒步、自行车、冰雪、帆船、潜水、漂流、户外宿营、徒步骑行、汽车露营等时尚体育消费不断增长。体育消费正从低水平、广泛性的基本公共服务性消费向高黏合度、强带动性的发展性消费转变，消费层次和质量不断提升。

（三）体育市场主体持续壮大

伴随体育领域“放管服”改革的深入推进，体育市场活力涌动，社会投资活跃。省、市体育产业集团进一步发展壮大，江苏金陵体育、淮安共创草坪成功在主板上市，一批创新型体育企业在新三板上市。2019 年底全省共有各类体育产业法人单位及产业活动单位 36572 家[②]（较 2015 年底增长了 145.4%）。

（四）体育赛事活动有序开展

2015～2019 年，全省共举办国际性赛事 366 场、全国性赛事 578 场[③]，办赛数量全国领先，“三大球”职业联赛蓬勃发展，以南京马拉松、无锡马拉松、扬州鉴真国际半程马拉松、环太湖国际公路自行车赛等为代表的一批品牌赛事显示了强劲的消费拉动作用。

（五）体育场地设施持续完善

江苏省率先提出并建成城市社区“10 分钟体育健身圈”，推动全省各级

---

① 2019 年江苏省体育消费调查数据。

② 2019 年江苏省体育产业统计数据。

③ 江苏省体育局提供。

各类体育设施优化提升，全省建有公共体育场馆 1148 个（其中大型体育场馆 82 个），截至 2020 年底，建成健身步道 1.2 万余公里，体育公园 1016 个，冰雪场地 47 片，水上运动场 194 个，汽车赛车场、卡丁车运动场及摩托车运动场 102 个，航空运动机场 15 个，每年推动 100 个以上大型体育场馆向社会免费或低收费开放，人均体育场地面积达 3.15 平方米。[①] 稳步开展公共体育场馆“两权分离”、推进“改造功能、改革机制”工作，南京奥体中心场馆运营权整体划归江苏省体育产业集团有限公司，13 个设区的市中有 12 个市成立市体育产业集团（或公司）并负责本级体育场馆的运营，还有 1 个市的体育会展中心由社会资本运营，全省有 46.3% 的县（市）通过成立体育产业公司运营管理受委托的体育场馆等。

（六）产业发展能级持续提升

南京、苏州、常州三市成功入选首批国家体育消费试点城市，创建 28 个国家体育产业基地和 102 个省级体育产业基地，拥有 4 个国家级运动休闲特色小镇试点项目、3 个体育类省级特色小镇，认定四批 62 家体育服务综合体，3 个综合体入选国家体育总局体育服务综合体典型案例，体育载体支撑赋能体育产业高质量发展成效明显。江苏体育产业大会已成功举办 6 次。[②] 长三角以及大运河文化带、淮河生态经济带、淮海经济区等区域体育产业合作有序开展。

（七）政策环境持续优化

近年来，江苏省从体育产业供需两端密集出台一系列促进政策，省级陆续出台各类体育产业政策 20 余项（见表 1），新冠肺炎疫情防控时期出台了《关于应对新冠肺炎疫情影响促进体育产业健康稳步发展若干措施的通知》（“体育产业 15 条”）纾困政策，编印了《江苏体育企业发展服务政策指

① 江苏省体育场地统计调查数据。

② 江苏省体育局提供。

引》。2016～2020年，江苏省体育产业发展专项资金累计安排4.96亿元支持571个项目，带动社会投资167.71亿元，财政投入乘数达1∶33.8，引导体育产业投资"杠杆效应"明显；累计有579个场馆获得总额为2.58亿元的中央和省级财政补助资金；为引导促进体育健身消费，自2017年起每年向全省健身群众发放5000万元体育消费券。[①]

表1　江苏省体育产业政策清单（2016～2021年）

序号	印发年份	文件名称
1	2016	《江苏省"十三五"体育产业发展规划》
2	2016	《江苏省体育产业发展专项资金使用管理办法》
3	2016	《江苏省健身俱乐部促进计划(2016—2020年)》
4	2016	《江苏省体育局关于开展体育健康特色小镇建设工作的通知》
5	2016	《江苏省体育设施向社会开放管理办法》
6	2016	《江苏省体育产业基地管理办法(修订稿)》
7	2017	《江苏省政府办公厅关于加快发展健身休闲产业的实施意见》
8	2017	《江苏省体育局关于推进体育竞赛改革提升赛事效能的指导意见》
9	2017	《江苏省支持社会力量举办马拉松、自行车等大型群众性体育赛事行动方案(2017)》
10	2017	《江苏省健身俱乐部专项扶持资金管理暂行办法》
11	2017	《江苏省体育局关于加快体育服务综合体建设的指导意见》
12	2018	《江苏省体育旅游发展行动计划(2018—2020年)》
13	2018	《江苏省加快发展水上运动产业行动方案》
14	2018	《江苏省加快发展航空运动产业行动方案》
15	2018	《江苏省加快发展山地户外运动产业行动方案》
16	2018	《江苏省加快发展冰雪运动产业行动方案》
17	2018	《江苏省体育健康特色小镇奖补资金使用管理办法》
18	2019	《江苏省体育局　江苏省发展改革委〈关于进一步促进体育消费的行动计划(2019—2022年)〉》
19	2019	《江苏省体育局关于推动江苏体育竞赛表演产业高质量发展行动方案》
20	2019	《江苏省体育消费券专项资金管理办法》

① 江苏省体育局提供。

续表

序号	印发年份	文件名称
21	2020	《江苏省体育局　江苏省发展改革委〈关于促进全民健身和体育消费推动体育产业高质量发展行动方案〉》
22	2020	《关于应对新冠肺炎疫情影响促进体育产业健康稳步发展若干措施的通知》（“体育产业 15 条”）
23	2020	《2020 年江苏省体育消费券发放方案》
24	2021	《2021 年服务体育企业“十个一”行动计划》
25	2021	《江苏省深化体旅融合发展行动计划》

资料来源：江苏省体育局。

二　江苏省体育产业工作开展情况

（一）实施惠企纾困政策，积极支持体育企业应对疫情复工复产

面对突如其来的新冠肺炎疫情对体育行业的影响，江苏省体育局及时出台“体育产业 15 条”纾困政策，围绕体育产业供给和需求两端，采取 15 条具体政策措施，全力支持体育企业应对疫情渡难关、稳发展。江苏省分别联合中国建设银行江苏省分行、江苏银行推出金融助企措施，中国建设银行成功给予464 家客户信贷支持5.08 亿元，江苏银行体育产业实贷余额10.28 亿元；下达中央和省公共体育场馆免费或低收费开放补助资金、省体育产业发展专项资金、省健身俱乐部专项资金共 1.85 亿元；省体育局系统政府采购首付比例提高至60%，采购总额达2.04 亿元（见表2）。

表 2　“体育产业 15 条”实施情况（2020 年）

政策措施	实施情况
中央和省公共体育场馆免费或低收费开放补助资金、省体育产业发展专项资金、省健身俱乐部专项资金	共 1.85 亿元
2020 年省体育产业发展专项资金	总额为 9940 万元扶持 101 个项目

续表

政策措施	实施情况
省体育局系统政府采购首付比例	提高至60%，采购总额达2.04亿元
金融服务	中国建设银行江苏省分行推出了“复工助企四专十条措施”：成功给予464家客户信贷支持5.08亿元
	江苏银行推出了“支持全省体育产业复工复产和健康发展综合金融服务方案”：江苏银行体育产业实贷余额10.28亿元
体育彩票疫情防控网点专项补贴	2626.1万元
体育彩票	网点净增长222个，在售网点总数达到14737个
促进体育消费	全省发放5000万元体育消费券，同步推出覆盖所有县（市、区）的500多个定点使用场馆
	南京、苏州、常州成功入选首批国家体育消费试点城市
	南京奥体中心等4家单位获评新一批国家体育产业基地
	认定第三批体育服务综合体16家，动态认定省级体育产业基地102家
	12个项目入选长三角地区精品体育旅游项目，推介发布“江苏时尚体育好去处”37个

资料来源：《2020年江苏体育产业复工复产情况调研报告》。

（二）注重需求侧发力，着力推进体育消费市场提振复苏

在供给侧助力体育企业复工复产的同时，从需求侧采取积极有效措施推进体育消费市场提振。一是出台促进体育消费政策。省体育局、省发展改革委联合印发《关于促进全民健身和体育消费推动体育产业高质量发展行动方案》（简称《行动方案》），从进一步深化“放管服”改革、着力提升体育产业发展质效、持续释放体育消费动能等7个方面，制定23条任务措施，并明确26个省有关部门的工作任务责任分工。制定省体育局系统贯彻《行动方案》重点工作责任分解方案，形成56项工作任务责任清单，分别由局领导牵头，有关处室单位负责落实，确保各项任务措施落地实施。二是面向全省发行体育消费券。2020年继续面向全省发放5000万元体育消费券，体育消费券定点使用场馆超过500多个，覆盖所有县（市、区）。各地积极开

展各类促消费活动，南京市、苏州市分别发放 1000 万元体育消费券，连云港、昆山、张家港、常熟、太仓等地将体育纳入文旅等消费券发放范围，南京市举办体育明星直播带货等营销活动，淮安市采取“线下摆摊 + 线上直播”方式开启“体育消费”大卖场，苏州市举办“姑苏八点半 · 体育夜市”系列活动。2021 年全省体育消费券发放增至 6000 万元，其中 1500 万元专项用于支持社会体育俱乐部。

（三）坚持示范引领先行，大力推进体育消费试点建设

将体育消费试点建设作为全面促进体育消费、推动体育产业高质量发展的重要抓手，鼓励有条件的城市因地制宜开展体育消费机制创新、政策创新、模式创新、产品创新，努力形成一批可复制可推广的经验模式和试点成果。一是推进国家体育消费试点建设。统筹推进南京、苏州、常州国家体育消费试点城市建设，三市均建立了多部门参与的领导小组，并以市政府名义印发了试点工作实施方案或行动计划。南京市政府印发《南京市建设国家体育消费试点城市工作实施方案》，进一步明确了试点目标、重点任务和政策举措，并细化了 52 项重点任务和明确了责任部门。苏州市政府印发《苏州市关于推进国家体育消费试点城市建设实施方案》，聚焦全民健身、竞技体育、体育休闲等体育消费核心要素，提出深化体育管理机制改革行动、加强体育消费载体建设行动等六大行动，全面促进体育消费水平提升。常州市政府印发《常州市推进国家体育消费试点城市建设三年行动计划（2020—2022）》，明确试点目标、重点任务、责任部门和完成时限，并明确 25 项重点项目，44 个体育产业基地、体育服务综合体、体育旅游项目建设清单。它们均完成了试点城市居民体育消费调查工作，南京、苏州、常州三市 2020 年人均体育消费分别为 3080 元①、3077 元②、3053 元③。二是启动推

① 南京市体育局提供。
② 苏州市体育局提供。
③ 常州市体育局提供。

进省级体育消费试点建设。确定江阴市等11个县（市、区）以及国家体育消费试点城市所辖17个县（市、区）为首批省级体育消费城市试点单位（见表3），以基层消费创新策应国家体育消费试点建设。各试点单位均按要求建立了工作协调机制，制定了试点工作方案，明确了试点目标、工作举措、各部门任务分工和完成时限，并确定了一批试点工作支撑性重点项目，以促进体育消费的硬招实招引领推动体育产业高质量发展。

表3　江苏省体育消费试点名单

层级	试点名单	
国家体育消费试点城市(3个,2020年)	南京市、苏州市、常州市	
省级体育消费城市试点单位(28个,2021年)	设区的市	县(市、区)
	南京	江北新区、玄武区、秦淮区、建邺区、鼓楼区、栖霞区、雨花台区、江宁区、浦口区、六合区、溧水区、高淳区
	无锡	江阴市
	徐州	泉山区、云龙区
	常州	天宁区、钟楼区
	苏州	昆山市、张家港市、相城区
	南通	通州区
	连云港	海州区
	淮安	淮安区
	盐城	盐南高新区
	扬州	江都区
	镇江	丹阳市
	泰州	海陵区
	宿迁	沭阳县

资料来源：国家体育总局首批国家体育消费试点城市公布名单、江苏省体育局首批省级体育消费城市试点单位公布名单。

（四）加强标准动态管理，努力推动体育产业载体升级发展

坚持标准引领和动态管理，进一步推动各类载体业态创新、功能拓展、升级发展。一是发挥体育产业基地的示范引领作用。在国家体育产业基地方

面，一方面，鼓励引导具备条件的地区，加快建设新的国家体育产业基地，实现增量提升。2019 年，南京奥体中心经营管理有限公司、南京万德体育产业集团有限公司获评国家体育产业示范单位，盐城悦达体育服务综合体、不止骑自行车认证系列赛获评国家体育产业示范项目；2020 年，常州市钱璟康复股份有限公司、南京体育产业集团有限责任公司获评国家体育产业示范单位，盐城大纵湖体育旅游、海绵校园绿色运动场系统（苏州）获评国家体育产业示范项目（见表 4）。另一方面，根据国家体育总局的要求，做好基地建设指导和督导工作，每年底报送建设进展情况，并组织开展考核评估工作。在省级体育产业基地方面，加强培育创建和动态管理，在对原 100 个省级体育产业基地动态评估的基础上，重新认定 82 个省级体育产业基地，不断引导基地创新发展、做优增量。二是加快推进体育服务综合体建设。优化完善体育中心型、全民健身中心型、商业中心内嵌型、其他型等体育服务综合体分类评审标准，2020 年、2021 年分别认定 16 家（第三批）、20 家（第四批）体育服务综合体，并组织开展前三批体育服务综合体跟踪问效和督查，进一步建立健全退出机制。根据对第一批、第二批 27 家体育服务综合体跟踪问效情况，2019 年累计完成营业收入约 25.5 亿元（同比增长 20.9%），其中体育设施营业收入达 4.7 亿元（同比增长 11.5%），体育设施纳税总额达 3743 万元（同比增长 6.8%），体育场地创造工作岗位人员数量共计 3047 人（同比增长 7.7%），建设体育场地（含新增）面积达 181 万平方米，举办体育赛事活动数量达 1046 次，全年参加体育运动人员数量达 1534 万人次，完成体育培训达 189 万人次。① 三是推进体育类特色小镇建设（见表 5）。根据国家体育总局部署要求，做好 4 个国家级运动休闲特色小镇试点项目建设推进工作；会同省发展改革委完成原 20 家省级体育健康特色小镇整合规范工作，将徐州贾汪茱萸山体育健康小镇、扬州仪征枣林湾运动小镇、苏州太湖体育运动休闲小镇等 3 个小镇整合进入省级体育类特色小镇创建名单。

---

① 江苏省体育局提供。

表 4　江苏省国家体育产业基地名单

类型	名称
国家体育产业示范基地（6 个）	苏南（县域）国家体育产业基地（昆山、江阴、溧阳）（2013 年）
	武进国家体育产业示范基地（2016 年）
	宜兴国家体育产业示范基地（2016 年）
	张家港国家体育产业示范基地（2017 年）
	建邺国家体育产业示范基地（2017 年）
	溧水国家体育产业示范基地（2018 年）
国家体育产业示范单位（11 个）	江苏共创人造草坪有限公司（2016 年）
	江苏金陵体育器材股份有限公司（2016 年）
	南京边城体育用品股份有限公司（2016 年）
	江苏康力源健身器材有限公司（2016 年）
	江苏省五台山体育中心（2016 年）
	南通铁人运动用品有限公司（2018 年）
	江阴四方游泳康复产业股份有限公司（2018 年）
	南京万德体育产业集团有限公司（2019 年）
	南京奥体中心经营管理有限公司（2019 年）
	常州市钱璟康复股份有限公司（2020 年）
	南京体育产业集团有限责任公司（2020 年）
国家体育产业示范项目（11 个）	江苏红山体育公园（2016 年）
	海澜马术表演项目（2016 年）
	江苏中正体育场地设施检测服务平台（2017 年）
	新动力连锁汽车越野项目（2017 年）
	曹甸青少年体育装备制造创意产业园（2018 年）
	江南环球港体育服务综合体（2018 年）
	南京金地体育公园（2018 年）
	盐城悦达体育服务综合体（2019 年）
	不止骑自行车认证系列赛（2019 年）
	盐城大纵湖体育旅游（2020 年）
	海绵校园绿色运动场系统（苏州）（2020 年）

资料来源：国家体育总局历年国家体育产业基地认定名单。

表 5　江苏省体育类特色小镇名单

所在地	特色小镇
徐州	贾汪茱萸山体育健康小镇（国家级运动休闲特色小镇试点项目、省级体育类特色小镇创建名单）
扬州	仪征枣林湾运动小镇（国家级运动休闲特色小镇试点项目、省级体育类特色小镇创建名单）
苏州	太仓天镜湖电子竞技小镇（国家级运动休闲特色小镇试点项目）
南通	通州区开沙岛旅游度假区（国家级运动休闲特色小镇试点项目）
苏州	太湖体育运动休闲小镇（省级体育类特色小镇创建名单）

资料来源：国家体育总局国家级运动休闲特色小镇试点项目名单（2017 年）、江苏省体育类特色小镇创建名单（2020 年）。

（五）深化战略协同合作，持续推动体旅融合高质量发展

2018 年省体育局和原省旅游局加强战略协作，共同制定实施《江苏省体育旅游发展行动计划（2018—2020 年）》，积极探索体育旅游融合发展路径模式。现阶段，江苏省已基本形成以体育运动为核心，以现场观赛、参与体验及参观游览为主要形式的结构合理、门类齐全、功能完善的体育旅游产业体系；嵌合旅游功能的体育产业基地、体育服务综合体、体育特色小镇等平台载体持续涌现，赛事型、观赏型、休闲型、节庆型、民俗型、数字型等体育旅游产品精彩纷呈，2018 ~2020 年共有 42 个项目入选国家体育总局体育旅游精品项目。以冰雪运动产业为例，江苏省通过体育产业专项资金、体育消费券等政策，大力推进冰雪产业发展，近年来省体育产业发展专项资金累计扶持了 22 个冰雪产业项目①，有力地促进了社会力量参与冰雪运动发展；引导体育类特色小镇、体育服务综合体等建设冰雪运动设施，在体育消费券中安排发放冰雪消费券，将冰雪场馆纳入省体育消费券定点服务场所。在 2021 江苏体育产业大会暨体育旅游融合发展论坛上，省体育局、省文化和旅游厅正式签署新一轮深化体旅融合发展战略合作协议，共同发布《江

① 江苏省体育局提供。

苏省深化体旅融合发展行动计划》及一批重点工作任务清单。未来，省体育局、省文化和旅游厅将进一步强化工作协同，建立定期会商机制，在体育产业、文旅产业发展规划中纳入体育旅游高质量发展内容，共同培育打造体旅融合赛事活动、体旅融合空间载体以及体旅融合活动品牌，联合认定一批体旅融合示范基地和项目。

（六）统筹运用两个资金，进一步引领带动体育产业发展

运用省体育产业发展专项资金、省体育产业投资基金等资金工具，引导社会资本投资体育产业。一是优化江苏省体育产业发展专项资金管理。江苏省政府自 2011 年起设立专项资金，由省体育局、省财政厅共同管理，资金坚持立项管理、过程管理、绩效管理等全流程闭环管理，支持培育优质体育产业项目，2020 年下达资金 9940 万元支持 101 个项目，2021 年下达资金 9840 万元支持 131 个项目。完善新周期体育产业发展专项资金管理政策，制定《江苏省体育产业发展专项资金使用实施细则》，重点扶持重大项目，引导新兴项目，打造龙头企业，培育品牌产品。自 2020 年起在省体育局网站开通“江苏省体育产业发展专项资金直报系统”，实行项目申报与审核业务“一网通办”，实现资金申报、评审和立项全流程“在线监管”。二是设立运作江苏省体育产业投资基金。该基金由江苏省体育产业集团有限公司作为牵头发起人，联合江苏省政府投资基金（有限合伙）、江苏省广播电视集团有限公司、江苏省文化投资管理集团有限公司、江苏沿海创新资本管理有限公司于 2016 年 9 月共同发起设立，主要投资体育本体产业及体育文化、体育健康、体育旅游等相关产业领域项目。截至 2020 年 12 月该基金完成投资项目 10 个，累计完成投资额 22908 万元，实现“体育 + 健康”“体育 + 旅游”“体育 + 文化”的产业布局；在基金所投项目中，实现了 1 家企业完成港股上市，1 家企业申报科创板 IPO 过会，3 家企业开始筹备 IPO 或精选层，3 家企业实现稳定盈利并向基金分红，1 家企业成功退出的较好业绩。①

---

① 江苏省体育产业集团有限公司提供。

（七）强化多元多点支撑，全方位打造各类体育产业发展平台

一是打造体育产业大会平台。以项目资源信息推介、行业标杆发布、服务平台展示为内容，成功举办2020江苏体育产业大会暨中国（淮安）淮河生态经济带体育产业发展论坛、2021江苏体育产业大会暨体育旅游融合发展论坛，努力打造有影响力的政、产、学、研、商互动交流平台。二是打造智库服务平台。加强体育产业智库平台建设，强化江苏省体育产业研究院、江苏体育产业协同创新中心、江苏省公共体育发展研究院、江苏省体育消费研究中心、江苏省体育赛事研究中心等平台的智力支撑作用。三是打造区域合作平台。联合推进长三角区域体育产业协作，共同印发《长三角地区一体化发展三年行动计划（2018—2020年）》《长三角地区体育一体化高质量发展的若干意见》《长三角地区汽车运动产业发展规划（2020—2025年）》，发布2016~2017年、2018~2019年《长三角地区体育产业发展报告》（体育蓝皮书）。承担5项长三角地区体育产业合作项目，2016~2020年，累计组织参加长三角运动休闲体验季33站活动，完成江苏9站活动组织工作。江苏、安徽、山东、河南、湖北5省体育部门签署合作协议，设立淮河生态经济带体育产业协作会议秘书处（筹），共同推进淮河生态经济带体育产业协作发展。四是打造数据统计与资源交易平台。组织开展全省体育产业统计与体育消费调查，率先发布2019年体育产业统计与体育消费调查数据。出版全国首家省份体育产业蓝皮书——《江苏省体育产业发展报告（2019~2020）》。2018年底成立江苏省体育产业资源交易平台，实现体育产业资源交易信息在线发布、交易签约组织、交易资金结算等功能，2020年底平台累计挂牌35个项目。①

（八）加强政策引导服务，努力提升服务体育企业能力

一是强化政策宣传引导。“体育产业15条”出台后，在国家及省内外主流媒体上推出全方位宣传报道，百度浏览器上的“体育产业15条”相关搜索

① 江苏省体育产业集团有限公司提供。

量达247万条，后续还通过拍摄专题片、媒体采风等方式，对体育产业复工复产情况进行持续跟踪报道。开展“江苏体育企业受疫情影响及复工复产情况”“疫情常态化防控下江苏体育企业复工复产情况”网络调查，发布《2020年江苏体育产业复工复产情况调研报告》。设立“支持体育企业应对疫情影响复工复产帮扶政策库”“江苏体育企业发展服务政策库”，编印《江苏体育企业发展服务政策指引》。二是开展服务企业专项行动。为进一步优化营商环境，服务体育企业发展，省体育局出台了《2021年服务体育企业“十个一”行动计划》（见表6），推出一系列精准化、便利化服务体育企业的措施，这项行动被列为省体育局党史学习教育“我为群众办实事”实践活动重点项目。建立了体育产业政企沟通联系点制度，并在全省确定了74家沟通联系点；汇集体育及科技、工信、健康、文旅、税费及用地等相关行业150余条政策信息，在省体育局微信公众号上线“江苏体育企业发展服务政策库”微信小程序，实现全文搜索查询，同时开设《江苏体育产业系列政策面对面》专栏，每周三定期向体育企业推送；发布江苏省体育系统2021年度政府采购清单；为服务保障体育企业，特别是中小微体育企业融资需求，联合中国建设银行江苏省分行针对体育企业特点推出“阳光体育贷”融资服务方案，并在省体育局网站设立了“江苏体育企业金融贷绿色通道”。

表6　江苏省体育局印发的《2021年服务体育企业“十个一”行动计划》（江苏省体育局“我为群众办实事”实践活动重点项目）

序号	“十个一”行动计划
1	建立一批常态化政企沟通联系点
2	健全一套体育企业诉求回复闭环机制
3	向体育企业赠送一套相关政策信息资料
4	发布一张省体育局系统年度政府采购清单
5	完善一个省级体育产业专项资金立项直报平台
6	支持推出一条体育企业金融服务绿色通道
7	召开一次全省体育产业大会
8	举办一期体育企业家高级研修班
9	培育一批促进体育产业发展新载体
10	挖掘一批解决体育企业愁心事典型案例

三　江苏省体育产业发展面临的主要问题和困难

（一）体育产业发展质量不高，发展不平衡、不充分问题较为突出

体育用品制造和销售仍占大头，作为体育服务业核心的健身服务、竞赛表演业所占比重较低；缺乏有影响力的高端体育品牌和龙头企业，仅有江苏金陵体育、淮安共创草坪两家企业在主板 A 股上市；苏南、苏中、苏北区域体育产业发展不平衡、不充分问题比较突出。

（二）体育供给侧改革与需求侧还不相适应，与构建“双循环”新发展格局要求还有较大差距

体育领域尚未形成有效的供需协同机制，不能满足人民日益增长的体育消费需求。体育用品业虽然产品种类较多，但与个性化、智能化、品质化消费需求还不相适应；众多体育用品制造企业仍以出口代加工为主，处于价值链中低端。

（三）大型体育场馆利用效率和运营效能不高

虽然江苏省体育场馆建设水平居全国前列，但场馆运营管理与国家体育总局场馆“两权分离”以及“两改”（改造功能、改革机制）等要求相比，还有一定差距。体育场馆利用率普遍不高，竞赛功能支撑不足；作为基本功能的健身服务以传统体育项目为主，缺乏时尚性强、能够吸引人气的项目；场馆对附加值较高的体育培训大多仍收取场地租金，整体规划缺乏、课程研发欠缺、市场开拓不足。

（四）体育产业政策落实和服务还不能适应企业需求

省体育产业发展专项资金需进一步优化扶持重点和扶持方式，提高立项

管理、过程管理和绩效管理水平。体育产业用地等具体扶持政策落地还有一定障碍，对体育企业的政策精准服务有待加强。

四 未来江苏省体育产业发展目标及思路

未来一段时间，江苏省将充分发挥体育产业在体育强省和培育经济发展新动能中的作用，努力在推动体育产业高质量发展上闯出新路子。预期到2025 年，全省体育产业总规模超过 7200 亿元，增加值约占全省地区生产总值的 2% 以上，服务业增加值占体育产业增加值的比重超过 70%；新增 3 ~ 5 家体育类上市公司，培育创建一批国家级和省级体育消费试点城市，动态评定 100 个以上体育产业基地，新增 60 个以上体育服务综合体[①]，培育一批体育产业特色鲜明、生产生活生态融合的体育休闲方向特色小镇。

（一）坚持供需互动，提升体育服务贴近度，全面促进体育消费

对接供给侧改革和扩大内需，以创新驱动、高质量供给引领和创造新需求，全面激发体育消费活力。大力发展“互联网 + 体育服务”消费模式，培育数字体育、在线健身、网上赛事、线上培训等新业态，培育体育领域定制、体验、智能、时尚和场景等消费新热点。支持南京、苏州、常州三市建设国家体育消费试点城市，重点选择一批县（市、区）作为省级体育消费城市试点单位，打造辐射带动能力强的体育消费样板区和先行区。优化提升城乡一体化“10 分钟体育健身圈”建设，充分利用城乡边角地、老旧街区、闲置厂房等新建、改建健身设施，每年确保有 100 个以上大型公共体育场馆向社会免费或低收费开放。鼓励开展直播带货、体育大卖场、体育嘉年华等形式多样的体育消费主题活动，拓展夜间特色体育消费。举办江苏运动休闲体验季，推介发布“江苏时尚体育好去处”。

① 江苏省体育局提供。

（二）坚持品牌引领，突出重点领域，加快推动体育产业体系优化升级

围绕做强做优产业品牌，推动体育全产业链发展，优化提升体育产业体系整体竞争力。大力发展竞赛表演产业链，打造一批竞争力强的体育竞赛表演骨干企业，推进中小体育赛事企业专业化发展，培育体育赛事中介服务机构，构建赛事策划、开发、运营、服务、营销和推广全产业链。大力发展健身休闲产业链，重点布局冰雪、航空、马拉松、自行车、击剑、马术、汽摩等引领性强的时尚运动项目，拓展一批竞争力强的健身连锁品牌。大力发展场馆服务产业链，围绕机制创新、功能提升，拓展场地供给、健身服务、赛事开发、培训服务等一体化产业链。大力打造体育制造业强链，深入推进体育智能制造，发展服务型制造新模式，鼓励产业链龙头体育企业拓展设计、研发、品牌等价值链高端环节。以深化协作的方式促进长三角区域体育产业一体化高质量发展，推进大运河文化带、淮河生态经济带、淮海经济区等区域体育产业联动发展。

（三）坚持改革创新，激活体育产业发展体制机制，充分激发体育市场活力

深化体育领域“放管服”改革，进一步推进政事分开、管办分离，充分发挥市场机制和行业自律作用，鼓励引导企事业单位、社会组织、个人参与体育发展，积极发展多元主体投资运营的体育服务供给和混合所有制体育经济。强化体育企业创新主体地位，促进各类创新要素向企业集聚，培育一批领军体育企业、独角兽体育企业、体育类上市公司和专精特新“小巨人”体育企业。激发体育社会组织活力，壮大职业体育俱乐部，带动全民健身、竞技体育发展，形成新的发展载体和消费热点。引导体育企业深耕国内市场，促进市场要素在更大范围内流动，实现体育产业链上下游、产供销有效衔接；鼓励体育企业开拓国际市场，扩大体育服务贸易规模。

（四）坚持集聚集约，抓好平台载体建设，增强体育产业发展能级

支持推动苏南（县域）、武进、宜兴等国家体育产业示范基地在更高层次上探索产业转型、消费升级新路径，引导体育产业基地、体育服务综合体、体育产业园区等各类载体升级，进一步推动业态创新、功能拓展、提质增效。培育一批体育产业特色鲜明、生产生活生态融合的体育休闲方向特色小镇，鼓励支持有条件的地区建设体育产业创新试验区。开展公共体育场馆开放使用综合试点，推进公共体育场馆“改造功能、改革机制”工作。积极打造协同创新、智库服务、资源交易、产业孵化、检测认证、大数据服务和人才培养等多层次、专业化服务平台。高水平办好江苏体育产业大会、常州国际运动康复大会，鼓励各地积极举办各类体育产业展会、论坛等活动，创办江苏体育产业创新创业大赛。

（五）坚持开放融合，推进“体育 +”“+ 体育”，拓展体育发展新空间

大力发展体育旅游、体育康复、体育培训、体育传媒等特色业态和服务新模式，助力构建“体育 +”“ + 体育”的发展新格局。

深化体医融合，健全全民健身促进“健康中国”“健康江苏”建设制度性举措，推动省、市、县、乡、村五级体医融合服务机构建设，开展省级运动促进健康中心试点，系统布局推进基层体医融合服务站点建设，加快构建体育和卫生健康等部门协同、全社会共同参与的运动促进健康新模式。深化体教融合，完善各级各类青少年体育赛事体系，构建市场化运行机制，积极引入社会力量参与青少年体育培训。实施《江苏省深化体旅融合发展行动计划》，培育一批体旅融合发展示范基地和创新项目，扶持发展专业体育旅游经营机构，推动形成功能完善的体育旅游产业体系和产品体系。健全群众体育、竞技体育和体育产业融合发展制度机制，增强体育产业发展新动能。

（六）坚持优化服务，打通政策“最后一公里”，营造体育产业高质量发展环境

建立健全体育产业扶持政策融合落实机制。开展服务体育企业专项行动，建立一批常态化政企沟通联系点，推动各项体育产业政策落地落实。用好体育产业发展专项资金，优化体育消费券发行方式，更好地发挥引领产业转型、促进消费升级、推动创新发展的杠杆作用。发挥银企对接平台作用，支持体育消费金融产品创新。鼓励高等院校、职业院校完善体育产业学科专业和人才培养体系，多层次培养体育产业专业人才。严格经营高危险性体育项目审批和管理，健全体育赛事活动监管服务机制，加强场馆运营、赛事活动等安全风险防范工作。健全体育消费统计调查与监测制度。继续发布《江苏体育产业发展报告》，编印《江苏体育产业》杂志。

参考文献

李颖川主编《中国体育产业发展报告（2020）》，社会科学文献出版社，2021。

王志光主编《江苏省体育产业发展报告（2019～2020）》，社会科学文献出版社，2020。

B.4
浙江省体育产业发展报告

庄舒敏　舒登攀*

摘　要： 本报告系统梳理了近年来浙江省体育产业发展情况，并分析总结了浙江省体育产业发展的主要特色，包括体制机制创新为高质量发展注入动力、社会力量办体育形成全国典型示范、打造体育产业数字化和智能化发展新引擎、发展户外运动、务实稳固用品业核心地位、丰富设施供给形式等。下一阶段，浙江省体育产业将主要围绕完善产业政策体系、壮大体育消费市场、培育优势体育企业、深化户外运动发展、实施“体育+”工程、打造产业示范平台、推动数字体育发展、推进长三角一体化、夯实产业发展基础、强化体育市场监管等方面扎实推进，稳步推动全省体育产业高质量发展。

关键词： 户外运动　数字化　社会力量

近年来，浙江省深入贯彻落实《国务院办公厅关于促进全民健身和体育消费　推动体育产业高质量发展的意见》的精神，紧紧围绕打造“重要窗口”和高质量发展建设共同富裕示范区的新目标、新定位，结合省委、省政府“大湾区、大花园、大通道、大都市区”发展战略，以提升消费需

---

* 庄舒敏，浙江省体育局体育经济处一级主任科员，研究方向为体育产业、产业统计；舒登攀，浙江省体育局体育经济处一级主任科员，研究方向为体育产业、体育旅游。

求为导向，着力建体系、强要素、优布局，持续稳企业、补短板、提供给，推动全省体育产业实现高质量发展。

一 浙江省体育产业发展情况

（一）产业规模不断扩大和结构不断优化

2015～2019 年，浙江省体育产业总规模（即总产出）和增加值快速增长，总规模从 1507.8 亿元增长到 2614.8 亿元，年均增长率为 14.75%；增加值从 463.4 亿元增长到 845.5 亿元，年均增长率为 16.22%。体育产业总规模和增加值的增速均远远高于同期 GDP 增速，凸显出体育产业发展的巨大潜力。产业结构持续优化，体育服务业增加值占比不断提高，从 2015 年的 50.1% 上升到 2019 年的 56.8%。从业态来看，健身休闲业、中介服务业、体育培训业和体育传媒业发展最为迅猛。2019 年浙江省体育产业总产出和增加值如表 1 所示。

表 1 2019 年浙江省体育产业总产出和增加值（按体育产业统计分类）

单位：亿元，%

体育产业类别名称	总量		结构	
	总产出	增加值	总产出	增加值
全省体育产业合计	2614.8	845.5	100	100
体育管理活动	51.5	21.8	2.0	2.6
体育竞赛表演活动	27.5	15.1	1.1	1.8
体育健身休闲活动	161.5	98.5	6.2	11.7
体育场馆服务	62.7	31.2	2.4	3.7
体育经纪与代理、广告与会展、表演与设计服务	118.2	25.8	4.5	3.0
体育培训与教育	106.8	78.2	4.1	9.3
体育传媒与信息服务	167.9	46.0	6.4	5.4
其他与体育相关服务	86.0	26.9	3.3	3.2
体育用品及相关产品制造	1493.8	353.5	57.1	41.8
体育用品及相关产品销售、贸易代理与出租	270.9	136.3	10.4	16.1
体育场地设施建设	67.9	12.2	2.6	1.4

资料来源：浙江省体育局：《2019 年浙江省体育产业公报》，2021 年 7 月 5 日，http://tyj.zj.gov.cn/art/2021/7/5/art_1229251252_4675487.html。

（二）产业贡献日益凸显

浙江省体育产业增加值占全省 GDP 比重持续上升，产业贡献度逐步提升。2015 ~ 2019 年体育产业增加值占全省 GDP 比重由 1.08% 提升至 1.35%。2019 年宁波、温州、嘉兴、金华四个地级市体育产业增加值占全省 GDP 比重均超过 1.5%，对全省体育产业增加值的贡献度超过一半①，产业的集聚效应逐渐显现。体育产业的综合社会效益开始受到重视，已经成为县（市、区）经济结构调整和产业转型升级的重要抓手。

（三）产业体系更加完善

近年来，浙江省体育产业体系不断健全，基本形成了以体育用品业为核心，健身休闲、体育场馆服务、体育培训、体育传媒与信息服务共同发展的产业体系。随着产业融合态势加深，体育与旅游、康养、会展、科技等融合培育出众多新兴业态。体育旅游蓬勃发展，以户外徒步、自驾运动为核心的逐梦仙居体育旅游休闲线路、宁海国家登山健身步道等精品体育旅游线路受到青睐，杭州市淳安县石林港湾运动小镇、衢州市柯城区森林运动小镇等户外运动基地建设卓有成效。全民健身与全民健康的融合程度不断加深，体育在健康养老、慢性病防治等多方面的作用不断被挖掘，社会力量兴办的体育健康运动康复机构迅速发展。

（四）市场主体活力倍增

浙江省民营体育经济发达，社会力量积极涌入，市场主体数量激增，形成了高度市场化的社会力量办体育氛围。2019 年全省共有体育产业机构 34627 家，其中企业 28554 家。② 行业龙头企业频出，既培育了申洲国际、莱茵体育、大丰实业、浙江永强、健盛集团、牧高笛等体育上市公司，也培

---

① 浙江省体育局提供。

② 浙江省体育局提供。

育了宏优体育、横店体育、乐刻运动等众多国内知名体育企业，以及永康、宁海等多个体育用品制造出口集群。

（五）产业政策环境明显优化

自 2015 年以来省级政府部门发布以体育发展为核心的政策近 30 项，涵盖体育场馆、青少年体育、健身休闲产业、户外运动、体育消费等诸多领域。发文密度与发文数量全国领先，11 个设区的市均及时颁布产业配套政策文件，为浙江省体育产业的发展提供了良好的发展环境。此外，提及体育产业的政策有 20 余项，体育发展嵌套在“标准化 +”行动计划、生态发展、健康产业等重大战略发展之中，发展潜力和重要性逐渐显现出来。

（六）产业基础越发夯实

一是体育人口的持续增长为体育消费市场的扩张奠定良好基础。2020 年末浙江省经常参加体育锻炼（含学生）的人数占比达 41.8%。二是体育场地空间稳步扩大为体育消费提供重要的空间基础。截至 2020 年底，人均体育场地面积 2.4 平方米。① 三是体育消费市场显示出巨大的发展潜力。运动鞋服、运动器材、健身服务、户外运动、幼儿青少年体育培训、体育健康服务等成为体育消费的高频领域，可穿戴设备、运动康复仪器等新兴消费不断涌现。杭州、绍兴、嘉兴、温州、宁波等地相继发放体育消费券，以促进全民参与体育。

（七）发展平台不断搭建

一是壮大产业载体平台。成功创建国家体育产业示范基地、单位、项目共 33 个，数量居全国第一（见表 2）；绍兴、宁波、金华 3 个市入选国家体育消费试点城市。积极推进运动休闲小镇建设，全省共有 30 个运动休闲小

---

① 浙江省体育局：《奋进正当时　砥砺更扬帆——浙江体育 2020 年工作回眸》，2021 年 1 月 20 日，http://tyj.zj.gov.cn/art/2021/1/20/art_1229472950_59016888.html。

镇培育单位（见表3），采用省地共建、项目推介、资源对接、专家指导等方式做好培育工作。目前，浙江省共培育了30个省级运动休闲旅游示范基地、18条省级运动休闲旅游精品线路、122个省级运动休闲旅游优秀项目单位。二是拓展产业交流渠道和平台。截至2020年底中国·长三角国际体育休闲博览会已累计举办11届，长三角体育产业高峰论坛连续举办3届。通过浙江省体育产业联合会、浙商总会体育产业委员会等产业协会服务平台，举办了百家体育企业走进地方、浙江省体育项目推介会、浙江省体育产业分享会等推介活动。三是搭建金融服务平台。嘉兴、湖州、杭州等多地出台相关政策，携手商业银行或金融机构，直接或间接为融资困难的中小企业提供了资金或信用贷款等金融支持，2020年联合中国银行浙江省分行等金融机构为体育产业授信24亿元，全年共扶持体育企业62家。疫情防控时期，浙江省体育局发布《致全省体育企业的公开信》，联合多家银行签署《金融服务合作协议》，为体育企业复工复产提供金融优惠服务。

表2　浙江省拥有国家体育产业示范基地、单位、项目

类型	名称
国家体育产业示范基地	富阳国家体育产业示范基地
	宁海国家体育产业示范基地
	淳安国家体育产业示范基地
	永康国家体育产业示范基地
	德清国家体育产业示范基地
	北仑国家体育产业示范基地
	柯桥国家体育产业示范基地
	武义国家体育产业示范基地
	江山国家体育产业示范基地
	三门国家体育产业示范基地
	安吉国家体育产业示范基地
国家体育产业示范单位	浙江大丰实业股份有限公司
	浙江华鹰控股集团有限公司
	浙江飞神车业有限公司
	莱茵达体育发展股份有限公司

续表

类型	名称
国家体育产业示范单位	浙江泰普森实业集团有限公司
	万丰航空工业有限公司
	绍兴上虞大康体育健身设施制造有限公司
	牧高笛户外用品股份有限公司
	浙江省黄龙体育中心
	杭州乐刻网络技术有限公司
	杭州孚德品牌管理有限公司
国家体育产业示范项目	杭州马拉松
	亚太汽车拉力锦标赛中国(龙游)拉力赛
	浙江平湖九龙山体育休闲项目
	彩虹鱼运动康复项目
	宏优青少年体育培训项目
	CBSA 海宁斯诺克国际公开赛
	华尔运动防护装备研发项目
	宁波国际赛车场
	健盛之家功能性运动面料研发
	莫干山郡安里体旅综合体
	台州柴古唐斯·括苍越野赛

资料来源：根据国家体育总局 2009 ~ 2020 年国家体育产业基地评选结果整理得出。

表 3　浙江省运动休闲小镇培育单位

序号	属地	名称
1	杭州	石林港湾运动小镇
2	衢州	灵鹫山国家森林运动小镇
3	金华	苏孟乡汽车运动小镇
4	杭州	戴村郊野运动小镇
5	杭州	瑶琳山地拓展运动小镇
6	宁波	胡陈乡野户外小镇
7	温州	铜铃山冰雪运动小镇
8	温州	百丈时尚体育小镇
9	湖州	莫干山漫运动小镇

续表

序号	属地	名称
10	衢州	石门极限运动小镇
11	杭州	界首自行车运动小镇
12	宁波	宁海温泉乐动小镇
13	湖州	安吉山川运动小镇
14	台州	石塘滨海运动小镇
15	丽水	青田高市酷野小镇
16	杭州	合村漂·雪探险小镇
17	绍兴	岭南攀浪灵运小镇
18	丽水	三溪汽车越野小镇
19	金华	龙山越野运动小镇
20	宁波	龙观探险运动小镇
21	嘉兴	尖山定向运动小镇
22	宁波	北仑山海运动小镇
23	杭州	乾潭山水运动小镇
24	杭州	姜家山地探险运动小镇
25	宁波	九龙湖皮艇球运动小镇
26	宁波	石浦半边山滨海运动小镇
27	湖州	煤山矿坑运动小镇
28	绍兴	沃洲万丰航空运动小镇
29	舟山	岱东海岛运动小镇
30	台州	神仙居山地户外运动小镇

资料来源：根据国家体育总局 2017～2020 年运动休闲特色小镇试点项目名单整理得出。

二　浙江省体育产业发展主要特色

（一）体制机制创新为高质量发展注入动力

一是在推动体育产业融入社会经济发展中形成浙江示范。亚运会赋能城市发展。为实现“办好一个会，提升一座城”，促进2022年亚运会、亚残运会筹办和城市发展联动，杭州市发布《杭州市亚运城市行动计划纲要》（杭体局〔2020〕16号），全地域优化城市功能。杭州还联动宁波、温州、金华、绍兴、湖州等协办城市共同推进城市发展行动，《绍兴市亚运城市行动计划（2020—2022年）》（绍政办发〔2020〕32号）等相继出台，为形成全民参与亚运、服务亚运、奉献亚运的氛围，积极探索实践。践行长三角一体化使命。发起长三角运动休闲体验季、中国·长三角国际体育休闲博览会和长三角体育产业高峰论坛。积极探索运动助力乡村。截至2020年底，金华市已建成“体育+”特色村（居）52个，总投资达20.41亿元，其中引导社会资本投入约10亿元，新增就业岗位2914个。①

二是发文数量和发文质量全国领先。自《国务院关于加快发展体育产业促进体育消费的若干意见》（国发〔2014〕46号）印发以来，浙江省紧抓国家颁布的产业政策精神，出台各类省级体育发展配套文件，发布体育核心及相关政策50余项，发文数量与发文质量全国领先，11个设区的市均及时颁布产业配套政策文件，改革重点和区域特色突出；政策文件具有极强的引领性和创新性，《浙江省体育赛事管理办法》（浙江省人民政府令第362号）、《关于推进全省公共体育场馆服务大提升的实施意见》（浙体政〔2020〕108号）、《浙江省户外运动发展纲要（2019—2025年）》（浙体经〔2019〕133号）等均是相关方面的全国首个文件。

三是各类平台的综合效益逐渐显现。浙江省积极开展国家级优秀项目申报工作，国家级示范主体数量全国领先，目前全省成功创建11个国家体育产业示范基地、11个国家体育产业示范项目、11个国家体育产业示范单位，占国家体育产业基地总量（298个）的11%，数量位居全国第一。评优评先激发市场活力。江苏省举办了十大运动休闲达人评选、体育产业十大领军人物评选、十佳运动休闲绿道评选等丰富的评选活动，全方位推进省内产业工作。交流平台促进高效融通，包括长三角地区体育产业协作平台、浙江省

① 金华市体育局提供。

体育产业联合会、浙商总会体育产业委员会等服务平台，还举办了浙江省体育项目推介会、浙江省体育产业分享会等推介活动，支持优势企业、优势品牌和优势项目之间相互交流和学习。数据库形成发展基础，浙江省体育产业发展资金项目库、浙江省重点培育品牌体育赛事名录库和浙江省体育产业机构名录库等基础库已搭建完毕，为“十四五”时期体育产业高质量发展提供基础。这些发展举措逐步形成了具有浙江特色的体育资源配置机制、供给机制和产业推进模式。

专栏1　浙江省体育产业发展资金项目库

浙江省于2014年设立浙江省体育产业发展资金，主要用于扶持培育体育产业重点领域的项目、企业、赛事、小镇、基地等产业主体。2014～2016年每年设立不少于5000万元的专项引导资金，2017～2021年每年设立不少于1亿元的专项引导资金。截至2020年底，812个项目获得资助或奖励，带动社会各界资本投资体育产业约227.1亿元。

专栏2　浙江省重点培育品牌体育赛事名录库

浙江省体育局于2017年出台《关于推进品牌体育赛事培育工作的指导意见》，明确了重点培育品牌体育赛事的内涵、意义、主要任务，并建立了浙江省重点培育品牌体育赛事名录库制度。该名录库每年发布，施行动态管理、实时更新的原则。经过综合评估，2020年名录库赛事共76项。

专栏3　浙江省体育产业机构名录库

浙江省体育产业机构名录库是全省开展体育产业相关业务活动的行政事业单位、社团组织、企业的大集合。2019年全省共有体育产业机构34627家，其中企业28554家。下一步，将以“数字浙江”建设为契机，充分整合市场监管、税务、统计等部门的信息，建立浙江省体育产业单位名录库动态更新机制，加强对重点行业企业进行监测。

（二）社会力量办体育形成全国典型示范

一是形成社会力量办体育的“温州经验”。自改革试点以来，温州针对以往体育领域管得过多、统得过死等问题，深入推进“放管服”改革，厘清了政府、市场、社会的边界，激发了市场活力；大胆打破体制、政策、区域“三大壁垒”，打破单纯依靠体校培养人才的路径依赖，提升竞技体育水平；精细抓好建设、运营、管理“三篇文章”，创新全民健身设施供给模式，切实增强老百姓的获得感、幸福感。三年（2018～2020 年）试点，温州共吸引社会投资体育设施建设超 50 亿元，投入体育人才培养超 1 亿元、投入体育赛事活动超 2 亿元，体育类市场主体翻了一倍多，体育社团和民办非企业单位已达 876 家，增长 46%；153 家社会体育机构承担竞技人才训练任务，涉及 22 个项目，在训人数 5890 人，形成了社会力量办体育的“温州经验”。①

二是创新赛事管理和服务机制。浙江省率先推进“办赛”职能向社会组织转移，改革了体育赛事政府直接举办模式，通过政府购买服务方式由社会力量承办。此外，浙江省建立了赛事社会化运作机制，目前省内马拉松、路跑等赛事的部分办赛经费由赛事公司向社会筹集，政府主要投入安保和医疗，做好赛事的服务保障工作，社会力量在赛事举办中发挥的作用越发明显。

三是创新场馆设施建设模式。浙江省充分引入社会力量建设运营体育场馆，PPP 模式和委托经营模式成为浙江省体育场馆建设的主要形式。其中，杭州奥体中心主体育馆、游泳馆和综合训练馆项目采用 PPP 模式，为政府节约超过 30 亿元的财政支出，获得了良好的经济效益。宁波市宁海县文化综合体，丽水市体育中心游泳网球馆、体育生活馆，温州市瓯海区奥体龙舟运动中心等 PPP 场馆设施建设项目取得阶段性成效，初步形成了企业自主

① 浙江省体育局：《三年期满，社会力量办体育试点成果初显　温州体育“国民共建”格局在全国形成示范蓝本》，2020 年 9 月 30 日，http://tyj.zj.gov.cn/art/2020/9/30/art_1347213_58869087.html。

投资兴建城市体育综合体的模式。这种模式鼓励了社会力量利用闲置厂房、拆违后的闲置地等投资建设体育场馆，参与公共体育场馆经营，提高了场馆利用率，对于转变政府职能以及推动体育设施落后地区的发展具有借鉴意义。

（三）数字化和智能化成为体育产业发展新引擎

一是数字化建设卓有成效。目前浙江省体育公共服务平台、全域户外智能信息服务平台、政采云体育装备馆等产业发展平台已建设完成并投入使用，平台功能、服务特色均为全国提供了良好的发展样本。“体育彩票网点阳光征召”“体彩开奖公告”在“浙里办”App 和浙江政务服务网实现上线，成为全国第一家纳入省级政务服务网的省级彩票中心。

二是智能化加速体育产品和服务改进。人脸识别技术、个性化影像服务、个人健康监测技术和数字转播等应用在杭州马拉松比赛中；智能场馆建设在“十三五”期间开始普及，早在 2016 年浙江省黄龙体育中心就开始智能化改造，打造互联网体育信息平台——“呼啦伴伴”，不仅涵盖了体育社交、场馆预订、门票销售、赛事报名和管理、全民运动和健康数据等功能，还延展至体育文化及运动伤病康复、慢性病管理等领域；运用智能化对传统社区健身中心进行改造，金华市体育局等打造的“金华运动银行”服务平台、嘉兴市打造的“运动家”智慧体育平台等都成为智慧社区健身中心的典范；推动重大项目的智能化建设，积极推动亚运体育场馆引入 5G 网络、大数据和人工智能等新技术基础设施建设。在智能制造领域，浙江省体育制造业主体在装备研发、产品等方面的投入持续增多，企业竞争力明显增强。浙江英飞体育研发了桨板类用品全自动机械生产流水线，浙江针永体育建成了运动袜生产智慧工厂，浙江一苇智能科技有限公司生产的电动冲浪板专利技术全国领先，这些是浙江省从“体育制造”迈向“体育智造”的典型。

三是线上与线下融合趋势明显。以乐刻运动、宏优体育为代表的体育健身、体育培训等行业在疫情防控时期线下体育活动无法正常开展的情况下，积极拓展线上发展渠道，乐刻运动借宅家运动热潮推出线上直播课程，2020年1月至3月初线上视频点击量突破20亿次，集聚大量网络流量的同时也为健身教练提供了全新的就业岗位。

（四）户外运动成为引领产业发展的新风尚

一是初步形成水陆空全覆盖的户外运动业态体系。2019年浙江省体育局出台《浙江省户外运动发展纲要（2019—2025年）》，提出将浙江省打造成“国际知名的‘运动休闲目的地’、全国领先的‘高端户外装备制造集聚地’和‘全域立体’的户外运动示范区”的目标，这也是全国首部省级层面针对户外运动的发展纲要；布局形成包括由以登山、徒步、露营、定向穿越、自行车、汽车越野等为核心的山地户外运动，以帆船、皮艇、冲浪、潜水、海钓等为核心的水上户外运动，以滑翔伞、热气球、运动飞机等为核心的航空户外运动共同构成的户外运动业态体系，项目多元，赛事多样，户外运动产业化、品牌化发展趋势显著。此外，省内多地将户外运动作为发展方向，其中湖州市出台《湖州市“极限之都　户外天堂”品牌发展三年行动计划（2020—2022）》，提出打造“极限之都　户外天堂”体育特色品牌的目标；丽水市出台《最美户外运动天堂规划》，提出将丽水打造成为“山水陆空”四位一体的中国最美户外运动天堂的目标。

二是搭建全国首个户外运动电子地图。浙江省打造的全域户外智能信息服务平台已上线运行，平台应用卫星遥感、地理信息和大数据等技术，收集了全省户外运动资源信息并绘制成浙江省户外运动电子地图，有效推动了省内户外运动的发展。

三是户外运动发展与旅游、健康深度融合。莫干山漫运动小镇、灵鹫山国家森林运动小镇、宁海国家登山健身步道等将户外运动项目与当地旅游资源、文化休闲资源深度对接，深度践行了“在有风景的地方嵌入新经济”的发展思路，成为户外生态体育发展的全国标杆。

四是户外装备制造业蓬勃发展。浙江省集聚了牧高笛、泰普森、迈豪登等一批户外装备制造明星企业，慈溪—定海垂钓用品制造、富阳—淳安水上用品制造、宁海登山装备制造、永康—武义—缙云运动休闲车制造等一批户外运动制造业集群快速发展，多项产品在国内和国际市场上占据主要地位。

（五）体育用品业核心地位务实稳固，创新有为

一是隐形冠军和行业“小巨人”层见叠出。宁波申洲国际的针织服装出口额和出口量居全国首位；宁海深甽镇是全国最早、产量最大的登山杖生产和出口基地，生产品牌占据国内市场份额的七成以上；江山羽毛球产量约占全国总产量的1/3，是全国重要的羽毛球生产基地；温州天龙网球产品营销网络覆盖率在80%以上，产品销售到50多个国家和地区；金华各类健身器材用品企业的跑步机销量占全国总销量的60%；金华永康的平衡车出口额占全国的70%，自行车配件销量占全球的15%；丽水缙云的金棒运动生产的青少年滑板车、轮滑鞋等产品远销国外，出口率达到80%。[①]

二是自主品牌不断涌现。宁海登山杖、慈溪跑步机、定海垂钓用品、牧高笛帐篷和户外鞋服、龙泉宝剑等成为热销中外的明星品牌；杭州水晶、杭州凯普、嘉兴正星、绍兴大康、台州康明特、金华顶康等健身用品制造龙头企业发展态势良好。伴随疫情出现的居家健身潮带来新的发展契机，目前中小型家庭运动健身器材如小型跑步机、筋膜枪等新兴产品成为浙江省体育用品业发展的龙头产品。

三是智造升级趋势明显。浙江省体育装备生产企业创新意识明显增强，企业在装备研发等方面的投入持续增多，企业装备产品创新能力不断增强。大丰实业作为国家火炬计划重点高新技术企业，从硬件和软件两端提高创新研发能力，目前用于体育场馆的实景视频和虚拟三维共嵌系统、场地三维监控系统等产品填补了国际国内空白。浙江英飞体育通过构建全自动机械生产流水线，创新冲浪板产品的制作工艺和提升产品质量，成为国内重要的桨板类用品制造商。浙江针永体育打造运动袜生产智慧工厂，在环保材料、面料

① 根据浙江省体育局调研数据整理所得。

研发、打样工艺、全自动生产设备等多方面的科技化改造下，针永体育运动袜产品轻奢高端化趋势明显，在美国 NBA、MLB、NCAA 赛场上大放异彩。浙江一苇智能科技有限公司聚焦电动冲浪板研发与制造，其生产的电动冲浪板成为国内首个速度可以达到赛事竞技水准的电动冲浪板，目前该公司已获得 30 余项国内专利并参与起草电动冲浪板技术标准。

（六）设施供给形式多元，补齐民生需求短板

一是加强城市余裕空间改造利用。浙江省充分利用建筑屋顶、街道金角银边、老旧工厂、高速公路桥下空间等城市余裕空间建设公共体育场地设施。丽水、宁波等地联合体育、交通、规划、公安、消防等多部门编制桥下空间利用规划，在高架桥下建设篮球、足球、网球等体育场地设施；杭州、金华等地探索中心城区建筑屋顶空间利用路径，打造了数个空中球场，成为区域运动休闲、体育消费新空间；温州借助社会力量加快城市更新进程，将一批社区闲置用房、工业老旧厂房、街边余裕场地改造成为社区健身房、休闲体育中心和城市体育公园，通过市场化投资与运营模式取得良好收益。

二是创新公共体育场地设施规划、出让、建设、运营机制。宁波市出台政策文件要求新建住宅项目必须配建室内体育场馆，同时公园绿地配建 5% 以上占地面积的体育设施，提供了体育场地设施规划建设的标准指引。同时，创新性地提出通过降低土地容积率形式刺激开发商配建公共体育设施，明确该类体育场地所有权移交上级主管部门，此举成为创新体育用地规划形式的重要实践。

三是加大户外运动基础设施建设。宁海国家登山健身步道是第一个符合国家标准的登山健身步道，由徒步、健身等共同构成的“步道经济”每年为宁海带来直接营业收入 4 亿元，带动农民收入 4.5 亿元。[①] 宁海模式逐步

① 浙江省体育局：《“宁海步道经济”辐射全省　走出“浙江特色”体育振兴乡村之路》，2019 年 11 月 22 日，http://tyj.zj.gov.cn/art/2019/11/22/art_1347213_40433137.html。

向全省辐射，近年来浙江省共建成绿道5800余公里、骑行道3000公里、原有古道及汽车越野道约7000公里①，步道建设为户外运动开展奠定了坚实基础。按照“以人为本、以找代建、最少干预、勾连成网”的要求，浙江持续推进“环浙步道”建设，构建省域环线和区域环线、环状步道和线状步道相结合的局域网状步道系统，到2025年，计划建成总里程达10000公里。

三　未来浙江省体育产业发展的构想

（一）完善产业政策体系

深入贯彻落实国办发〔2019〕40号、43号等文件精神，推进《浙江省人民政府办公厅关于促进全民健身和体育消费推动体育产业高质量发展的实施意见》（浙政办发〔2020〕17号）政策落地，将体育产业政策的“普通话”转变为“地方话”，努力打通体育产业政策落实“最后一公里”。积极推动自然资源向户外运动开放，探索分类制定江苏省允许开展的体育赛事活动目录。完善省级体育产业发展资金使用管理办法，提高财政资金使用绩效。

（二）壮大体育消费市场

以推进国家体育消费试点城市建设为契机，培育体育消费新模式。全力支持宁波、绍兴、金华深入开展国家体育消费试点城市建设，完善试点工作方案，开展居民体育消费调查，培育1~2个国家体育消费中心城市。鼓励各地探索体育消费补贴政策，面向广大群众发放体育电子消费券。大力发展节假日和夜间体育经济，进一步拓展体育健身、体育培训等消费新空间，积极构建多层次、多样化、个性化的体育消费体验新场景。做好体

① 《攀登浙江最高峰　“环浙·登顶11峰”活动现全网招募队员》，浙江新闻网，2020年10月30日，https://zj.zjol.com.cn/news/1552823.html。

育彩票新游戏研发，加强渠道创新，促进网点提质增效，推动体育彩票安全健康发展。

（三）培育优势体育企业

发挥龙头企业强链、护链的作用，支持有条件的体育企业发展成为“平台型企业”。鼓励体育企业强强联合、优势互补，打造产业发展共同体。鼓励社会力量投资建设和运营体育服务综合体、体育公园等体育设施。加强银企对接，联合商业银行做好体育企业授信工作。指导浙江省体育产业联合会开展工作，发布《浙体产业周刊》，举办浙体产业沙龙、百家体育企业走进地方等活动，开展浙江省体育产业领军人物评选。

（四）深化户外运动发展

按照“全域运动”的理念，努力打造“运动浙江，户外天堂”。推进山地户外运动、水上运动、航空运动、冰雪运动等新兴时尚体育项目产业化，推动各区域户外运动项目差异化、特色化发展。举办浙江省户外运动大会。按照“以人为本、以找代建、最少干预、勾连成网”的要求，浙江持续推进“环浙步道”建设，充分整合省域范围内既有山路古道、景区游步道、绿道、健身步道、林道、防火道、户外穿越线路及部分县乡村共同道路等资源，打通省内山上运动之道，丰富和拓展群众健身休闲空间。

（五）实施“体育+”工程

重点推动“体育+旅游”“体育+健康”“体育+教育”“体育+科技”等项目发展，支持培育体育新业态、新模式、新消费。主动将体育产业与诗路文化带、大运河文化带、生态海岸带、海岛公园建设等重大规划相衔接，建设一批具有国际水准、功能复合、业态集聚的文商旅体综合体。联合省文化和旅游厅认定一批省级运动休闲旅游示范基地、精品线路和优秀项目，共同举办浙江省运动休闲旅游节。联合相关媒体举办寻找运动休闲达人活动、浙江省大学生体育产业创新创业大赛等。

（六）打造产业示范平台

加快国家体育产业基地建设，深入推进富阳、淳安、宁海、永康、德清、北仑、柯桥、武义、江山、三门、安吉国家体育产业示范基地建设，大力支持大丰实业等国家体育产业示范单位的发展，注重培育杭州马拉松等国家体育产业示范项目品牌，鼓励有条件的地区（单位、项目）争创国家体育产业基地。加强对省级运动休闲基地的指导，开展省级运动休闲基地认定工作。强化对省级运动休闲小镇的培育管理，编制出台运动休闲小镇认定办法，通过省地共建、导师指导、资源对接、媒体宣传等方式持续为运动休闲小镇赋能，打造“运动振兴乡村”的浙江样板，助力共同富裕示范区建设。

（七）推动数字体育发展

以全面推进数字化改革为契机，按照“四个体系”工作要求，全面梳理体育产业核心业务，优化整合数字体育整体智治大系统，提升体育产业信息化平台建设水平，完善浙江省体育产业名录库、高危险性体育项目管理、品牌体育赛事管理、体育彩票门店管理四个子系统的功能。推动5G通信技术、人工智能、云计算、移动穿戴设备在体育领域的整体应用，加快推进体育产业重点领域数字化消费、生产、运营，推动体育产业“上云用数赋智”。深化浙江省全域户外运动智慧信息服务平台建设，完善政采云体育装备馆，提高采购平台使用率。探索建立体育资源交易平台。

（八）推进长三角一体化

深化长三角地区体育产业联盟建设，打造长三角现代体育产业体系，完善多层次、多领域产业合作机制。继续提升长三角运动休闲体验季、中国·长三角国际体育休闲博览会和长三角体育产业高峰论坛等品牌活动的影响力。发挥浙江全域户外运动智慧信息服务平台的示范作用，不断更新平台内容，扩充平台功能，推动建立长三角户外运动智慧信息服务平台。进一步完善政府采购云服务商圈，推广政采云体育装备馆，搭建长三角体育装备器材网上采购平台。

（九）夯实产业发展基础

健全优化浙江省体育产业机构名录库，加强与市场监管、税务、统计等部门的协作，实现相关数据信息共享。充分依托“浙江省体育产业机构名录信息系统”，构建全省体育产业机构数据的动态管理机制，加强对重点体育企业的跟踪研判。加强体育产业统计，联合省统计局发布年度《浙江省体育产业统计公报》。强化体育产业人才队伍建设，加大业务培训力度，组织开展全省体育产业专题培训、全省高危险性体育项目业务培训、浙江省体育产业精英培训班等。

（十）强化体育市场监管

加强高危险性体育项目经营场所监管，组织开展全省夏季游泳场所、冬季冰雪运动场所安全专项检查，通过“双随机”系统不定期进行抽查，委托第三方检测机构对高危险性体育场所进行随机检测评估。深化高危险性体育事项“数字化”改革。优化经营游泳场所信用监管评价体系，健全经营高危险性体育项目场所信用名录库。

参考文献

浙江省体育局：《关于印发〈浙江省体育产业发展“十四五”规划〉等四个规划的通知》，2021。

浙江省人民政府办公厅：《关于促进全民健身和体育消费　推动体育产业高质量发展的实施意见》，2020。

浙江省体育局：《关于印发〈浙江省户外运动发展纲要（2019—2025 年）〉的通知》，2019。

B.5
安徽省体育产业发展报告

姜同仁　朱雪梅　潘　浩*

摘　要：　安徽省体育产业近年来发展成效显著，在保持产业快速增长的同时，结构进一步优化，对经济发展的贡献也逐步提高。这一时期，安徽省在体育产业载体建设、体育赛事活动品牌打造、体育产业融合发展、区域协同发展等方面都取得了突出成效。其中，健身休闲、竞赛表演、场馆服务等体育服务业核心业态发展势头良好，体育用品业转型加快。虽然目前全省体育产业发展仍面临一些困境，但未来安徽省将采取一系列措施推进体育产业环境优化、融合发展、高质量发展和协调发展，扎实推进体育强省建设部署。

关键词：　体育产业　产业融合　区域协同

按照体育强省建设统一部署，“十四五”期间安徽省继续扎实推进“品牌引领，融合发展”战略，创新工作机制、建设载体平台、推动融合协作、强化典型引领、做好支撑保障，全省体育服务业保持良好的发展态势，为全省体育产业实现高质量发展奠定了坚实基础。

---

* 姜同仁，安徽财经大学教授、体育教学部主任、体育产业管理与发展研究院执行院长，安徽省体育产业重点研究基地常务副主任，研究方向为体育产业；朱雪梅，安徽省体育局体育产业发展处副处长，研究方向为体育产业；潘浩，安徽省体育局体育产业发展处主任科员，研究方向为体育产业。

一　安徽省体育产业发展概况

安徽省依托资源禀赋，积极引导各区域合理布局，推进体育产业功能集聚区蓬勃发展，体现在体育产业规模不断扩大、体育产业结构持续优化、体育产业对经济发展的贡献显著提升、体育产业政策环境进一步优化等方面。

（一）体育产业规模不断扩大

随着居民消费水平逐渐提升，体育消费需求趋于旺盛，全省体育产业总规模逐年扩大。统计数据显示，2019 年全省体育产业总规模首次突破千亿元大关，达 1186.4 亿元，同比增长 20.3%，高出全国 9.4 个百分点，增加值为 437.6 亿元，同比增长 21.5%。从行业构成来看，2019 年全省体育服务业总规模为 576.5 亿元，同比增长 33.6%，增加值为 268.7 亿元，同比增长 36.0%；体育制造业总规模达 574.0 亿元，同比增长 10.6%，增加值为 160.7 亿元，同比增长 3.9%；体育建筑业总规模为 35.9 亿元，同比增长 0.8%，增加值为 8.2 亿元，同比增长 1.2%（见表 1、表 2）。

表 1　2015～2019 年安徽省体育产业总规模一览

单位：亿元，%

分类	2015 年	2016 年	2017 年	2018 年	2019 年	年均增长率
全省体育产业	366.2	533.8	723.2	986.2	1186.4	34.16
体育服务业	100.9	155.9	217.7	431.4	576.5	54.63
体育制造业	245.6	350.1	473.5	519.2	574.0	23.65
体育建筑业	19.8	27.8	31.9	35.6	35.9	16.05
全国体育产业	17107.0	19011.3	21987.7	26579.0	29483.4	14.58

资料来源：国家体育总局、安徽省体育局、安徽省统计局。

（二）体育产业结构持续优化

受相关政策的刺激与引导，安徽省体育服务业进一步发展，释放出较强的活力。根据2015～2019年安徽省体育产业增加值占比情况来看，体育服务业增加值占比总体在增大，体育制造业和体育建筑业增加值占比总体在降低。统计数据显示，2019年体育服务业增加值为268.7亿元，占全省体育产业增加值比重达61.40%，相较于2015年提升了17.32个百分点；体育制造业增加值占体育产业增加值比重为36.72%，相较于2015年下降了15.02个百分点；体育建筑业增加值占体育产业增加值比重为1.87%，相较于2015年下降了2.31个百分点（见表2）。全省体育产业的三大行业中，体育服务业发展态势良好，取得了较大的发展成果，同时制造业、建筑业的增加值占比下降，体育产业结构趋于优化。

表2　2015～2019年安徽省体育产业增加值及占比情况一览

单位：亿元，%

分类	2015年	2016年	2017年	2018年	2019年	2019年占比
全省体育产业	118.6	220.1	257.4	360.3	437.6	100.00
体育服务业	52.3	81.3	114.6	197.6	268.7	61.40
体育制造业	61.3	131.9	135.2	154.6	160.7	36.72
体育建筑业	5.0	7.0	7.5	8.1	8.2	1.87

资料来源：国家体育总局、安徽省体育局、安徽省统计局。

（三）体育产业对经济发展的贡献显著提升

近年来，安徽省坚持“品牌引领，融合发展”战略，2019年全省体育产业总规模超过1100亿元，年均增长率超过30%；体育产业增加值占全省GDP的比重达到1.20%，高于全国平均水平。其中，黄山市体育产业增加值占全省GDP比重达到2.06%①，表现较为突出。

（四）体育产业政策环境进一步优化

《安徽省人民政府关于加快发展体育产业　促进体育消费的实施意见》

① 安徽省体育局提供。

（皖政〔2015〕67 号）与《安徽省人民政府办公厅关于加快发展健身休闲产业的实施意见》（皖政办〔2017〕7 号）相继出台。安徽省体育局会同省发改委等部门在全国率先出台《安徽省健身休闲产业发展规划（2017—2025 年）》、《安徽省汽车自驾运动营地发展规划（2018—2025）》和《长三角地区汽车运动产业发展规划（2020—2025 年）》等一系列产业规划，有效地推动了各地落实体育产业优惠支持政策，社会投资体育产业热情进一步高涨，体育特色小镇、体育生态公园、汽车自驾运动营地等体育旅游综合体重大项目相继签约或开工建设。

二　安徽省体育产业发展特点

（一）体育产业载体建设取得新成就

近年来，安徽省大力培育和推进国家体育产业基地、体育特色小镇、体育生态公园和汽车自驾运动营地等的建设和发展，产业质量持续提升，产业品牌影响力进一步扩大。皖南（县域）、界首市、合肥高新区获批国家体育产业示范基地，“三段式”羽毛球、九华山体育健康产业园和黄山奇瑞房车营地等获批国家体育产业示范项目；太平湖景区、徽杭古道、皖南“川藏线”等 22 个项目入选中国体育旅游十佳精品项目。同时，全省拥有国家级运动休闲特色小镇试点单位 3 个，省级人民政府试点特色小镇 6 个；省级体育生态公园 43 个；国家五星级汽车自驾运动营地 4 个，四星级汽车营地 3 个，三星级汽车营地 1 个，授牌营地 60 个（均由中国汽车摩托车运动联合会认定），授牌营地数量居全国第二位、居长三角地区第一位。

（二）体育赛事活动品牌打造取得新进展

截至 2020 年，“健康安徽”环江淮万人骑行大赛已连续举办 4 年，实现 16 个市全覆盖，年参赛运动员超过 1 万人次，观众人数超过 10 万人次，整个赛事拉动消费超过 1 亿元，并被评为全国体育旅游精品赛事；

2018 年成功举办第五届中国汽车（房车）露营大会，在办会规模、内容创新、参会企业、观摩人数、签约项目和金额等方面均超过历届，获得国际汽联、中国汽车摩托车运动联合会和省领导的肯定，大会总签约项目达 66 个，总签约金额 153 亿元，现场交易超过 2500 万元。汽车场地越野赛、马拉松赛、龙舟赛、滑板赛等群众参与面广、拉动经济发展显著的体育项目赛事活动在全国的影响力不断增强。2020 年，由于疫情，竞赛表演业受到一定程度的影响，不少赛事未能如期举办，但中国·天柱山木风国际长板速降赛、中国黄山绿水青山运动会等一系列具有自主品牌的赛事活动仍取得了良好的经济效益和社会效益。

（三）体育产业融合发展取得新成效

近年来，安徽省深入推进“体育 +”和“ +体育”战略，深掘资源禀赋，发挥产业融合优势，促进体育新兴产业融合深度发展。体育与旅游融合，打造经济发展新引擎。全省重点建设一批体育特色小镇、体育生态公园、山地户外营地、自驾车（房车）营地和航空飞行营地等健身休闲设施，大力发展山地运动、水上运动、汽车自驾和航空运动等具有消费引领性的户外休闲项目，徽杭古道、万佛湖旅游线路等获评中国体育旅游十佳精品项目，通过拓宽体育旅游融合路径，为多种形式的体育旅游构建良好基础。统计数据显示，2019 年全省体育旅游业实现总规模 49.7 亿元，同比增长 35.1%。① 体育与健康融合，引导运动健康新方式。全省通过广泛开展全民健身运动，加强体医融合和非医疗健康干预，促进重点人群参与体育活动来提高全民身体素质。亳州立足传统特色，将中医药学和运动健康结合，打造出华佗五禽戏养生健身的品牌赛事，既推广了中医药文化，也为体医融合提供了新思路。九华山运动休闲特色小镇受到《人民日报》的关注，聚焦健身气功、瑜伽、康养的小镇具备成熟的运营能力。基层组织积极开拓融合思路，太和县将体育医疗任务层层落实，引导群众树立健康的生活方式，加强

① 安徽省体育局、安徽省统计局：《2019 年安徽省体育产业发展报告》，2021 年 8 月。

科学健身指导，在体育医疗服务上为人民谋福利。统计数据显示，2019 年全省体育健康服务业实现总规模 57.5 亿元，同比增长 31.3%。[①]

（四）区域协同发展迈向新高度

近年来，安徽省紧随开放协同发展的战略部署，深化体育产业协同发展的实践，从全局角度规划体育产业一体化发展。首先，着眼于全国，主动融入长三角一体化和淮河生态经济带，继续拓展对外体育协作交流，持续发挥合作效能。参与长三角地区体育产业协作会议、签订《长江三角洲区域汽车运动产业一体化发展战略合作框架协议》等，形成多项合作成果；参与长三角区域电子竞技运动一体化发展工作推进会、首届长三角网球发展论坛等，形成具体协作方案；积极承办长三角运动休闲体验季、长三角汽车越野场地赛等，将协作落到实处。积极谋划淮河生态经济带发展战略，以资源共享、优势互补、互惠互利、共同发展的原则，鼓励 8 市形成协作实施方案，在产业发展、绿色生态等方面给予支持。参加淮河生态经济带体育产业博览会，展示安徽省体育发展重要成果。在区域协作的深厚背景下，体育产业协作已形成良性互动。其次，加强省内区域协同发展规划，促进省内区域协调发展有序进行。皖南（县域）国家体育产业示范基地发挥体育产业“排头兵”作用，深挖资源优势，打造全国性精品线路、景区和赛事，延伸体育产业链；创新体育产品服务供给，将“体育＋旅游”做成亮眼名片，深度融合体育产业，拉动体育消费新需求。合芜蚌国家自主创新示范区形成较强的带动作用，体育产业协同能力显著提升。以示范区内创新优先、结构调整、设施完善为契机，因地制宜发展体育优势产业。合肥发力原始创新，持续输出高科技体育产品；芜湖聚焦新兴产业，培育房车营地新业态；蚌埠振兴传统产业，强势建造足球小镇，以提高核心竞争力。省内体育产业协作不断整合资源，优势互补，以创新为动力，以政策为保障，在更宽领域、更深层次、更高水平上形成强大的协作力量。

---

① 安徽省体育局、安徽省统计局：《2019 年安徽省体育产业发展报告》，2021 年 8 月。

三 重点业态发展情况

（一）体育健身休闲业持续向好

随着居民生活方式的多样化发展，城乡体育运动意识逐渐增强，健身休闲业需求日益旺盛。为不断满足人们日益增长的健身需求，政府积极引导，市场推陈出新，丰富健身休闲项目，通过参与体验促进了全省人民身心健康。近年来，安徽省先后举办了第三届健身休闲大会、万佛湖环湖健身走活动、环巢湖全国自行车公开赛、万佛湖垂钓大会、青少年健身操舞大赛、传统武术比赛、阳光体育大会等多项健身休闲赛事，吸引了青少年、中老年多层次年龄的群众参赛数万人。健身休闲运动不断开发运动新乐趣、深挖消费新活力，2019 年全省健身休闲业实现总规模 98.8 亿元，同比增长 13.4%；创造增加值 57.1 亿元，同比增长 34.7%。[①] 健身休闲业已成为推动安徽省体育产业纵深发展的强劲引擎。

（二）体育竞赛表演业稳步提升

随着赛事的推广与发展，体育竞赛表演业已成为新兴经济增长点。为快速打造城市“名片”、提高城市综合竞争力，体育竞赛表演业成为全省主要突破口。2019 年省体育局会同省发展改革委等 12 个部门共同出台了《关于加快发展体育竞赛表演产业的实施意见》，从丰富赛事活动、完善赛事体系，壮大市场主体、优化市场环境，优化产业布局、加强平台建设，强化协调配合、加强资金保障四个方面齐发力，力破体制机制障碍，繁荣体育竞赛表演业。全省自主品牌赛事影响力进一步扩大，“健康安徽”2019 环江淮万人骑行大赛吸引 5 个国家及国内 16 个省共 530 多名山地自行车越野车手参加；黄山论剑·国际武术大赛由国家体育总局武术运动管理中心、中国武术

① 安徽省体育局、安徽省统计局：《2019 年安徽省体育产业发展报告》，2021 年 8 月。

协会、安徽省体育局、黄山市人民政府共同主办，赛事规格进一步提升；2019 合肥国际马拉松赛获评“国际银标赛事”，社会效益明显提高。2019 年全省体育竞赛表演业实现总规模 7.6 亿元，同比增长 11.8%。[①]

（三）体育场馆服务业快速发展

随着大众体育运动需求的激增，基础设施建设及公共服务水平迅速提升。安徽省科学规划场馆布局，深化体育场馆改革，引导体育场馆服务业健康发展。2019 年在全省范围内开展公共体育场馆“改造功能、改革机制”试点工作，参与国家组织的公共体育场馆“两改”工作试点座谈会，探索制定适合本地本场馆实际情况的试点工作方案，明确“两改”试点工作目标、时间进度；增加供给满足大众健身需求，全省体育场地个数、面积大幅提升，市县级新建大型公共体育场馆 7 个，建成“三个一”（室内全民健身中心、乡镇全民健身广场、多功能运动场或笼式足球场）403 个，社会足球场地 352 块；提高体育场馆开放程度，积极推进智慧场馆建设，极大地提高场馆管理效率，大型体育场馆免费或低收费开放工作扎实开展，取得了良好成效。2019 年全省体育场馆服务业实现总规模 21.0 亿元，同比增长 36.4%。[②]

（四）体育用品制造业转型发展

随着安徽省体育产业结构逐步调整，体育用品制造业保持平缓发展态势，加快转型升级成为新的驱动方向。统计数据显示，2019 年全省体育用品制造业总规模为 574.0 亿元，同比增长 10.6%，占体育产业比重为 48.4%。[③] 近年来，随着国际国内环境的压力变化，传统优势正在逐渐受到挤压，安徽省体育用品制造业加快转型发展，部分企业加大文化价值开发、品牌形象塑造力度，致力于融合发展、创新发展，如黄山奇瑞房车营地将房车制造和健身休闲深度结合，打造“自驾、露营”新体验，扩大品牌影响

① 安徽省体育局、安徽省统计局：《2019 年安徽省体育产业发展报告》，2021 年 8 月。

② 安徽省体育局、安徽省统计局：《2019 年安徽省体育产业发展报告》，2021 年 8 月。

③ 安徽省体育局、安徽省统计局：《2019 年安徽省体育产业发展报告》，2021 年 8 月。

力，形成较强的品牌黏合力；同时，一批知名体育用品制造企业向高层次的设计研发、科技融合模式升级，将体育产品赋予高附加值，形成较强的国内外市场竞争力，如合肥华米科技专注于可穿戴运动设备研发，三才体育的“三段式”羽毛球获批国家体育产业示范项目。整体来看，在体育制造业平稳发展的情况下，全省部分体育制造企业紧随体育产业繁荣发展的浪潮，在技术创新上谋发展，以质量求生存、以创新求发展成为新的努力方向，并取得了一定成效。未来，专注高质量产品研发，增加高附加值体育产品市场供给，引导大众健康消费，体育用品制造业必将迎来新一轮发展机遇期。

（五）体育用品销售业势头强劲

随着全省体育赛事、体育健身、体育消费等相关政策红利进一步释放，体育需求发展势头强劲，大众运动健身诉求逐渐高涨，体育作为新兴消费点拉动经济增长的能力逐步提高，带动体育用品销售业强势发展。统计数据显示，2019年全省体育用品销售业总规模达到184.7亿元，同比增长51.2%，占全省体育服务业总规模比重为32.0%，占全省体育产业总规模比重为15.6%。[①] 伴随大众体育消费诉求的进一步旺盛，线上与线下销售方式融合创新，体育用品销售业强大的市场平台已经形成，必将迎来更加广阔的市场。

四　各地级市体育产业发展情况

（一）产业规模发展情况

近年来，全省体育产业发展势头强劲，各地级市发展成果十分“亮眼”。统计数据显示，2019年合肥、芜湖、安庆三市依旧表现不俗，合肥市以249.2亿元的总规模稳居安徽省首位，芜湖市和安庆市分别以133.2亿元和121.6亿元紧随其后（见表3），分别列第2位、第3位，三市体育产业

① 安徽省体育局、安徽省统计局：《2019年安徽省体育产业发展报告》，2021年8月。

总规模占全省总规模达 42.5%。部分城市呈现较快增长趋势，宿州市、马鞍山市、亳州市、铜陵市的体育产业总规模同比增长率均超过 30%。

表 3 2018～2019 年各地级市体育产业总规模排名前 5 位情况一览

单位：亿元，%

地级市	2018 年	2019 年	同比增长率
合肥市	208.8	249.2	19.35
芜湖市	114.6	133.2	16.23
安庆市	118.7	121.6	2.44
阜阳市	78.3	98.2	25.42
滁州市	63.7	79.1	24.18

资料来源：安徽省体育局、安徽省统计局。

（二）产业空间分布情况

各市体育产业规模不断扩大，区域体育产业特征逐渐显现。安徽省三大区域体育产业发展呈现皖中地区居于领先地位、皖北地区提速追赶的态势。统计数据显示，2019 年皖中地区体育产业总规模达 500.1 亿元，占全省体育产业总规模比重为 42.1%；皖南地区体育产业总规模为 339.2 亿元，占全省体育产业总规模比重为 28.6%；皖北地区体育产业总规模为 347.1 亿元，占全省体育产业总规模比重为 29.3%。从增长速度看，皖北地区年均增长率为 37.68%，皖中地区为 24.58%，皖南地区为 33.62%。皖北、皖南地区保持较快增长，地区体育产业空间差异略有缩小（见表 4）。

表 4 2016～2019 年安徽省体育产业总规模空间分布情况一览

单位：亿元，%

地区	2016 年	2017 年	2018 年	2019 年	年均增长率
皖北	133.0	184.9	270.5	347.1	37.68
皖中	258.6	338.9	439.4	500.1	24.58
皖南	142.2	199.4	276.3	339.2	33.62

注：皖北地区包括宿州、淮北、蚌埠、阜阳、淮南、亳州 6 市；皖中地区包括合肥、六安、滁州、安庆 4 市；皖南地区包括黄山、芜湖、马鞍山、铜陵、宣城、池州 6 市。

资料来源：安徽省体育局、安徽省统计局。

（三）热点区域发展情况

安徽省处于中部地区，是各大热点区域的交会点。为充分调动区域发展资源、响应国家区域经济决策，依托实际，重点突出、特色鲜明地打造安徽省热点区域，为加快资源流通、促进城市代际协作、提高城市群的核心竞争力发挥重要作用。统计数据显示，2019 年安徽省三大热点区域中，皖江城市带体育产业总规模远高于其他热点区域，达到 796.5 亿元，占全省体育产业总规模比重为 67.1%；合肥都市圈体育产业总规模为 783.7 亿元，占全省体育产业总规模的 66.1%；淮河生态经济带（安徽段）体育产业总规模为 476.4 亿元，占全省体育产业总规模的 40.2%。从年均增长率来看，淮河生态经济带（安徽段）增速较快，达到 32.11%；皖江城市带增速为 28.57%；合肥都市圈增速为 27.13%（见表5）。三大热点区域的体育产业协作能力进一步提高，逐渐发挥增长极效应，对全省经济发展产生重大影响。

表 5　2016～2019 年安徽省热点区域体育产业总规模情况一览

单位：亿元，%

区域	2016 年	2017 年	2018 年	2019 年	年均增长率
皖江城市带	374.8	502.0	682.2	796.5	28.57
合肥都市圈	381.5	514.0	671.2	783.7	27.13
淮河生态经济带（安徽段）	206.6	284.1	382.4	476.4	32.11

注：皖江城市带包括合肥市、芜湖市、马鞍山市、安庆市、滁州市、池州市、铜陵市、宣城市以及六安市的金安区和舒城县；合肥都市圈包括合肥市、淮南市、六安市、安庆市（桐城市）、芜湖市、马鞍山市、蚌埠市和滁州市；淮河生态经济带（安徽段）包括蚌埠市、淮南市、阜阳市、六安市、亳州市、宿州市、淮北市和滁州市。

资料来源：安徽省体育局、安徽省统计局。

五　安徽省体育产业面临的发展困境

安徽省积极转换体育产业发展方式，布局体育可持续发展，为全面发展做出诸多努力。但受限于产业起步晚、体系不健全、环境约束等诸多因素，全省体育产业规模仍需进一步扩大、产业贡献仍需激发、产业质量有待提高。

（一）产业规模仍有待进一步扩大

安徽省作为长三角地区的重要组成部分、体育产业一体化发展的战略合作省份，近年来，体育产业总规模呈现快速发展态势，2019 年更是突破千亿元大关，增加值增速远快于长三角其他省市，但增加值体量与其他省市仍存在较大差距。2019 年江苏省体育产业增加值达到 1570.9 亿元，浙江省体育产业增加值为 845.5 亿元，上海市体育产业增加值为 559.0 亿元。同江浙沪三地相比，安徽省体育产业增加值不到 500 亿元，体量仍然相对较小，在下一阶段发展规划中，提速增质仍是主要目标。

（二）产业贡献仍有待进一步激发

从世界体育产业发展历程看，成熟的体育产业能够对经济发展产生较大的影响，发达国家体育产业增加值在 GDP 中占 2% ~4%。长三角地区体育产业发展较快，对经济的贡献持续扩大。2019 年上海市体育产业增加值占 GDP 比重达到 1.46%，江苏省体育产业增加值占 GDP 比重为 1.58%，浙江省体育产业增加值占 GDP 比重为 1.35%。同江浙沪三地相比，安徽省体育产业增加值占 GDP 比重相对较小，2019 年仅为 1.20%，仍有较大的提升空间。

（三）产业质量仍有待进一步提升

体育产业高质量发展是未来体育产业的必然走向，加快体育产业供给侧改革，优化体育产业空间布局，促进体育产业深度融合，引导体育消费需求是当前和未来体育产业实现跨越式发展的重要路径。近年来，安徽省体育产业取得较大成就，但从产业发展路径来看，安徽省体育产业同高质量状态仍存在较大差距。一是特色品牌辐射力较弱。安徽省体育产业注重打造特色品牌，但体育产业起步较晚，品牌影响力较弱，难以辐射到其他省份甚至国外，无法为体育产业发展带来较大效益。二是核心竞争力尚未形成。安徽省体育产业市场规模逐渐扩大，但核心竞争力不足，在国内外市场中本土体育产业难以获得市场竞争优势。三是优质体育产品供给不足。伴随大众体育消费需求增速升级，全省体育产品有效供给仍然不足，高科技含量的产品、先进体育服务理念较缺乏，制约了体育产业提质增速。因此，在未来的发展中增强体育发展指导能力、优化体育产业结构、增加体育服务供给、加大技术创新、提高体育产品竞争力、加快高质量发展多样化措施将成为体育产业发展的主要突破口。

六　安徽省体育产业持续发展的建议

为加快安徽省体育产业优化布局，促进体育产业繁荣发展，必须紧扣“加快推动长三角体育产业一体化，促进安徽省体育产业高质量发展”目标，做好“体育+”和“+体育”工作，加强品牌赛事、产品和服务的培育，推动体育产业实现高质量、高速度、可协调发展。

（一）推进体育产业环境优化

体育产业需要建立良好的产业环境，实现健康可持续发展。一是加强统筹联动。推进省级层面的制度设计和谋划，省直部门层面配套文件有力补充，市县政府及相关部门具体实施的体育产业政策体系初步成形，为体育产业发展规划、协调落实、问题解决提供较强的政策支撑；进一步密切各层级部门互动，打破体育产业发展的各个壁垒，为体育产业提供通畅发展的全新平台。二是加强重点领域布局。抢抓国家区域发展政策，依靠长三角地区一体化协作、淮河生态经济带等国家战略，深度融入区域体育产业发展，共同探索一体化市场体系新路径，力求在体育产业发展中形成资源共享、人才流通、信息通畅的新局面。让安徽省体育产业在全新区域布局中焕发生机活力。三是在关键环节上发力。持续深挖体育产业市场潜力，激发体育产业能力，以完善的政策体系推动体育产业满足多样化市场需求，为体育产业市场化夯实基础。不断推出高质量体育产品与全新服务模式，促进安徽省体育产业创新发展、高质量发展、健康发展。

（二）推进体育产业融合发展

推进体育与文化、旅游、康养等产业的融合发展，汇集体育产业与其他产业要素在相互渗透、合理配置资源的基础上完成新旧动能转换。一是要引导产业渗透，将体育产业原生资源与新兴产业价值功能重新整合，设计开发市场需求的新产品。将体育竞赛表演渗透到现代传媒中，以竞技观赏带动传媒业，让现代传媒改革创新更契合体育产业发展路径；将场馆管理渗透到智慧社区中，让健身圈逐步缩小，实现“家门口的健身房”，满足广大群众的健身需求；科技、传媒、体育等相互渗透，使融合的新兴业态更符合市场需求。二是要加强产业交叉融合，将体育产业部分功能与其他产业部分功能互补延伸，产业边界融合，在动态发展中形成更具竞争力的新产业体系。体育旅游深度融合，延长体育旅游产业链，开发体旅产业新产品，打造特色体育旅游产业体系。扩大传统武术、运动康养品牌影响力，融合现代体育理念，在体育文化产品上推陈出新，实现体育与文化深度融合，形成全新发展路径。通过多重实践，促进体育产业渗透交叉形成融合态势，提升体育产业的市场竞争力，适应市场新需求。

（三）推进体育产业高质量发展

为贯彻落实《国务院办公厅关于促进全民健身和体育消费　推动体育产业高质量发展的意见》，在创新引领、协同合作、壮大市场主体等方面将高质量发展落到实处。一是创新引领发展模式。创新发展理念，将高质量发展在实践中扩充，拓宽发展思路，引导体育产业创新、优化体育产业结构、深挖体育产业潜力，将高质量发展理念贯穿始终。持续培育自主品牌，以创新为引领，将新活力注入品牌中，使安徽省体育产业能够依托自主品牌获得市场竞争力。二是协调推进区域高水平协作。融入长三角一体化、淮河生态经济带、长江经济带等国家新兴战略区，鼓励各地市依托资源禀赋发展特色体育产业，优化产业结构和空间布局。大力推进体育产业基地、体育产业园区、体育服务综合体、体育特色小镇、体育生态公园等一批体育载体建设，鼓励区域形成专业化集聚和多样化发展。三是培育多元市场主体。加快推进全省体育产业集团化发展，发挥龙头作用，加大体育中小企业发展的支持力度，从资金扶持、服务引导、宣传推广等方面，帮助企业做好商标注册、技术研发、质量认证、标准化研制等工作，培育一批具有较强竞争力的“皖字号”体育企业。

（四）推进体育产业协调发展

加快推进体育产业协调发展，科学把握产业短板，加强优势产业市场化，形成区域产业特色，满足城乡居民产业需求，将全省体育产业同经济发展紧密连接，统筹全局、重点突出。一是增强体育产业发展整体性。全省体育产业布局纵横交错，在高质量发展的理念下，统筹兼顾全省体育事业，完善体育产业政策体系，推进各项措施快速落地，科学谋划体育产业可持续发展。二是把握体育产业协调发展规律性。从经济社会发展中明确体育产业发展阶段性规律，在不同产业阶段调整主要工作方向，以市场需求为导向着力发挥专业技术优势，持续性保持优势产业“走出去”。三是加快补齐短板，全省体育产业“一盘棋”，运用规律性经验做好可持续发展工作，扩大体育产业规模，提高体育产业总量。不断优化产业结构，增加体育服务供给；优化空间布局，进一步打造优势体育产业集聚区。充分运用市场规律加快补齐发展短板，实现体育产业价值最大化。

参考文献

姜同仁等：《中国体育产业演进的内在逻辑、政策趋向和高质量发展路径》，《天津体育学院学报》2020 年第 6 期。

钟华梅、王兆红：《长三角区域体育产业分工与合作研究》，《中国体育科技》2021 年第 3 期。

行业报告

Industry Reports

B.6
长三角地区竞赛表演业发展报告

李　刚*

摘　要：竞赛表演业是体育产业的主引擎，对体育产业高质量发展具有极其重要的引领带动作用。在政府政策引导和市场创新的共同作用下，长三角地区竞赛表演业近年来取得飞速发展。目前，长三角地区竞赛表演业呈现产业规模稳定增长、体育赛事规模与质量不断提高、品牌体育赛事蓬勃发展、赛事综合效益日益显著、职业赛事影响力不断提升、办赛水准日益提高、市场环境持续向好的发展态势，但新冠肺炎疫情对长三角地区竞赛表演业产生较大影响。长三角地区竞赛表演业的发展经验为：探索协同办赛新机制，打造产业发展新格局；探索赛事数字化转型，培育体育赛事新模式；探索多元主体办赛模式，提升赛事运作专业化水平；发挥体育赛事多元功

* 李刚，博士，上海体育学院上海运动与健康产业协同创新中心研究助理，研究方向为体育产业、体育赛事。

能，促进“体育 +”“+ 体育”融合发展；探索精细化办赛模式，全面提升安全办赛水平。但长三角地区竞赛表演业仍然存在赛事质量有待进一步提升、赛事效益有待进一步提高、体育赛事“放管服”改革有待深化等问题。未来一段时间，促进长三角地区竞赛表演业发展需要从完善竞赛管理服务体系、打造高水平体育赛事品牌、推动体育赛事数字化转型、推动长三角体育赛事一体化发展等方面入手。

关键词： 竞赛表演业　体育赛事　长三角地区

竞赛表演业作为体育产业的核心业态，是体育产业纵深发展的主引擎，其发展不仅对体育产业提质增效起到至关重要的促进作用，还能释放出巨大的溢出效应，带动相关产业发展，提振社会活力，赋能城市建设，助力乡村振兴。长三角地区一直是我国竞赛表演业发展较为活跃的区域之一。近年来，随着长三角一体化发展上升为国家战略，《国务院关于加快发展体育产业促进体育消费的若干意见》（国发〔2014〕46 号）、《国务院办公厅关于加快发展体育竞赛表演产业的指导意见》（国办发〔2018〕121 号）、《国务院办公厅关于促进全民健身和体育消费推动体育产业高质量发展的意见》（国办发〔2019〕43 号）等利好政策不断出台，长三角地区竞赛表演业更是进入高速发展的快车道，无论是赛事级别、赛事规模，还是赛事质量、赛事效益均走在全国前列。本报告结合近年来热点，分析长三角地区竞赛表演业发展基本情况，总结其经验做法，剖析其存在问题，并提出发展建议。

一　长三角地区竞赛表演业发展基本情况

（一）产业规模稳定增长

根据历年长三角三省一市统计局、体育局发布的体育产业统计数据，长三角地区竞赛表演业总规模由2017年的119.7亿元增加至2019年的159.2亿元，呈现稳步增长的发展态势（见表1）。从总规模来看，2019年江苏省体量最大，总规模达到79.4亿元，占当年长三角地区竞赛表演业总规模的比重为49.9%，接近长三角地区的半壁江山。从2019年江浙沪皖竞赛表演业增加值来看，上海市虽然较2018年有所降低，但仍超过30亿元，增加值达到31.9亿元，在长三角地区中排名第一。从竞赛表演业发展速度来看，2017～2019年，浙江省竞赛表演业总规模增长最快，年均增长率达到44.34%。虽然安徽省体量最小，但增长势头良好，总规模的年均增长率也达到25.83%，展现出较大的发展潜力。

表1　2017～2019年长三角各省市竞赛表演业总规模和增加值

单位：亿元，%

年份	上海市		江苏省		浙江省		安徽省		长三角	
	总规模	增加值	总规模	增加值	总规模	增加值	总规模	增加值	总规模	增加值
2017	56.9	33.0	44.8	25.5	13.2	6.2	4.8	—	119.7	—
2018	65.7	46.7	65.0	23.4	20.0	10.8	6.7	3.4	157.4	84.3
2019	44.7	31.9	79.4	28.5	27.5	15.1	7.6	3.7	159.2	79.2
年均增长率	-11.37	-1.68	33.13	5.72	44.34	56.06	25.83	—	15.33	—

资料来源：根据历年长三角三省一市统计局、体育局发布的体育产业统计数据整理所得。

（二）体育赛事规模与质量不断提高

一是体育赛事规模不断扩大。近年来，江浙沪皖不断引进国家级和国际级精品赛事，不断拓展省级赛事，大力扶持社会力量办赛，赛事数量不断增加，赛事氛围日益浓厚。2019年，江苏省共举办国际性赛事103场、全国性赛事172场、全省性赛事264场，办赛数量全国领先。① 2019年，浙江省举办马拉松及相关赛事（包括超马、全马、半马、10公里跑、5公里跑、越野跑、毅行等）365场，参与人数达81万人次，赛事规模（800人以上

① 江苏省体育局提供。

路跑赛事、300 人以上越野赛事）连续三年列全国首位。

二是赛事层级明显提升。第 18 届国际篮联篮球世界杯、上海武术世锦赛、世界摩托车越野锦标赛中国站、世界短池游泳锦标赛、国际排联东京奥运会世界资格赛、世界女子排球俱乐部锦标赛、国际雪联城市越野滑雪中国巡回赛等一批高水平国际体育赛事落户长三角地区，大大提升了长三角地区体育赛事层次和影响力。此外，环崇明岛国际自盟女子公路自行车赛升格为世界巡回赛，柴古唐斯·括苍越野赛成为国内专业山地越野赛里参赛人数最多、专业级别最高、影响力最大的赛事之一，2020 苏州吴中环太湖竞走多日赛暨大运河竞走与行走系列赛被正式纳入国际田联竞走挑战赛。多项赛事不断升级，极大地提升了长三角地区体育赛事层级。

三是单项赛事不断开拓。马拉松、路跑、自行车、马术、武术、乒乓球、羽毛球、网球、水上运动等项目发展迅猛，单项体育赛事不断拓展，赛事规模、竞赛水平、办赛标准等得到较大提升，赛事品质走在全国前列。经国际田联评审认定，上海马拉松升级为最高级别的世界田联白金标牌赛事，杭州马拉松、扬州马拉松获评马拉松金标赛事，合肥国际马拉松赛、南京马拉松获评“国际银标赛事”。2020 年 10 月 9 日，中国马拉松在官网发布了 2019 年马拉松赛事的等级评选结果，在评选出的 274 项标牌赛事中，江苏省、浙江省分别以 34 项、26 项标牌赛事居前两位，其中，江苏省更是凭借 16 项金牌赛事在全国排名中居首位。此外，“健康安徽”环江淮万人骑行大赛被评为全国体育旅游精品赛事，汽车场地越野赛、龙舟赛、滑板赛等群众参与面广、拉动经济发展显著的体育项目赛事活动在全国的影响力不断增强。

（三）品牌体育赛事蓬勃发展

近年来，长三角地区认识到品牌赛事对体育及相关产业的拉动作用，不断开展品牌赛事活动，推进竞赛体制改革和机制创新，为品牌赛事发展创造了良好空间，初步形成了品牌体育赛事举办常态化的发展格局。一是品牌赛事常办常新。上海“十二大品牌赛事”的赛事规格、办赛品质不断提升，赛事组织模式不断创新，赛事影响力得到进一步提升。二是自主品牌赛事不断升级。环太湖国际公路自行车赛从最初的赛事级别 UCI1. 2 级单日赛发展到 UCI2. 1 级 8 ~9 日赛，并成功实现江浙沪联动和全球直播，成为我国四大职业公路自行车赛之一。三是长三角品牌赛事不断涌现。长三角地区联合举办了环意 RIDE LIKE A PRO 长三角公开赛、CBA 夏季联赛暨海峡两岸长三角职业篮球俱乐部挑战赛、不止骑·环长三角自行车系列赛等品牌赛事，区域马拉松参赛直通车平台初步建立，具有长三角辨识度的体育赛事活动品牌不断涌现。四是体育赛事品牌机制逐步完善。浙江省实施品牌体育赛事培育工程，不断优化赛事运作机制，努力打造“三大球”、自行车、赛车、马拉松、海钓、皮划艇、轮滑等特色赛事体系，形成以杭州马拉松赛等为代表，具有社会知名度和市场影响力的浙江体育品牌赛事。

（四）赛事综合效益日益显著

一是经济效益充分体现。一方面，赛事直接经济效益凸显。《2019 年上海市体育赛事影响力评估报告》显示，上海市共举办 163 场国际国内体育赛事，覆盖足球、帆船、田径等 50 个运动项目，其中，12 场品牌赛事带来 30. 9 亿元的消费总额。另一方面，赛事间接经济效益突出。不止骑·2019 第七届中国 24H 单车环太湖认证赛是由社会俱乐部创办的自主 IP 长距离、24 小时不间断骑行赛事，举办期间吸引参赛和观赏人数近 10 万人，拉动旅游、餐饮等消费过亿元。2020 年，虽然受到疫情影响，但体育赛事带来的经济效益依然突出。中国移动大数据统计显示，2019 无锡马拉松共吸引 27. 92 万人观赛，并带动旅游休闲、住宿、餐饮、交通、观光等直接消费超过 1. 8 亿元，同比增长超过 11% 。

二是产业新动能不断释放。长三角地区全年开展各类体育赛事活动，不仅创造了丰厚的经济收益，也释放出极强的新动能，主要体现为以下三点。第一，举办体育赛事为促进共同富裕奠定了坚实基础。近年来，浙江省举办的生态运动会、农村文化礼堂运动会、各类马拉松等赛事活动与乡村振兴的生态底色相匹配，在提升乡村品质和形象、改善和丰富民生、促进乡村经济增长中贡献了重要力量，进而成为助推共同富裕的新动能。第二，举办国际综合性体育赛事对举办城市的基础设施建设和环境改善起到积极的推动作用。杭州亚运会作为长三角地区最大的综合性赛事，产生的“体育亚运”“城市亚运”“品牌亚运”综合效益不断显现。在交通方面，为配合2022年杭州亚运会的举办，计划到2022年，杭州将完成516公里轨道交通运营里程目标任务，并启动轨道交通四期项目建设。第三，赋能全球城市建设。体育赛事促进全球城市建设的功能不断释放，上海、南京、杭州、合肥均以体育赛事为抓手，将办赛营城、兴业惠民有机结合，建设国际赛事之都。上海举办的英雄联盟全球总决赛（S10）通过15家境外平台向全球直播，全球累计观看时间超过10亿小时，总观赛人数达9亿人次，赛事互动人数达91.3亿人次，进一步提升了上海的全球曝光度。

（五）职业赛事影响力不断提升

长三角地区是探索职业体育产业化、市场化最早的区域，也是目前职业俱乐部数量最多的区域之一，“三大球”职业俱乐部数量一直在我国职业联赛版图中处于领先地位。以足球俱乐部为例，新的格局形成了，在中国足协公布的2020赛季的中国足球三级职业联赛俱乐部名单（共55家）中，长三角地区依然唱主角，有12家俱乐部。江苏省历史性地拥有7支队伍，其中苏州这座经济实力能够在全国排入前4的地级市，独占2个中甲席位，分别是苏州东吴足球俱乐部和昆山足球俱乐部。此外，江苏省大多数职业俱乐部近两年获得突破性发展，南通于2019年由中乙升到中甲，泰州、苏州、昆山于2020年由中乙升到中甲，而南京枫帆由中冠升到中乙。此外，在国务院46号文件、市政府26号文件的政策支持下，上海海港、绿地申花、久事男篮等各个俱乐部纷纷加大投入，联赛成绩稳中有升。浙江省稳步推进运动项目职业化改革，并在《浙江省体育赛事改革“十四五”发展规划（征求意见稿）》中明确提出，要培育50个以上省级联赛俱乐部，培育一批超级联赛职业体育俱乐部。安徽省在职业体育改革方面也做出了积极的探索，出台了《安徽省推进职业体育俱乐部发展实施办法（试行）》等一系列文件，积极推动职业体育俱乐部的发展。

（六）办赛水准日益提高

一是体育赛事内容不断创新。2020 年，多项国际体育赛事面临停摆的困境，长三角地区各办赛主体积极寻求发展出路，通过应用智能技术等多种手段创新赛事内容，“气泡”办赛、“云端”办赛层出不穷。数字化进程正在加速改变民众参与体育赛事的形式，包括体育消费的固有形式，也在创新衍生新的体育赛事内容。在疫情防控时期，江苏省广泛开展“一起宅，一起赛!”“网络健身气功大赛”等多项线上赛事，创新性地举办了江苏省首届网络全民健身运动会。“黄浦·我来赛”采用“线上＋线下、白天＋夜间、赛事＋培训、传统＋现代”的多元化办赛模式，吸引社会各方力量参与，2020 年举办各类全民健身赛事活动 222 场，带动市民近 50 万人次线上与线下参与。

二是体育赛事运作不断升级。近年来，长三角地区办赛主体努力探索体育赛事新模式，创新竞赛机制，开发竞赛系统，体育赛事运营水平不断提升。久事体育推出的“2020 一球致胜网球大奖赛”开创“一球制”赛制，实行单场淘汰制，充分放大网球运动中最为紧张激烈的致胜一球概念，打造全新赛事 IP。

（七）市场环境持续向好

近年来，随着体育赛事“放管服”改革的不断深化，江浙沪皖先后出台了一系列体育赛事管理政策，体育赛事活动向管理规范化、制度化、法治化转变，体育赛事监管政策不断健全。2017 年 12 月，《浙江省体育赛事管理办法》经省人民政府第 92 次常务会议审议通过，自 2018 年 2 月 1 日起施行，浙江省成为全国范围内首个以省政府规章形式落实体育赛事改革规定的省份。随后，上海、江苏、安徽先后出台了《体育赛事管理办法》《体育赛事活动管理细则》等文件。为确保体育赛事活动规范有序开展，切实保障体育赛事活动各方的合法权益，浙江省于 2020 年 7 月出台了《关于推进体育赛事改革构建现代化赛事组织体系的若干意见》。长三角各省市积极响应国家体育总局加强赛事安全管理工作精神，先后出台了《关于进一步加强体育赛事活动安全管理工作的通知》。此外，浙江省为加强对体育竞赛裁判员队伍的建设和管理，做好体育竞赛裁判员注册、资格认证、培训、考核等工作，起草了《浙江省体育竞赛裁判员管理实施细则》。

（八）新冠肺炎疫情负面影响显现

2020 年，新冠肺炎疫情打乱了计划性、周期性、系统性交织的体育赛事节奏，全球体育赛事一度按下“暂停键”，2021 年世俱杯、F1 中国大奖赛、上海浪琴环球马术冠军赛、ATP1000 网球大师赛等众多体育赛事推迟甚至被迫取消，长三角地区竞赛表演业也受到较大影响。

一是赛事经济受损。各级别赛事被迫延期或取消致使赛事供给严重缩水、赛事收入链条断裂，赛事赞助商权益、赛事版权权益等全面受损，赛事经济效益由此遭受明显的损失。以 2019 年 F1 中国大奖赛为例，赛事带来的直接经济效益超过 9.2 亿元，间接经济效益超过 30.1 亿元，赛事无法如期举办将给体育产业及相关产业带来较大损失。

二是观赏型体育消费下降。由于赛事供给链受到较大冲击，观赛机会随之减少，同时受新冠肺炎疫情“蝴蝶效应”的影响，体育消费人群的赛事消费信心受到冲击，体育赛事相关支出也大幅减少。2020 年上海市居民用于购买体育赛事现场门票的人均支出仅为 0.6 元，相较于 2019 年上海市人均 79 元的现场观赛门票支出下滑明显。

三是办赛主体面临重新洗牌。各类赛事因新冠肺炎疫情延期或停赛而致使办赛主体不得不承受体育赞助、体育场馆租金的成本风险或违约风险，所有体育赛事经营者不得不面临一次行业洗牌。疫情进一步放大了竞赛表演业的敏感性以及办赛主体的脆弱性，经营经验缺乏、经营业务单一、储备资金有限的中小微体育赛事企业不得不承受巨大的生存压力，而且随时面临出局的危机。

二　长三角地区竞赛表演业发展经验

（一）探索协同办赛新机制，打造产业发展新格局

在长三角一体化发展上升为国家战略的背景下，三省一市以《长三角

地区体育一体化高质量发展的若干意见》为指引，以区域协同办赛为原则，以路跑、自行车、水上运动、汽车运动等运动项目为重点，打破行政区划壁垒，探索跨区域办赛协作机制，先后举办了长三角职业篮球俱乐部挑战赛（CBA 夏季联赛）、2020 年 O-TOUR 中国长三角定向越野巡回赛、2019 环法挑战赛 · 西施故里诸暨站等赛事，形成资源共享、优势互补、合作共赢的发展格局。

首先，探索多部门协同办赛新机制。以“桨下江南”水上马拉松协同办赛组织机制为例，长三角一体化示范区执委会发挥牵头作用，组织协调长三角两区一县（青浦、吴江、嘉善）的 10 余个部门，赛前为各区域部门和承办方提供沟通平台，赛中落实赛事保障工作，赛后总结经验，持续优化协同机制。两区一县的海事、公安、卫生、宣传等部门以各自职能为基础，以资源共享、优势互补、密切配合、注重实效、稳步推进为原则，积极开展全面、深入的合作，实现水域路线统一管理、安保工作协同有序、医疗工作资源共享及宣传渠道整合优化。

其次，探索跨区域协同办赛新机制。以长三角体育节为例，长三角体育节是为深入贯彻落实《长江三角洲区域一体化发展规划纲要》和《体育强国建设纲要》精神，以《长三角地区体育一体化高质量发展的若干意见》为行动指南，由长三角三省一市体育部门联合打造和轮流举办的区域性自主品牌赛事活动。长三角体育节创办的初衷便是以赛事活动为媒介，通过三省一市轮流举办，拉动长三角地区体育产业消费升级、提升区域体育国际竞争力。长三角体育节由上海、江苏、浙江、安徽的体育部门协同进行招商及招募工作，每年都将优选高水准、专业化运营的赛事跨区域举办，并进行常态化落地。

（二）探索赛事数字化转型，培育体育赛事新模式

随着人工智能、大数据、5G、新媒体等高新技术的兴起，数字化进程正在将体育和科技、服务深度融合，催生出多种体育赛事新模式，以此延长竞赛表演业链条，形成体育赛事生态系统。长三角地区是探索体育赛事数字化转型的先行区，诸多体育赛事早已向数字化模式迈进。

首先，通过数字科技为赛事赋能。早在2018年，浙江就开始探索“数字化杭马1.0”解决方案，赛事主办方依托人工智能技术及其他数字化科技手段，对赛事组织管理进行创新，提升赛事智能化水平、参赛体验以及赛事安全性。2020年，这一模式再度升级为“数字马拉松3.0”，这一模式的突出特点主要包括以下三点：一是采用数字化赛事指挥和管理系统，把语音传达首次升级为可视化实时数据呈现，助力比赛指挥决策；二是采用可视化医疗急救系统调度急救资源，同步事发现场画面，提升急救指挥工作的效率；三是杭马线上赛升级为“杭马云动汇”，增加采用视觉智能分析技术、适合各种年龄层次市民参与的AI健身开合跳、深蹲挑战等项目，提高马拉松爱好者的参与度。

其次，打造体育赛事“一站式”服务应用。2021年，浙江省在青少年电子制作锦标赛上，首次启用了“浙江省青少年电子制作锦标赛专用平台”，通过该平台能够实现在线报名、云端培训、赛事直播、成绩公示、社区互动、申诉流程一体化、个人成长记录、电子奖状查询等一系列数字化功能。上海体育部门通过“一网通办”搭建平台，提供信息咨询、培训指导、专家论证等行政服务，为办赛主体在申请赛事认证、赛事评估以及赛事扶持等方面提供便利；同时，依托平台，体育部门与公安、应急管理等职能部门共享赛事信息，通报赛事举办情况，办赛主体因此获得更加便捷、规范的“一站式”服务。

专栏1　智能技术推动线上与线下赛事深度融合①

智能技术向体育赛事各环节不断渗透，与体育赛事应用场景更加匹配。以高校百英里接力赛总决赛为例，赛事以各大高校为参赛单位进行10×16公里接力比赛，首次推出“云上赛”形式，并依据赛事形式制定包含场地标准、摄像头点位设置、检录流程等在内的标准化模板。实现参赛选手智能化检录，规避人员匹配烦琐及替跑等问题，为后期参赛选手个性化数据库的建立提供基本数据储备；利用智能数据查重技术，快速筛选所需参赛选手信

① 上海市体育局：《2020年上海市体育赛事影响力评估报告》。

息，提高办赛效率；首次采用 AI 智能裁判，通过摄像头抓取参赛选手的运动轨迹，对赛事成绩进行核检，提高赛事成绩的准确性。智能技术的应用在保障公平性的前提下，大大降低了参赛门槛，实现疫情下“异地参赛，同台竞技”的目标，参赛规模也较 2019 年扩大了 4 倍。线下赛事启用运动参数自动识别与适配系统，通过摄像头抓取特定参赛选手，同步显示该选手参赛过程中的配速、用时及体征等数据，并且通过 LED 屏幕显示，升级选手的参赛体验，增强观赛者的互动感，提升赛事的可观赏性。这能够有效优化疫情背景下参赛选手的赛事体验，创建智能技术在路跑赛事场景下的新应用。

（三）探索多元主体办赛模式，提升赛事运作专业化水平

随着体育市场化改革的不断推进，各种体育赛事企业不断涌现，市场力量承办的赛事也不断增加。长三角地区体育赛事运作模式逐渐从政府单一主体举办向多元主体举办转变，形成了政府引导、市场运作的体育赛事发展格局，赛事运作专业化水平不断提升。

首先，社会力量办赛意识进一步增强。浙江省作为社会力量办体育的全国示范区域，出台了《关于鼓励支持社会力量办体育加快推进体育改革与发展的若干意见》，建立赛事社会化运作机制，推进办赛职能向社会组织转移，激发了社会力量承办比赛的热情。目前，在浙江省 65 项入库品牌体育赛事中，有 55 项赛事由第三方运营公司举办，占比 85%。江苏省最有影响力的十大品牌体育赛事，一半由市场主体承办，其中，扬州市政府举办向民资开放的专题招商推介会，首推扬州鉴真国际半程马拉松赛事，吸引来自全国各地 7 万多名选手报名参赛。合肥市通过“借转补”“事后奖补”等方式支持社会力量举办赛事活动，每年由社会力量自主举办的规模较大的全民健身赛事活动 50 余场次。

其次，赛事运作的专业化水平不断提升。社会力量办赛充分展现了市场主体的活力和创造性，赛事运作的专业化水平也得到提升。上海市超过 70% 的赛事联合专业公司运营推广，超过 20% 的赛事的赞助商数量超过 10

个，超过40%的赛事由世界500强或上市公司赞助，超过20%的赛事总收入超过300万元，实现了从赛事运营、赛事保障到商业开发的市场化运作，赛事专业化运营和科学化管理逐步凸显，促进了赛事的健康发展。此外，股权合作模式也是促进体育赛事专业化运营、提高决策效率的有效方式。上海久事体育产业发展（集团）有限公司和上海久事投资管理有限公司以增资方式入股五星体育传媒有限公司，加强了赛事运营方与品牌体育传媒方的合作，进一步提升了体育赛事运作的专业化水平。

（四）发挥体育赛事多元功能，促进“体育+”“+体育”融合发展

首先，促进“体育+旅游”融合发展。长三角地区充分认识到体育赛事的旅游功能，将赛事元素与旅游元素全方位融合，以赛事流量撬动旅游客流，形成一系列长三角体育赛事旅游项目。在2020年长三角地区体育旅游精品项目中，上海摩托艇世界锦标赛、江苏宿迁中国生态四项公开赛、浙江临海柴古唐斯·括苍越野赛、安徽池州国际马拉松等14项赛事入选长三角地区精品体育旅游赛事。

其次，促进“农业+体育”融合发展。长三角地区充分认识到体育赛事的平台经济功能，在生态种植、家庭农场、田园采摘、田耕体验等业态中有效植入体育赛事，以赛事为媒，提升知名度，发展休闲农业。安徽省怀宁县依托蓝莓产业，促进蓝莓景观带与马拉松景观赛道相融合，并通过举办蓝莓特色的乡村马拉松赛等方式，发展休闲农业。2020年，县内已建成生态廊道、农耕文化园、马拉松景观赛道等旅游设施，接待农业休闲采摘游客达60万人次。

专栏2　安徽探索“赛事+”新路径[①]

2020年11月1日，中骏世界城·2020池州马拉松赛（简称“池马”）

① 王辉：《线上线下齐发力　走出“赛事+”新路径　“池马”为城市发展增添新活力》，《中国体育报》2020年11月3日，第2版。

在安徽省池州市杏花村文化旅游区鸣枪开跑。今年“池马”创新办赛模式，走出了一条“赛事+”的新路径。

首先，创新办赛模式扩大赛事影响力。

本届“池马”采用线上与线下相结合的办赛模式，打造常规线下赛和“云上池马”线上赛相互联动的“O2O”赛事矩阵。线下赛事设置了半程马拉松和短程马拉松两个项目。“云上池马”线上赛吸引了12个省区市的1.7万名选手报名参与。“池马”组委会邀请了长三角地区的27个城市跑团参加，并通过录制短视频，实现长三角27个城市跑团联动，点亮长三角跑马地图。

其次，“云上池马”促进体旅融合发展。

本届“池马”紧密结合池州的自然生态和历史人文特点，围绕“相聚池马、逐梦未来”这一固定主题，全新打造赛道，让广大跑友畅享池州自然之美、生态之美和文化之美。除此之外，本届赛事创新制定了跑线上赛享受景区免费门票福利的策略，参加“云上池马”线上赛的选手，可免费畅游池州市12个著名景点。

最后，“池马商城+直播带货”助力体育扶贫。

本届池州马拉松立足于池州名优特产，积极筹备农产品直播带货，将赛事直播与农产品销售相结合，充分发挥体育扶贫功能。“池马”组委会联合池州市扶贫开发局利用池马网络平台，在池马官方商城上架池州的扶贫名优农产品，通过“池马”赛事直播曝光推荐，让广大跑友在参加“云上池马”的同时，享受名优特产，助力体育扶贫。

（五）探索精细化办赛模式，全面提升安全办赛水平

在疫情防控常态化背景下，长三角地区坚持体育在推动高质量发展中新的增长点和创造高品质生活中重要风向标的定位，将安全办赛作为第一原则，采取高标准办赛方案，努力探索精细化办赛模式，涌现出以上海马拉松为代表的办赛标杆，在全球树立疫情防控之下安全举办赛事的“上海

样板”。

首先，多部门联动筑牢赛事防疫线。由上海市体育局、市公安局、市交通委员会、市卫生健康委员会、市文化和旅游局、市绿化和市容管理局和各区政府部门等30多个相关部门和单位组成赛事组委会，建立协同工作机制。上海市体育局根据疫情变化动态调整赛事防控策略，发布《常态化疫情防控期间体育赛事举办指引》，为体育赛事举办提供指引。市级政府部门联合上海市疾病预防控制中心，组建专家团队对2020年上海市举办的体育赛事展开一对一的疫情防控技术指导工作。区政府联合区防控办、区文体旅游局、区卫健委以及公安、海关等关联部门落实赛事保障工作。

其次，承办方积极落实赛事防疫措施。赛事主办方、承办方赛前制定疫情防控工作方案，并把防疫措施细化至赛事具体场景里，完善隔离、训练、比赛等各个阶段安全防范细则，严格落实赛事防疫措施。以2020上海马拉松为例，赛事组委会制定了《2020上海马拉松疫情防控工作方案》，将防疫措施点对点细化到14个应用场景中，赛前使用大数据筛查参赛者信息，劝退风险人员，现场装备领取实行分时段预约制，严格控制人流。赛中对跑者起点区域进行网格化管理，划分五个区域分三枪起跑，起终点和赛道沿线不设观众席，赛道各补给站拉长服务线，医疗设施覆盖赛事各个角落，同时设置应急机制。赛后时刻提醒参赛者做好个人防护，落实层层消杀保障安全。

三　长三角地区竞赛表演业存在的问题

（一）赛事质量有待进一步提升

从整体上看，长三角地区在赛事数量猛增的同时，赛事质量发展不平衡现象日益凸显。一是同质化竞争、无序发展问题突出。以马拉松赛事为例，2021年4月11日，我国共举办16场马拉松赛事，其中，长三角地区就有7场，暴露出马拉松赛事扎堆举办的现象。这一现象在带来赛事集聚效应的同时，也引起较为严重的同质化竞争，导致马拉松赛事“产能过剩”，影响长三角地区马拉松赛事的整体效益。此外，马拉松赛事无序发展的问题较为严重，比赛集体作弊、赛事成绩与奖金不匹配、赛事组织欠佳、赛事与城市融合不良等种种问题时常出现。二是赛事与相关产业融合不充分。体育赛事与旅游产业、文化产业等其他业态的融合正处于初步探索阶段，文体旅产业融合水平较低，产业之间的相互带动作用不均衡的问题依然存在。此外，科技在体育赛事中的应用愈加广泛，但体育与科技、传媒、会展的融合仍有较大的开拓空间，体育赛事转播质量、体育传媒与信息服务能力还有待提升。

（二）赛事效益有待进一步提高

一是直接经济贡献不大。2019 年长三角地区竞赛表演业增加值为 79.2 亿元，同年长三角地区健身休闲业增加值为 309.2 亿元，健身休闲业增加值是竞赛表演业增加值的 3.9 倍。竞赛表演业和健身休闲业是体育产业的两大核心业态，从产业增加值来看，长三角地区竞赛表演业发展水平与健身休闲业差距较大，直接经济贡献不大。

二是观赏型体育消费激发不够。观赏型体育消费作为体育竞赛表演业的最终需求，是体育竞赛表演服务的生产目的，是衡量体育竞赛表演业发展水平的重要评价指标。从需求侧角度来看，长三角地区观赏型体育消费水平较低。2020 年长三角主要消费试点城市的居民体育消费调查报告数据显示（见图 1），长三角试点城市人均观赏型体育消费金额占总支出比重在 0.8% ~5.5% 区间内，远低于实物型体育消费、参与型体育消费的水平。

三是体育赛事有效供给不足。目前，长三角地区举办的赛事层次仍有待提升，国际性赛事承办较少，而且赛事发展存在明显的路径依赖，主要依靠引进成熟的国外赛事 IP，缺乏具有鲜明城市特色、契合城市精神、反映城市人文特点的体育赛事。《推动江苏体育竞赛表演产业高质量发展行动方案》《浙江省体育赛事改革“十四五”发展规划》提出，体育竞赛表演业总体上还存在规模体量不大和国际性体育赛事数量不足等问题。

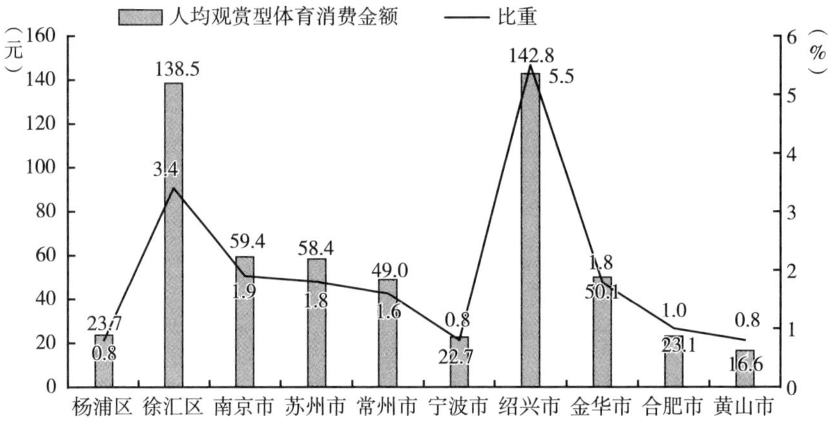

图1　2020年长三角部分城市人均观赏型体育消费金额及占比

资料来源：各省市2020年居民体育消费调查报告。

（三）体育赛事“放管服”改革有待深化

长三角地区许多城市政府在职能履行中仍存在“缺位”“错位”等现象，体育赛事“放管服”改革有待深化。第一，赛事标准和管理规范不完备。取消商业赛事和群众性体育赛事活动审批之后，违规办赛、低质办赛、虚报信息等市场乱象时有发生，暴露了当前体育赛事活动管理制度不健全、赛事组织不规范、监管手段不完善的问题。市场监管中存在赛事活动“会批不会管”“监管不力”“以审代管、以罚代管”“监管措施可操作性不强”等顽症。第二，赛事服务机制不健全。目前，在赛事服务链条上，政府供给服务内容和手段较为单一，以单项体育协会为主体的社会化服务机制不健全，而办赛主体在赛前、赛中、赛后各环节均有较强服务需求，结果是赛事服务供需之间存在结构性不均衡。赛事服务中存在赛事发展综合服务平台缺位、赛事供给“委托－代理”错位等问题。第三，赛事规划制度不完善。部分省市缺乏专项赛事规划、特色赛事规划和赛事发展规划，从而暴露出有针对性地承办国际国内重要赛事的规划不足，部分赛事目标与城市战略契合度不高，部分赛事与区域重点项目、优势项目接轨不足，市场定位模糊，还有部分赛事投资和举办效益未能实现最大化以及同质化办赛突出等问题。第四，赛事评估体系不完善。上海市已建立了体育赛事影响力评估常态化机制，连续两年发布了《上海市体育赛事影响力评估报告》，但与上海市相比，虽然部分城市也进行了赛事影响力评估，但全省性的赛事绩效评估指标体系仍不完善。

四　长三角地区竞赛表演业发展策略

（一）完善竞赛管理服务体系

政府不仅要发挥包括通过政策、法规积极支持申办大型单项体育赛事，加强体育场馆等基础设施建设，积极培育市场运营主体，参与赛事的组织协调，协助进行赛事市场推广，为赛事承办企业无偿提供政府公共资源的作用，还需要做到对赛事市场主体的充分赋权、对赛事市场的有效监管以及对赛事主体的跟踪服务。

一是结合国家体育总局出台的《体育赛事活动管理办法》，地方省市要研制《体育赛事活动管理办法》的实施细则，明确赛事举办的政府职责、部门职责、体育社会团体责任，细化赛事主办、赛事承办、赛事协办的权利和义务等，为事中、事后监管提供依据。

二是出台《赛事活动办赛指南》和《赛事活动参赛指引》，对赛事活动管理、申办、组织、安全保障措施进行明确，对办赛基本条件、标准、规则、程序和参赛的资格要求及注意事项进行细化，从专业层面为赛事活动管理服务提供更多依据。

三是按照“最多跑一次”的要求，将注册、报名、参赛以及赛事过程、评估、评价数据纳入“一网通办”平台，建立体育赛事活动综合管理服务机制，精简办赛流程，为赛事举办创造良好条件。

四是建立从认证（Award）到评估（Assessment）再到扶持（Assistant）的3A管理循环体系，培育国内外知名、专业能力突出、具有较强核心竞争力的赛事商务、中介、传媒、咨询企业集群，树立办赛为民典范。

（二）打造高水平体育赛事品牌

一是培育发展特色体育赛事。深入挖掘长三角地区人文、自然资源，结合当地政府需要，主动对接设计培育赛事品牌。对长三角地区现有特色赛事、特色运动会进行赛事内涵挖掘和办赛模式梳理，形成参赛项目、队伍组建、办赛模式、产业运作和评奖评优等赛事整体方案，凸显特色赛事的“地方特色”，形成特色赛事的“地方风格”，打造一批具有“地方韵味”，留有“地方烙印”的特色赛事。

二是打造运动项目赛事品牌。培育水上、山地户外、自行车、航空、电子竞技等一批消费引领性强、大众参与度高的时尚运动项目赛事，努力扩大各地马拉松赛事参赛规模，提升组织运营、媒体宣传、赛事推广和服务保障水平，推动更多马拉松赛事跨入中国田协金牌赛事和国际田联金标赛事行列。以 F1 中国大奖赛、ATP1000 网球大师赛、斯诺克大师赛、环太湖自行车赛等国际顶级赛事为引领，带动区域赛车、网球、台球、自行车等运动项目赛事发展，形成具有历史文化底蕴和地域特色的运动项目赛事集群。

三是打造长三角体育赛事品牌。围绕淀山湖和黄浦江上游流域的生态基础，依托龙舟、帆船等水上特色运动，构建多层次的水上运动赛事体系；依托自行车、攀岩等特色运动项目，整合区内旅游景区和城市景观，创建长三角世界顶级自行车赛事品牌。探索联合举办重大体育赛事，共同培育赛事品牌，打造丰富多样的跨区域体育赛事体系（跨地区联合主办的赛事、地区性巡回赛以及地区性联赛），形成体育共同发展“新名片”。

四是打造形式多样的体旅融合赛事。打造“一带一路”“大运河”“环太湖”“黄山”“杭州湾”“崇明岛”等一系列赛事品牌，促进群众基础好、旅游拉动功能强的体育旅游赛事发展。立足“一带一路”建设、长三角区域一体化、长江经济带发展战略，结合长三角地区经济空间格局和城市群空间形态，充分利用政府和市场的力量，采用“点（景区、景点、场馆）—轴（旅游线路）—圈（特色旅游带、传统旅游圈）”“一票通”的模式，打造长三角联动的精品体育旅游线路。发挥赛事在目的地形象、旅游产品设计上的整合作用，促进体育赛事与文化、旅游、生态等领域融合，大力推行“一日比赛，多日停留”“一人参赛，多人旅游”“单人竞赛，多人消费”的体育旅游消费模式。

（三）推动体育赛事数字化转型

一是加强5G技术、新型转播技术、安全监控技术、人工智能等高新技术在赛事领域的应用，推动赛事举办模式创新、赛事内容制作技术变革、赛事组织管理效率提升。充分利用人工智能、区块链、云计算和大数据等技术，在体育赛事装备智造、赛事模式智动研发、赛事智慧场馆建设、经典赛事信息集束和赛事数字消费等方面加以应用。实施区域联合办赛科技创新，利用生物技术、人工智能、可穿戴设备、安全防范等技术提高长三角体育节、马拉松、自行车和各项目职业联赛的办赛质量。

二是按照“整体智治”理念，构建互联互通、普惠便捷、高效协同的智慧体育赛事服务和管理体系。建设体育竞赛表演业大数据中心，加强对长三角地区体育赛事评估、体育消费调查等核心数据的深度挖掘。加强智慧场馆建设，推动政府体育场馆和群众性运动场所朝智能化方向转型升级，推动商业赛事全面系统装备科技运动产品，提升赛事质量。

三是创新“互联网+赛事+服务”模式，提供赛事报名、赛事转播、赛事分析、交流互动等综合服务，提升赛事数据采集、传输、分析、反馈能力，通过数据采集—数据分析—数据应用，满足赛事受众信息服务需求，激发观赏型体育消费活力。创新虚拟现实、增强现实等技术与赛事内容和观赛场景之间的融合，灵活运用网络平台、移动终端与观众互动，增强观众的代入感，赋予观众沉浸式体验，创新赛事呈现形式，推动体育竞赛表演业升级。拓展智慧赛事市场，结合线上与线下，在训练、培训、赛事、旅游、医疗保险、文化等多领域深度拓展，打造体育竞赛表演业生态圈。

（四）推动长三角体育赛事一体化发展

一是建立长三角赛事联盟。联合举办国际顶级单项赛事的中国赛、分站赛、巡回赛和积分赛等，合力打造沙滩高尔夫、马术、自行车、铁人三项和水上项目等自主 IP 品牌赛事，继续办好长三角运动休闲旅游节、中国·长三角国际体育休闲博览会、长三角体育产业高峰论坛，深化长三角马拉松参赛直通车、长三角体育设施认证中心建设、长三角联合组团参加国际展会等合作。

二是形成体育赛事跨区域联动机制。加强对赛事相关基础设施建设、关联产业发展、公共服务配套、城市品牌宣传、生态联防联治、医疗紧急救护、体育活动交流等的梳理与统筹。完善长三角地区联合办赛协同机制，探索制定长三角区域品牌商业性赛事的利益共享机制。开展赛事空间布局、赛事场馆建设、赛事服务系统构建、赛事人才培养等相关方面的协作，提升区域合作办赛能力。创新疫情防控常态化背景下体育赛事活动的开展模式，建立由赛事风险评估、预案审核、防疫培训、应急响应、属地监管等构成的协同联动工作机制。

三是发挥重要赛事区域联动效应。发挥核心城市的赛事引领和辐射作用，筹办好杭州亚运会、亚足联中国亚洲杯等国际赛事，强化重大体育赛事的区域联动效应。培育一批影响力大、体系完善的区域职业联赛，加快中超、CBA 等俱乐部主场文化氛围建设，创新智慧化、交互式观赛体验，提升职业赛事吸引力。以“亚洲杯”场馆赛后合理利用为契机，推动专业足球场馆建设和运营。

参考文献

黄海燕：《推动体育产业成为国民经济支柱性产业的战略思考》，《体育科学》2020 年第 12 期。

黄海燕、刘蔚宇：《新型冠状病毒肺炎疫情对体育赛事发展的影响研究》，《体育学研究》2020 年第 2 期。

黄海燕等：《上海大型单项体育赛事运营中政府作用之研究》，《体育科学》2007 年第 2 期。

李刚、张林：《中国现代体育市场体系发展的历史溯源、现实审视与路径选择》，《体育科学》2020 年第 9 期。

王凯、陈明令：《我国体育赛事的引致需求、现实问题与供给侧优化》，《北京体育大学学报》2018 年第 9 期。

徐开娟、黄海燕：《长三角地区体育产业发展态势、经验与建议》，《中国体育科技》2019 年第 7 期。

B.7

长三角地区健身休闲业发展报告

徐开娟　曾鑫峰*

摘　要：长三角地区健身休闲业近年来凭借丰富的自然资源、旺盛的市场需求、优质的服务供给取得了飞速发展。本报告系统梳理了长三角地区健身休闲业的发展状况，认为从整体上看，目前长三角地区健身休闲业具有产业规模快速增长、产业贡献日益突出、健身休闲服务体系日臻完善、市场环境持续向好、载体建设取得良好进展、基础设施不断优化、健身休闲消费潜力巨大、投融资市场依旧活跃等特征，并且还呈现区域合作不断深化、户外运动产业初具体系、室内健身经营新模式与新产品迭出、运动休闲消费潜力较大、行业智能化与智慧化升级加速、健身服务覆盖全年龄段等诸多发展新亮点。最后从优化产业结构和布局、推动运动项目一体化先行先试、培育龙头企业、完善制度设计等方面对长三角地区健身休闲业提出了若干发展建议。

关键词：健身休闲业　户外运动　室内健身　长三角地区

健康是新时代人民对美好生活的向往与需求。随着健康中国和全民健身

* 徐开娟，博士，复旦大学博士后，上海体育学院上海运动与健康产业协同创新中心副教授，研究方向为体育政策、体育产业管理；曾鑫峰，上海体育学院博士在读，研究方向为体育管理。

战略的推广，我国体育健身休闲业的发展将关乎国民健康、国家力量和国家形象。体育健身休闲业是以体育运动为载体、以参与体验为主要形式、以促进身心健康为目的，向大众提供相关产品和服务的一系列经济活动，其外部环境受到国家政策助推、消费升级下的内需激增、全民健身和全民健康高度融合的利好影响，发展势头持续向好。

长三角地区资源禀赋优势突出、经济基础雄厚、区域流动频繁，作为我国体育产业发展高地，其健身休闲业发展水平一直居于全国前列。长三角三省一市依托各自的自然资源特征、项目发展基础、产业发展环境、市场规模，相互协作、合理分工，走出了一条健身休闲业高质量发展的特色道路。

一 长三角地区健身休闲业发展基本情况

（一）产业规模快速增长

由图 1 可知，2019 年长三角三省一市健身休闲业总规模达 593.8 亿元，较 2017 年增长 115.1%，年均增速达 46.7%，占全国健身休闲业总规模的比重为 33.1%。健身休闲业增加值从 2017 年的 148.2 亿元上升至 2019 年的 309.2 亿元，涨幅达 108.6%，年均增速达到 44.4%，2019 年占全国健身休闲业增加值的比重达 37.2%。由此可见，长三角地区健身休闲业发展势头迅猛，其总规模占全国总规模的比例约 1/3，是我国健身休闲业蓬勃发展的重要推动力量。

从三省一市各自健身休闲业总规模和增加值上看，2019 年江苏省健身休闲业总规模最大，达到 187.9 亿元；浙江省健身休闲业增加值居于第一位，达 98.5 亿元（见表 1）。从年均增速来看，安徽省健身休闲业总规模的年均增速达 88.2%，具有显著的后发优势和增长潜力。上海市 2018 ~ 2019 年健身休闲业总规模和增加值的上升幅度均较大，迎来新一轮产业爆发式增长。

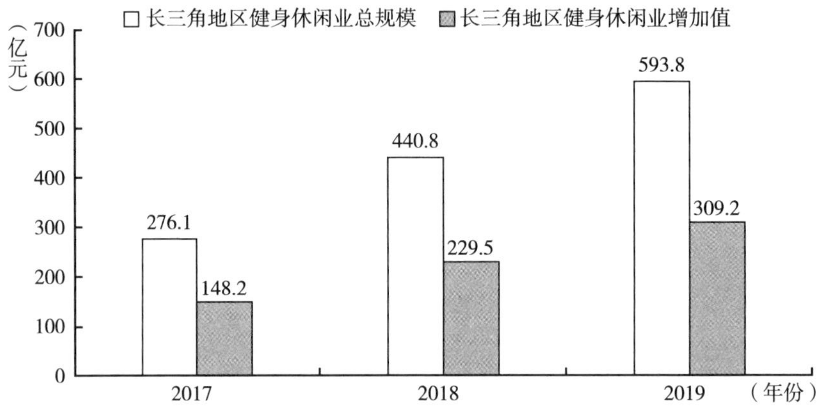

图1　2017～2019 年长三角地区健身休闲业总规模和增加值

资料来源：2017 年，各省市数据来源于《长三角地区体育产业发展报告（2018～2019）》。2018 年，江苏省数据来源于《江苏省体育产业发展报告（2019～2020）》；上海市数据来源于《2018 年度上海市体育产业统计公告》，2019 年 10 月 22 日，http：//tyj. sh. gov. cn/tycy4/20191022/0027－126855. html；浙江省数据来源于《2018 年浙江省体育产业公报》，2020 年 6 月 17 日，http：//tyj. zj. gov. cn/art/2020/6/17/art_ 1229251252_ 2041710. html；安徽省数据来源于《2018 年安徽省体育产业总规模和增加值数据公告》，2020 年 8 月 4 日，http：//tiyu. ah. gov. cn/jhtx/tzgg/119363841. html。2019 年，上海市数据来源于《2019 年度上海市体育产业统计公告》，2020 年 12 月 11 日，http：//tyj. sh. gov. cn/mlghcyfg/20201217/ab00f6166c7d4c67b78beeb4 31f2d2bc. html；浙江省数据来源于《2019 年浙江省体育产业公报》，2021 年 7 月 5 日，http：//tyj. zj. gov. cn/art/2021/7/5/art_ 1229251252_ 4675487. html；江苏省、安徽省数据来源于两省产业统计调查。

表1　2017～2019 年长三角各省市健身休闲业总规模和增加值

单位：亿元，%

年份	上海市		江苏省		浙江省		安徽省	
	总规模	增加值	总规模	增加值	总规模	增加值	总规模	增加值
2017	54. 0	31. 3	74. 4	38. 0	119. 8	61. 3	27. 9	17. 6
2018	69. 0	29. 4	164. 1	83. 8	120. 5	73. 9	87. 1	42. 4
2019	145. 6	57. 7	187. 9	95. 9	161. 5	98. 5	98. 8	57. 1
年均增速	64. 2	35. 8	58. 9	58. 9	16. 10	26. 80	88. 2	80. 1

资料来源：2017 年，各省市数据来源于《长三角地区体育产业发展报告（2018～2019）》。2018 年，江苏省数据来源于《江苏省体育产业发展报告（2019～2020）》；上海市数据来源于《2018 年度上海市体育产业统计公告》，2019 年 10 月 22 日，http：//tyj. sh. gov. cn/tycy4/20191022/0027－126855. html；浙江省数据来源于《2018 年浙江省体育产业公报》，2020 年 6 月 17 日，http：//tyj. zj. gov. cn/art/2020/6/17/art_ 1229251252_ 2041710. html；安徽省数据来源于《2018 年安徽省体育产业总规模和增加值数据公告》，2020 年 8 月 4 日，http：//tiyu. ah. gov. cn/jhtx/tzgg/119363841. html。2019 年，上海市数据来源于《2019 年度上海市体育产业统计公告》，2020 年 12 月 11 日，http：//tyj. sh. gov. cn/mlghcyfg/20201217/ab00f6166c7d4c67b78beeb4 31f2d2bc. html；浙江省数据来源于《2019 年浙江省体育产业公报》，2021 年 7 月 5 日，http：//tyj. zj. gov. cn/art/2021/7/5/art_ 1229251252_ 4675487. html；江苏省、安徽省数据来源于两省产业统计调查。

（二）产业贡献日益突出

随着居民健身休闲意识的不断提高、健身休闲产品质量和服务水平的快速提升，长三角地区健身休闲业已逐渐成为长三角地区体育产业高质量发展的核心动力之一。2019 年长三角地区健身休闲业增加值占长三角地区体育产业增加值的比重为 9.06%，相较于 2017 年增长 55.4%，年均增长率为 24.7%。另外与其他业态如场馆服务业，体育用品及相关产品销售、贸易代理与出租等相比，健身休闲业占比上升态势明显，产业贡献能力持续增强（见图 2）。

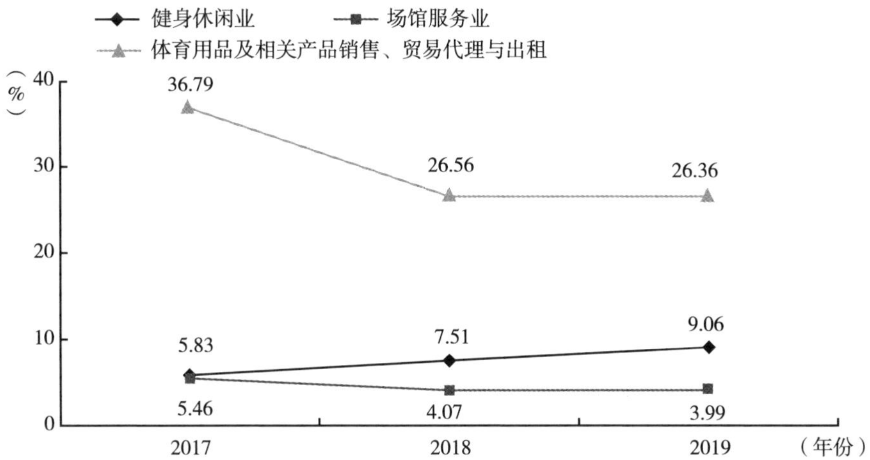

图 2　2017～2019 年长三角部分业态增加值占长三角地区体育产业增加值比重

资料来源：2017 年，各省市数据来源于《长三角地区体育产业发展报告（2018～2019）》。2018 年，江苏省数据来源于《江苏省体育产业发展报告（2019～2020）》；上海市数据来源于《2018 年度上海市体育产业统计公告》，2019 年 10 月 22 日，http：//tyj. sh. gov. cn/tycy4/20191022/0027 – 126855. html；浙江省数据来源于《2018 年浙江省体育产业公报》，2020 年 6 月 17 日，http：//tyj. zj. gov. cn/art/2020/6/17/art_ 1229251252_ 2041710. html；安徽省数据来源于《2018 年安徽省体育产业总规模和增加值数据公告》，2020 年 8 月 4 日，http：//tiyu. ah. gov. cn/jhtx/tzgg/119363841. html。2019 年，上海市数据来源于《2019 年度上海市体育产业统计公告》，2020 年 12 月 11 日，http：//tyj. sh. gov. cn/mlghcyfg/20201217/ab00f6166c7d4c67b78beeb4 31f2d2bc. html；浙江省数据来源于《2019 年浙江省体育产业公报》，2021 年 7 月 5 日，http：//tyj. zj. gov. cn/art/2021/7/5/art_ 1229251252_ 4675487. html；江苏省、安徽省数据来源于两省产业统计调查。

从三省一市各自的情况对比来看，2019 年安徽省健身休闲业占安徽省体育产业增加值比重最高，达 13.05%；江苏省占比最低，为 6.10%。从年均增速来看，三年间江苏省健身休闲业占比年均增速最快，达 40.3%；浙江省占比年均增速最慢，为 6.6%（见表 2）。整体来看，三省一市健身休闲业正逐步成为各自体育产业发展的中坚力量。

表 2　2017～2019 年长三角各省市健身休闲业占各省市体育产业增加值比重

单位：%

年份	上海市	江苏省	浙江省	安徽省
2017	6.70	3.10	10.30	6.80
2018	5.30	6.00	9.80	11.77
2019	10.31	6.10	11.70	13.05
年均增速	24.0	40.3	6.6	38.5

资料来源：2017 年，各省市数据来源于《长三角地区体育产业发展报告（2018～2019）》。2018 年，江苏省数据来源于《江苏省体育产业发展报告（2019～2020）》；上海市数据来源于《2018 年度上海市体育产业统计公告》，2019 年 10 月 22 日，http：//tyj.sh.gov.cn/tycy4/20191022/0027－126855.html；浙江省数据来源于《2018 年浙江省体育产业公报》，2020 年 6 月 17 日，http：//tyj.zj.gov.cn/art/2020/6/17/art_1229251252_2041710.html；安徽省数据来源于《2018 年安徽省体育产业总规模和增加值数据公告》，2020 年 8 月 4 日，http：//tiyu.ah.gov.cn/jhtx/tzgg/119363841.html。2019 年，上海市数据来源于《2019 年度上海市体育产业统计公告》，2020 年 12 月 11 日，http：//tyj.sh.gov.cn/mlghcyfg/20201217/ab00f6166c7d4c67b78beeb431f2d2bc.html；浙江省数据来源于《2019 年浙江省体育产业公报》，2021 年 7 月 5 日，http：//tyj.zj.gov.cn/art/2021/7/5/art_1229251252_4675487.html；江苏省、安徽省数据来源于两省产业统计调查。

（三）健身休闲服务体系日臻完善

1. 大众健身项目品质化升级加速

马拉松、跑步、自行车、足球、篮球等作为群众基础好、居民参与度高的健身休闲项目，是整个健身休闲服务体系的基本构成，长三角地区相关项目的服务和赛事走在全国前列。2020 年 10 月，中国田径协会发布了《关于公布 2019 中国马拉松等级赛事及特色赛事评定结果的通知》（田协字〔2020〕231 号），其中，2019 上海马拉松、2019 杭州马拉松、2019 无锡马拉松、2019 合肥国际马拉松赛等 30 个马拉松赛事入选金牌赛事；2019 宁波山地马拉松赛、2019 横店马拉松等 23 个马拉松赛事入选银牌赛事；2019 上海国际女子半程马拉松赛、2019 嘉兴国际马拉松等 24 个马拉松赛事入选铜牌赛事。长三角地区入选 2019 年中国马拉松等级赛事的数量领跑全国。另外，围绕运动项目的业余赛事如长三角公路自行车业余赛等，也为居民深入参与大众健身项目提供了优质的展示平台。

2. 户外运动项目体系化发展

近年来，随着优质自然资源的逐渐开发、居民新兴健身休闲需求的释放，户外运动成为引领健身休闲业的新风尚。浙江省依托“七山二水一分田”的天然优势，大力发展户外运动。2019 年，浙江省体育局出台《浙江省户外运动发展纲要（2019—2025 年）》（浙体经〔2019〕133 号），提出将浙江省打造成“国际知名的‘运动休闲目的地’、全国领先的‘高端户外装备制造集聚地’和‘全域立体’的户外运动示范区”的目标，这也是全国省级层面首部针对户外运动的发展纲要。2021 年 5 月 17 日，江苏省体育局、江苏省文化和旅游厅联合发布《江苏省深化体旅融合发展行动计划》，提出共同拓展体旅融合空间载体、打造综合性体育运动与旅游休闲空间，共同培育和认定一批体旅融合发展示范基地和创新项目，共同举办江苏运动休闲体验季活动、编制江苏体育旅游地图，逐渐形成户外体旅的体系布局。上海市则抓住青少年这一户外运动参与的重点人群，以青少年夏令营的方式，通过互联网技术平台，整合上海户外运动资源，为青少年暑期参与攀岩、自行车、路跑、定向越野、水上运动等户外运动提供集成服务。安徽省则以汽摩运动为代表，大力发展汽车自驾运动。2020 年浙江和江苏的房车拥有量位于全国前列，浙江省拥有房车的人数大约有 3000 人。[①] 这为长三角汽摩运动的一体化发展提供了有力支撑。

3. 特色运动项目逐渐兴起

一是包括马术、电子竞技等在内的新兴时尚运动项目发展迅速。2020

① 浙江省体育局：《这个国庆中秋双节，“假日体育”有点火》，2020 年 10 月 13 日，http://www.sport.gov.cn/n14471/n14482/n14519/c965846/content.html。

年长三角电竞人才实训基地、长三角电竞数娱产业基地、电竞大师工作室等重大项目纷纷在扬州市江都区揭牌落户，长三角电竞产业发展论坛已连续举办数届，长三角电子竞技项目取得快速发展。2021 年长三角马术联赛飞马水城站参赛人数达到了 700 对组合，创造了当下马术比赛的中国之最。① 二是民族民俗体育项目富有生机。2020 年 10 月 3 ~ 4 日，2020 亚洲户外运动节在南京市浦口区水墨大埝景区举办，“云端漫步”极限扁带交流赛、“国风六艺 · 拾忆民趣”趣味活动、非遗民间传统体育展示等民族特色项目得到有力宣传。浙江省温州市通过举办民俗体育精英赛暨长三角地区体艺交流大会，以长三角体艺交流高峰论坛、体育游艺百图展等诸多形式让民俗体育运动绽放生机。

（四）市场环境持续向好

目前健身休闲业中预付卡、黑私教等行业乱象是体育市场监管的重点内容，也是影响行业健康发展的重要因素。长三角各省市积极响应国家政策，出台了一系列相关行业监管措施。2021 年 1 月 1 日，《上海市体育健身行业会员服务合同示范文本（2021 版）》正式在全市推广使用，首批 15 个上海市主要健身品牌 400 余家门店率先承诺履行和使用该合同，“健身会员卡办卡七天冷静期”条款正式落地。2021 年 4 月 1 日，《江苏省预付卡管理办法》正式施行，明确了消费者付钱办卡后有 15 天“冷静期”、企业发预付卡要提供担保，并且建立预付卡风险警示制度，建设统一的预付卡管理服务平台，对失信经营者联合惩戒。通过坚持行政执法和信用治理相结合，长三角各省市不断推动健身休闲业规范发展，提升产业竞争力，激发广大市民群众的健身动力和参与热情，让体育运动成为更多长三角市民的生活组成部分。

另外，户外运动休闲产业的市场环境也在持续优化。目前有关户外运动

① 《2021 年“鹏萌”长三角马术联赛（海澜飞马水城站）上演精彩角逐》，新浪网，2021 年 7 月 7 日，https://wx.sina.com.cn/news/2021-07-07/detail-ikqciyzk4089998.shtml。

产业的市场规范体系还处于初步构建阶段，自然资源的开放、户外运动项目的监管、户外运动社会组织的准入等依然有待进一步完善。目前长三角各省市已经在诸多层面予以尝试和突破。例如，浙江省出台《浙江省户外运动发展纲要（2019—2025 年）》，其中多项措施力图让户外运动的发展环境变得更加明朗。如提出要规范市场秩序，强化户外运动项目的监管体系建设，明确责任主体，按照“谁审批谁负责”“谁主办谁负责”的原则加强监督管理；同时要加强风险管理，推动户外运动标准体系建设，制定户外运动服务安全规范等。除此之外，江苏省、安徽省等也出台了关于山地户外运动、汽车自驾运动等户外运动项目的专项规划，针对用地支持、活动审批、行业准入、安全监管等方面做了有效部署，使整个户外运动产业能够更加有序、健康地发展。

（五）载体建设取得良好进展

一是长三角地区精品体育旅游项目持续推进，形成了种类丰富的项目载体。面对“体育 + 旅游”的产业新风口，长三角地区积极促进体育与旅游产业相融合，推动长三角地区体育产业一体化发展。2020 年，长三角地区体育产业协作会秉承长三角地区体育产业一体化、市场化、时尚化、品牌化的发展方向对体育旅游项目进行筛选，正式发布了《关于发布 2020 年度长三角地区精品体育旅游项目的公告》。其中包含 14 个精品体育旅游目的地、13 个精品体育旅游线路、14 个精品体育旅游赛事以及 6 个汽车自驾运动营地（见表 3）。二是体育服务综合体的创新建设，搭建了内容多元的场景载体。2020 年以来，江苏省体育服务综合体、上海市都市运动中心等场景载体的标准化建设取得实质性进展。2021 年上海市体育局发布了《关于推进都市运动中心新型体育服务综合体建设的意见》，明确了新型体育服务综合体的建设标准，力争到 2025 年实现都市运动中心全区覆盖。江苏省体育服务综合体在激发体育市场活力和消费热情中充分发挥示范、辐射和引领带动作用，截至 2020 年已分三批成功认证了共 43 个体育服务综合体。例如作为体育中心型综合体代表的南京奥体中心，经过十多年的发展，已经从体育场馆群转型为开展全民健身的前沿阵地，积极接待各类健身人群。南京奥体中心在坚持运营主业的同时，采用企业化运营模式，不断完善商业服务配套设施，引入培训、餐饮、康复等不同消费业态以打造综合性运动商业中心，有效实现消费人流分享与商业品牌推广。

表 3　2020 年长三角地区精品体育旅游项目名单

长三角地区精品体育旅游目的地	上海海湾镇森林休闲体育旅游基地
	上海佘山国家旅游度假区
	江苏溧阳精品体育旅游目的地
	江苏苏州澄湖航空飞行营地
	江苏南通小洋口滩涂旅游景区
	江苏无锡海澜马文化主题旅游景区
	江苏常熟虞山文化旅游度假区
	浙江淳安千岛湖体育旅游度假区
	浙江安吉云上草原高山体育旅游度假区
	浙江宁波东钱湖体育旅游度假区
	浙江衢州柯城森林运动小镇
	安徽芜湖红杨山汽车体育公园
	安徽滁州白鹭岛体育休闲度假区
	安徽临泉木一垂钓小镇
长三角地区精品体育旅游线路	上海滴水湖体育旅游休闲线路
	上海铁马生活城市骑行线路
	上海金山城市沙滩滨海游
	江苏宜兴“江南水城”体育旅游精品线路
	江苏溧阳“1 号公路”运动休闲自驾线路
	江苏南京江宁黄龙岘体育旅游精品线路
	江苏徐州月半湾健身休闲线路
	浙江遂昌浙西川藏线汽车越野线路
	浙江仙居神仙居体育旅游线路
	浙江宁海国家登山健身步道体育旅游线路
	皖浙一号旅游风景线(安徽黄山至浙江淳安)
	安徽金寨红岭公路汽车自驾线路
	安徽黄山环太平湖运动休闲旅游线路

续表

长三角地区精品体育旅游赛事	上海国际交互绳大奖赛
	上海摩托艇世界锦标赛
	上海新业坊电竞综合赛事
	环崇明岛国际自盟女子公路世界巡回赛
	上海斯柯达 HEROS 活力嘉年华
	上海苏州河城市龙舟国际邀请赛
	江苏宿迁中国生态四项公开赛
	江苏泰州中国溱潼会船节－龙舟赛
	浙江临海柴古唐斯·括苍越野赛
	浙江永嘉楠溪江国际户外休闲嘉年华
	浙江长兴中国围棋甲级联赛暨中日韩围棋元老赛
	安徽池州国际马拉松
	安徽黄山论剑·国际武术大赛
	安徽界首全国福斯特杯钓鱼大奖赛
长三角地区汽车自驾运动营地	江苏常州太湖湾露营谷
	浙江杭州西溪湿地蜗牛房车营地
	浙江东阳横店圆明新园露营基地
	安徽来安兴茂汽车自驾运动营地
	安徽安庆巨石山汽车自驾运动营地
	安徽亳州望月潭汽车自驾运动营地

资料来源：长三角地区体育产业协作会：《关于发布 2020 年度长三角地区精品体育旅游项目的公告》，2020 年 6 月 1 日。

（六）基础设施不断优化

一是体育基础设施建设取得新成就。体育基础设施是居民开展日常健身锻炼的重要载体。2019 年上海市、江苏省、浙江省、安徽省的人均体育场地面积分别达到 2.38 平方米、2.79 平方米、2.34 平方米、2.00 平方米，长三角地区整体人均体育场地面积位于全国平均水平（2.08 平方米）之上。除此之外，部分省市还依托自身资源条件提升体育基础设施质量。二是运动项目场地供给日趋丰富。目前，随着人民日益丰富的健身需求，冰雪运动、户外运动等运动项目也逐渐成为群众休闲健身的重要内容。上海充分利用土地资源，将运动体验与生态自然相结合，以闵行体育公园、上海市民体育公园等体育公园为载体提供足球、篮球、自行车、垂钓等丰富多样的运动项目场地。2020 年江苏省新建体育公园 111 个，推动 122 个大型体育场向社会免费或低价开放。[①] 浙江省室内、室外滑雪场基本覆盖 11 个地级市，呈点状分布，为当地经济增长注入新的活力，成为“北冰南展”的典范。三是场地设施智能化、智慧化升级趋势明显。2021 年安徽省群众体育工作会议中提出，要在 2021 年完成智慧健身平台框架搭建，全面启动大型公共体育场馆智能化改造，通过平台实现常态化运营管理与服务。浙江省 5G 技术和物联网技术发展较为成熟，为健身设施和场所的场景化转型提供了良好的基础。2020 年 7 月，宁波市及各区县（市）体育部门下属 27 个公共体育场馆全部接入宁波市体育公共服务平台，公共体育场馆上线后电子支付比例提升至 80% 以上，大幅提升了管理效能。[②]

（七）健身休闲消费潜力巨大

健身休闲消费是体育产业发展的原动力，能够有效反映体育服务消费水平。2020 年长三角主要消费试点城市的居民体育消费调查报告数据显示（见图 3），长三角消费试点城市人均健身休闲消费（不包括电子竞技消费）普遍在 400 ~600 元，占人均体育消费的比重基本在 10% ~20%，体现出健身休闲消费在体育消费中，尤其是在体育服务型消费中的重要地位。其中，绍兴市人均健身休闲消费占人均体育消费比重最高，达到 23.60%；上海市徐汇区、杨浦区无论是从金额还是占比上看都较高，体现出健身休闲消费收入弹性高的特征。从健身休闲消费结构来看，健身社团、健身俱乐部、健身会所等的会费以及健身指导费所占比重最高，达 66.83%（见图 4），显示出目前室内健身依然具有较大的市场规模；而体育活动参赛费和报名费占比最低，体现出体育休闲活动的相关消费仍有较大的上升空间。

---

① 《我省去年新建体育公园 111 个》，江苏省人民政府网，2021 年 1 月 18 日，http://www.jiangsu.gov.cn/art/2021/1/18/art_63909_9644248.html。

② 《智慧体育场馆建设按下“加速键”》，微信公众平台，2021 年 3 月 31 日，https://mp.weixin.qq.com/s/I0t1Gx8bxZ1MQv5rsgGs6g。

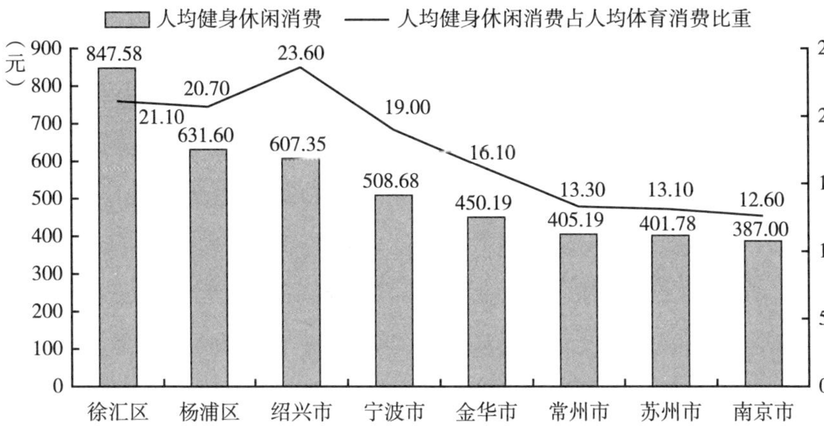

图3　2020年长三角部分市（区）人均健身休闲消费及其在人均体育消费中的占比

注：各市（区）健身休闲消费的统计口径有所差异，为便于比较，本报告按照大多数城市遵循的分类标准，将健身休闲消费所包含的细项统一为健身社团、健身俱乐部、健身会所等的会费以及健身指导费，体育活动参赛费和报名费，参加体育健身活动时场地和相关器材用品的租赁费三项。

资料来源：各省市2020年居民体育消费调查报告。

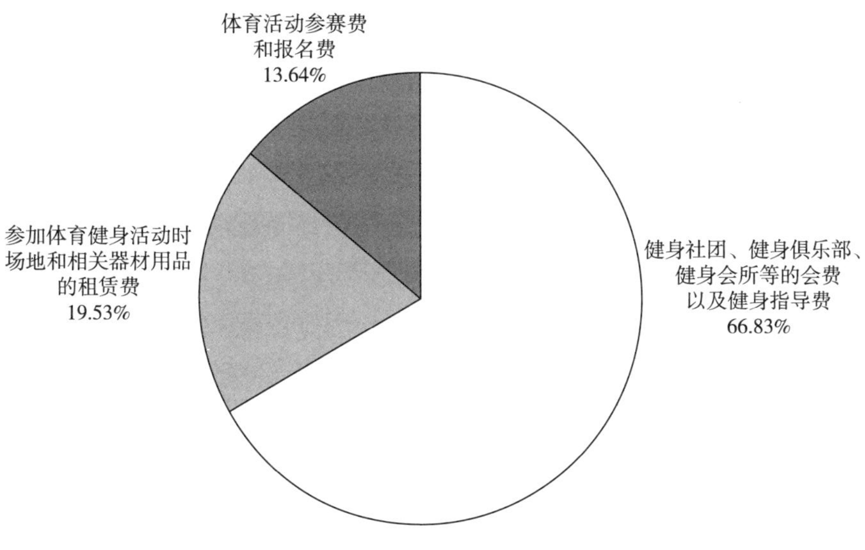

图4　2020年长三角部分市（区）健身休闲消费结构

资料来源：各省市2020年居民体育消费调查报告。

（八）投融资市场依旧活跃

2020 年长三角地区的体育行业投融资事件共发生 15 起（见表 4），其中与健身休闲业密切相关的项目共有 5 起，占 1/3，分别是 Dig Potency、人马线、Justin & Julie Fitness、爱动健身、薄荷健康。除此之外，如贝塔科技、每步科技两家企业虽和健身休闲无直接联系，但都涉及可穿戴设备、健身服务技术研发等领域，体现出资本市场对健身休闲业依然存有较大的投资热情。同时健身休闲投融资也呈现一些新的特征，资本更加青睐精品团课、一对一私教等专业性更强、针对性更突出、科技感更明显的健身行业经营模式，高端化、小众化、精英化的健身市场更被看好，健身休闲业的垂直化特征将越发显著。

表 4　2020 年长三角地区投融资事件一览

时间	项目	项目所在城市	投融资阶段归属	投融资额	主要领域
健身休闲领域					
2020 年 2 月	Dig Potency	上海	种子	1000 万元人民币	私教健身工作室
2020 年 2 月	人马线	上海	A	千万级人民币	一对一私教
2020 年 2 月	Justin & Julie Fitness	上海	A	数千万元人民币	精品团课健身房
2020 年 4 月	爱动健身	上海	B	数千万元人民币	团操课服务领域
2020 年 4 月	薄荷健康	上海	C	金额未知	健康餐
体育产业其他领域					
2020 年 3 月	英士博	宁波	A	数千万元人民币	体育管理
2020 年 3 月	宏光空降	南京	股权融资	—	体育制造
2020 年 4 月	Moncler 盟可睐	上海	战略	9160 万元人民币	体育制造
2020 年 4 月	承创织绣	南京	股权融资	—	—
2020 年 10 月	PlayTop	上海	天使	金额未知	运动装备制造
2020 年 11 月	Particle Fever 粒子狂热	上海	C	亿级人民币	运动服饰
2020 年 11 月	牛牛成长	上海	A	数百万美元	儿童体育教育
2020 年 12 月	贝塔科技	苏州	B	数千万元人民币	智能穿戴设备
2020 年 12 月	久事体育	上海	战略	金额未知	综合
2020 年 12 月	每步科技	上海	战略	2520.87 万元人民币	路跑赛事

资料来源：结合公开资料整理。

二　长三角地区健身休闲业发展新亮点

（一）区域合作不断深化

长三角地区体育产业一体化发展一直走在全国前列，三省一市彼此间的交流合作、项目共建、资源共享日益频繁。户外运动休闲作为健身休闲业的重要构成和潜力业态，对自然资源禀赋和项目服务供给具有较高要求。长三角自然资源丰富、体育企业集聚，为跨区域的项目合作提供了坚实基础。例如长三角运动休闲体验季已经举办了八届，是上海、江苏、浙江、安徽三省一市体育主管部门为加强长三角地区体育产业协作、展现长三角不同地区的运动休闲风貌、共同培育运动休闲市场而携手主办的大型体育产业宣传推广活动，同时也是三省一市对运动化、时尚化、年轻化的长三角运动休闲项目的创新探索，给三省一市居民带来了健身休闲新体验。另外，长三角一体化示范区的建设也给健身休闲业的合作发展带来机遇，长三角一体化全民健身示范区、水上国际运动中心建设等一系列创新项目正有序开展。

专栏 1　长三角运动休闲体验季展现“八站八样”新特点①

2021 年第八届长三角运动休闲体验季从 5 月持续到 10 月，共设 8 站体验活动，其中浙江省三站，上海市一站，江苏省、安徽省各两站。每一站都各具特色，精心结合当地自然资源和休闲运动项目，呈现不同的运动魅力，做到“八站八样”。

如第二站安徽省歙县站，主推黄山脚下越野跑、户外露营等山地户外运动；第三站上海市金山站，设置攀岩、射击等项目，安排观摩长三角汽车定向赛；第四站江苏省南通启东站，设置摩托艇、快艇、帆船、水上飞人等水

① 浙江省体育局：《第八届长三角运动休闲体验季正式启幕，三省一市渐次“动”起来》，2021 年 5 月 10 日，http：//tyj. zj. gov. cn/art/2021/5/10/art_ 1347213_ 59019580. html。

上项目；第八站江苏省苏州吴中站，设置操控飞机、高空跳伞等航空运动。与前几届活动相比，2021 年第八届长三角运动休闲体验季呈现户外运动项目更加丰富、参与地区更多、参与人群更加多元的特征。

专栏2　长三角一体化全民健身示范区联盟建设稳步推进①

长三角一体化全民健身示范区联盟成立于2019 年9 月，目前共有10 家成员单位。联盟围绕全民健身与全民健康国家战略，以打造“体育 +”发展模式，实现“一体联动，协同发展”为工作目标。以举办长三角一体化全民健身示范区联盟论坛为切入点，立足于搭建长三角区域间体育赛事的合作与发展平台，为实施相关体育发展政策提供必要支撑，推进长三角区域群众性体育赛事与体育产业的融合发展。

近年来，各联盟单位间交流合作不断升温，构建出区域统筹、资源共享、优势互补、协同创新、互利共赢的区域化联动发展态势。区域协同发展的红利不断显现，百姓的获得感和幸福感不断提升。

（二）户外运动产业初具体系

长三角地区已初步形成水陆空全覆盖的户外运动业态体系，包括以登山、徒步、露营、定向穿越、自行车、汽车越野等为核心的山地户外运动，以帆船、皮艇、冲浪、潜水、海钓等为核心的水上户外运动，以滑翔伞、热气球、运动飞机等为核心的航空户外运动，项目多元，赛事多样，户外运动产业化、品牌化发展趋势显著。《中国体育旅游消费大数据报告（2021）》的统计数据显示，2021 年长三角地区进入全国前十位最受欢迎的户外运动游玩地的总数达到7 个，相较于2019 年增加了4 个。其中山地运动游玩地新增3 个，航空运动游玩地新增1 个，主要分布在浙江省和江苏省两地，体

① 《长三角一体化全民健身示范区联盟来我市调研》，张家港市人民政府网，2021 年4 月9 日，http://www.zjg.gov.cn/zjg/bmdt/202104/4928069d282c4730bb801934 cf3474d 6.shtml。

现出长三角地区户外运动产业正向多样化、品牌化发展（见表5）。具体做法表现在如下三个方面。

表5　2019年和2021年长三角地区排名全国前十户外运动游玩地

年份	排名前十山地运动游玩地		排名前十航空运动游玩地	
	个数（个）	具体游玩地	个数（个）	具体游玩地
2019	1	浙江杭州大明山万松岭滑雪场	2	江苏无锡花山滑翔伞基地、浙江台州天台山滑翔伞俱乐部
2021	4	浙江湖州云上草原星空滑雪场、浙江杭州大明山万松岭滑雪场、浙江杭州大明山滑雪场、浙江丽水松阳大木山骑行茶园景区	3	江苏无锡花山滑翔伞基地、浙江杭州千岛湖天迹热气球俱乐部、浙江湖州驭风滑翔伞俱乐部

资料来源：中国旅游研究院和马蜂窝旅游联合发布《中国体育旅游消费大数据报告（2021）》。

户外运动基础设施供给大幅提升。一方面，项目基础设施不断丰富。如《浙江省水上运动产业发展规划（2021—2025年）》《浙江省航空运动产业发展规划（2021—2025年）》中的数据显示，浙江省拥有各级各类水上运动中心14家、运动船艇码头38个；向社会开放的航空运动场地有46处，其中获得中国航空运动协会命名的航空飞行营地25个、校园航空飞行营地8个。又如安徽省不断加快汽车营地建设，截至2020年底，已经建设56个汽联授牌汽车营地、8个星级汽车营地。① 另一方面，以户外运动基地、运动休闲小镇等为代表的综合性运动空间设施逐步增加，为户外运动爱好者提供业态更加多元、品类更加丰富、功能更加齐全的运动载体。如江苏省仪征枣林湾运动小镇于2020年8月正式纳入江苏省发改委省级特色小镇创建名单，成为90家创建单位中3家体育类特色小镇之一。其利用独有的地理区位和资源优势，打造青少年户外运动、自行车、汽车露营、航模、水上运动五大基地，成为户外运动赋能度假休闲区的典范。

① 《长三角体育一体化驶进“快车道”》，安徽省社会科学院网站，2021年4月29日，http://www.aass.ac.cn/html/2021-04-29/184_8061.html。

户外运动产业空间布局不断优化。长三角三省一市结合各自资源禀赋特征和优势，合理安排户外运动产业的空间布局，以求达到资源利用的最大化。上海市依托产业集聚区建设，打造“一核两带多点”的体育产业空间布局，对上海市户外运动的发展做了空间规划。如宝山顾村公园科技体育产业集聚区积极开展路跑等户外运动赛事，拓展“旅游景区 + 户外运动”的融合空间；青浦淀山湖体育产业集聚区依托淀山湖水域资源，大力发展水上运动、航空运动等趣味户外运动。江苏省积极对接国家“丝绸之路”和“长江两岸及沿线”山地户外运动战略布局，充分利用各地自然条件和资源，打造山地户外运动集聚区和产业带，坚持个性设计、特色发展，形成差异化发展、优势互补的多元格局。浙江省则打造“两带三区四网”户外运动总体布局，以浙东滨海户外运动带、沿钱塘江水系水上户外运动带两带为牵引，串联三区四网。安徽省则重点围绕汽车自驾运动营地建设，重点打造皖南旅游示范区、合肥经济圈旅游区、皖北经济旅游区三大营地集聚地。

户外节事会展业蓬勃发展。户外节事会展业指户外赛事、节庆与会展及相关产品的生产、经营与销售等一系列经济活动。近两年长三角地区户外赛事、节庆与会展日趋丰富，成为打造长三角户外运动品牌的重要引流平台。在户外赛事方面，以长三角为主要参赛地区的比赛不断丰富，如 2020 年中国黄山绿水青山运动会暨长三角邀请赛历时三个月，涉及水上、登山、越野、骑行等主题赛事；鸿翔 · 2021 钱江越野赛暨长三角越野赛为户外运动爱好者开辟了一条沿途风景别致、运动氛围浓厚的乡野路线。在省市层面，2020 浙江省第二届户外运动大会、2020 江苏省攀岩俱乐部联赛等为爱好者提供了更多选择。在节庆方面，2021 首届长三角户外运动节在南京浦口开幕，在此期间江浙沪皖登协还共同签署了《长三角户外运动战略合作框架协议》。2021 浙江省户外运动嘉年华打造房车露营、飞盘赛、亲子定向赛等八大运动项目，成为户外爱好者的重要节庆活动。在会展方面，2021 南京亚太户外产业展览会、2021 上海国际水上运动展览会、2021 上海国际户外用品及时尚运动展览会、2021 安徽户外运动暨休闲用品展览会等会展整合了国内外各类户外运动产品和资源，为户外运动行业的资源交流、项目合作搭建了重要平台。

专栏3 浙江打造“运动浙江，户外天堂”①

“环浙步道”建设加速。2020年11月12日，浙江省体育局公开发布了《关于开展“环浙步道”建设工作的通知》，提出在充分整合省域范围内既有山路古道、景区游步道、绿道、健身步道、林道、防火道、户外穿越线路及部分县乡村共同道路等资源的基础上，构建省域环线和区域环线、环状步道和线状步道相结合的局域网状步道系统。截至2021年7月，宁波、衢州部分步道路段试点工作已经完成。

水上运动。东部滨海和钱塘江大湾区以冲浪、潜水、海钓、滑翔伞等海上运动项目为主，西部依托瓯江水系，利用江河湖泊资源发展山地漂流、皮划艇、垂钓、龙舟等大众休闲水上运动项目。各类水上运动项目成为景区和度假区吸引流量的重要入口，杭州市千岛湖景区的欢乐水世界和水上摩托艇等精品项目、舟山天悦湾滨海度假景区的水上摩托艇项目、金华农耕文化园的水上高尔夫项目、丽水畲族自治县的漂流精品线路等，每年吸引大量水上运动爱好者前往体验。

山地户外运动。一方面，登山、徒步、骑行、素质拓展等传统型山地户外运动项目普及程度较高。杭州桐庐纪龙山攀岩、神仙峰悬崖速降，宁海国家登山健身步道精品线路等项目吸引了众多体验者参与。另一方面，攀岩、露营、越野、定向与导航等新兴时尚山地户外项目也备受年轻人的喜爱。省内多条运动休闲旅游精品线路涉及徒步、骑行等运动，带动了美丽乡村、无人山地等资源的有效利用。

航空运动。航空运动项目种类丰富，省内滑翔伞、动力伞、热气球、动力三角翼、运动飞机、航模等运动休闲旅游项目发展良好。全省依托较为完善的特色航空小镇、航空飞行营地和通用机场等产业平台和基础设施，大力发展航空运动产业，基本形成了项目体验、旅游观光、赛事承办、职业培

① 浙江省体育局：《浙江省体育局关于印发〈浙江省户外运动发展纲要（2019—2025年）〉的通知》，2019年4月29日，http://tyj.zj.gov.cn/art/2019/4/29/art_1229134883_618511.html；浙江省体育局：《浙江省体育局关于开展“环浙步道”建设工作的通知》，2020年11月12日，http://tyj.zj.gov.cn/art/2020/11/12/art_1229262678_4180079.html。

训、产品组装制造的全产业链条。

汽摩运动。浙江省内拥有汽摩运动特色小镇、运动休闲精品线路、赛事等丰富的产业资源，如苏孟乡汽车运动休闲特色小镇、猛峰尖越野运动休闲小镇、遂昌浙西川藏自驾精品线路、亚太汽车拉力锦标赛中国（龙游）拉力赛等，每年都创造巨大的经济价值，成为当地振兴乡村工作的强力抓手。

（三）室内健身经营新模式与新产品迭出

长三角区域体育健身场馆密集，拥有广阔市场前景，但竞争尤为激烈，加之新冠肺炎疫情的冲击，使得长三角地区室内健身经营企业不断创新经营模式以适应或创造市场新需求。一方面，行业经营模式迭出。2021 年，传统健身房模式正受到如精品团课、新型工作室、共享健身房、“月付卡”等新兴模式的冲击。例如，上海、杭州、宁波、湖州等多地的社区附近陆续开设了主打 24 小时营业、共享、智能化的小型“健身便利店”。2021 年全上海已有 3 家共享健身房，计划到 2021 年底开设至 15 家。[①] 又如为迎合顾客需求而衍生出了以单次付费团课为主营业务的 Justin & Julie Fitness 健身房，以及月付共享型的乐刻健身房。以上海的 Justin & Julie Fitness 为代表的精品团课健身房打破了传统健身房销售年卡和私教课程的模式，从过去只作为“附属”业务的团操课切入，提供按次付费的精品团操课。另一方面，智能居家健身兴起。随着新冠肺炎疫情的影响和智能科技的进步，线上直播、视频课程、智能 App 和线上健身平台的兴起，以家庭场景化的运动消费、线上与线下的双向互动为特征的居家健身逐渐成为室内健身的新趋势。与传统健身房相比，家庭健身具有时间灵活，可以随时随地进行锻炼的优势，因此越来越受到工作繁忙的中产阶层的喜爱。家庭健身主要有两种模式。一种是结合智能设备，推出智能设备配套课程。这种模式使得居家智能健身装备的

① 《上海共享健身房今年将增至 15 家　最低 2 元　不办卡不推销》，新浪上海，2021 年 1 月 28 日，http://sh.sina.com.cn/news/m/2021-01-28/detail-ikftpnny2405012.shtml。

消费呈现爆发式增长。“618”京东运动开场15分钟，智能家用健身器械成交额同比增长485%，其中智能健身镜、智能跳绳、智能动感单车成为最受欢迎的智能健身单品前3名。某品牌的智能健身镜在网红直播间首发1500台10分钟内售罄。① 另一种是直接利用线上App推出付费课程。浙江省体育局组织在浙媒体和乐刻运动等专业机构，提倡开展居家健身，联合推出一系列线上“云健身”活动。总部位于杭州的乐刻运动健身品牌在疫情防控时期发动全平台8000余名教练与奥运冠军一起进行线上“教学”，仅一个月在线课程的播放量就突破20亿次。② 另外还与浙江省体育局、浙江省体育总会联合推出了《宅家也爱做运动》《全家总动员宅家运动会》等专栏节目60余期，抖音平台点击量超19亿次。③

（四）运动休闲消费潜力较大

一是青年对户外运动项目的消费热情逐步提升。上海团市委和美团联合发布的《长三角青年消费大数据报告》显示，2020年“五五购物节”期间，在长三角青年新消费业态品类方面，极限运动（滑雪、冲浪、潜水等）增长215%，仅次于剧本杀（293%），成为增长速度第二快的品类，体现出户外运动对于青年群体的吸引力在不断上升（见图5）。天猫数据显示，每年有200万“95后”在购买垂钓用品，钓鱼年轻化的趋势非常明显。精致露营更是连续两年保持超过80%的增速，潜水、冲浪运动的相关产品增速也非常快。④ 二是女性健身休闲消费具有较大潜力。随着“她经济”的迅猛发展，女性在健身、跑步和瑜伽等健身项目上的消费快速增长，另外伴随更加多元化的需求，登山、露营、潜水、游泳、舞蹈、滑雪、自行车等多种运

① 张小可：《“618”高科技潮品成体育消费“顶流”》，《中国体育报》2021年6月23日，第1版。

② 《健身机构“中场战事”：“家庭场景化”生存》，搜狐网，2020年5月12日，https://www.sohu.com/a/394504107_100132466。

③ 浙江省体育局：《浙江省体育局2020年工作总结》，2021年6月8日，http://tyj.zj.gov.cn/art/2021/6/8/art_1229262682_4661733.html。

④ 张小可：《“618”高科技潮品成体育消费“顶流”》，《中国体育报》2021年6月23日，第1版。

动也逐渐成为女性体育消费的新宠。2020 年上海市居民体育消费调查报告显示，18 ~59 岁人群中女性在健身俱乐部和会所的消费金额较男性高出 61.6%。2020 年宁波市居民体育消费调查报告显示，在消费群体方面，女性居民健身休闲消费的意愿较高，健身休闲消费金额较大，健身休闲消费占体育消费的比重为24.5%，高出男性7.9 个百分点，人均消费为600.07 元，高出男性 90.24 元。2020 年苏州市居民体育消费调查报告显示，女性体育健身休闲消费和体育旅游消费两项比男性分别高出 271.53 元和 103.13 元。

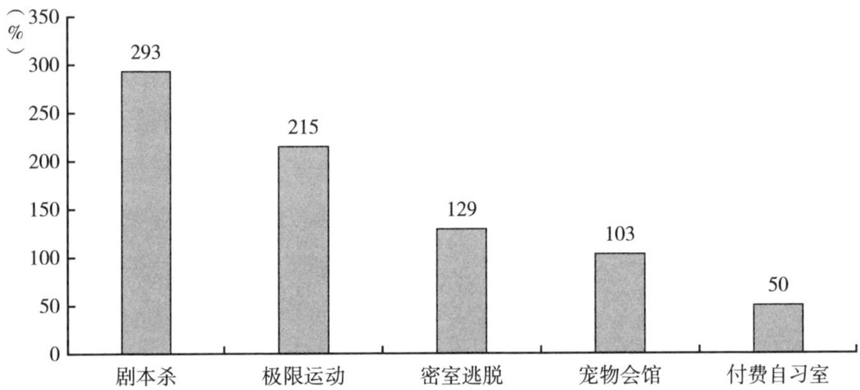

图 5　2020 年长三角青年新消费增速最快的五大业态

资料来源：上海团市委和美团联合发布《长三角青年消费大数据报告》。

（五）行业智能化与智慧化升级加速

一是“健身休闲 + 互联网”。伴随信息技术的迅猛发展，以互联网为载体的健身休闲产品与服务迎来建设机遇。如浙江省全域户外运动信息平台汇聚了全省户外运动资源信息，平台应用卫星遥感、地理信息和大数据等技术收集了全省户外运动资源信息并绘制成浙江省户外运动电子地图，兼具赛事活动的组织功能，实现“一站式”服务，有效推动了省内户外运动的发展。除此之外，诸如上海“来沪动丨健身地图”微信小程序、浙江全民健身地图 2.0 版等互联网平台将 100% 实现预约支付功能，并实现导航、查询功能。二是智能健身器材研发与制造。浙江、江苏等地对智能化、服务化、家庭化健身器材的研发制造日益重视，在新型运动康复装备和可穿戴式运动设备等智能体育产品上加大研发力度。以江苏康力源健身器材有限公司为代表的体育制造企业为满足亚健康人群的需求，鼓励发展与跑步、骑行、登山、钓鱼等群众参与度高的运动项目相关联的专业化运动装备，积极开展个性化体育用品定制服务。三是智能健身产品与服务的创新。随着大数据信息技术的普及，新型健身房可利用智能健身设备、可穿戴运动器材等对用户的实时训练数据进行监测，实现科学健身和监督指导的统一。湖州市智慧社区健身中心为市民配备了智能健身器材和新型国民体质监测机，通过收集到的用户身体机能测试结果和运动习惯等信息，为每一位健身锻炼者量身定制运动处方，健身器材将根据运动处方自动设置参数、锻炼时间、锻炼强度等指标，引导健身人员科学锻炼。

（六）健身服务覆盖全年龄段

一是少儿体适能训练服务。少儿体适能训练是结合少儿的年龄特征以及身体发展规律，以游戏为主导，不局限于运动的形式，通过合理的运动量以增强儿童的体适能。目前上海体适能健身教练培训基地已经开展了关于少儿体适能的专项课程和培训，催生了一批专注于少儿体适能的企业。二是“体育健身 + 健康养老”。针对日益严重的老龄化问题，一些健身房开始主打为老年人提供的健身服务。这类健身房的会费大多低于普通商业健身房，同时又配套了适合老年人参与的健身操、瑜伽等课程，吸引老年人群参与。除了商业性健身房，上海市首创的“社区健康师”项目也是专门为满足老年人健身需求而打造的。老年人在“社区健康师”的帮助下，能获得专业化的运动指导服务，通过运动干预、体医融合等方式，提升老年人身体素质，满足老年人健身需求。另外，如扬州“全民健身益站”、合肥“健康管理师”、苏州“医体健康教育基地”等新模式、新载体也不断涌现，长三角“体育健身 + 健康养老”服务走在全国前端。

三　长三角地区健身休闲业发展推进策略

（一）优化产业结构和布局，加快建设多样化健身休闲服务体系

围绕长三角重点自然资源，加大资源开发力度，结合各省市禀赋特征优化休闲产业布局。一是打造特色体育产业带。围绕区域体育产业发展优势和特色运动项目，打造海洋特色运动产业带、浙皖山地特色运动产业带和南北翼运动装备产业带等具有项目基础和资源优势的特色产业带。如依托浙江“雁荡山—仙霞岭—千里岗—天目山”、安徽“黄山—九华山—天柱山”等特色自然资源，开发登山、徒步、骑行、露营、汽车自驾、素质拓展、户外穿越等山地户外运动项目，联合打造一批跨区域山地徒步旅游路线，率先上线区域户外运动电子地图，研究推行“山地户外一卡通”可行性，打造浙皖山地特色运动产业带。二是强化优势资源的品牌打造。重点围绕杭州湾、“环太湖体育圈”、黄山、淀山湖等长三角明星资源，推进体育与旅游、研学、健康、休闲等融合发展，推动省际毗邻地区深度合作，打造各具特色的健身休闲集聚区，不断提升区域资源影响力。结合各级体育产业基地建设，培育一批以健身休闲服务为核心的体育产业示范基地、单位和项目。发挥重大体育旅游项目的引领带动作用，打造一批体育旅游示范基地。

（二）推动运动项目一体化先行先试，强化示范引领作用

推动“三大球”等集体球类、自行车、房车露营、马术、虚拟运动等具有区域发展基础、一体化发展潜力、丰富先行经验的运动项目，开展一体化发展先行先试工作。一是吸引社会力量跨区域、多平台参与运动项目生态链建设，丰富竞赛表演、健身指导、技能培训等各类产品和服务，推动有条件的运动项目打造多层次、多样化长三角体育赛事体系。二是借鉴全球区域运动项目发展经验，通过赛事联办、产业协同、资源共享、平台共建、项目共推，形成一批具有示范引领作用的区域运动项目合作发展新模式。如针对

长三角汽车运动这一具有一体化基础的休闲项目，可发挥长三角独特优势，积极整合国内外汽车赛事资源，培育形成集汽车（房车）及露营装备展览、星级营地展示、产业发展论坛、场地越野、河道越野及其他特色活动于一体的长三角汽车运动发展体系。

（三）培育龙头企业，支持企业做大做强

健身休闲市场主体普遍存在小、散、弱的问题，同质化问题突出，缺乏具有引领性、竞争力、多元化的大型企业支撑。一是支持企业跨区域、跨领域发展。鼓励健身休闲企业开展跨区域协作，建设长三角区域分销中心、技术研发中心，加快行业智慧化、平台化转型升级。支持头部企业跨行业融合、链式发展，不断扩大产业链条。如室内健身企业可与上游健身设备研发制造企业开展合作与整合，户外休闲服务企业则可与户外装备制造企业实现产业链、供应链的上下联动，以及开展与竞赛表演企业的横向合作。二是鼓励创新经营模式。鼓励行业头部企业开展跨区域兼并与收购，加快健身企业连锁化、标准化运营，不断提高市场集中度，培育一批市场竞争力强、市场份额大、区域影响力强的龙头企业。三是搭建企业交流平台。进一步加强中国・长三角国际体育休闲博览会、长三角体育产业高峰论坛等品牌活动的影响力，发挥体育展览在促进资源对接交流、引导项目合作中的重要作用，为体育健身休闲企业间的合作交流以及与其他领域相关企业的深度合作搭建重要载体。

（四）完善制度设计，优化健身休闲业营商环境

一是健全工作协调机制。建立体育、旅游等多部门合作的健身休闲业发展工作协调机制，依托长三角地区体育产业联盟建设，鼓励各级政府、体育协会、体育企业、产学研机构等开展健身休闲多领域跨区域合作，形成协同推进长三角地区健身休闲业发展的合力。二是优化评优评先制度。推进长三角汽车自驾线路、长三角体育旅游目的地建设，定期发布“长三角地区精品体育旅游目的地”、“长三角地区精品体育旅游线路”、“长三角地区精品

体育旅游赛事”和“长三角地区汽车自驾运动营地”。鼓励社会力量积极申报体育产业一体化协作项目，由长三角体育一体化办公室负责整理个案与审核，每年评选4~5个精品协作项目，发挥示范引领作用。三是建构线上体育健身休闲业的监管体系。联合相关部门制定针对网络体育健身休闲业运行的规范，优化经营的监管机制，利用法律武器优势，对虚假盈利的不实网络体育健身休闲业进行严厉打击，杜绝非法直播平台盗用客户信息的盈利行为。

参考文献

邹昀瑾、姚芳虹、王东敏：《新时代体育健身休闲业供需协调与高质量发展研究》，《北京体育大学学报》2020年第7期。

潘宏伟：《体育休闲度假区的参与体验与拓展路径》，《社会科学家》2021年第2期。

戴俊等：《我国健身休闲产业发展面临的困境及对策》，《体育文化导刊》2019年第9期。

李颖川主编《中国体育产业发展报告（2020）》，社会科学文献出版社，2021。

黄海燕：《推动体育产业成为国民经济支柱性产业的战略思考》，《体育科学》2020年第12期。

B.8
长三角地区体育用品业发展报告

任　波*

摘　要：　体育用品业是体育产业的重要组成部分，长三角地区体育用品业发展规模是其体育产业各业态中规模最大的。近年来，长三角地区体育用品业呈现集聚增长、总部经济作用显著、体育用品企业向多品类发展、体育用品制造业向服务化延伸、体育用品制造向智能化发展、体育用品销售向全渠道发展与向线上化发展等特征。现阶段，长三角地区体育用品业发展存在研发投入相对不高、高端体育装备制造企业相对不多、知名体育运动品牌相对偏少、三省一市发展差距较大等问题。鉴于此，本报告提出打造高端智能制造新高地、发展体育用品新零售、提高体育用品代加工生产的数字化水平、促进体育用品业集聚发展、发挥长三角体育资源交易平台的积极作用等长三角地区体育用品业发展策略。

关键词：　体育用品业　体育用品制造业　体育用品贸易业　长三角地区

一般意义上，体育用品业包括体育用品及相关产品制造、销售、出租与贸易代理等领域，即体育用品业可分为体育用品制造业和体育用品贸易业两部分，其中体育用品制造业是指体育产业中从事体育用品及相关产品制造的领域，体育用品贸易业是指体育产业中从事体育用品及相关产品销售、出租与贸易代理的领域。[①] 本

* 任波，博士，上海体育学院讲师，研究方向为体育产业。

① 国家统计局：《我国体育产业蓬勃发展前景广阔——第四次全国经济普查系列报告之十五》，2020年1月20日，http://www.stats.gov.cn/tjsj/zxfb/202001/t20200120_1724133.html。

报告对于体育用品业的界定主要从体育用品制造业和体育用品贸易业两部分展开探究。长三角的体育用品业具有规模大、市场主体活跃的特征，其发展状况不仅对长三角地区体育产业的发展具有重要影响，而且对全国体育产业的发展也具有较大影响。本报告在探究长三角地区体育用品业发展概况的基础上，分析长三角地区体育用品业的发展特征，解析长三角地区体育用品业的发展问题，最后提出长三角地区体育用品业的发展策略，以期为“十四五”时期长三角地区体育用品业高质量发展提供理论参考。

一 长三角地区体育用品业发展概况

（一）体育用品制造业规模较大

依据《体育产业统计分类（2019）》，体育用品制造业涉及体育用品及器材制造、运动车船及航空运动器材制造、体育用品相关材料制造、体育相关用品和设备制造等内容。长三角地区体育用品制造业具有发展优势，长期以来规模处于全国领先地位。2019 年长三角地区体育用品制造业总规模比体育用品贸易业总规模高出 2355.40 亿元，长三角地区体育用品制造业增加值比体育用品贸易业增加值高出 158.76 亿元（见图 1）。可见，长三角地区体育用品贸易业的总规模和增加值均低于体育用品制造业的总规模和增加值。长三角地区体育用品制造业仍然占据着长三角地区体育用品业中的较大份额。

（二）体育用品贸易业占比较大

依据《体育产业统计分类（2019）》，体育用品贸易业包括体育及相关产品销售、体育用品设备出租、体育用品及相关产品贸易代理等内容。近年来，随着长三角一体化进程加快，区域营商环境不断向好，多个企业被吸纳在长三角地区建立体育企业总部，体育用品贸易业呈现较好发展态势。长三角地区体育用品贸易业总规模和增加值占全国体育用品贸易业总规模和增加

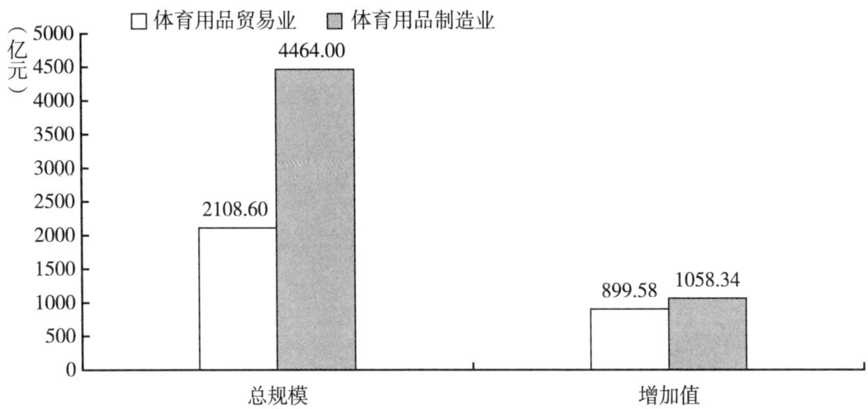

图 1　2019 年长三角地区体育用品业总规模和增加值

资料来源：长三角三省一市体育局公告。

值的比重分别达到了 46.85% 和 35.11%，而长三角地区体育用品制造业总规模和增加值占全国体育用品制造业总规模和增加值的比重分别为 32.79% 和 30.94%（见图 2）。可见，长三角地区体育用品贸易业总规模和增加值占全国体育用品贸易业总规模和增加值的比重高于长三角地区体育用品制造业总规模和增加值占全国体育用品制造业总规模和增加值的比重，凸显出长三角地区体育用品贸易业占全国体育用品贸易业的市场份额较大。

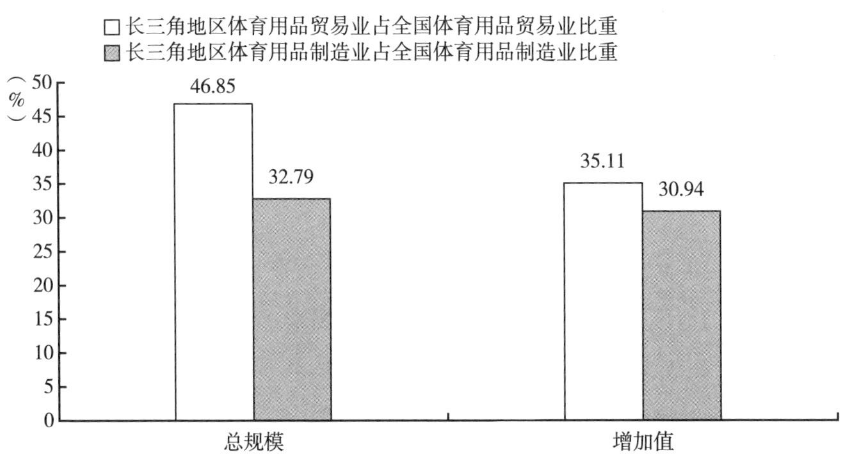

图 2　2019 年长三角地区体育用品业占全国体育用品业比重

资料来源：长三角三省一市体育局公告。

（三）体育用品业占全国的市场份额较大

中国体育用品业长期以来是体育产业中规模较大的业态，体育用品业的发展状况影响着体育产业的整体发展态势。长三角作为我国经济基础较活跃、营商环境较优越的地区，其体育用品业不仅引领着长三角地区体育产业的发展，而且影响着中国体育用品业以及体育产业的整体发展。从长三角地区体育用品业整体发展状况来看，2019 年长三角地区体育用品业总规模和增加值分别为 6572.60 亿元、1957.92 亿元，占同期全国体育用品业总规模和增加值的比重分别为 36.28% 和 32.72%（见表 1）。整体上看，长三角地区体育用品业总规模已经超过全国的 1/3、体育用品业增加值已经接近全国的 1/3，体现出长三角地区体育用品业规模较大，在体育产业发展中的地位较高、作用较强。

表 1　2019 年长三角地区体育用品业总规模和增加值

单位：亿元，%

指标	总规模	增加值
长三角地区体育用品业	6572.60	1957.92
长三角地区体育用品业占全国体育用品业比重	36.28	32.72

资料来源：长三角三省一市体育局公告。

（四）体育用品业上市公司数量较多与市值较大

体育用品业上市公司数量以及市值在一定程度上可以反映体育用品市场主体状况。

一方面，从长三角地区体育用品业上市公司数量来看，据不完全统计，2021 年长三角地区共有 15 家以体育用品为主要业务的上市公司（其中，上海市有 6 家、江苏省有 2 家、浙江省有 7 家）（见表 2）。可见，长三角地区以体育用品为主要业务的上市公司数量不尽相同。

另一方面，从长三角地区体育用品业上市公司市值来看，2021 年长三角地区以体育用品为主要业务的上市公司中，上海的波司登、滔搏、姚记科技、上海凤凰、荣泰健康和嘉麟杰 6 家上市公司的市值总额为 1273. 8 亿元，江苏的共创草坪和金陵体育 2 家上市公司的市值总额为 175. 3 亿元，浙江的申洲国际、春风动力、浙江永强、浙江自然、大丰实业、健盛集团、牧高笛 7 家上市公司的市值总额达到了 2581. 1 亿元。

表 2　2021 年长三角地区以体育用品为主要业务的上市公司市值一览

单位：亿元

区域	上市公司	市值
上海（6 家）	波司登	583. 8
	滔搏	493. 0
	姚记科技	74. 6
	上海凤凰	57. 4
	荣泰健康	42. 1
	嘉麟杰	22. 9
江苏（2 家）	共创草坪	134. 8
	金陵体育	40. 5
浙江（7 家）	申洲国际	2132. 8
	春风动力	179. 9
	浙江永强	82. 9
	浙江自然	67. 7
	大丰实业	50. 0
	健盛集团	40. 2
	牧高笛	27. 6

注：安徽暂时没有以体育用品为主要业务的上市公司。

资料来源：笔者根据公开信息整理，公司市值截至 2021 年 8 月 31 日，港股上市的公司市值参考 2021 年 8 月 31 日中国银行公布的港币汇率中间价进行换算，https：//srh. bankofchina. com/search/whpj/search_ cn. jsp。

（五）体育装备制造转型升级趋势明显

三省一市以体育用品贸易和体育用品制造集聚为特征，整体规模较大，呈现较为显著的增长效应。从三省一市体育相关企业发展来看，上海的东辉休闲运动用品有限公司和和汇投资集团股份有限公司不断增加产品研发投入，其生产的运动船艇和头盔护具在国际上已占据一定的市场份额，企业研发创新能力不断提升；江苏的金陵体育、共创草坪、铁人体育等呈现制造业换挡升级、快速发展态势，在一定程度上反映出体育制造集中度和品牌影响力的提升；浙江集聚了牧高笛、泰普森、迈豪登等一批户外装备制造明星企业，在一定程度上反映出高端户外装备制造的集聚；安徽国奥体育用品制造有限公司（专业生产乒乓器材的企业）等呈现快速发展态势。此外，近年来上海市人民政府办公厅出台的《关于加快本市体育产业创新发展的若干意见》、江苏省人民政府出台的《关于加快发展体育产业促进体育消费的实施意见》、浙江省体育局出台的《浙江省户外运动发展纲要（2019—2025年）》以及安徽省人民政府办公厅出台的《关于加快发展体育产业促进体育消费的实施意见》等都相应提出了与体育装备制造和用品贸易相关的政策意见，为长三角地区体育装备的制造提供了较好的契机。

二　长三角地区体育用品业发展特征

（一）体育用品业集聚增长

区域产业集聚是促进区域产业高质量发展的有力保障。长三角地区作为全国经济发展最为活跃的地区之一，体育产业包括体育用品业的发展亦处于全国领先地位，集聚效应显著。

一方面，从三省一市体育用品业集聚的整体特征来看，2019 年长三角地区体育用品贸易业的总规模和增加值占全国体育用品贸易业的总规模和增加值的比重分别达到 46. 85% 和 35. 11%，体育用品制造业的总规模和增加值占全国体育用品制造业的总规模和增加值的比重分别达到 32. 79% 和 30. 94%，体育用品业的总规模和增加值占全国体育用品业的总规模和增加值的比重分别达到 36. 28% 和 32. 72%（见图 2 和表 1）。可见，长三角地区体育用品贸易业、体育用品制造业、体育用品业总规模与增加值占全国体育产业总规模与增加值的比重普遍在 1/3 左右。

另一方面，从三省一市体育用品业集聚的省域特征来看，上海以耐克、新百伦等国际知名时尚运动品牌集聚为特征，重点布局时尚体育用品贸易、创新、文化中心和“首店经济”。浙江户外装备制造业蓬勃发展，集聚了牧高笛、泰普森、迈豪登等一批户外装备制造明星企业，慈溪—定海垂钓用品制造、富阳—淳安水上用品制造、宁海登山装备制造、永康—武义—缙云运动休闲车制造等一批户外运动制造业集群快速发展，多项产品在国内和国际市场上占据主要地位。江苏体育用品业蓬勃发展，集聚了江苏共创人造草坪股份有限公司、江苏金陵体育器材股份有限公司、江苏康力源健身器材有限公司、南京边城体育用品股份有限公司、南通铁人运动用品有限公司等，体育用品制造业门类齐全，集聚程度较高，具有规模化、集聚化发展潜力。

（二）总部经济作用显著

建立和发展体育用品总部经济是发挥体育用品业辐射扩散效应、促进体育用品业高质量发展的有力举措。《长江三角洲区域一体化发展规划纲要》指出，“中心区重点布局总部经济、研发设计、高端制造、销售等产业链环节”“聚焦发展总部经济、创新经济、商务会展等现代服务业”“高水平打造国际组织和总部经济聚集区”。《上海市体育产业发展实施方案（2016—2020 年）》提出，要“大力发展引进各类体育用品总部，聚焦发展体育智能制造的研发、设计、销售等高端环节，发挥上海在市场、技术、人才和开放等方面优势，形成独具特色的国际体育用品智能制造总部基地”“加快吸引各类国际体育用品企业在上海设立区域总部，鼓励国内体育用品龙头企业在上海设立研发、设计、销售中心”。近年来，总部经济蓬勃发展。以安踏 370 亿元收购芬兰体育用品公司亚玛芬，并计划将其落户西虹桥为契机，上海市积极引入国内外知名体育用品企业总部，滔搏、耐克、迪卡侬、新百伦等国外体育用品知名品牌和经销商先后在上海设立地区性总部，开拓中国市场。在上海建设全球著名体育城市的背景下，着力提升西虹桥区域的复合属性，壮大产业集群，形成包括核心地块、商贸设施、公共空间在内的布局形态，并通过举办世界顶级体育用品和体育科技展会，打造辐射全国、影响全球的世界级体育用品总部经济。①

① 黄海燕：《联合举办国际重大赛事、建体育用品企业总部，体育产业应该领跑长三角高质量一体化发展》，上观新闻，2019 年 11 月 10 日，https：//www. jfdaily. com/wx/detail. do?id = 187697 &from = timeline&isappinstalled = 0。

（三）体育用品企业向多品类发展

长三角地区是全国经济最为活跃的区域之一，随着人民群众生活水平的显著提升、大众消费结构的持续优化，体育用品市场呈现较为广阔的发展空间。在体育用品市场竞争越发激烈的背景下，体育用品品牌纷纷探索向多品类方向转型，抢占行业细分市场。所谓多品类，是指一个企业发展到一定程度后，利用主营业务优势，延伸发展多品类的产品与服务，其本质是企业面对大众多样化消费需求以及不同细分市场而采取的策略。近年来，安踏集团坚持多品牌发展战略，以满足不同层次和多元化的消费者需求，从中国市场走向全球市场，全球零售总部的建立是成为世界级多品牌体育用品集团的战略性布局。未来安踏将立足中国、辐射全球，整合全球的资源打造让全球消费者喜爱的多品牌集群。当前，安踏集团坚持“单聚焦、多品牌、全渠道”的发展策略，集团旗下拥有安踏（ANTA）、斐乐（FILA）、迪桑特（DESCENTE）、可隆体育（KOLON SPORT）等多个知名运动品牌，全面满足消费者的多元化需求。又如上海红双喜股份有限公司将生产线由乒乓球（包括球拍、球台、配件、运动服饰等）扩展至羽毛球（包括球拍、个人配件、服饰等）、足篮排（包括比赛用球、训练用球等）、举重（包括红双喜杠铃器材、力士杠铃器材等）等；江苏金陵体育器材股份有限公司生产范围包括篮球、足球、排球、网球、羽毛球、举重、击剑等器材，体现出覆盖广、产品全的特点。

（四）体育用品制造业向服务化延伸

“十四五”时期体育产业呈现的一个新发展特征是体育用品制造服务化趋势更加显著，产业链条将加速向服务业延伸。[①] 近年来，长三角地区通过

① 《体育总局副局长李颖川：“十四五”时期体育产业4个新发展特征》，体育大生意网，2021年5月18日，http://www.sportsmoney.cn/article/101396.html#。

优化营商环境，鼓励体育用品企业从生产制造向品牌营销、研发设计等方向转型，体育新零售、体育智能制造、体育个性化定制与柔性化生产等新模式不断涌现，促进长三角地区体育用品制造业向服务化延伸与拓展。如中国乒乓球学院和中科新松公司合作研发的、在国内具有自主知识产权并产品化的乒乓球机器人——庞伯特，其具有两条机械臂，可以将教练的训练计划输入程序，并执行训练。通过数字化生产，引入人工智能算法中的深度学习和强化学习模型，多球训练机器人能一边打球一边“钻研”对手的动作和击球方式，实现数字化生产与智能化运用有机结合。

（五）体育用品制造向智能化发展

在数字经济时代下，体育产业数字化转型催生出的体育智能化产品，不仅可以提升产品功能和增强用户体验，而且可以促进体育消费，使体育消费更加智能化。具体体现在，智能化体育产品可以为消费者提供多样化、个性化的管理服务，拓展无形增值服务，提升大众参与体育运动的体验。一方面，近年来由高科技加持的个性化定制产品进入体育市场，并主动对接用户需求，使“智能化”成为体育用品制造业的一个发展趋势，如智能手环、智能手表等运动可穿戴设备。另一方面，随着室外健身场所的“二代智能健身器材”逐渐铺开和应用，全新的智能健身器材不仅可以记录健身参与者的使用数据，而且可以根据健身参与者的身体状况，提供个性化锻炼方案和运动处方。此外，它们还可将各项健身指标数据同步至云端，利用智能芯片制定定向、定量的锻炼方案，使运动健身更加智能化。① 随着数字技术的不断渗透，体育产业将逐步向更广的维度拓展，体育消费从传统线下的一维到线上与线下融合的二维，再到打破时空限制的三维，体育用品的智能化发展将有更加广阔的空间。如在智能制造领域，浙江省体育制造业主体在装备研发、产品等方面的投入持续增多，企业竞争力明显增强。浙江英飞体育的桨板类用品全自动机械生产流水线、浙江

① 林剑：《智能化为全民健身破题》，《中国体育报》2020 年 8 月 5 日，第 7 版。

针永体育的运动袜生产智慧工厂、浙江一苇智能科技有限公司的电动冲浪板生产专利技术都领先国内同行业水平，是浙江省从“体育制造”迈向“体育智造”的典型。

（六）体育用品销售向全渠道发展

在数字经济时代，体育用品业的数字化转型驱动体育用品业向全渠道发展。当前，体育运动品牌的实体店数量呈现缩减态势，其实体店功能也从过去的以销售为主转变为以消费体验为主的运动场景打造，即通过运动场景布置，提供运动体验、体育社交等多种功能，成为综合性的服务平台。长三角地区体育用品品牌商加快布局全渠道融合发展，使体育消费者能够精准、便捷地参与体育用品制造、销售、服务等全过程，以期为体育消费者提供个性化、多样化的体育产品与服务。如361°集团是较早布局长三角地区的体育用品企业，361°通过集品牌、研发、设计、生产、经销于一体，坚持集团化、多品牌路线，专注渠道升级，力图给用户带来极致体验，提高消费者的覆盖率。随着大数据、云计算、物联网等新一代信息技术持续向体育用品企业渗透，体育用品企业有向全渠道发展进而有效契合体育用品市场的消费需求变化的趋势。如2020年5月，国内最大运动鞋服零售商滔搏，与巨益科技达成战略合作，正式在企业内部上线巨益全渠道电商中台，该项目由集团高层牵头，与集团信息部协作，在数据层面打通了集团商品系统、财务系统，仓储、门店以及组织层面多部门共同协作，在全集团20多个品牌以及8000多家门店落地应用，实现全渠道发展。①

（七）体育用品销售向线上化发展

近年来，随着经济的飞速发展、数字经济的快速增长以及大众健康意识的显著提升，体育产业数字化转型加快，催生体育用品销售向线上化发展。

---

① 《巨益和滔搏达成战略合作，重新定义“全渠道中台”》，腾讯云，2020年6月5日，https://cloud.tencent.com/developer/news/637808。

从体育用品行业的线上消费增长来看，2014～2020 年中国线上运动用品市场规模由 450 亿元增长至 1712 亿元，年均增长率达到 24.9%，增幅达到 280.44%，反映出线上运动用品市场规模的高速增长。以 2020 年全国体育消费总规模达到 1.5 万亿元计算，[①] 2020 年线上运动用品市场规模占全国体育消费总规模的 11.41%，凸显出线上运动用品市场的广阔发展空间。长三角地区体育用品企业抓住线上消费契机，加快线上布局，打开市场。如成立于 2005 年的亿健品牌，是浙江顶康科技有限公司旗下著名的跑步机品牌，连续多年居淘宝跑步机全国销量第一，并连续四年“双十一”问鼎跑步机行业第一。[②]

三　长三角地区体育用品业发展问题

（一）研发投入相对不高

体育用品业的研发投入在一定程度上决定着体育用品业的发展广度与深度。长三角地区作为全国体育用品业发展的一个重要区域，集聚了一批体育用品业上市公司，需要加大研发投入，增强长三角地区体育用品业在全国的引领作用。2020 年上半年长三角地区以体育用品为主要业务的上市公司的研发投入都低于 1 亿元，最高的浙江春风动力的研发投入也仅有 0.94 亿元。而从《中国体育上市公司 2020 年市值榜单》发现，在 2020 年上半年体育用品上市公司研发投入排行榜中，研发投入较大的 4 家体育用品上市公司分别为安踏体育（3.96 亿元）、李宁（2.35 亿元）、特步国际（1.03 亿元）和 361°（1.021 亿元）。总体而言，长三角地区体育用品业上市公司的研发投入与安踏、李宁等老牌体育用品龙头企业相比还有一定差距。

---

① 国家体育总局、国家发改委：《进一步促进体育消费的行动计划（2019—2020 年）》，2019 年 1 月。

② 《亿健双十一全网销量战成绩夺目，连续四年问鼎跑步机行业第一》，搜狐网，2020 年 4 月 22 日，https://www.sohu.com/a/390027707_120647414。

（二）高端体育装备制造企业相对不多

中国装备制造行业协会公布的《2020 年中国装备制造业 100 强榜》显示，在中国装备制造业 100 强企业内尚没有体育用品相关企业①，凸显出中国体育装备制造业在我国装备制造业发展中仍然较为弱小。虽然长三角地区体育用品业总规模占据全国体育用品业总规模约 1/3 的份额，但尚没有高端体育装备制造企业在全国发挥引领作用。长三角地区大多数体育用品企业产品的技术含量距离国际先进水平有一定差距，产品品牌影响力不足，附加值不高。尤其是部分体育用品企业竞争仍然集中在价格层面，低端市场竞争激烈，部分企业生产的低质量、低价格产品对致力于生产优质产品的企业造成较大冲击。

（三）知名体育运动品牌相对偏少

在 2020 年中国市场最具影响力体育用品品牌榜单（见表 3）中，排名前 10 位的体育用品品牌中，仅回力 1 个品牌是长三角地区的体育用品品牌；排名前 20 位的体育用品品牌中，仅回力、佳钧尼、英尔健、红双喜、蓝堡、启迈斯等 6 个品牌是长三角地区的体育用品品牌；而排名前 20 位的体育用品品牌中，有高达 10 个品牌是福建省的体育用品品牌。整体上看，长三角地区具有影响力的体育用品品牌相对偏少，这在一定程度上与长三角地区体育用品业总规模占全国体育用品业总规模约 1/3 的市场份额不匹配。

表 3　2020 年中国市场最具影响力体育用品品牌榜单

排行	品牌	区域	产品类型
1	安踏	福建	综合运动装备
2	李宁	北京	综合运动装备
3	乔丹	福建	综合运动装备

① 《2020 年中国装备制造业 100 强排行榜》，中商情报网，2020 年 7 月 24 日，https：//top. askci. com/news/20200724/1726351164815. shtml。

续表

排行	品牌	区域	产品类型
4	特步	福建	综合运动装备
5	361°	福建	综合运动装备
6	探路者	福建	综合运动装备
7	鸿星尔克	福建	综合运动装备
8	贵人鸟	福建	综合运动装备
9	步锐特	广州	运动装备
10	回力	上海	综合运动装备
11	金莱克	福建	运动装备
12	佳钓尼	浙江	钓鱼运动器材
13	匹克	福建	综合运动装备
14	英尔健	浙江	室内健身装备器材
15	红双喜	上海	综合运动装备
16	捷安特	台湾	自行车运动器材
17	蓝堡	浙江	室内健身装备器材
18	双鱼	广东	运动装备
19	启迈斯	浙江	室内健身装备器材
20	舒华	福建	室内健身装备器材

资料来源：根据中国董事局网与中国数据研究中心联合发布的《2020 第六届中国市场最具影响力体育品牌 50 强榜单》整理而得。

（四）三省一市发展差距较大

受到长三角三省一市之间经济社会发展差距的影响，三省一市体育产业在规模、市场主体等方面尚存在一定的发展差距。从三省一市体育用品业规模来看，2019 年三省一市体育用品业规模从大到小排序依次为江苏（总规模为 3034. 41 亿元，增加值为 875. 86 亿元）、浙江（总规模为 1764. 68 亿元，增加值为 489. 84 亿元）、上海（总规模为 1014. 81 亿元，增加值为 348. 92 亿元）、安徽（总规模为 758. 70 亿元，增加值为 243. 30 亿元）（见表 4）。江苏体育用品业的规模最大、发展最好，发展次之的省市是浙江和上海，发展最弱的省份是安徽。

表4　2019年三省一市体育用品业规模

单位：亿元

省市	总规模	增加值
上海	1014.81	348.92
江苏	3034.41	875.86
浙江	1764.68	489.84
安徽	758.70	243.30

资料来源：长三角三省一市体育局公告。

四　长三角地区体育用品业发展策略

（一）打造高端智能制造新高地

长三角地区体育用品业发展以中高端装备生产、制造加工为主，这与福建以鞋帽服饰的生产与销售为主具有本质的区别。打造长三角地区高端智能制造新高地，有利于促进长三角地区体育用品业的集聚化发展，发挥体育用品上市公司的辐射带动作用。以江苏的共创草坪、金陵体育，浙江的春风动力、健盛集团、牧高笛、宁波富邦，上海的波司登等体育用品上市公司为发展重点，通过提供良好的营商环境，提升体育用品的装备生产与研发制造能力，带动区域体育用品企业的高水平、高效率发展，发挥体育用品上市公司在盘活区域体育市场主体中的积极作用。同时，促进体育用品业加速从“体育制造”向“体育智造”转型升级，面向体育制造的优势领域，加大前沿技术研发投入，抓住体育用品业的“微笑曲线”两端，以高端装备制造技术助推长三角地区体育用品业的高质量发展，发挥比较优势；积极探索智能制造、大数据、人工智能等新兴技术在体育制造领域的应用，加快培育长三角地区体育制造业领军品牌，推进中小微体育用品业向“专精特新”发展，打造先进体育制造业集群，抢占新一轮产业变革的制高点。

（二）发展体育用品新零售

所谓新零售，是指以消费者体验为中心、以数据驱动为内核的泛零售形态，本质上是为消费者提供超出预期的“内容”。一般而言，发展体育用品新零售涉及线上与线下深度融合、智能化、零库存、体验式消费、定制化产品 5 个方面。一是从线上与线下深度融合来看，新零售能够实现线上电商与线下实体商业的融合，为消费者提供精准化、个性化、多样化产品。二是从智能化来看，新零售能够借助大数据和云计算等信息技术，准确定位产品市场，了解消费者需求，实现智能化供需匹配服务。三是从零库存来看，数字技术赋能下的新零售能够促进科学预测、控制产量、精准生产，实现零库存。四是从体验式消费来看，通过运用 VR/AR 等新型信息技术，打造线下体验、线上消费的新模式。五是从定制化产品来看，消费者可通过线上平台提出个性化需求，实现供给端的定制化生产和服务。早在 2018 年耐克首家全新概念店就已落地上海，定义体育新零售，其可提供产品定制体验、创新分享、创意工作坊，以及沉浸式、数字化的产品试穿和运动体验，通过打造“线下体验 + 线上购买”的互动式供需新方式，致力于给用户带来更好的购物体验与品牌保证，形成线上与线下一体化的“全渠道新零售模式”，依托长三角地区体育用品业呈现的较高市场活跃度，在长三角一体化机制框架内，尝试建立销售总部，打造体育用品新零售样板。

（三）提高体育用品代加工生产的数字化水平

数字经济时代给制造业带来的变革就是“新制造”的兴起，长三角地区通过采用数字技术实现智能化制造、个性化定制和柔性化生产，进而呈现新的制造方式、产品和服务。① 目前，我国体育用品制造业仍以劳动密集型为主，以代生产与加工为主，处于“微笑曲线”底端。② 以滔搏、申洲国际、健盛集团等为代表的长三角地区体育上市公司，其一个显著特征是代加工生产

---

① 汤潇：《数字经济：影响未来的新技术、新模式、新产业》，人民邮电出版社，2019。

② 王晶晶：《以数字经济思维推动体育产业高质量发展》，《中国经济时报》2019 年 10 月 16 日，第 2 版。

能力较强。而在数字经济时代，探索长三角地区体育用品代加工生产的数字化，有利于提高长三角地区体育用品业的整体发展水平。一是推动长三角地区体育用品代加工生产从传统的实体生产制造向实体生产制造与虚拟生产制造融合转变，如可借助人工智能、VR/AR 等信息技术，设计仿真、虚拟运动制造设备；二是推动长三角地区体育用品代加工生产从线性分工向网络化协同转化，并以平台为支撑，实现企业与用户之间的协同化生产与服务新生态圈；三是推动长三角地区体育用品代加工生产从高成本、粗放型向低成本、集约型转化，向消费者提供个性化和多样化体育智能产品与服务，提升消费者的体验价值；四是推动长三角地区体育用品代加工生产从“制造”向“智造”转变，实现体育用品生产制造的高起点和高标准生产，通过建立全流程可视化监测、全过程集中化精密控制，形成一体化的全流程生产模式，有效缩短体育产品的生产研制周期，提高体育产品的生产柔性化水平和生产效率。如通过建立智能化、数字化的数据处理系统和自动化生产系统，能够减少工人数量、降低不良产品率、提高劳动生产效率。整体来看，提高体育用品代加工生产的数字化水平，有利于促进体育用品业的质量、效率提升和动力变革。

（四）促进体育用品业集聚发展

按照《长三角地区体育一体化高质量发展的若干意见》的指示精神，需要“全面提升体育制造业发展水平，按照集聚化发展方向，形成若干全国先进的体育制造业集聚区”。中国不仅是制造业大国，更是体育用品制造业大国。与国外相比，我国体育用品制造业具有比较优势。而长三角是体育用品制造企业市场主体活跃、营商环境优越的地区，其体育用品制造业规模较大，占全国体育用品制造业的份额也较大。通过促进体育用品业集聚发展，发挥上海的龙头带动作用、江苏和浙江的联动协调作用、安徽的积极融入作用，长三角地区的体育用品业在质量和效益上可以得到全面提升。可通过优化三省一市的营商环境，为入驻长三角的体育用品企业提供良好的市场发展契机；可通过加强三省一市的政策支持，为体育用品企业发展提供良好的政策保障；可通过建立世界级的体育用品企业总部，打造长三角地区体育用品创新和研发中心；可通过优势互补、资源共享等，深化长三角地区体育用品业一体化发展，提升长三角地区体育用品业的集聚效应，带动周边及全国体育用品业的高质量发展，发挥长三角地区体育用品业的引领作用。

（五）发挥长三角体育资源交易平台的积极作用

建立长三角体育资源交易平台，有利于推进体育资源交易机制的创新，助力体育资源交易方式市场化、过程规范化和效益最大化。2020 年初，上海联合产权交易所与上海市体育局合作，并协调江苏省体育局、浙江省体育局和安徽省体育局，共同建立长三角体育资源交易平台。三省一市共同建立的体育资源交易平台，能够在政策法规公布、意向线索收集、交易规则公布、行业动态发布、投资人管理等方面发挥平台的优势作用。以长三角地区具有较好的经济条件、消费基础为契机，通过坚持信息共通、资源共享、平台共建和业务共拓，增强信息集散、资源整合、项目孵化、产融结合、产品流转等功能，为各类体育资源交易提供专业规范的服务；通过进一步优化长三角体育资源配置、创新交易产品、推动产融结合，为长三角体育企业跨境并购、融资等提供专业服务，形成规则统一、交易规范、高效运行的资本市场交易平台。[①] 通过发挥长三角体育资源交易平台在畅通政府、产业、市场、社会等多方协调机制中的积极作用，促进长三角地区体育用品业向更高质量、更高效率发展。

参考文献

《机器人“教练”亮相上海体育学院，乒乓球训练用上人工智能》，腾讯网，2020 年 7 月 17 日，https：//new. qq. com/rain/a/20200717A0WA8L00。

中国体育用品业联合会：《中国 33 家体育上市公司市值榜出炉！人造草坪跻身“百亿俱乐部”》，2021 年 2 月 2 日，https：//cn. csgf. org. cn/xhzx/hydt/5799. html。

① 《上海产权市场建立长三角体育资源交易平台》，中国政府网，2020 年 1 月 4 日，http：//www. gov. cn/xinwen/2020 - 01/04/content_ 5466525. htm。

经 验 篇

Experience Reports

B.9 上海市体育赛事科学管理体系建设经验

徐开娟 刘蔚宇*

摘 要： 构建体育赛事科学管理体系对深入推进竞赛表演业“放管服”改革、进一步提升体育赛事质量与效益、加快提升城市精细化治理水平具有重大意义。上海体育赛事科学管理体系具有良好发展基础，总结上海相关经验对推进长三角体育赛事一体化发展具有一定参考价值。经过多年实践，上海已构建出体育赛事科学管理体系的顶层设计，在赛事信息采集、赛事资金扶持、赛事认证、赛事评估、赛事标准化、科学管理市区联动等方面形成了有效做法。结合上海和长三角体育赛事高质量发展的总体目标，提出进一步推动管理与服务融合、扩大体育赛事科学管理范围、提升赛事多部门协同管理能力、提升体育赛事科学管理数字化水平、动态分析办赛主

* 徐开娟，博士，复旦大学博士后，上海体育学院上海运动与健康产业协同创新中心副教授，研究方向为体育政策、体育产业管理；刘蔚宇，上海体育学院博士在读，研究方向为体育产业。

体管理与服务需求等对策建议。

关键词： 体育赛事　科学管理　“放管服”改革　办赛主体　上海市

体育赛事是体育发展的重要引领，与城市经济社会发展紧密相关。构建体育赛事科学管理体系，提升体育赛事管理与服务水平，加快提升体育赛事综合效益，已成为越来越多城市发展体育赛事的共识。《体育赛事活动管理办法》《长三角地区体育一体化高质量发展的若干意见》《上海市体育赛事管理办法》等各层级政策法规也为体育赛事科学管理体系的构建提供了依据。上海体育赛事发展起步较早，对各项体育赛事管理与服务工具的使用经验比较丰富。系统梳理上海构建体育赛事科学管理体系的主要做法，提出完善科学管理体系的对策建议，不仅对加快上海体育赛事高质量发展具有重要意义，也对推进长三角体育赛事一体化发展、深化全国体育赛事“放管服”改革具有一定参考价值。

一　构建体育赛事科学管理体系的意义

（一）深入推进竞赛表演业“放管服”改革

取消商业性和群众性赛事活动审批后，全国大部分城市体育部门的赛事活动科学管理经验均比较缺乏，管理服务工具手段比较欠缺，对提升竞赛表演的市场规范性缺乏科学合理的引导。在引导更多办赛主体进入竞赛表演市场的前提下，通过制定相关规范、丰富管理与服务手段等方式，吸引办赛主体主动进入管理服务范围，并逐步在规范框架内举办赛事活动是弥补体育赛事领域放权后管理与服务缺位的有效手段，是优化体育赛事市场营商环境的重要方式，是推动竞赛表演业实现良性发展的合理路径。聚焦上海，构建体育赛事科学管理体系将推动上海市竞赛表演业的高质量发展，助力建设国际体育赛事之都。同时，作为体育产业的龙头业态，竞赛表演业的发展可有效带动其他细分业态的快速发展，为上海建设全球著名体育城市做出更大贡献。

（二）进一步提升体育赛事质量与效益

体育赛事的质量与效益已成为当今体育赛事发展所关注的重点。一方面，体育赛事的质量高低直接决定了体育赛事活动能否有效保障体育赛事参与者、消费者等各类主体的安全，在黄河石林百公里越野赛公共安全责任事件发生后，该问题也得到了更多重视。另一方面，体育赛事的正外部性使体育赛事举办过程中会产生溢出效应，使城市在经济社会多方面获得收益，相关实践也说明体育赛事的正外部性对城市经济竞争力、基础设施竞争力、科技创新竞争力、国际化竞争力、政府管理竞争力的提升具有重要作用。体育赛事科学管理体系将从微观层面对体育赛事举办运营的各个环节产生影响，最大限度地降低赛事各类风险、提升赛事品质，进而提升城市居民对体育赛事的认同感，持续提升体育赛事的综合效益，为体育赛事与城市的协同发展提供动力。

（三）加快提升城市精细化治理水平

与会展、文艺演出等大型活动类似，体育赛事的举办通常涉及多部门协同，且其协同范围往往更加广泛。《体育赛事活动管理办法》（国家体育总局令第25号）指出："地方体育部门应当积极协调推动地方人民政府，根据实际需要建立体育、公安、卫生等多部门对商业性、群众性大型体育赛事活动联合'一站式'服务机制或部门协同工作机制。"目前全国已有大量城市以举办马拉松等大型体育赛事为契机，形成了体育与公安、卫生健康、交通等部门的协同联动机制。新冠肺炎疫情发生以来，体育赛事举办所积累的部门协同经验为城市治理做出了巨大贡献。因此，以体育赛事举办为逻辑起点，借助"互联网+政务"的已有基础，构建体育赛事科学管理体系，进一步理顺体育部门与其他相关部门在信息流转、工作协同等方面的堵点和痛点，可有效提升城市的精细化治理水平，为上海建设卓越的全球城市提供有力支撑。

二 上海市体育赛事科学管理体系发展基础

（一）竞赛表演业发展基础良好

早在2000年左右，上海就已在国内率先开展大型体育赛事运作，经过20余年的发展，已形成良好的竞赛表演业发展基础。市政府牵头成立的赛事组委会、国有企业、专业体育经纪公司等曾是上海大型体育赛事的运营主体，目前正呈现政府部门进一步退出、市场力量逐渐壮大的趋势。上海市政府相关部门也从制定政策法规、建设场馆设施、参与组织协调、培育市场主体、协助市场推广、提供公共资源等多方面对促进体育赛事发展进行探索。在政府、市场等多方努力下，上海市体育竞赛表演活动总体规模呈现扩大态势（见图1）。久事、东浩兰生、力盛赛车、每步等各类体育竞赛表演活动企业快速发展，2019年全市500强体育企业中体育竞赛表演活动企业营业收入、利润总额占全市体育产业主营机构的比重分别为82.8%、81.0%，在所有业态中列第三、第四位。[①] 除此之外，上海群众性体育赛事发展迅速。创立于2012年的市民运动会和创立于2017年的城市业余联赛是当前上海群众性体育赛事的重要品牌与平台，政府部门充分履行自身体育公共服务职能，通过发挥扶持与协调作用，积极动员企业、协会等各类主体举办赛事，在激活竞赛表演市场的同时，吸引市民广泛参与体育赛事。[②] 2019年，上海城市业余联赛累计举办5965场，吸引330.7万人次参赛[③]；即使受到新冠肺炎疫情影响，2020年第三届市民运动会共举办活动约7100场，共有1093万人次参赛[④]。

---

① 上海市体育局提供。

② 辜德宏、尚志强、周健将、吴贻刚：《从“小众竞技”到“大众竞技”：运动竞赛的发展动向——基于上海市民运动会的个案分析》，《上海体育学院学报》2016年第3期，第40~45页。

③ 《城市业余联赛打造上海体育新生活》，《解放日报》2019年12月13日，第12版，https://www.jfdaily.com/staticsg/res/html/journal/detail.html?date=2019-12-13&id=284316&page=12。

④ 上海市体育局：《上海市第三届市民运动会圆满收官》，2020年12月3日，http://tyj.sh.gov.cn/gzdt2/20201203/bb5047433a67482e9783795ce745fdc4.html。

全球经验表明，超大型城市承载赛事的能力往往更强，其赛事发展基础较同时期其他城市具有一定“先发优势”。上海体育赛事已具有良好发展基础，同时快速发展的体育赛事使开展体育赛事科学管理研究显得尤为必要，探索形成体育赛事科学管理“上海样本”对全国体育赛事发展具有深远意义。

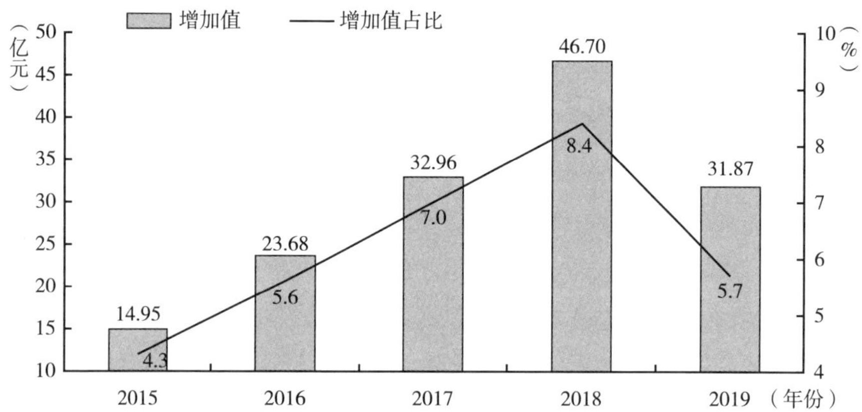

图 1　2015～2019 年上海市体育竞赛表演活动增加值及其占比情况

资料来源：上海市体育局各年度体育产业统计公告，参见《上海市体育局　上海市统计局联合发布 2015 年上海市体育产业规模及增加值数据的公告》，2017 年 2 月 14 日，http：//tyj. sh. gov. cn/ghjhxx/20170214/0027－131406. html；《上海市体育局　上海市统计局联合发布 2016 年上海市体育产业规模及增加值数据的公告》，2017 年 9 月 25 日，http：//tyj. sh. gov. cn/tycy4/20170925/0027－126620. html；《2017 年度上海市体育产业统计公告》，2018 年 8 月 29 日，http：//tyj. sh. gov. cn/ggtz2/20180829/0027－5371. html；《2018 年度上海市体育产业统计公告》，2019 年 10 月 22 日，http：//tyj. sh. gov. cn/tycy4/20191022/0027－126855. html；《2019 年度上海市体育产业统计公告》，2020 年 12 月 11 日，http：//tyj. sh. gov. cn/mlghcyfg/20201217/ab00f6166c7d4c67b78beeb431f2d2bc. html。

（二）居民赛事消费需求日益增长

在各类体育赛事的供给迅速增加的同时，居民对上海体育赛事也表达出强烈的消费需求。从消费者视角来看，早在 2016 年和 2017 年，上海市民观看各类体育赛事的门票、餐饮、纪念品等消费就已经达到 310.1 元和 423.7 元；2018 年，上海有体育消费的人群现场观看体育比赛的比例达到 24.7%，18～59 岁人群中，有观赛经历的人群达到 59.2%①；2019 年，居民体育消费调查中有 26% 的人花钱到现场看过比赛，该人群人均现场观赛消费额为 741 元②；2020 年，上海市居民用于购买体育赛事现场门票的支出仅为 0.6 元③，排除 2020 年新冠肺炎疫情影响，上海市民体育赛事消费水平总体上呈现强劲的增长态势。从体育赛事视角来看，2019 年，在上海举办的 12 项具有代表性的重大体育赛事共带来 30.9 亿元的直接消费④；2020 年，上海马拉松在疫情影响下仍然贡献了 4943 万元的直接经济效益⑤。居民的体育赛事消费不仅聚焦于赛事本身，同时也涉及餐饮、交通、娱乐、住宿等多方面。伴随人均可支配收入的进一步提升，上海以及其他城市居民对大型体育赛事的消费需求将更加旺盛，赛事对城市经济发展的贡献将更加凸显。构建体育赛事科学管理体系，可以有效规范竞赛表演业及相关行业市场主体的行为，为消费者营造更加安心、放心、舒心的体育赛事消费环境，为上海体育赛事高质量发展提供更加有力的保障。

（三）体育赛事相关资源丰富多元

体育赛事的举办和运营与城市的多方面资源息息相关，上海体育赛事相关资源比较丰富。在体育场馆方面，上海拥有上海体育场、东方体育中心、上海国际赛车场、浦东足球场等各类大型体育场馆，是举办各类体育赛事的坚实基础。⑥ 在城市治安方面，上海市公安局治安总队和各区治安支队共同负责大型体育赛事的安全管理工作，“一网通办”平台中的“大型群众性活动开展的安全许可审批”政务服务事项已上线多年，相关流程比较成熟。除此之外，

① 黄海燕、朱启莹：《中国体育消费发展：现状特征与未来展望》，《体育科学》2019 年第 10 期，第 11 ~ 20 页。

② 黄海燕主编《上海体育产业发展报告（2019 ~ 2021）》，社会科学文献出版社，2021。

③ 资料来源：《2020 年上海市居民体育消费调查报告》（未公开发布）。

④ 上海市体育局：《一图读懂〈2019 年上海市体育赛事影响力评估报告〉》，2020 年 6 月 1 日，http://tyj.sh.gov.cn/zcjd1/20200602/5d10782af63c40d09e4e4dbeca0e0565.html。

⑤ 上海市体育局：《〈2020 年上海市体育赛事影响力评估报告〉发布　上马 S10 领衔上海最具影响力赛事》，2021 年 5 月 12 日，http://tyj.sh.gov.cn/gzdt2/20210512/0dc90d1c9be0445b89e3b852cb0b1779.html。

⑥ 黄海燕主编《长三角地区体育产业发展报告（2018 ~ 2019）》，社会科学文献出版社，2020。

上海在医疗卫生、交通运输、通信等方面的资源均在全国城市中处于领先地位，为上海体育赛事的科学管理提供了良好的物质基础，上海体育赛事科学管理体系的构建也应围绕整合各类赛事资源、提升相关资源使用效率等方面展开。

（四）体育赛事政策法规体系日趋完善

体育赛事政策法规中的相关依据是上海体育赛事科学管理工作开展的根本依据。在政策方面，2018 年以来上海及长三角体育赛事管理相关政策条文主要聚焦于赛事信息公开、赛事标准化、赛事评估评价、赛事扶持资助等方面（见表 1），且相关条文已充分考虑到各项流程的关联性和赛事科学管理实施的可操作性。例如，《建设国际体育赛事之都三年行动计划（2018—2020 年）》（简称《行动计划》）提出可从赛事运营、评价、保障等方面开展赛事标准化建设，为相关单项体育协会指出了具有可操作性的路径；又如，《行动计划》提出将赛事评估结果作为落实赛事扶持和赛事选择相关工作的关键依据，表明其在制定之初就已考虑到各项流程之间的关联。在法规方面，2020 年 6 月正式施行的《上海市体育赛事管理办法》（沪府令 30 号）（简称《办法》）在明确赛事科学管理体系促进发展、规范有序等原则的基础上，从赛事评估、赛事扶持、赛事信息公示等方面进一步明确了赛事科学管理的基本手段。与政策相比，《办法》中相关要求更加明确，例如，要求主办方或承办方在体育赛事开赛的 30 日前通过在线政务服务平台填报体育赛事基本信息，为相关科学管理手段的落地提供了保障。从总体上看，上海体育赛事政策法规体系中与体育赛事管理相关的条文基本覆盖了体育赛事的主要流程，为体育赛事科学管理体系的构建奠定了良好基础。

表 1　2018 年以来上海及长三角体育赛事管理相关政策条文

政策名称	体育赛事管理相关内容
《关于加快本市体育产业创新发展的若干意见》（沪府发〔2018〕31 号）	定期公开体育赛事目录，逐步完善赛事综合效应评估体系，建立赛事动态监测机制，构建科学、合理的赛事资助模式； 积极探索建立体育赛事安保等级评价机制； 制定体育赛事的办赛指南和服务规范

续表

政策名称	体育赛事管理相关内容
《建设国际体育赛事之都三年行动计划（2018—2020 年）》（沪体规〔2018〕656 号）	开展体育赛事运营、评价、保障等标准研究，支持本市单项体育协会制定公布体育赛事规范标准和办赛指南； 收集汇总和定期发布在本市举办的重大体育赛事目录，全面系统评估本市举办的重大体育赛事产生的经济社会效益，建立重大体育赛事外部效应的扶持激励机制； 完善现有市级体育赛事发展专项资金政策，鼓励设立区级体育赛事发展专项资金； 支持有关高校和科研机构成立专业的体育赛事评估机构，探索建立国际公认、中国特色、上海特点的体育赛事评价指标体系，在此基础上建立本市申办引进重大体育赛事的专家论证机制
《上海全球著名体育城市建设纲要》（沪府办发〔2020〕12 号）	加强赛事影响力综合评估
《长三角地区体育一体化高质量发展的若干意见》（沪体办〔2020〕159 号）	共同支持区域体育赛事标准化建设； 在赛事举办场地、转播、安保、医疗等方面构建长三角一体化的共享、协作服务机制； 打造长三角一体化智慧竞赛平台； 构建长三角体育赛事影响力评估指标，定期发布长三角体育赛事影响力评估报告，引导办赛主体不断提升赛事品质，扩大综合效益； 联合制定体育赛事的办赛指南和参赛指引，明确体育赛事开展的基本条件、标准、规则、程序和各环节责任部门； 围绕可利用的水域、山地、森林等自然资源，综合考虑生态、安全等因素，共同分类制定允许开展的体育赛事活动目录，明确申请条件和程序

资料来源：上海市体育局和上海市人民政府，参见 http：//tyj. sh. gov. cn/tycy4/20180831/0027 - 126726. html；http：//tyj. sh. gov. cn/ghjhxx/20190108/0027 - 131416. html；https：//www. shanghai. gov. cn/nw12344/ 20201104/29ae95eb451e49ca850b71e4be1ee0d7. html；http：//tyj. sh. gov. cn/ggtz2/ 20201023/bc4b75cf 1b764723ab1491c9f7e4ce05. html。

三　上海市构建体育赛事科学管理体系的主要做法

（一）做好体育赛事科学管理体系顶层设计

从项目管理角度来看，体育赛事时间跨度长、工作流程多样、涉及主体广泛，以城市的视角对体育赛事进行科学管理是一项复杂的系统工程，做好体育赛事科学管理体系的顶层设计就显得尤为关键。基于此，上海市体育部门详细梳理了体育赛事科学管理工具，构建体育赛事“3A”管理循环体系作为上海体育赛事科学管理体系的顶层设计（见图2）。上海体育赛事“3A”管理循环体系是由赛事认证（Award）、赛事评估（Assessment）和赛事扶持（Assistant）三项核心体育赛事管理工具组成的闭环。首先，符合条件的赛事通过申请和审核，进行体育赛事认证。其次，当年纳入《上海市国际国内体育赛事计划》（简称《赛事计划》）的所有赛事将在举办过程中接受第三方评估，分析其为上海城市发展带来的切实利益。基于赛事评估，向社会发布《上海赛事影响力评估报告》等一系列内容，从影响力、民生、经济、旅游等多视角对上海大型赛事的综合效应进行多元呈现。最后，根据评估结果，经认证的赛事将获得政府提供或主导的不同程度的扶持和帮助，如现阶段的赛事发展专项资金及未来其他形式的配套扶持措施。“3A”管理循环体系可使赛事认证、赛事评估、赛事扶持等各项工作相互联系，提升各项工作的有效性，使体育赛事管理的行政、财政等相关资源得到更加合理的配置，是上海体育赛事科学管理体系运行的核心所在。

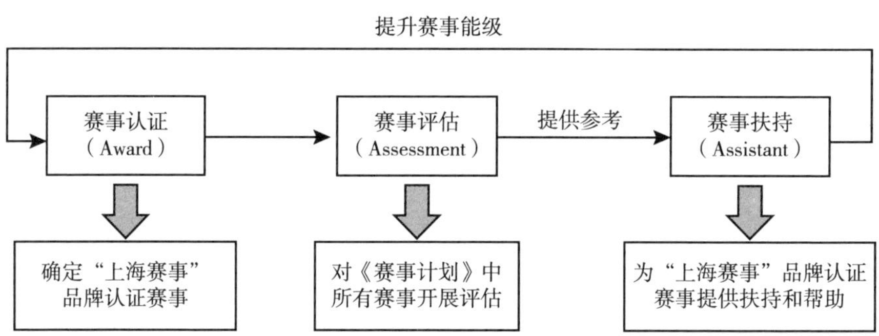

图2　上海体育赛事“3A”管理循环体系

（二）建立完善体育赛事信息采集公示体系

在取消商业性和群众性体育赛事审批后，及时了解各个体育赛事的基本信息不仅成为体育部门及其他相关部门为体育赛事提供管理和服务的逻辑起点和关键路径，也成为提升体育赛事质量和效益的重要手段。《上海市体育赛事管理办法》第二十六条提出：“主办方或者承办方应当在体育赛事开赛的30日前，登录本市在线政务服务平台，填报体育赛事的名称、时间、地点、主办方、承办方、参赛条件、人数、竞赛规程以及奖惩办法等基本信息。”此条款不仅明确了体育赛事基本信息填报的重要意义，也明确了上海市体育赛事基本信息填报的路径。上海“一网通办”平台的开发可追溯到2002年，是全国较早开发的电子政务系统，经过经验积累，其功能已日趋完善，且具有数据流转逻辑清晰、多元主体共建共享、平台化程度较高等特征，依托“一网通办”平台构建赛事基本信息填报路径具有较强的可行性。2020年6月，“一网通办”平台上线了“上海体育赛事信息公示（筹）”和“上海体育赛事信息查询（筹）”，分别针对办赛主体和市民开通了赛事基本信息填报和查询的功能，同时，体育管理部门就相关功能的使用面向办赛主体开展了培训指导。[①] 2020年和2021年（截至2021年6月3日）分别有40项和38项全国级以上赛事使用上海体育赛事信息公示功能填报了赛事基本信息，其基础性作用日益显现。除此之外，上海体育相关部门以赛事信息填报为起点，已开始结合公安、文旅、交通等相关部门电子政务建设现状，着手梳理体育赛事活动公安审批、与占用公共资源相关部门的信息互通、体育赛事活动资源整合与共享等赛事运营关键流程的信息流转路径，力图最大化地发挥体育赛事信息填报的作用，构建体育赛事活动综合管理服务机制，为办赛主体提供更多便利。

（三）持续推进体育赛事资金扶持工作

从经济学相关理论来看，体育赛事普遍具有正外部性，若忽视该特征，将不利于体育赛事产品的供给以及竞赛表演市场的健康发展，为办赛主体提

① 《上海体育企业如何享受政府“一站式”服务？专家来指导！》，上观新闻，2020年9月25日，https://web.shobserver.com/staticsg/res/html/web/newsDetail.html?id=293814。

供政府资金补贴是体育赛事正外部性内在化的有效渠道之一。早在2010年，上海就已着手开展体育赛事政府资金扶持研究，并于近几年基本形成了由提升赛事能级类和促进赛事落地类构成的体育赛事资金扶持框架（见表2）。2019年，上海共扶持资助提升赛事能级类赛事10项、促进赛事落地类赛事8项；2020年（第一批）共扶持资助提升赛事能级类赛事12项、促进赛事落地类赛事6项。除此之外，上海体育赛事资金扶持的周期于近期完成优化。2020年之前，赛事资金扶持周期与自然年度不相匹配，如2018年上海市体育赛事发展专项资金的支持项目为于2017年7月至2018年6月在上海举办完成的成年组专业体育赛事①。2020年，上海将当年体育赛事发展专项资金申报分成2019年7月至12月举办完成的成年组专业体育赛事②和2020年1月至12月在上海安全完赛的体育赛事③两批，即从2021年开始，当年资金扶持范围变更为该自然年内举办完成的赛事时，赛事资金扶持与赛事信息填报、赛事认证、赛事评估等其他工作均按照自然年度执行，提升了赛事科学管理工作的协调性和整体性。

表2　2017～2020年上海市体育赛事发展专项资金对赛事投入要求

年份	类型	具体要求
2017	提升赛事能级	赛事总投资应不低于300万元，且连续举办超过2届
	促进赛事落地	赛事总投资应不低于200万元，且举办不超过2届
2018	提升赛事能级	赛事实际投入应不低于200万元，且连续举办超过3届（不含3届）
	促进赛事落地	赛事实际投入应不低于100万元，且举办不超过3届（含3届）
2019	提升赛事能级	赛事实际投入应不低于200万元，且连续举办超过3届（不含3届）
	促进赛事落地	赛事实际投入应不低于100万元，且举办不超过3届（含3届）

① 上海市体育局：《上海市体育局关于印发〈2018年度上海市体育赛事发展专项资金项目申报指南〉的通知》，2018年8月22日，http://tyj.sh.gov.cn/glywxx/20180822/0027-65833.html。

② 上海市体育局：《2020年度上海市体育赛事发展专项资金项目申报指南（第一批）》，2020年4月21日，http://tyj.sh.gov.cn/ggtz2/20200421/70c1758da1914724bb3013f0c9a630ca.html。

③ 上海市体育局：《2020年度上海市体育赛事发展专项资金项目申报指南（第二批）》，2020年12月15日，http://tyj.sh.gov.cn/ggtz2/20201215/004b035e64754b8d873b92e36756e455.html。

续表

年份	类型	具体要求
2020(一)	提升赛事能级	赛事实际投入应不低于 200 万元,且连续举办超过 3 届(不含 3 届)
	促进赛事落地	赛事实际投入应不低于 100 万元,且举办不超过 3 届(含 3 届)
2020(二)	提升赛事能级	赛事实际投入应不低于 200 万元,且连续举办超过 3 届(不含 3 届),其中 2020 年 1 月 20 日至 12 月 31 日举办的赛事实际投入应不低于 100 万元
	促进赛事落地	赛事实际投入应不低于 100 万元,且举办不超过 3 届(含 3 届),其中 2020 年 1 月 20 日至 12 月 31 日举办的赛事实际投入应不低于 50 万元

资料来源：上海市体育局各年度体育赛事发展专项资金项目申报指南，参见《上海市体育局关于印发〈2017 年度上海市体育赛事发展专项资金项目申报指南〉的通知》，2017 年 9 月 1 日，http：//tyj. sh. gov. cn/ggtz2/20170901/0027 – 5483. html；《上海市体育局关于印发〈2018 年度上海市体育赛事发展专项资金项目申报指南〉的通知》，2018 年 8 月 22 日，http：//tyj. sh. gov. cn/glywxx/20180822/0027 – 65833. html；《上海市体育局关于印发〈2019 年度上海市体育赛事发展专项资金项目申报指南〉的通知》，2019 年 7 月 27 日，http：//tyj. sh. gov. cn/ggtz2/20190727/0027 – 4942. html；《2020 年度上海市体育赛事发展专项资金项目申报指南（第一批）》，2020 年 4 月 21 日，http：//tyj. sh. gov. cn/ggtz2/20200421/70c1758da1914724bb3013f0c9a630ca. html；《2020 年度上海市体育赛事发展专项资金项目申报指南（第二批）》，2020 年 12 月 15 日，http：//tyj. sh. gov. cn/ggtz2/20201215/004b035e64754b8d873b92e36756e455. html。

（四）创新构建体育赛事认证机制

上海大型体育赛事数量众多、特点各异，根据不同赛事特征，对其实施分级分类管理和服务是优化体育行政资源配置的重要手段。将上海大型体育赛事视作一个整体，将具有相似特征的赛事进行归类，开展体育赛事认证工作就显得尤为必要。以此为逻辑起点，上海市体育部门对香港、墨尔本、温哥华、伦敦等全球体育城市赛事认证的模式、效果和特征进行分析后，提出构建“1 + 3”赛事品牌认证体系。“1”是指创建一个“上海赛事”（Shanghai Sport）城市赛事品牌，包括一次性举办的赛事和常年举办的赛事两个维度。一次性举办的赛事包括国际顶级综合性运动会、国际单项体育协会赛事体系中第一等级赛事、在上海举办的国内顶级职业联赛赛事和其他重大体育赛事；常年举办的赛事依据赛事特点和城市发展需求分为全球影响力体育赛事“P”赛事（Premium Events）、标志性体育赛事“H”赛事（Hallmark Events）、培育型体育赛事“D”赛事（Developing Events）。除搭建体育赛事分级分类管理和服务的框架外，上海体育赛事认证机制还主要承载如下两方面功能。一方面，赛事认证相关工作可进一步明确各类运动项目相关赛事的“金字塔”结构，形成以“P”赛事为引领，带动赛事体系完善；以“H”“D”赛事为依托，促进“P”赛事落地；以“P”“H”赛事为标杆，推动赛事品质提升三类互动发展机制，推动上海体育赛事良性发展。另一方面，通过在赛事中大量呈现“上海赛事”品牌，使赛事成为增加城市曝光度、提升城市知名度的关键手段，形成赛事整合营销与上海城市营销的双向互动。

（五）深入开展体育赛事评估工作

全面、科学、充分地认知体育赛事的各方面影响是进一步明确体育赛事在城市经济社会发展中定位的关键所在，构建一套完善的体育赛事评估框架和评估指标体系可有效满足此需求。近年来，上海市体育部门联合第三方评估机构，积极开展体育赛事评估，已形成较为成熟的体育赛事评估工作机制。在重大体育赛事方面，上海市体育局联合上海体育学院，围绕上海建设国际体育赛事之都的目标任务，构建由关注度、专业度、贡献度三个维度组成的体育赛事影响力评估框架体系，分别对2019年和2020年在上海举办的国际国内体育赛事影响力进行全面系统的评估。对同一年度举办的赛事进行横向评估能够有效挖掘其对城市发展的深远作用，例如2019年的评估结果充分体现了体育赛事在城市形象推介、城市经济拉动、城市服务水平提升等方面的独特作用①；2020年的评估结果则充分展示了体育赛事在新冠肺炎疫情防控背景下彰显中国抗疫力量、增添复工复产信心

---

① 《拉动产业效应超过102亿元，体育赛事评估有了领全国之先的“上海标准”》，上观新闻，2020年6月1日，https://web.shobserver.com/staticsg/res/html/web/newsDetail.html?id=254705。

动力等方面的强大影响[①]。在群众性体育赛事方面，上海城市业余联赛和市民运动会均已形成赛事评估常态化工作机制，即在赛事结束后由第三方评估机构根据赛事举办情况对赛事进行评估，评估结果将作为扶持资金发放的重要依据之一。[②] 此机制在很大程度上提升了群众性体育赛事的品质以及群众性体育赛事扶持资金的使用效率。

（六）加快提升体育赛事标准化水平

提升体育赛事标准化水平是优化体育赛事科学管理能力的重要路径，目前上海市已在政府部门、社会组织两个层面积极开展实践与探索，体育赛事标准化体系呈现精细化发展的趋势，为上海体育赛事管理提供了更加充分的依据。在政府部门层面，上海市体育局及时出台各类含有办赛标准要素的政策文件，从总体上为办赛主体提供指引。一方面，在新冠肺炎疫情发生后，上海市体育局于 2020 年 7 月出台《常态化疫情防控期间体育赛事举办指引》，并分别于 2020 年 10 月和 2021 年 6 月进行更新以适应最新疫情防控形势，这不仅为各类办赛主体提供了详尽的办赛指引，也在一定程度上提振了上海竞赛表演市场的信心；另一方面，在黄河石林百公里越野赛公共安全责任事件发生后，上海市体育局及时出台了《关于进一步加强体育赛事活动安全管理工作的通知》和《关于进一步加强体育赛事安全管理工作的补充通知》，在明确政府、社会、市场各类主体责任的同时，对不同运动项目赛事实施分级分类管理，要求部分赛事必须做到安全风险防控方案、应急处置方案、疫情防控方案和赛事组织方案“四案齐备”，帮助办赛主体降低办赛风险。[③] 在社会组织层面，多个单项体育协会已着手开展办赛指南撰写工

① 上海市体育局：《〈2020 年上海市体育赛事影响力评估报告〉发布　上马 S10 领衔上海最具影响力赛事》，2021 年 5 月 12 日，http：//tyj. sh. gov. cn/gzdt2/20210512/0dc90d1c9be0445b89e3b852cb0b1779. html。

② 上海市体育局：《一起上赛场，人人享健康　2021 年上海城市业余联赛推介会举行》，2020 年 12 月 28 日，http：//tyj. sh. gov. cn/gzdt2/20201228/923ea219c2d04432bc2f13c4f5f01d37. html。

③ 《守牢安全底线，上海市体育局召开加强赛事安全管理工作会议》，澎湃网，2021 年 6 月 9 日，https：//www. thepaper. cn/newsDetail_ forward_ 13064154。

作，上海市足球协会于2020年9月公布《上海市足球赛事办赛指南（征求意见稿)》，其内容不仅是协会对《上海市体育赛事管理办法》的直接落实，在“竞赛秩序”和“场地及器材”等条目中均体现出较强的运动项目特征，体现出与上位文件的差异性。除此之外，上海市足球协会还出台了《上海市足球协会裁判人员管理规定》等其他文件，为体育赛事的科学管理提供了更加多维的保障。

（七）强化体育赛事管理市区联动

除上述市级层面的体育赛事科学管理体系外，上海市部分市辖区也开始应用体育赛事科学管理手段，目前以体育赛事扶持为主（见表3）。通过对上海16个市辖区政府部门网站进行检索发现，已有10个市辖区出台过体育赛事扶持相关政策文件。一方面，不同市辖区差异化的扶持政策可推动各区体育赛事的特色化发展，进而形成错位竞争和良性发展，在宏观上有利于上海体育赛事的发展。另一方面，市区两级赛事扶持政策构建了一套更加立体化、精细化的体育赛事科学管理体系，提供了更加优质的营商环境，为办赛主体乃至上海竞赛表演业的健康发展提供了重要支撑。

表3　上海各区体育赛事扶持资金相关政策情况

区名称	基本情况
虹口	支持虹口体育类企业、社会组织举办高品质国际、国内赛事，以及上海本土赛事和“一区一品”赛事，经认定，按照不超过实际支出费用的50%给予扶持，最高不超过100万元
徐汇	在文化发展专项资金中专门设立“加快体育产业发展资金”来支持和鼓励优秀体育赛事
普陀	对举办国际电竞职业大赛(赛事总奖金不低于800万元)的，可给予最高不超过300万元的一次性资助；对举办国内电竞职业大赛(赛事总奖金不低于200万元)的，可给予最高不超过100万元的一次性资助；对举办其余各类中小型赛事的，可按实际运营成本给予一定的资助。积极推进区内企业作为唯一或第一主办方在外省市、海外举办电竞赛事，经认定，可给予最高不超过100万元的资助
杨浦	(仅电竞赛事)对承办国际顶级职业大赛、顶级全国职业大赛、次级全国职业大赛分别给予企业一次性补贴最高500万元、200万元、50万元

续表

区名称	基本情况
闵行	对引进或创立的且获得区政府认可,具有国际化、系列化、品牌化、特色化的大型体育赛事活动,按活动实际发生费用的50%,采用后拨付方式给予活动主办方或承办方最高不超过100万元的补贴,具有国际影响力、经济社会贡献突出的特别重大活动最高不超过300万元
宝山	对经区委和区政府批准、签约落地宝山、参赛选手国别在8个以上、世界排名前50的选手(队伍)至少5人(5队)参赛、品牌媒体直播(录播),且总投入在600万元以上的国际性体育竞演品牌赛事,按照总投入50%的比例给予资金资助,最高不超过250万元。对经区政府批准、签约落地宝山、参赛省份(以长三角地区为主,含港澳台地区)在6个以上、品牌媒体直播(录播),且总投入在300万元以上的全国及海峡两岸特色体育竞演品牌赛事,按照总投入50%的比例给予资金资助,最高不超过100万元
青浦	社会体育组织、企业及相关单位以市场化为手段举办或合作举办品质好、社会影响大的国际、国内体育赛事,在推动青浦区市民健身和体育消费等方面有较好促进作用的,可申报专项扶持资金
崇明	对在崇明区举办足球、路跑、轮滑、马术、野战、铁三、自行车、定向越野、水上运动等特色体育赛事活动,且赛事活动按照公益性收费的体育企业,按照活动投入资金总额的20%予以资助,扶持总额不超过15万元
浦东	承办经认定的国际电竞职业大赛的,给予不超过300万元的补贴。对符合规定的级别高、规模大并能提升浦东影响力的大型赛事给予政府补贴,加强对赛事的绩效评估,以促进浦东新区体育赛事的优胜劣汰,形成可持续的发展模式; (仅临港)根据举办活动的规模、影响力给予补贴支持,活动直接参与人数超过3000人或参赛专业团队超过20支,达到一定影响力的国际级、国家级活动或赛事,给予不超过活动金额40%的资金扶持,每次活动最高不超过500万元。活动直接参与人数超过1000人或参赛专业团队超过10支,达到一定影响力的国际级、国家级、市级活动,给予不超过活动金额40%的资金扶持,每次活动最高不超过300万元
黄浦	对利用黄浦区体育场馆的资源,引进、参与、举办具有一定影响的国内、国际的体育比赛和体育活动进行资助,已经获得资助(包括国家级、市级、区级)的项目一般不予资助

资料来源:上海各区体育赛事扶持相关政策和报道,参见 http://www.shhk.gov.cn/shhk/xwzx/20200812/002002_addb6306-b53b-44bc-9890-04338d9fd23e.htm;https://www.thepaper.cn/newsDetail_forward_10366174;http://www.shpt.gov.cn/shpt/zc-chanye/20180312/313141.html;http://www.shyp.gov.cn/shypq/yshj-zcjd/20190708/334004.html;http://xxgk.shmh.gov.cn/mhxxgkweb/html/mh_xxgk/qzfgb/2019-05-08/Detail_63595.htm;http://www.shbsq.gov.cn/shbs/cyzc/20180907/4563.html;https://www.shqp.gov.cn/sport/ggl/20200716/666532.html;http://www.shcm.gov.cn/cmmh_web/html/shcm/shcm_xxgk_zfwj_xzfbgswj_2018/info/detail_1568583.htm;https://m.sohu.com/a/331335643_351788;http://www.shanghaiinvest.com/cn/viewfile.php?id=14910;https://www.sohu.com/a/134057586_495595;https://www.shhuangpu.gov.cn/yqyw/010001/010001015/010001015001/010001015001003/20141229/9164655f-30d5-4b19-9544-7ddeb5de31cd.html。

四　完善上海市体育赛事科学管理体系的对策建议

（一）进一步推动管理与服务融合

在深入推进体育赛事“放管服”改革的背景下，一项职能同时具有管理与服务两类功能的特征日趋明显。在体育赛事管理中体现服务思维，可有效提升管理工作的有效性，也能优化行政资源的配置效率。现有体育赛事“3A”管理循环体系已在顶层设计中体现出寓管理于服务的思路，建议将此思路进一步落实到各项微观体育赛事管理职能中。例如，体育赛事认证从服务上看为体育赛事整合营销提供了便利，从管理上也可以看作提升体育赛事品质的工具；又如，体育赛事评估从管理上看是体育部门实施体育管理的重要工具，而评估所反馈的结果也可助推办赛主体提升办赛水平。同时，《上海市体育赛事管理办法》将未履行赛事保障责任、违反名称规范行为、违反票务管理措施行为等纳入监管范围，体育部门及相关执法部门应在行政检查、行政处罚过程中增加对行政指导等柔性管理工具的应用，在监管中体现服务，推动各类办赛主体成长。

（二）扩大体育赛事科学管理范围

政府部门对城市办赛主体和体育赛事的了解越多，体育赛事科学管理的难度越低，故建议从以下三方面扩大体育赛事科学管理的范围，加强政府部门对城市体育赛事发展情况的了解。第一，加强政策法规宣讲。让更多办赛主体及相关企业了解体育部门所能提供的政务服务，推动其主动与体育部门及其他相关部门沟通对接，减少双方信息不对称。第二，充分发挥各类体育社会组织作用。各单项体育协会应吸纳更多办赛主体作为协会会员，并从体育赛事标准化等方面为办赛主体提供服务，充分发挥体育社会组织的独特作用，形成对政府部门政务服务的有益补充。第三，提升区域体育赛事检索能力。充分借鉴会展等领域相关经验，构建体育赛事关键词库，定期通过互联网平台、搜索引擎、社交媒体等渠道搜索体育赛事相关信息，主动对接知晓程度低、举办风险高的体育赛事及其办赛主体，从根源上提升体育赛事政府服务水平，降低各类体育赛事举办风险。

（三）提升赛事多部门协同管理能力

伴随体育赛事影响力的逐步扩大，体育赛事与城市资源的结合必将更加紧密，对多部门协同管理能力的需求也将更加迫切。合理、高效地使用城市资源，是指在城市正常运行干扰降至最低的情况下最大限度地激活赛事相关资源，即充分发挥体育赛事的正外部性，规避体育赛事的负外部性。目前上海虽然已在多部门协同方面有所实践，但大部分实践尚未形成较成熟的工作机制，对办赛主体的帮助比较有限。因此，建议上海体育部门加快构建与卫生健康、气象、交通运输等相关部门的协同工作机制，提供标准化、可复制的公共服务产品，并在长三角地区加快推广。例如，广州已在体育与气象部门的深度协同方面开展探索，针对路跑、水上运动等受气象因素影响较大的体育赛事，广州市气象局设置了由至少 2 名气象预报专家入驻的气象服务小组；赛前，服务小组综合体育赛事基本情况和气象条件制定气象服务保障方案，联合省、市、区三级气象部门共同会商，为体育部门和办赛主体提供更加细致准确的预报和指导；赛中，服务小组实时监测赛场气象信息，为应对气象突发情况提供保障。2018 年，横渡珠江赛事（参与人数超过 1000 人）突遇雷雨，服务小组与体育部门紧急商议后做出推迟下水、迅速靠岸的现场决策，将现场风险降至最低。①

（四）提升体育赛事科学管理数字化水平

理想化的数字政府应以数字化平台为主要驱动模式，实现对各类数据

---

① 广州市气象局：《广州市气象局气象保障助力广州重大体育赛事》，2018 年 11 月 13 日，http：//gd. cma. gov. cn/gzsqxj/zwgk _ 2386/zwyw _ 2416/mtjj _ 2418/201811/t20181113 _ 99557. html。

信息更有效率的分配，以及对各项政府服务职能的赋能、协同和重构。虽然目前已有部分体育赛事相关政府服务在上海“一网通办”平台上线，但与理想化的体育赛事电子政务相比仍有较大差距，因此应从以下几方面提升体育赛事科学管理的数字化水平。第一，应进一步梳理开展体育赛事电子政务的难点与堵点，建议对公安、卫生健康、交通运输、自然资源等体育赛事部门展开更加细致的调研，了解相关部门数字政府建设情况，以及其电子政务的开发逻辑，判断其难点与堵点存在于技术层面还是体制机制层面，进而提出有针对性的解决方案，为全面开展体育赛事电子政务奠定基础。第二，应根据体育赛事运作的一般性流程拓展现有体育赛事电子政务类型，具体可包括体育赛事信息查询、体育赛事信息采集、体育赛事公安审批、体育赛事申请占用公共资源、裁判员选派、体育赛事资源整合与共享等多个环节。依托上海“一网通办”平台，对各环节进行拆解与重构，进而形成更符合办赛主体需求的体育赛事电子政务。第三，应加快对长三角体育赛事电子政务的研究与探索，建议以长三角政府服务“一网通办”平台为基础，整合上海、江苏、浙江、安徽各地体育赛事电子政务事项，完善长三角地区联合办赛的体制机制，为组织举办区域性大型体育赛事活动创造更加优越的条件。

（五）动态分析办赛主体管理与服务需求

不论是从上海还是从全国层面来看，体育赛事仍处于快速发展的阶段，办赛主体对政府管理与服务的需求也处于变动之中。公共管理学认为，政府部门主要应为市场主体提供具有公共性质的产品和服务，而鉴于体育赛事的正外部性和发展不成熟性，目前部分体育赛事政府服务可能超出了公共产品和服务的边界。伴随体育赛事的进一步发展与成熟，改变体育赛事管理与服务的逻辑与做法是推动体育赛事向更高水平发展的必然选择。因此，体育部门应从体育赛事宏观发展和办赛主体微观需求两个层面持续关注体育赛事的发展阶段，并动态调整政府部门管理与服务办赛主体的工具和方法。

参考文献

胡乔、陶玉流：《城市竞争力视域下大型体育赛事的效益研究》，《体育与科学》2009 年第 4 期。

黄海燕、张林：《体育赛事综合影响及其评估研究》，《武汉体育学院学报》2010 年第 1 期。

黄海燕等：《大型体育赛事的正外部性及其内在化途径》，《上海体育学院学报》2007 年第 1 期。

黄海燕等：《上海大型单项体育赛事运营中政府作用之研究》，《体育科学》2007 年第 2 期。

黄璜：《数字政府：政策、特征与概念》，《治理研究》2020 年第 3 期。

李崟、李刚、黄海燕：《全球体育城市视域下上海体育赛事体系构建战略》，《上海体育学院学报》2020 年第 3 期。

邱伟昌等：《上海体育赛事组织管理发展对策研究》，《体育科研》2007 年第 2 期。

谭必勇、刘芮：《数字政府建设的理论逻辑与结构要素——基于上海市“一网通办”的实践与探索》，《电子政务》2020 年第 8 期。

邢尊明：《我国大型体育赛事优化管理理论与实证研究》，博士学位论文，福建师范大学，2008。

B.10 江苏省县域体育产业发展经验

王 凯　汪逢生*

摘　要：伴随江苏社会经济的快速发展，人民生活水平不断提高，居民体育健身意识不断增强，江苏通过多样化途径大力发展县域地区体育产业，取得了良好的经济社会效益，形成了一定的特色经验。总体来看，江苏县域体育产业经济基础夯实、文化底蕴浓厚、产业载体多样，其中县域体育产业基地、项目、示范单位效应凸显，各类县域体育服务综合体发展迅速，体育健康特色小镇内容多样，体育公园建设成效明显。在良好的发展态势下，江苏县域体育产业形成了一些基本的发展经验：重视原有制造业产业优势迁移，形成体育产业发展先发布局；以国家体育产业示范基地为代表的发达县区注重政策引领与专项引导；重视区域体育产业资源挖掘与整合，统筹布局；县域体育在注重总体布局的同时探索特色发展；注重体育产业与体育事业的协同发展；较为尊重市场的资本配置作用，注重社会力量的产业主体地位。在此背景下，为更好地促进江苏县域体育产业发展，提出统筹县域体育产业发展和助力乡村振兴、完善产业基础设施、促进县域协调发展、优化产业结构布局、打造县域特色的体育赛事品牌和促进体育消费升级等升级路径。

关键词：县域　体育产业　江苏省

* 王凯，博士，南京体育学院副教授、硕士生导师，研究方向为体育产业管理与运营、体育治理等；汪逢生，南京体育学院讲师，研究方向为体育产业理论与实践。

县域经济是国民经济发展不可忽视的关键性要素，在县域经济发展的过程中，县域体育产业发展起到了不可替代的重要作用，它是县域经济社会发展的重要助推器。大力发展县域体育产业尤为重要，它有利于转变县域经济发展方式，优化调整县域地区产业结构，促使县域地区各大产业协调发展；有利于县域居民就业、创业，缓解县域地区劳动力过剩的问题；有利于改善县域人民的生活状况，增强居民获得感和幸福感；有利于加快新型城镇化建设，构建社会主义和谐社会。江苏作为全国经济最为发达的省份之一，在政府的高度重视下，在产业发展政策的不断引领下，县域体育产业发展迅速，取得了良好的社会经济效益，形成了一定的县域特色经验。

一　江苏县域体育产业发展的基础条件

（一）经济基础夯实

县域经济的建设与发展是全面建成小康社会的重中之重。改革开放以来，江苏县域经济既是江苏整体经济发展中的亮点与特色，又是推动江苏经济高质量发展、提升区域经济核心竞争力的重要路径，还是引领全国县域经济发展的标杆。2017 年底，地区生产总值超过 1000 亿元的县（市）共计 24 个，其中江苏有 9 个县（市）名列其中，占比超过 1/3。2018 年，在全国百强县排名中，综合排名前 4 位的县（市）全部来自江苏，江苏有 6 个县（市）居全国前 10 位。2020 年是“十三五”规划的收官之年，脱贫攻坚战进入尾声。根据江苏省统计局公开发布的数据，全省 254.9 万建档立卡低收入人口、821 个省定经济薄弱村全部达标，12 个省级重点帮扶县（区）全部摘帽①，实现了完全脱贫。2020 年底，中国社会科学院财经战略研究院

① 江苏省统计局、国家统计局江苏调查总队：《2020 年江苏省国民经济和社会发展统计公报》，2021 年 3 月 10 日，http：//tj. jiangsu. gov. cn/art/2021/3/10/art_ 4031_ 9698925. html。

在北京发布的《中国县域经济发展报告（2020）》中指出：在全国百强县经济综合竞争力排名中，江苏有25个，占全国总数的1/4，其中2020年地区生产总值突破“千亿大关”的县（市），江苏有16个[①]，如表1所示。由此可见江苏县域经济实力和竞争力之强，且体育产业的发展离不开区域经济的发展。江苏强大的县域经济基础，可以源源不断地为江苏县域体育产业注入新鲜活力。

表1　2020年江苏全国百强县（市）基本情况

单位：亿元

序号	县(市)	所属地级市	地区生产总值
1	昆山市	苏州市	4250
2	江阴市	无锡市	4100
3	张家港市	苏州市	2700
4	常熟市	苏州市	2360
5	宜兴市	无锡市	1846
6	太仓市	苏州市	1386
7	如皋市	南通市	1305
8	启东市	南通市	1223
9	海安市	南通市	1222
10	丹阳市	镇江市	1180
11	如东县	南通市	1155
12	泰兴市	泰州市	1120
13	溧阳市	常州市	1057
14	沭阳县	宿迁市	1011
15	靖江市	泰州市	1005

① 《〈中国县域经济发展报告（2020）〉在京发布》，“中国社会科学网”百家号，2020年12月4日，https://baijiahao.baidu.com/s?id=1685133867442800815。

续表

序号	县(市)	所属地级市	地区生产总值
16	邳州市	徐州市	1000
17	兴化市	泰州市	901
18	东台市	盐城市	893
19	高邮市	扬州市	838
20	沛县	徐州市	820
21	仪征市	扬州市	819
22	新沂市	徐州市	720
23	句容市	镇江市	676
24	睢宁县	徐州市	630
25	射阳县	盐城市	592

资料来源：根据中国社会科学网公开数据整理所得。

沐浴着改革开放的春风、坐拥着优越的地理位置，江苏县域经济呈现稳中向好的新发展局面，各项促进就业、支持创业、增收富民政策措施深入推进，居民收入不断提升。2020 年，江苏省城镇居民人均可支配收入为 53102 元，增长 4.0%；农村居民人均可支配收入为 24198 元，增长 6.7%；城镇居民人均消费支出为 30882 元，下降 1.4%；农村居民人均消费支出为 17022 元，下降 3.9%。[①] 数据显示，2020 年居民消费支出略有下降，主要是因为受到突如其来的新冠肺炎疫情的影响。但县域居民的消费观念逐步从储蓄型向享受型转变、消费方式从维持衣食住行等日常生活需求向满足游购娱康养等高品质生活转变。体育消费作为县域人民所追崇的一种新时尚，正在逐步地被大家接受，为江苏县域体育产业发展奠定了良好的基础。

（二）体育文化底蕴浓厚

文化是一个地区、一个民族乃至一个国家赖以生存、创新发展、砥砺前

① 江苏省统计局、国家统计局江苏调查总队：《2020 年江苏省国民经济和社会发展统计公报》，2021 年 3 月 10 日，http：//tj. jiangsu. gov. cn/art/2021/3/10/art_ 4031_ 9698925. html。

行的无形力量，是新时代背景下社会经济高质量发展的助力剂，是提高区域综合实力的核心竞争力。文化的影响力是广泛而深远的，上至国家民族、下至人民群众均会受到文化的影响。体育文化的生成必定要依托一定的地理空间。江苏的体育文化是在江苏特定的地理空间区域内，以体育现象为载体，经过长期的发展演变成拥有一定结构体系的社会现象。[①] 在江苏县域区间内，体育运动项目和传统体育非物质文化遗产最具特点。体育运动项目是体育文化最为直接的表现形式，其承载着区域人民对文化的认识与改造，能间接地反映区域自然地理环境和区域人民努力奋发的精神。江苏县域现已基本形成运动项目赛事文化，开发了一批具有地域特色的品牌体育运动项目，如太仓排球、丹阳篮球、武进曲棍球、常熟水上运动等，通过传统的运动项目赛事，加重运动项目在人们心中的分量，激发当地居民自发地进行运动锻炼，培养运动习惯，促进体育消费。

此外，发展县域体育产业要传承好当地体育非物质文化遗产，在体育非遗上做文章，让体育事业的发展有迹可循，拓展体育产业的深度和厚度。江苏省在寻找、抢救、保护、传承体育非物质文化遗产方面做了大量工作，经过几代人的不懈努力，已经取得了丰厚的成绩。江苏现有的世界级、国家级非物质文化遗产数量在国内省（区、市）中均属于第一梯队，其中，国家级体育类非物质文化遗产 10 项，分别为骆山大龙、溱潼会船、东坝大马灯、邳州跑竹马、建湖“十八团”杂技、金坛抬阁、金坛龙舞、溧阳蒋塘马灯舞、如东跳马夫、洪泽湖渔鼓。省级传统体育类非物质文化遗产 45 项（见表 2），还有地市级及区县级数百项[②]。这些传统体育类非物质文化遗产特色各异、内涵丰富，不仅仅拥有浓郁的地方特色文化风味，更为县域特色体育产业开发提供了思路和内容。

---

① 王成：《江苏体育文化发展探析》，《体育文化导刊》2012 年第 10 期，第 5 ~ 8 页。

② 申佃贞：《江苏省传统体育类非物质文化遗产保护策略研究——以殷巷石锁赛力为例》，硕士学位论文，南京师范大学，2015。

表2　江苏省省级传统体育类非物质文化遗产名录

序号	项目类别	项目名称	申报单位	申报批次
1	民间舞蹈类	睢宁落子舞	睢宁县	第一批次
2		男欢女喜	宜兴市	第一批次
3		钟馗戏蝠	如东县	第一批次
4		傩舞(跳幡神、跳娘娘、跳马夫)	溧阳市、扬州市邗江区、如东县	第一批次
5		麻雀蹦	南京市江宁区	第一批次
6		东坝大马灯	高淳县	第一批次
7		邳州跑竹马	邳州市	第一批次
8		骆山大龙	溧水县	第一批次
9		二龙戏珠	句容市	第一批次
10		凤羽龙	无锡市惠山区	第一批次
11		江浦手狮	南京市浦口区	第一批次
12		滚灯	太仓市	第一批次
13		谈庄秧歌灯	金坛市	第一批次
14		花鼓(海安花鼓、浒澪花鼓)	海安县、如东县	第一批次
15	杂技与竞技	金坛抬阁	金坛市	第一批次
16		沛县武术	沛县	第一批次
17		建湖"十八团"杂技	建湖县	第一批次
18	民俗类	溱潼会船	姜堰市	第一批次
19		抖空竹	南京市秦淮区	第三批次
20		湖甸龙舟会	常熟市	第三批次
21	传统体育、游艺与杂技类	殷巷石锁赛力	南京市江宁区	第二批次
22		阳湖拳	常州市武进区	第二批次
23		彭祖导引养生术	徐州市	第二批次
24		铜山北派少林拳	徐州市铜山区	第三批次
25	传统舞蹈类	睢宁龙虎斗	睢宁县	第二批次
26		花船舞(大兴旱船、灌云花船)	宿迁市宿豫区、灌云县	第二批次
27		莲湘(姜堰滚莲湘、如皋莲湘、洪武花棍舞)	姜堰市、如皋市、泗洪县	第二批次
28		高跷(沛桥高跷)	高淳县	第二批次
29		宝堰双推车	镇江市丹徒区	第二批次
30		龙吟车	高淳县	第二批次
31		柘塘打社火	溧水县	第二批次
32		跳当当	溧水县	第二批次
33		茶花担舞	江阴市	第二批次

续表

序号	项目类别	项目名称	申报单位	申报批次
34	传统舞蹈类	睢宁云牌舞	睢宁县	第二批次
35		灯舞(万绥猴灯、指前鱼灯、新沂七巧灯)	常州市新北区、金坛市、新沂市	第二批次
36		千灯跳板茶	昆山市	第二批次
37		渔篮虾鼓舞	江阴市	第二批次
38		洪泽湖渔鼓	泗洪县、洪泽县	第二批次
39		抬判	通州市	第二批次
40		荷花盘子舞	通州市	第二批次
41		倒花篮	如皋市	第二批次
42		打罗汉	高淳县	第三批次
43		渔舟剑桨	无锡市滨湖区	第三批次
44		睢宁鲤鱼戏花篮	睢宁县	第三批次
45		跑驴(丁嘴跑驴)	宿迁市宿豫区	第三批次

资料来源：申佃贞：《江苏省传统体育类非物质文化遗产保护策略研究——以殷巷石锁赛力为例》，硕士学位论文，南京师范大学，2015。

（三）体育产业载体多样

近年来，江苏省在政策的持续引导下，体育产业发展迅速，产业质量不断提高，具备成熟的运作体系和稳定的规模效益，体育产业发展水平在全国名列前茅，主要表现为产业规模持续扩大、产业结构日趋优化、体育消费规模逐渐凸显、产业基础不断夯实，基本形成了以健身休闲、竞赛表演、场馆服务、体彩销售、装备制造、体育培训、体育康复为主的体育产业体系。此外，为持续推进江苏体育产业高质量发展，近年来，江苏省依赖县域经济的发达，重点布局规划建设了一批具有影响力的体育产业基地、体育服务综合体、体育健康特色小镇、体育公园等产业载体，这些均成为江苏县域体育产业发展蓝图中一道道亮丽的风景线。

1. 体育产业基地效应凸显

2009年，在国家体育产业基地建设的背景下，江苏省紧随国家政策的步伐，率先启动了国家体育产业基地建设。截至2021年4月，江苏省县域内建成5个国家体育产业示范基地、5个国家体育产业示范单位、8个国家体育产业示范项目（见表3），为县域体育产业规模快速扩大、经济贡献不断跃升、市场主体日益壮大、特色化发展增添了新动能，成为江苏县域体育产业发展的新引擎。

表3　截至2021年4月江苏省县域内国家体育产业示范基地、示范单位和示范项目

类型	数量(个)	基地名称	位置(县市)
国家体育产业示范基地	5	苏南(县域)国家体育产业示范基地	江阴、昆山、溧阳
		武进国家体育产业示范基地	武进区
		宜兴国家体育产业示范基地	宜兴市
		张家港国家体育产业示范基地	张家港市
		溧水国家体育产业示范基地	溧水区
国家体育产业示范单位	5	江苏共创人造草坪有限公司	淮安施河镇
		江苏金陵体育器材股份有限公司	张家港市
		江苏康力源健身器材有限公司	邳州市
		江阴四方游泳康复产业股份有限公司	江阴市
		南京万德体育产业集团有限公司	溧水区
国家体育产业示范项目	8	江苏红山体育公园	仪征市
		海澜马术表演项目	江阴市
		江苏中正体育场地设施检测服务平台	昆山市
		新动力连锁汽车越野项目	太仓市
		曹甸青少年体育装备制造创意产业园	宝应县
		南京金地体育公园	雨花区
		不止骑自行车认证系列赛	—
		盐城大纵湖体育旅游	盐都区

资料来源：根据江苏省体育局公开资料整理所得。

2. 体育服务综合体发展迅速

江苏省作为引领全国体育产业发展的排头兵，于2015年最先提出建设体育服务综合体。截至2020年底，经过江苏省体育局严格评审筛选，现已完成三批共43家省级体育服务综合体的批设，包含商业中心内嵌型体育服务综合体、体育中心型体育服务综合体、全民健身中心型体育服务综合体和其他型体育服务综合体四个类别。凭借强大的消费市场，体育服务综合体蓬勃发展，呈现良好的发展势头，对区域体育及相关产业经济的带动效应明显。其中，在县域内建成的省级体育服务综合体共有11家，具体名单如表4所示。

表4　江苏省县域内省级体育服务综合体名单

序号	单位名称	类型	位置(县市)
1	南京大金山国防园	其他型	南京溧水区
2	南京金地体育公园	全民健身中心型	南京雨花区
3	江阴市体育中心	体育中心型	江阴市
4	苏州昆城广场	商业中心内嵌型	昆山市
5	苏州花桥美格菲全民健身中心	全民健身中心型	昆山市
6	盐城大丰区梦幻迷宫	其他型	盐城大丰区
7	野趣国际营地	其他型	南京江宁区
8	太湖湾露营谷	其他型	武进区
9	常州龙凤谷	其他型	武进区
10	徐州淮海环球港	商业中心内嵌型	徐州贾汪区
11	泰州靖江体育中心	体育中心型	靖江市

资料来源：根据江苏省体育局公开资料整理。

3. 体育健康特色小镇内容多样

“特色小镇”这个名词最初是由浙江省在探索区块经济和县域发展时提出的新名词，在国家政策的大力推动下，江苏省走上了体育健康特色小镇建设之路，截至2020年底已累计建成41家体育健康特色小镇（见表5），基本涵盖了“体育+文化”“体育+旅游”“体育+健康”“体育+养老”“体育+电竞”等形式。其中有21家属于省级体育健康特色小镇，经过江苏省发改委、江苏省文化和旅游厅、江苏省体育局等单位联合评审，成为省地共建单位，对县域体育产业的发展起到了极大的引领和示范作用。

表5　江苏省体育健康特色小镇建设情况

行政区域	小镇名称	创建批次
南京市	老山有氧运动小镇	第二批次
	高淳椏溪体育小镇	第一批次
	南京江宁区黄龙岘茶乡体育休闲小镇	第三批次
	南京国际足球小镇	—
	南京汤山体育特色小镇	第一批次
无锡市	灵山禅意小镇	—
	湖㳇茶旅风情小镇	—

续表

行政区域	小镇名称	创建批次
无锡市	阳山桃源风情小镇	—
	西渚云湖茶禅小镇	—
	江阴市新桥镇	第一批次
徐州市	窑湾运河文化风情小镇	—
	徐州贾汪区的大泉街道	第二批次
	徐州贾汪茱萸山体育健康小镇	—
	香包风情小镇	—
常州市	武进太湖湾体育休闲小镇	第二批次
	溧阳市上兴镇	第一批次
	南山竹海风情小镇	—
苏州市	太仓电竞小镇	第二批次
	张家港凤凰足球小镇	第二批次
	永联江南田园风情小镇	—
	震泽丝绸风情小镇	—
	旺山文旅风情小镇	—
	周庄水乡风情小镇	—
	太湖体育运动休闲小镇	第三批次
	昆山锦溪镇	第一批次
南通市	海门足球小镇	—
	启东圆陀角韵动小镇	第三批次
	南通开沙岛旅游度假区运动休闲特色小镇	—
	盆景风情小镇	—
连云港市	东海县李埝休闲康养小镇	第三批次
	连岛海滨风情小镇	—
淮安市	淮安区施河镇智教乐享小镇	第一批次
	蒋坝河工风情小镇	—
盐城市	天乐湖体育健身度假基地	—
	荷兰花海风情小镇	第三批次
	大纵湖湖荡风情小镇	第三批次
扬州市	仪征枣林湾运动小镇	第一批次
镇江市	扬中极限运动小镇	第二批次
	镇江世业洲体育休闲小镇	第三批次
泰州市	溱潼会船风情小镇	—
宿迁市	湖滨新区晓店镇	第一批次

资料来源：根据公开资料整理。

4. 体育公园建设成效明显

2018 年，江苏省政府正式将体育公园建设纳入造福百姓的民生工程。积极落实党中央以及国务院关于公共体育设施建设的决策部署，积极响应江苏“聚力创新、聚焦富民、高水平建成小康社会”的发展要求，坚持政府引导、社会参与、试点先行、稳步推进，在全省建设一批环境优美、设施完备、管理有序、服务创新的体育公园。截至 2021 年 5 月，江苏省已累计建成 1016 个体育公园，形成了省级、市级、县（区）级、街道和行政村五类层级体系，其中，县域内的体育公园数量达到 258 个，占地为 5000～10000 平方米。[①] 公园内项目配置丰富，主要有篮球、乒乓球、羽毛球、网球、排球、足球、门球等常见且易学的体育运动项目；公园的服务功能日趋完善，基本可以满足周边群众开展体育活动的需求。

二　江苏县域体育产业发展的经验特征

（一）重视原有制造业产业优势迁移，形成体育产业发展先发布局

江苏县域体育产业发展注重原有产业优势的辐射溢出效应，江阴、张家港、宜兴、昆山等地是江苏较早的国家体育产业示范基地，这些地区在体育产业发展初期便注重原有产业优势的体育迁移。江苏南部地区县域经济一直位于全国前列，凭借区位、劳动人口、经济发展水平等优势，先期形成了较为完善的制造业产业链，产业的集聚效应明显。江苏在县域空间范围内形成了大量同类企业、关联企业及相关机构，产生了大量的就业创业机会，形成了较大的人才需求，加之当地政府相关部门及金融机构对企业所需创新资金贷款或项目资助、补贴，可以加快知识、技术、制度在产业集群内的传播速度并提高效率，促进创新的形成以及技术、产品的更新换代。优势的制造业基础对这些县区体育产业的发展产生了积极影响，促进了一批体育用品制造

① 王志光主编《江苏省体育产业发展报告（2019～2020）》，社会科学文献出版社，2020。

集聚区的形成。昆山市培育和引进了一批高端体育研发及制造企业，初步形成了以捷安特、吉纳尔、耀马车业等为代表的自行车制造产业集群，以多威、迈橙等为代表的运动鞋服产业集群，以天速、百途、永尚科技等为代表的体育装备制造产业集群；江阴市依托原有制造业优势逐渐形成了祝塘镇运动服饰加工、青阳镇球类生产、月城镇船艇制造、长泾镇运动器材及场地建造、华士镇乒羽制造等体育用品业的集聚区，尤其是江阴四方游泳设备有限公司、江阴人人达科技有限公司等体育企业已成为国家和行业标准的领先者和制定者。淮安市施河镇形成了人造草皮、蹦床、体育玩具等研发与生产制造产业集群，共创草坪成功上市，带动了区域产业链的发展。

（二）以国家体育产业示范基地为代表的发达县区注重政策引领与专项引导

江苏体育产业的发展具有外生引领的特征，县域体育产业在发展的过程中较为重视政策引领、扶持和专项引导，在对体育产业发展进行总体布局设计的同时，给予了有力的政策扶持。江阴、昆山、溧阳、宜兴、张家港、溧水、高淳、贾汪等县区均制定了自己的体育产业发展规划，成为县域体育产业发展的重要指针。一些县区还制定了细分领域的专项规划，比如昆山锦溪核心区体育健康特色小镇专项规划工作、南京六合竹镇镇体育慢行小镇规划、张家港凤凰足球小镇建设专项规划等。这些规划从发展目标、功能定位、主要任务、重点业态、政策保障等维度对区域内体育产业发展进行了系统的布局。江苏先进县区还尤为重视专项资金的引导扶持，在省级专项资金的引领示范下，江苏具备条件的县区也设计了区域内的产业资金，2016 年，昆山市设立了额度为 600 万元的体育产业发展引导资金，重点体育用品制造、体育休闲旅游项目、改建体育设施项目、体育科技、新兴体育等领域。2018 年，《溧水区扶持与促进体育产业发展暂行办法》对符合区域重点的重大项目、重点企业、重要品牌、重要创新、重大赛事等给予扶持。2016 年，江阴市委市政府出台《关于加快产业强市建设的若干政策意见》，对企业投资体育产业项目达到一定规模的，最高给予当年投资额 5% 的补助，最高

100万元。近年来，得益于地方经济活跃和系列体育产业政策的扶持，江阴市涌现出一批知名的企业和品牌，依靠技术创新和完备的产业链，已形成国内较为成熟的区域体育产业集团。

专栏1　规划先行——县域体育产业发展的政策引领

国家体育产业基地是体育产业集聚发展的重要形式，是发展体育产业的综合性国家级平台，有利于释放强大的体育企业能力和集群优势。苏南（县域）国家体育产业示范基地，由江苏昆山、溧阳、江阴三市共同组成，是第一个以县域集群、区域集合为形态的国家体育产业基地，标志着江苏省体育产业基地发展迈入了新征程，起到了一定的示范引领作用。建设初期，基地按照要求编制了工作方案，加强基地建设总体布局设计，明确总体建设目标和各成员单位发展目标、重点工作任务和进度计划以及保障措施等，力争为县域体育产业发展提供经验和示范。

近年来，江阴市在制定《江阴国家体育产业基地建设与发展规划》的基础上，又出台《关于加快产业强市建设的若干政策意见》等系列规划文件，布局“两片两带”（即滨江体育产业片、体育用品制造产业片、沿江高速体育旅游产业带、沿锡澄运河水上产业带），形成体育资源富集、体育产业发达的重点区域，带动体育产业基地全局的发展态势。尤其是在体育用品生产制造方面，江阴市大力扶持祝塘镇运动服饰加工、青阳镇球类生产、月城镇船艇制造、长泾镇运动器材及场地建造、华士镇乒羽制造。昆山市在国家体育产业基地建设过程中，突出平台作用，委托第三方机构对体育企业名录库进行增补维护，并建立全市体育消费统计体系，出台《昆山扶持体育产业发展实施细则》，纳入昆山市转型升级创新发展财政扶持专项引导资金进行统一管理，并出台《体育产业发展扶持资金评审工作规范》。此外，在项目建设方面，昆山市也是高度重视的，先后制定了《“花桥国际商务城电竞基地”项目规划》《锦溪体育健康特色小镇规划》《体育科技村规划》《职业俱乐部实施细则》等规划文件。溧阳市在制定《溧阳市国家级体育产业基地（体育旅游）总体规划》后，明确了国家体育产业基地建设的发展重点——体育旅游。在土地政策方面对体育旅游用地实施优先支持政策，在金融政策方面对符合体育旅游市场准入条件和信贷原则的体育旅游企业和项目加大融资授信支持力度，在体育产业投资政策方面给予国内外战略投资者优先支持等，不断优化体育旅游政策环境。

（三）重视区域体育产业资源挖掘与整合，统筹布局

江苏县域体育产业在发展过程中较为重视区域体育产业资源的挖掘与整合，从江苏全域来看，县域体育产业形成了集体育健身休闲、体育竞赛表演、体育用皮制造与销售、体育旅游、体育会展、体育康养、体育传媒于一体的多元业态融合发展的较为完备的产业业态布局。一是“体育 + 工业”，在发展中注重原有优势产业资源的延伸。在上文已经有所介绍，江苏一些县区尤其是苏南地区早期主要布局了体育用品制造业，通过加工代工的方式生产体育用品，逐渐形成自主品牌，提升自主研发能力，催生了共创草坪、金陵体育、铁人体育等一批体育用品自主品牌。二是“体育 + 旅游”，注重山水旅游资源的挖掘，发展山地、户外、水上、航空等项目。例如，溧阳市充分挖掘区域内的山水资源，重点布局体育旅游产业，按照“全域一体、全国一流”的旅游发展目标和“三山两湖一团城”的整体布局，确立了“品牌赛事为引擎、运动体验为先导、康复养生为支撑”的发展思路，体育旅游多种业态蓬勃发展，走出了一条体育与旅游融合发展并相互促进的良性发展道路。三是“体育 + 休闲”，注重各年龄人群体育项目的布局。例如，高邮珠湖小镇依托高邮湖自然资源布局了不同年龄层的各种体育互动项目，让游客均能参与体验，其中钓鱼平台给游客提供了舒适的钓鱼竞技场所；彩虹滑道、过山车、滑索、挑战桥让游客感受体育竞技精神，进行增长勇气的训练；攀岩墙可供游客体验极限攀登的乐趣；射击体验馆利用气能装置，让游客体验到实弹射击的魅力；射箭场、真人 CS 对抗基地、沙滩越野赛车场与沙滩排球场地，为游客提供了真实性、互动性、娱乐性很强的体育竞技运动；4 条龙舟使游客能够参与水上龙舟竞速项目。针对儿童专门设有儿童体

能乐园，其中包含了滚筒桥、独木桥、吊装桥、晃荡桥、翻山越岭、携手相依、齐心协力、丛林穿越等儿童体育体能设施。四是“体育＋研学”，江苏县区还依托自然资源开拓各种户外拓展基地，结合农业资源开展各种研学活动。五是“体育＋农业”。南京江宁区通过举办“美丽乡村定向赛”、牛首山国际马拉松等赛事，把各主要村镇、景区景点、文化遗存和美丽乡村串联起来，带动了旅游和民宿经济发展。

（四）县域体育在注重总体布局的同时探索特色发展

数十年来，江苏县域体育产业从幼稚到成熟、从外生到内生、从借鉴到自主不断发展，一些地区通过多年的探索，逐渐形成了一定的特色发展布局。一些县区以体育竞赛表演为龙头，一些县区形成了体育旅游品牌，一些县区形成了体育用品制造特色等。一是体育竞赛表演引领型模式。体育赛事产业具有强大的吸附力和产业关联性，尤其是对旅游产业的拉动效应明显，经济较为发达的县（市），通过引进具有一定影响力的高规格赛事，不断提升区域整体形象，产生良好的经济社会效应。例如，昆山、江阴等地注重大型体育赛事的带动引领作用，形成了以体育竞赛表演为龙头的产业布局，昆山市着力引进一批能够有效扩大区域国际影响、完善提升区域文化功能、展示良好区域形象的大型国际品牌体育赛事。再如，首届国际女子水球邀请赛、中欧男篮对抗赛、跳水三个项目以及里约奥运会全国选拔赛，在提高区域美誉度和影响力的同时，也打破了大型赛事资源都在大城市的困局。二是体育旅游带动型模式。体育与旅游有着较好的互补性，能够弥补旅游的回头客少、用户黏性差、体验项目少等不足，为体育旅游导入客流、留住客流，江苏各县（市）依托得天独厚的资源禀赋和区域优势，大力发展山地户外、水上运动、航空航天运动和冰雪运动，通过举办各类山地马拉松、山地徒步、皮划艇、定向登山越野、垂钓嘉年华等户外体育赛事活动，加速推进体育赛事活动与旅游产业融合发展。例如，常州的溧阳、南京的高淳和溧水、徐州的贾汪等便注重体育旅游的发展，形成了较强的旅游带动效应。溧水先后多次获得各项荣誉，如“中国十佳运动休闲城市”、2019～2020年“中国体育旅游十佳目的地”、“全国森林旅游示范县（市）”等。三是体育用品产业链模式。体育用品是体育产业的重要组成部分，体育用品业具有较为稳定和市场体量庞大的特征，江苏一些县区发挥人口红利、先发技术优势形成了以体育用品制造为特色的产业引领模式，并带动上下游产业的发展。四是体育载体重点布局型模式。载体重点布局是以载体空间打造，形成产业发展示范区域，带动产业发展。随着江苏不断加速区域联动，重点扶持发展一批体育旅游强县、强镇、强村，支持体育健康特色小镇通过多种形式创建、培育。截至2020年底，江苏建成体育健康特色小镇39个，现已形成特色鲜明的各种类型——体育休闲旅游类、体育度假旅游类、体育探险旅游类和体育养生旅游类等，实现了较好的产业示范效应。

专栏2　挖掘区域资源，注重特色布局——徐州贾汪时尚运动小镇

贾汪时尚运动小镇处于群山环抱、山清水秀之处，有徐州“第一高峰”大洞山，有风景秀美的大景山、督公山、督公湖、凤鸣海等山水资源。

小镇定位：依托贾汪区山水风光自然优势和体育发展人文环境，做大做强“体育＋旅游”文章，打造以体育旅游与运动休闲为特色的体育健康特色小镇。按照“整合资源、挖掘潜能、区域协同、提升品位”的发展思路，茱萸山街道体育健康特色小镇项目规划包括三部分，即“一轴、四片、五大主题”。

“一轴”为公共服务、形象展示轴，公共服务主要包含超市、邮政、银行、酒店、游客急救中心等，形象展示主要包括历史、文化、特色建筑等；“四片”为大景山户外体育集聚区、督公山体育休闲区、大洞山户外运动乐园、凤鸣海风景区；“五大主题”为滑雪、低空飞行、攀岩、漂流、亲子户外。

小镇成功举办贾汪区第三届传统项目运动会、凤鸣海定向寻宝挑战赛、凤鸣海环湖长跑赛、徐州首届风筝节、“凤鸣海杯”航空模型公开赛等大型活动。

目前，贾汪区已建成全省面积最大的滑雪基地、全省最大的攀岩训练基地、全省首家综合性航空运动基地和亚洲最长的索道。

（五）注重体育产业与体育事业的协同发展

体育产业作为一个朝阳产业，具有产业和事业的双重属性，是典型的民生产业。江苏县域在发展体育产业的过程中重视体育事业与体育产业的协同布局。通过体育公共服务产品的供给，满足广大人民的基础体育需求，培育更多的体育消费人群，厚植体育产业发展的基础。江苏近年来不断完善县域地区体育场地建设，尤其是乡村公共体育综合性体育设施场地建设取得了良好的成绩，这得益于江苏省人民政府与国家体育总局签署的《公共体育服务体系示范区建设》，现已形成覆盖全省的省、市、县、乡镇、行政村五级公共体育设施服务网络。所有的乡镇都建有中小型全民健身中心，在全国范围内，率先实现了“镇镇有体育场馆、村村有体育场地”的目标，高质量地完成体育健身服务的新“四个一工程”。持续推动体育场馆的优惠政策，设立专项财政补贴。体育场馆在特定公共空间和特殊时段可以免费开放或者低限度收费向所有社会公众开放，不断增加县域领域的体育参与人口。在注重供给端的提升的同时，江苏县域注重消费端的培育：2016 年开始，江阴市人民政府因地制宜地针对当地居民体育消费需求，每年对文化体育馆、游泳馆、笼式女子足球场等建设项目补助专项经费 590 万元的资金，投入 500 万元重点推动“人人学会游泳”惠民工程；2020 年，张家港市通过微信 App 发放全民文体旅游活动消费券 400 万张，太仓市通过微信支付宝发放 100 万张全民体育运动消费券。一些县区对城镇居民参加健身、观赛等各类体育休闲消费活动进行财政补贴，增强城镇居民参加体育活动消费的财政支付负担能力。这些举措对扩大体育内需、促进产业升级都有着积极的作用。

（六）较为尊重市场的资本配置作用，注重社会力量的产业主体地位

江苏县域尤其是苏南地区体育产业发展较为注重市场和社会力量的主体地位，苏南发达县区体育产业大致经历了由民间自发、个体经营（包括乡镇企业）不断壮大到政府重视、引导扶持、初具规模、不断拓展的发展过程。先发县区在体育发展之初民营力量做出了巨大的贡献，是产业发展最早的拓展者，尤其是在体育用品制造领域。随着体育产业地位的不断提升，后发县域在发展中直接借鉴了先发区域的政府重视、引导扶持等经验，目前在各地区的体育产业发展中，较为重视社会力量、市场力量的作用，比如昆山市人民政府印发《昆山市国家体育产业基地“十三五”发展规划》，明确提出要鼓励民间体育组织、民间资本参与竞赛组织、技能培训、健身指导、行业规划研究、标准制定等工作。当前各县域发展较好的主体市场力量发挥着积极的作用。比如江苏较为知名的新桥马术城就是民营企业家投资发展的典范。

专栏3　民营投资的产业典范——新桥马术城

新桥马术城起源于海澜之家董事长周建平对马的兴趣，最早只是出于买几匹马玩玩。在2010年，海澜集团投资16亿元，兴建海澜国际马术俱乐部，占地面积达400亩。在2014年，海澜国际马术俱乐部共获得4项吉尼斯纪录：①世界上收藏马匹品种最多的俱乐部；②世界上最大规模团体的盛装舞步；③30秒内上下马次数最多；④世界上一个人驾驭4匹马，一分钟内连续跨越障碍次数最多。2018年，投资百亿的海蓝飞马水城建成并投入使用，建成了海澜国际马术俱乐部、马文化博物馆、马术表演馆、比赛馆和训练场等体现欧洲风情的重要设施，马儿岛酒店、威尼斯水城、海澜文化中心等项目陆续建成。水城以“马文化”为主题，聚焦马术训练、表演、比赛，形成有主题、有元素、有个性的马术运动特色基地。

在内容方面，马术城从多个国家和地区引进资深马术教练和优质品种马

匹，并建成中国第一家符合欧盟标准的、目前国内唯一一家可以为马属动物进行全科手术的马属动物专科医院。积极吸引江苏马术队在新桥体育健康特色小镇落户，承办奥克鲁斯国际马术峰会和“海澜之家”杯全国马术盛装舞步锦标赛、“海澜之家”杯全国马术三项赛冠军赛等多项马术比赛，海澜国际马术俱乐部连续六年被国家体育总局、文化和旅游部列入中国体育旅游十佳精品景区。马术城进一步完善休闲旅游配套设施，扩大影响，努力打造马术培训、马术表演、马术体验、马文化展示、马术用品制造等马术运动全产业链。

目前新桥马术城已经成为江阴地区重要的旅游目的地，吸引了众多的旅游者参与，彰显了民营力量在体育项目发展中的魅力和实力。

尽管江苏县域体育产业形成了诸多有益的经验做法，但依然存在诸多的不足，比如产业发展的创新性不足，产业发展的同质化依然突出，本土居民体育消费意识依然淡薄，产业发展的厚植基础意识不强、短平快思想突出，体育产业人才的吸聚力不足，体育产业发展的舆论传播依然需要提升等问题依然制约着体育产业的发展，这些需要在今后的工作中予以解决。

三　江苏县域体育产业发展的升级路径

（一）统筹县域体育产业发展，助力乡村振兴

乡村振兴战略是党的十九大做出的重大决策部署，乡村振兴是农业、农村、农民工作的重要抓手。体育产业作为朝阳产业、民生产业，对乡村振兴战略具有多方面的聚焦点。从个体角度来讲，体育产业的发展能够带动更多的农民参与体育活动，提升身体素质、促进身心健康；从行业角度来讲，通过体育与农业的结合，能够发展观光体验农业、体育旅游农业、研学体验农业等，促进农业内涵升级，同时通过发展体育旅游能够促进村镇业态多元和

当地居民拓展农业餐饮、民宿等业态，促进乡村农民收入增加；通过体育赛事活动举办、体育项目文化传播等能够丰富农村精神文明，因此应该大力推进体育产业融入乡村振兴战略，通过宏观布局、村落特色发掘等推进体育产业工作，各地应充分挖掘地区体育资源、生态资源，拓展体育参与，形成体育业态，丰富体育生活，发展体育生意。

（二）不断完善产业基础设施，提供良好产业环境

基础设施是体育产业发展的基本保障，也是推动体育产业发展的关键因素。江苏省各地经济发展水平不均衡，一方面体现在地域区别，苏南地区经济发达，地方政府在体育基础设施的建设过程中投入了大量的财力、人力，但苏中和苏北地区经济基础较为薄弱，体育基础设施的建设进程缓慢；另一方面体现在城市和县区的差距，城市体育产业基础本身就有优势，政策、资金、人才向城市偏移，基础设施的质量和数量都达到了一定标准，然而县区由于政策辐射力度不够，以至于体育基础设施老旧、服务水平有限，对体育产业的发展有一定的制约作用。加快完善产业基础设施建设，有助于推动县域体育产业发展，这是当下亟待进行的首要任务。从顶层设计出发，国家层面和省级层面需要制定促进县域体育产业发展的相关利好政策，依据上级政策，江苏省各县（市、区）应结合本地区的实际情况，采取一次规划、分步实施的办法，有秩序、高质量地完成体育基础设施建设。在体育基础设施建设的资金需求上，可以采用以政府投资为主、社会力量投资为辅的多渠道投资方法解决融资难题。对于县（市、区）现有体育基础设施，需要定期进行修缮维护，延长其使用寿命。

（三）重视体育人才，加强政策供给，促进协调发展

协调是县域体育产业发展的内在要求，具体表现在体育产业发展与经济社会发展的协调、县与县之间发展的协调、体育各主要门类发展的协调、长期发展目标与短期发展任务的协调等。促进县域协调发展需要加强对各地区体育发展规划的管理。新时代，任何产业都需要具备协调发展的意识，都需

要结合自身的自然资源、地理位置、经济基础、历史传统、文化积淀等进行发展，体育产业也不例外。江苏省上下都需要注重县（市、区）体育产业的均衡发展，发挥强项、补齐短板，促进县域体育的整体发展。

促进县域体育协调发展需要重视县域之间体育资源的整合和共享。统筹规划安排县域体育产业的发展，对县域体育产业的项目布局和定位进行整体考量，选取最优发展方式，实现体育资源的开发利用最大化。人才是产业发展的核心力量，应当制定一系列人才引进策略，鼓励优秀体育产业人才到县（区）发展，积极投身县域体育产业的建设中，为县域体育产业发展出谋划策。

促进县域体育协调发展需要完善县域体育协调发展的机制。通过市场与政府相结合的方式，充分发挥市场在县域体育协调发展新机制建设中的“无形之手”作用，更好地发挥政府在县域体育协调发展方面的“有形之手”作用。坚持区别对待与公平竞争相结合，进一步细化县域体育政策体系，根据实际情况制定差别化发展政策，同时更加注重县域体育一体化发展，维护省内体育公共服务供给的公平性与体育市场的公平竞争性。搭建县域体育协同发展的体制机制，打造合作平台，促进各区域在体育资源共享、体育制度对接、体育要素互补和协同指挥等方面的良性互动，推动县（市、区）在体育产业方面的协同发展。

（四）注重产业资源挖掘利用，优化产业结构布局

自2018年以来，江苏不断加快经济转型步伐，为县域体育产业制造了发展良机。基于江苏各地区多样化的地形地貌、风土民俗等的差异性，挖掘县域特色，发展与之相匹配的体育产业是县域体育产业发展的主旋律，江苏省各县（市、区）应当积极响应国家政策的号召，把科技和创新作为发展风向标，打造更具市场竞争力的县域体育产业基地、县级体育服务综合体、体育健康特色小镇以及县级体育公园，建立区域之间的协同发展机制，加强各地区体育产业优势互补，形成良性发展格局。

就区域而言，县域是衔接城市与乡村的桥梁。在城市扩张、乡村振兴的

背景下，县域成为今后国家发展的新方向，为县域体育产业发展提供了新空间。在体育产业自身发展的内在动力推动下，县域在地理位置上邻近城市，因此具有一定的成本优势，可以承接城市体育产业的部分功能，一些城市可以将占地面积大、建设周期长的体育产业规划在县域周边。县域体育产业的发展也可以成为乡村体育产业的引领空间，为城市体育与乡村体育发展提供衔接，因此对县域体育产业进行优化布局显得尤为重要。第一，优化县域体育产业发展的外部环境，良好的外部环境是体育产业发展的重要条件，同时也是社会力量投资体育产业的重要前提。优化体育产业的发展环境能够更好地促进县域体育产业的发展。因此要加强各县区体育部门的合作，共同发展体育产业，为体育产业营造更好的外部环境和条件。第二，壮大长三角地区和沿海地区体育产业集群，培育区域特色体育产业，打造地方特色体育名片。

（五）凸显赛事主体作用，打造县域体育赛事品牌

体育赛事具有一定的观赏性，能够满足人们的参赛需求和观赛需求，具有影响力的品牌体育赛事还能够带动当地旅游业、服务业等业态的消费，对县（区）经济增长起到拉动作用，从而进一步提高县（区）的知名度。因此需要以体育赛事为引领，挖掘特色体育赛事，提升体育赛事核心竞争力，促进县域体育产业发展。一是加大省、市政府对举办群众性体育赛事的支持力度、加大县（区）政府对赛事的执行力度，积极制定相关政策以保障赛事的正常举办。鼓励体育企业、集团赞助体育赛事，释放体育赛事的市场活力，鼓励群众参与体育赛事活动，养成锻炼身体的习惯，培养对体育的兴趣。二是注重赛事的质量与影响力，对于县（区、市）而言，其各方面资源条件有限，要想在办赛数量上取得一定的成就相对较难，因此必须在办赛质量上取得一定的突破，通过汲取江苏省现有举办品牌赛事的经验，结合县（区）自身文化底蕴，传承当地非物质文化遗产运动，办大办活体育赛事，形成不可复制的体育赛事品牌。当然在办赛过程中需要注意：从赛事的策划到执行需要专业人员全程参与，需要政府进行宏观把控，将安全办赛放在首要

位置，同时保证体育赛事的娱乐性、公开性、公正性。三是加大赛事宣传力度，办好办精一项赛事离不开宣传，赛事主办方应立足赛事特色，联合当地体育部门、文化部门、旅游部门，合力进行赛前宣传。赛中利用自媒体、直播平台实时进行宣传。赛后利用赛事分享进一步提高赛事知名度和美誉度。

（六）创新体育服务产品，完善体育消费政策，促进体育消费升级

当前居民体育消费呈现以日常健身消费为主导、户外体育消费需求潜力大、观赏性体育消费有待挖掘的总体态势。体育消费在发展县域体育产业的过程中发挥了基础性和引领性作用。促进体育消费升级需要从需求侧和供给侧两方面出发。首先是从需求侧出发，县域体育产业必须以居民的消费需求为导向，依托现有体育资源，创造新的体育消费模式，通过消费推动体育产业发展，通过消费需求来升级体育配套设施，通过载体建设来创造体育消费平台、助力体育消费升级。积极完善体育消费政策，促进体育消费系统化。体育消费政策在企业投融资、土地使用、人才培养、财务税收等方面具有刺激性、基础性与指导性作用。做到政策的公开透明，扩大体育消费补贴规模，实现稳定的资金供给。在当下促进居民体育消费的大背景下，应增加体育彩票公益金对体育消费补贴的投入。

其次是从供给侧出发，在供给侧结构性改革的时代背景下，一是取消无效体育产品的供给、减少低端体育产品的供给，逐步扩大有效体育产品和中高端体育产品的供给；二是不同人群的消费能力有所差异，因此需要提供不同层次的体育消费产品；三是通过发放体育消费券等福利，鼓励群众进行体验型消费，激发群众体育消费需求。

参考文献

李颖川主编《中国体育产业发展报告（2020）》，社会科学文献出版社，2021。

吕风勇、邹琳华主编《中国县域经济发展报告（2020）》，中国社会科学出版社，2021。

潘磊：《基于事件史的我国体育产业政策扩散实证研究——以体育产业引导资金政策为例》，《体育与科学》2021 年第 4 期。

张瑞林等：《区域异质性视角下体育产业高质量发展的动力研究》，《武汉体育学院学报》2021 年第 2 期。

B.11
浙江省数字体育创新发展经验

廉 涛　陈鸯鸯*

摘　要： 数字体育是“数字浙江”建设的重要内容，也是全省体育系统转变体育发展方式、创新体育公共服务、培育新的经济增长点的战略举措。当前浙江体育数字化改革成效显著，数字体育产业布局脚步加快，数字体育发展政策不断完善，数字体育项目建设有序推进，组织领导体制机制逐步完善，各领域发展亮点纷呈，但依然存在较多问题。“十四五”时期，浙江应从加快推进体育数据要素价值化进程、不断深化体育数字化改革、加快推进体育产业数字化进程、健全数字化体育公共服务管理体系、推动体育训练管理数字赋能、深化体育赛事数字化和服务集成改革等重点方面，进一步推进全省数字体育创新发展。

关键词： 数字体育　体育治理　浙江省

近年来，浙江省将数字化改革作为深入贯彻落实习近平总书记关于全面深化改革和数字中国建设决策部署的自觉行动和总抓手，并大力实施数字经济“一号工程”，全面推进“数字浙江”建设。数字体育作为“数字浙江”的重要组成部分，浙江省将其作为全省体育系统转变体育发展方式、创新体

* 廉涛，博士，宁波大学体育学院讲师，研究方向为体育经济与产业管理；陈鸯鸯，博士，宁波大学体育学院讲师，研究方向为体育经济与产业管理。

育公共服务、培育新的经济增长点的战略举措，不断加快数字体育建设步伐，推进数字体育重点项目建设，信息技术广泛应用于体育产业、全民健身、体育训练、体育竞赛等各领域，形成了体育事业发展与信息化建设互为依托、体育数字化转型工作和数字体育产业发展整体推进的新局面。

一　浙江省数字体育发展现状

（一）体育数字化改革成效显著

为贯彻落实省委省政府“数字浙江”建设的重大决策部署，浙江省加快推进体育系统数字化改革工作。一是体育系统“数字政府”建设总体架构基本形成。省体育职能部门以《政府数字化转型总体方案》为指引，遵循省政府“四横三纵”七大体系设计总体架构，制定出台《浙江省体育局数字化转型建设三年行动方案（2019—2021 年）》，确定“1114”总体架构下的建设方案，即建设 1 个体育大平台、1 个体育数据仓、1 个综合智能服务门户、4 个核心业务应用（公共体育“一站式”服务应用、体育训练一体化管理应用、体育赛事“一站式”管理应用、体育产业数字化管理应用）。二是政务服务体系建设深化落实。聚焦政务服务 2.0 工作任务，梳理全省体育系统权责清单和公共服务事项清单，完善办事流程和办事指南，实现体育公共服务事项全面领跑，事项跑零次率、材料电子化比率、网办率均提升至 100%，“一网办”“掌上办”成效显著；稳步推进“互联网 + 监管”，实现省本级监管主项覆盖率达到 100%；开展体育领域全省统一行政处罚办案系统建设，完成处罚事项梳理和实施清单编制工作；在省公共信用信息平台上搭建完成浙江省高危险性体育项目场所（游泳）信用监管模型，实现信用评价结果分级分类差异化监管和扶优限劣，进一步提升监管效率和执法效能。三是政府服务和履职效能显著提升。深化“浙政钉”全省体育系统移动办公应用建设，推进“浙政钉”与省体育局智慧协同办公系统“最多提一次”全面融合，有效实现省体育系统“掌上办公”；持续深化机关内部“最多跑一次”系统应用，积极对接协调内跑平台“零办件”事项流程再造工作，做到“应网办尽网办”，梳理并完成所有内跑事项的配置工作，时限配置率达到100%；在“浙里办”打造“体育公共服务专区”，实现全民健身地图、全域户外、“浙里跑”、体彩开奖公告等应用接入“浙里办—体育公共服务专区”，扩大了“浙里办”品牌影响力。[①]

（二）数字体育产业布局脚步加快

围绕全省数字经济“一号工程”，浙江省全力推进体育产业数字化发展。一是顶层设计不断加码。2020 年 12 月，全国首部以促进数字经济发展为主题的地方性法规《浙江省数字经济促进条例》正式实施，首次对包括体育产业在内的传统产业“上云用数赋智”进行系统化描述；《浙江省体育改革发展“十四五”规划》明确实施数字体育产业创新发展工程；《浙江省体育产业发展“十四五”规划》提出建设数字体育创新发展示范区；《浙江省数字体育建设“十四五”规划》要求将数字体育建设融入体育产业服务和管理的全过程，积极培育数字体育新产品、新服务和新业态，推进数字体育建设示范区、示范点、产业集聚区等。二是资本市场加紧布局。2017 年，华运智体与杭州未来科技城管委会、浙商金汇信托、浙报传媒等共同发起设立“浙江智能体育产业专项基金”（200 亿元母基金与 30 亿元专项基金）；2020 年 6 月，浙数文化以 5.45 亿元投资罗顿发展项目，加快推进公司数字体育板块发展，其数字体育事业群业已涵盖线上线下赛事、电竞游戏直播、大型行业会展等领域，旗下现有战旗直播、上海浩方等互联网平台，同时拥有全国电子竞技大赛（NEST）、战旗电竞总动员（LanStory）、浙江国际数字体育娱乐展览会（ESM）、全国业余棋王争霸赛、浙江省电子竞技大赛（ZEG）等一批 IP 级核心赛事、活动。三是市场主体不断发力。“全民体育馆解决方案”、“数智一体”的大型智慧文化体育综合体、浙江黄龙呼啦网

① 浙江省体育局：《浙江省数字体育建设“十四五”规划》，2021 年 8 月 26 日，http://tyj.zj.gov.cn/art/2021/8/31/art_1229262678_4720319.html。

络科技有限公司的智慧场馆管理系统和数字体育培训云服务综管平台、宁波易力加运动科技有限公司的“ELIGA”无轨迹数字化训练系统等，实力互联网企业、体育头部企业以及新兴运动科技公司等各类市场主体纷纷拓展数字体育业务；浙江英飞体育的桨板类用品全自动机械生产流水线、浙江针永体育的运动袜生产智慧工厂、浙江一苇智能科技有限公司的电动冲浪板生产专利技术等，均领先国内同行业水平，是浙江从“体育制造”迈向“体育智造”的典型；以乐刻运动、宏优体育为代表的体育健身、体育培训企业积极拓展线上发展渠道，线上线下融合发展成效显著。

（三）数字体育发展政策不断完善

为支撑数字体育改革和数字体育产业发展，浙江省不断完善数字体育发展政策。一是战略规划密集出台。2019 年以来，省政府联合相关职能部门先后出台了《浙江省体育局数字化转型建设三年行动方案（2019—2021年）》《关于深化体育领域“最多跑一次”改革推进全民健身公共服务系统建设的通知》《浙江省数字经济促进条例》《浙江省体育改革发展“十四五”规划》《浙江省体育产业发展“十四五”规划》《浙江省数字体育建设“十四五”规划》等系列与数字体育发展密切相关的战略规划，切实为浙江数字体育发展提供了方向指引与实操路径。二是制度规范不断健全。2021年以来，浙江省市场监督管理局先后批准发布《大中型体育场馆智慧化建设和管理规范》（DB33/T 2305—2021）和《数字化改革术语定义》（DB33/T 2350—2021）两个浙江省级地方标准，均是全国首创，这些开创性标准制定为全省乃至全国数字体育发展奠定了基础、提供了技术支撑。此外，浙江省体育局在 2020 年全省体育系统数字化转型工作视频会议上强调，抓紧研究制定《全省体育场馆智能化改造指导性意见》、《全省体育系统信息化建设管理规定》及体育行业相关数据标准等，这些举措无疑将强有力地促进浙江省数字体育发展。三是网络安全保障能力不断增强。全省体育系统全面推进网络安全基础建设，修订完善了各项网络与信息安全管理制度；深入贯彻网络安全等级保护制度，严格实施定级备案、整改加固、等级测评等环节，从信息系统、数据安全、制度建设等多个层面开展全面体检，提升了信息安全和数据安全水平；积极参加网络安全攻防演练，部署完成浙江省体育行业网络信息安全可视化态势感知平台和网站群运维检测平台，以可视化呈现方式，及时有效掌握全省体育系统的网络安全态势并进行安全决策分析，确保网络安全问题“早发现、早预警、早处理”。

（四）数字体育项目建设有序推进

围绕“掌上办事”“掌上办公”建设目标，浙江省以项目建设为抓手，不断加快数字体育建设步伐。一是厘清数据资源清单。在“1114”总体架构下，系统梳理体育产业、全民健身、体育训练、体育竞赛四大核心业务，深入分解业务单元，细化管理颗粒度，设计业务协同模型、数据共享模型，厘清数据资源清单。二是建设浙江省体育公共服务管理综合应用系统。依托政务云公共应用组件和公共数据资源，统筹建设浙江省体育公共服务管理综合应用系统，实现科学健身指导、体育社会组织服务管理、赛事活动报名、青少年运动员注册等，为打造体育公共服务“一站式”应用奠定基础。三是推进省体育数据仓建设。以省体育局数据归集共享管理系统（省体育数据仓）的数据归集、治理、共享和开放为抓手，完成了543项数据资源目录建设，从需求、供给两侧共归集了全省体育部门近89万条数据，在省公共数据平台发布13个无条件开放数据资源和16个受限开放数据资源，有效实现体育领域数据共享和开放，为政府数字化转型提供安全可靠、高效便捷的数据支撑。

（五）组织领导体制机制逐步完善

为全面推进全省数字体育建设工作，浙江不断完善组织领导体制机制。一是实施“一把手”工程。坚持“一把手”狠抓严管，成立了以省体育局局长为组长、以各分管局领导为副组长的数字体育建设领导小组，明确各处室、各单位“一把手”是各单位数字体育建设“第一责任人”、分管领导是“直接责任人”的责任传导机制。二是强化省局信息中心建设。破解省局信息中心人才困境，省局系统分三批招录信息化人才8人，充实了省局系统信息化人才队伍，集中力量推进数字化工作。三是建立专班化工作机制。成立体育产业、全民健身、训练管理、竞赛管理四个工作专班，“互联网 + 政务服务”与“互联网 + 监管”也在稳步提升，落实专班实体化运作，坚持工作例会制度，确保各项工作落到实处。四是建立健全督查考核机制。定期对体育数字化转型工作推进情况进行督查“晾晒”；完善健全工作目标绩效考评办法和体育数字化转型考核标准，不断推动体育数字化转型工作走深走实。

二　浙江省数字体育发展亮点

（一）全民健身：实现全省全民健身服务“一张图”

为破解“去哪儿健身”“参与活动难”“加入组织难”“如何健身”等群众健身困境，浙江省以《关于深化体育领域“最多跑一次”改革推进全民健身公共服务系统建设的通知》为指导，利用数字技术打造 2.0 版全民健身公共服务系统，实现公共体育“一站式”服务。具体而言，在“浙里办”（一款基于浙江政务服务网一体化平台能力的 App，是浙江打造“掌上办事”之省的核心载体）开辟体育公共服务专区，植入 2.0 版的全民健身地图、科学健身指导、社会体育组织和体质测定站点等功能板块，实现了省内 131 家公共体育场馆“掌上”导航、查询、预约、支付等功能，27 万个体育场地均能在上面查询、导航，将全省 1015 家百姓健身房全部纳入全民健身地图，特别是 2021 年以来，相关部门梳理了 183975 个公共体育场地设施数据，并将数据仓中 156569 名社会体育指导员信息迁移至全民健身公共服务系统。[①] 全省全民健身服务“一张图”的形成，示范推动了体育主要领域核心业务的数字化，同时全面对接“浙里办”“浙政钉”，细化了数字政府和数字社会的综合应用，有效实现了全民健身核心业务“掌上办”“一网办”。

---

① 浙江省体育局：《一张图、一体化、一站式！我省打造数字体育实践样本》，2021 年 4 月 29 日，http：//tyj. zj. gov. cn/art/2021/4/29/art_ 1347213_ 59019388. html。

（二）竞技体育：建设数字体育训练“一体化”管理应用

为提高竞技体育训练全周期、精细化、科学化水平，浙江省体育局与宁波易力加运动科技有限公司达成战略合作，为浙江省运动队提供集伤病预防、运动数据实时采集和反馈于一体的数字化训练系统。该系统采用先进的“控制电脑+伺服电机”技术，是国内首套以伺服电机提供运动阻力的数字化训练设备，实现了运动员竞技训练的数字化控制，目前已应用于举重、帆船帆板、羽毛球等大部分省级运动队。同时，省体育局训练处打造了一个覆盖市、县（区）业余运动员、教练员和管理保障人员的全过程训练管理系统，将该系统的大平台与省级训练单位、业余训练机构现有信息系统进行融合，能够实现对运动员训练情况的全面掌握，实现全程监控训练进度、全面考评训练成效，特别是该系统包含运动员生理生化指标数字化体系，能够不间断地跟踪并采集运动员运动生涯全过程训练备战的有关数据，为训练质量和效益的提高提供大数据支撑。此外，依托浙江体育职业技术学院打造的数字化体能训练中心，目前业已完成项目主体施工，中心配置了手臂训练区、背部训练区、肩部训练区、复合/腿部训练区、胸部训练区、综合训练区和有氧区七个区域，增设的营养补给站、理疗放松室等也将通过数字化科技为运动员的身体健康保驾护航。

专栏1　“ELIGA”T232无轨迹数字化训练系统①

“ELIGA”T232无轨迹数字化训练系统由宁波易力加运动科技有限公司研发，采用先进控制电脑&电机控制技术，使用过程中以超过2000Hz的控制频率精确控制电机时刻提供训练所需要的阻力和速度，可以实现恒定阻力、向心&离心单独阻力、等速控制、弹性阻力、流体阻力等多种训练所需阻力形式，同时实时采集和反馈训练中的各种数据，使训练真正数字化，为定量化训练和个性化训练提供数据支持。与传统配重阻力和气阻相比，该系统能

① 资料来源：宁波易力加运动科技有限公司：《T232无轨迹数字化训练系统》，http://www.eliga.cn/2019/12/11/t232/。

更精准控制阻力输出，并迅速响应阻力变化，0～32kg阻力切换时间也是毫秒级。搭载的触控面板可以将每一次训练的速度、爆发力、位移、时间等参数同步显示，即使动作转瞬即逝，“ELIGA”也能以超过200Hz的频率记录和显示整个训练过程。面板上呈现出来的动作曲线、柱状图，有助于教练员、运动员等直观清晰地判断每次训练的效果，及时调整训练状态。独有的曲线对比功能，能够实现每组训练中多条数据的对比。该系统的优势有：①拥有专利技术数字化阻力设定系统，数据精确等级达到0.1Lb；②根据不同专项运动的训练需求，可选择相应的训练模式，让每次训练更加高效；③实时记录反馈运动过程中的爆发力、速度、力量、时间、位移等数据，实现全方位监控。

（三）体育赛事：打造体育赛事“一站式”服务应用

为提升体育赛事管理和服务水平，浙江省近些年致力于通过打造体育赛事“一站式”服务等系列应用，发挥数字体育在资源要素配置中的优化集成作用，进一步推进体育产业数字化管理应用建设。2021年4月举办的浙江省青少年电子制作锦标赛上，首次启用了“浙江省青少年电子制作锦标赛专用平台”。该平台通过数字化技术，将在线报名、云端培训、赛事直播、成绩公示、在线报到、社区互动、申诉流程一体化，将个人成长记录、电子奖状查询等功能聚合在一起，同时推出“一人一赛一码”在线即时成绩录入系统，成功实现“掌上办赛”。在这一数字化平台的加持下，本届锦标赛为参赛者和观众提供了“扫码进平台、赛事在线看、信息全知道、电子奖状自动生成”等不同于传统办赛模式的服务体验。这也是浙江省以赛事服务为抓手，通过数字赋能，实现竞赛项目管理在线化、数据化、规范化的成功案例，更是未来真正实现全省体育赛事“一站式”服务应用的有益探索与重要基础。

（四）智慧体育场馆：浙江省黄龙体育中心

作为浙江省体育局数字化转型项目的省级试点单位，浙江省黄龙体育中心2017年布局数字体育、智慧场馆建设，依托“互联网+体育”的创新技术模式，实现了场地在线预定、会员储值、门票售卖等线上服务。2019 年，该中心旗下的浙江黄龙呼啦网络科技有限公司上线了自主研发的智慧场馆管理系统，新系统融合了感知层、基础硬件层、基础平台层、业务应用层、应用展示层 5 个技术体系架构，通过引入自助服务机、人脸识别设备、无人值守闸机、智慧灯控等智能化硬件，以信息化技术手段打破软硬件异域结构，实现了智慧硬件和智慧软件的协同联结，实现了在线门票售卖、运动卡储值办理、会员人脸采集及人像认证等多种便捷性功能，构建出黄龙智慧物联“大脑”服务生态圈。截至 2019 年 7 月，数字体育帮助浙江省黄龙体育中心经营收入环比增长 200%，节约人力管理成本近 1/3，使场馆管理效率提升 30% 以上。①

（五）“数智一体”的体育综合体

作为杭州首个大型文化体育综合体，智慧体育场馆融入建设全国唯一的海塘遗址类博物馆、自助进出的游泳馆、先享后付的篮球馆、智能灯控管理的羽毛球馆、无人值守的足球场、AR 体感互动科技体育玩乐园（VS park）、真人 AR 竞技游戏 Hado 等，实现了数字技术与体育、文化、娱乐等多元素聚合。特别是依托物联网技术能力，通过智能化人机交互设备，结合 IoT 的空间数字化，利用 IoT 的技术手段服务场馆业务的全流程，推进体育场馆新服务、新产品、新运营，结合体育新零售、运动银行、运动黑科技等，探索创新了大型体育场馆“一体化智慧运营”新模式，有效实现了市民运动消费体验和场馆运营效率的双提升，更为场馆开发出更多高附加值的周边复合业态。

专栏 2　全民体育馆解决方案②

全民体育馆架构具备跨品牌、多协议的数据接入能力，基于在体育领域的标准服务模型、大数据及人工智能算法，实现智慧体育场馆“服务、管理、

① 浙江黄龙呼啦网络科技有限公司：《数字体育应用黄龙体育中心的四大成果》，https://www.hulasports.com/#/cooperation-case。

② 资料来源：《全民体育馆解决方案》，阿里云网站，https://www.aliyun.com/solution/sports/gym。

营销”三位一体；在解决方案的基础上，赋予场馆客户更多的可运营资源。全民体育馆解决方案是一套完整具备 SaaS 能力的产品 + 运营的联合解决方案。

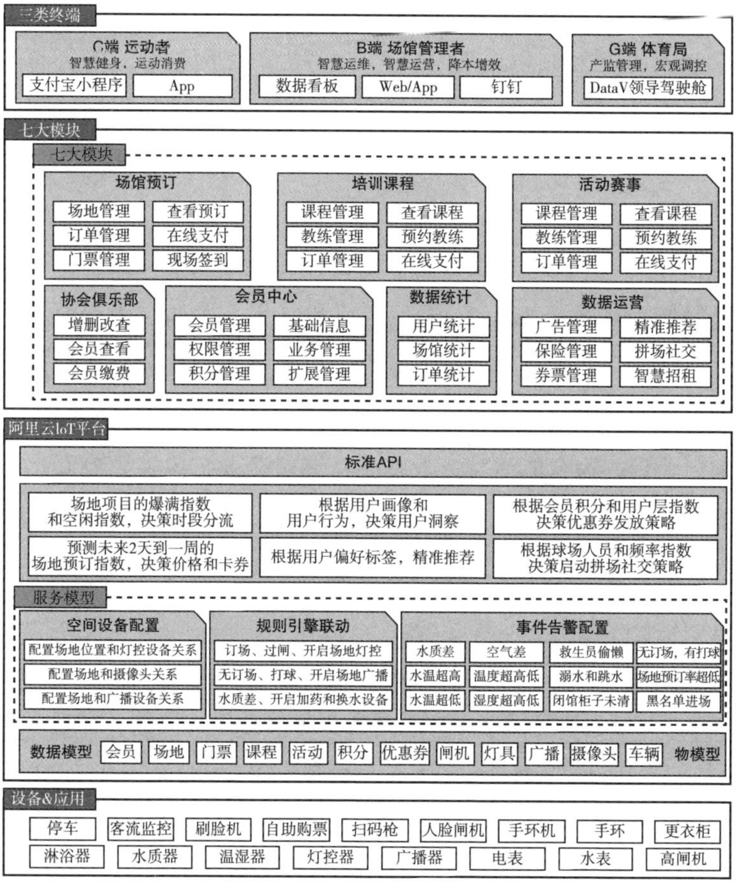

架构特点：软硬件数据统一接入，实现标准化；应用高效联动，降低运维成本；全域智慧化体验，促进二次营销。

方案优势：①基础设备智能化提升。通过物联网技术提升基础设施设备智能化程度，支持多种类、跨品牌系统，支持存量设备的兼容接入，打通零散数据，降低设备接入门槛。②场馆自动化管理。基于物联网平台的算法分析、规则引擎联动，自动对人行、车行、场地利用率、设备故障等进行判断、上报处理，提升场馆管理效率。③数字化营销体系。通过业务场景沉淀运动、场地/消费等数据，对数据进行行为洞察、人物画像等分析后支持精准营销体系。

（六）智能体育产业示范区：杭州余杭区

余杭是中国杭州人工智能小镇所在地，集聚了浙江大学、各技术前沿研究中心等16个研发平台以及120多个创新项目。2017年，在全国首届智能体育大赛启动仪式暨智能体育产业峰会上，杭州余杭确定以浙江智能体育产业基金为抓手，引进和培育智能体育产业链优质企业，特别与华运智体合作，打造全国第一个智能体育产业示范区。示范区包括智能体育企业研发及运营总部、孵化器、生产制造园区、智能体育展示线下体验中心等，并建立韩国、以色列、欧洲、美国等国际化产业园中园，涵盖国内外智能体育技术研发、设备制造、赛事运作、内容制作、电竞游戏及相关企业，打造智能体育产业最先进的研发制造集聚区。此外，示范区还将构建基础性公共服务的智能体育云平台，为智能体育产业的生产制造企业、内容供应商、增值服务商的上下游沟通提供接口和运营平台，提供数据收集、标准验证、产品发布、用户管理、社交娱乐、金融结算等服务。

专栏3　全国智能体育大赛①

全国智能体育大赛是国家体育总局在智能体育领域的唯一赛事IP，总决赛永久落户杭州。作为国家级赛事，首届全国智能体育大赛总决赛于2018年12月在浙江杭州举办，新华社、中央电视台、中国新闻社均给予全程报道，有超过6000万人次通过网络媒体关注本次总决赛的各项赛事。大赛整合了“互联网+”、“物联网+”、人工智能等新兴技术，在打造智能体育高水平竞技展示平台的同时，顺应了科技部、国家体育总局、工信部等政策导向，填补了“体育+互联网”的大数据空白。赛事期间，华运智体与杭州未来科技城管委会、浙商金汇信托、浙报传媒等签订《浙江省智能体育产业专项基金合作框架协议》，共同发起设立“浙江智能体育产业专项基金”，用于智能体育产业创新项

① 资料来源：《首届全国智能体育大赛杭州落幕》，“新华社”百家号，2018年12月31日，https://baijiahao.baidu.com/s?id=1621379715217542764&wfr=spider&for=pc。

目的孵化与培育发展。智能体育产业母基金（规模200亿元）与专项基金（规模30亿元）已纳入浙江省杭州市钱塘江金融港湾十二个重点支持项目。

（七）数字体育跨界融合新样板：中国(金华)网红垂钓大赛

2019中国（金华）网红垂钓大赛是由中国钓鱼运动协会指导，金华市婺城区人民政府和浙江省钓鱼协会主办，金华市婺城区数字经济主管部门经济商务局发起并联合区文旅体局、新狮街道和金华美晨商贸有限公司（佳钓尼品牌）等单位共同执行，是浙江地方政府通过休闲体育、网红经济、文化旅游与社交电商等的跨界融合，打造金华“中国垂钓城”新地标，助力地方数字经济和实体经济协同发展的新探索。大赛通过举办网红垂钓高峰论坛、网红垂钓大赛、趣味探钓之旅、垂钓网红嘉年华直播盛典等系列活动，开启“内容平台 + 电商平台”联合直播模式，以内容导流形式对接流量，从而实现展会资源转化为落地项目、产品展示转化为消费引领，推动数字经济发展。两天时间里，以网红垂钓大赛为支点，通过100余名垂钓网红大咖和国家级垂钓大师、3000多万名粉丝、2亿多人次的覆盖受众①，极大地提升了婺城区品牌知名度，有力撬动了婺城区整体数字经济发展，一批婺城地域特色产品取得了良好的销售效果，佳钓尼垂钓装备、采云间冷泡茶、金字牌金华火腿等产品销售额突破1000万元②。

三　浙江省数字体育发展存在的问题

（一）体育数字化治理能力有待进一步提升

数字化治理是运用数字技术，建立健全行政管理的制度体系，创新服务

① 《以数字经济为抓手，政企携手共举，打造金华“中国垂钓城”新地标》，搜狐网，2019年12月5日，https://www.sohu.com/a/358510009_120141677。

② 《用体育探寻数字经济新路径，浙江金华要打造垂钓生态产业》，新华网，2019年12月11日，http://www.xinhuanet.com/sports/2019-12/11/c_1125335320.htm。

监管方式，实现行政决策、行政执行、行政组织、行政监督等体制更加优化的新型政府治理模式。[①] 体育数字治理是推进体育治理体系和治理能力现代化的重要组成部分，也是数字体育经济健康发展的重要保障。经过多年体育数字化改革，浙江省逐步改善了体育信息系统易用性差、各自为政、低水平重复建设以及信息资源开发利用不足等问题，但全省体育数字化改革和数字治理建设整体尚处在顶层设计、架构搭建阶段，而在数据汇集共享与大数据挖掘应用支撑政府科学决策和公共服务高效化、智能体育政务系统从“能用”到“好用”、跨部门联合监管与失信联合惩戒以及法制健全与制度完善等方面短板明显。特别是未来如何在总体架构下加快建设“一平台”（体育大平台）、“一仓”（体育数据仓）、“一网”（综合智能服务门户）、“四应用”（公共体育“一站式”服务应用、体育训练一体化管理应用、体育赛事“一站式”管理应用、体育产业数字化管理应用），以及进行数字政府体育管理体制机制改革等，是浙江省全面提升体育治理能力的关键。

（二）数字体育产业发展潜力有待进一步激活

数字体育产业属于产业数字化的概念范畴，是指传统产业应用数字技术所带来的生产数量和效率提升，其新增产出构成了数字经济的重要组成部分。[②] 当前我国产业数字化转型由单点应用向连续协同演进，传统产业利用数字技术进行全方位、多角度、全链条的改造提升，数据集成、平台赋能成为推动产业数字化发展的关键。综观数字体育产业在浙江乃至全国的发展现状，当前尚处在政策引导与资本布局阶段，整个行业呈现数字体育消费需求和体育企业数字化转型需求较强，而产业规模与效益并不显著，数字化转型方案供应商不多不强以及行业应用场景尚在探索等局面。特别是中小微企业是体育市场经济的主要构成，体育数据集成能力、数字体育平台经济效应、

① 中国信息通信研究院：《中国数字经济发展白皮书（2020 年）》，2020 年 7 月 3 日，http：//www. caict. ac. cn/kxyj/qwfb/bps/202007/P020200703318256637020. pdf。

② 中国信息通信研究院：《中国数字经济发展白皮书（2020 年）》，2020 年 7 月 3 日，http：//www. caict. ac. cn/kxyj/qwfb/bps/202007/P020200703318256637020. pdf。

体育制造企业数字化基础能力等普遍较弱，导致体育生产模式、组织管理模式、商业模式等创新不足。未来，如何助力中小微体育企业破解数字经济转型难题，真正解决“不会转”“不能转”“不敢转”的问题将是浙江释放数字体育产业发展潜力的核心。

（三）体育数据价值化有待进一步推进

价值化的数据是数字经济发展的关键生产要素，加快推进数据价值化进程是发展数字经济的本质要求，包括但不限于数据采集、数据标准、数据确权、数据标注、数据定价、数据交易、数据流转、数据保护等。鉴于我国体育产业崛起时间并不长，数据作为一种与土地、资本、技术、人才、创新等同等重要的关键生产要素得到体育行业认识与重视也刚刚起步。目前浙江以省体育数据仓建设为抓手进行政府数据归集、治理、共享和开放工作并初显成效，但从产业发展角度看显然存在很多短板与空白，例如体育数据的商业智能化处理、数据挖掘和分析、数据安全以及数据交易等。为此，浙江下一步需要在全国探路先行，重点在数据确权、数据定价、数据交易等要素市场化、流通机制设计等环节实现重大突破，为促进全省数字体育创新发展奠定坚实基础。

（四）数字体育政策有待进一步落实

浙江省 2019 年以来密集出台了 5 个与数字体育发展密切相关的政策文件，鼓励和引导数字体育创新发展。但按照过去经验教训，政策落地环节一般存在联动机制不健全、配套政策跟不上、优惠政策难落地等诸多障碍。特别是数字体育建设与发展是一个涉及跨行业、跨部门的系统工程，数字领域本身也长期存在业务不协调、数据不共享、“信息孤岛”问题突出等行业困境。以《浙江省数字体育建设“十四五”规划》明确提出的开展体育赛事“一件事”集成改革应用为例，由于大型体育赛事的举办在一些关键部门、关键领域仍存在较多限制条件，协调难度大、办赛成本高、落地难等问题十分突出且长期存在，直接影响了体育竞赛表演业的发展。未来，浙江在优化体育赛事“一件事”办事流程、真正实现赛事跨部门多业务协同场景应用方面将面对诸多挑战。

（五）网络空间安全面临新挑战

网络安全业已上升为国家安全战略，涉及数字体育建设的信息安全与数据安全与国家安全、经济运行、社会秩序和公众利益息息相关，是国家信息安全防护的重要组成部分。浙江省体育信息系统过去存在被篡改、被植入非法页面等问题，存在安全漏洞，当前体育系统的网络信息安全管理体制、公共数据开放管理机制、公共数据分类分级指南和公共数据管理规范等有待进一步完善。为此，在推进数字体育建设与发展工作中，浙江需要正确处理安全和发展、开放和自主、管理和服务的关系，不断提高对网络规律的把握能力、对网络舆论的引导能力、对信息化发展的驾驭能力、对网络安全的保障能力，持续完善网络空间安全体系。

四　“十四五”时期浙江省推进数字体育发展的重点任务

（一）加快推进体育数据要素价值化进程

将数据作为数字体育发展的关键生产要素，不断推进体育数据资源化、资产化、资本化，深化应用创新与价值实现。加快省体育数据仓建设，完善数据采集归集标准，提高体育公共数据采集质量和规范性。利用一体化、智能化公共数据平台共享数据，依据浙江省公共数据分类分级的原则，建设体育信息主题库和标签库，充分挖掘体育数据的应用价值。建立并完善跨行业、跨地区、跨部门的体育数据共享通道，为各地各部门提供数据共享基础能力支撑。适时推进体育领域数据高铁建设，补齐数据归集工作不够及时、数据质量不够高、数据内在关联逻辑性不够强等短板。以提高数据要素配置流通能力为目标，加强体育数据资源确权、流通、交易、应用、开发、保护等规则体系研究。探索建立体育数据市场化运营机制，强化数据交易行为管理，逐步建立数据要素价格公示、监测预警、价格调查制度，引导市场主体依法合理行使数据定价自主权，依法合规开展数据交易。

（二）不断深化体育数字化改革

以打造体育整体智治示范区为目标，通过数字赋能推动体育治理重要领域体制机制、组织架构、方式流程、手段工具系统性重塑。重点按照“1114”体育数字化转型总体架构，全面建成“浙江体育公共服务管理综合应用系统、省体育局公共数据应用系统（省体育数据仓）、综合智能服务门户、四大核心业务应用”。迭代升级政务服务和管理系统，梳理整合体育业务，推动体育主要领域核心业务数字化，全面对接“浙里办”“浙政钉”，实现“掌上办”“一网办”。完善推进数字体育发展政策体系，启动浙江省体育局信息化发展“十四五”规划编制工作和《全省体育场馆智能化改造指导性意见》、《全省体育系统信息化建设管理规定》以及数据开放共享、数据交易、知识产权保护、隐私保护、安全保障等数字体育相关标准研制工作。强化政策协同实施、多元监督、科学评估机制。全面提升关键信息基础设施、网络数据、个人信息等的安全保障能力，增强融合领域安全防护能力，积极应对新型网络安全风险。

（三）加快推进体育产业数字化进程

全面实施数字体育产业创新发展工程，完善浙江省体育产业名录数据库、全域户外运动智慧信息平台、政采云体育装备馆建设，优化高危险性体育项目场所数据库，建立健全经营高危险性体育项目场所信用评价体系。破解中小微企业数字化转型难题，推动体育企业“上云用数赋智”。鼓励互联网企业和体育头部企业研制体育数字化转型系统解决方案，发展平台经济。引导体育制造企业加快生产装备的数字化升级，深化生产制造、经营管理、市场服务等环节的数字化应用。推进杭州、宁波、金华等数字体育示范区、示范点、产业集聚区以及杭—嘉—湖“体育数字与智能创新都市圈”、温—台—金“体育智造与贸易创新都市圈”建设。支持依托中国（杭州、宁波）跨境电子商务综合试验区建设，促进体育贸易和体育制造业企业通过“互联网＋外贸”实现优进优出。探索体育彩票销售“一件事”改革，推进区块链技术在彩票投注、开奖和监督等方面的研究与实践应用。

（四）健全数字化体育公共服务管理体系

以落实数字生活新服务行动为抓手，完善公共体育“一站式”服务应用。完善全民健身电子地图，纳入全域户外、环浙步道，在2025年前实现公共体育健身设施100%纳入地图并实现导航、查询等功能。支持依托“数字浙江”的统一用户体系和信用体系，建设全省范围内的“健身码”开放认证平台，实现全省公共体育场所一码通行。构建省、市、县（市、区）、乡镇（街道）体质测试与健身指导服务网络体系。迭代升级体育社会组织服务管理系统，通过全省社会体育指导员在线履职服务，实现全省体育社会组织服务闭环管理。实施大中型公共体育场馆智慧化改造，实现全省大中型公共体育场馆智慧化场景体验全覆盖，在2025年前完成全省119家公共体育场馆的快捷服务、便民服务、硬件改造、公益服务、运营管理、环境改造、文化氛围、智慧场馆八大提升计划。促进经营数据与客流数据的综合应用，提升体育场馆公共服务水平。

（五）推动体育训练管理数字赋能

全面建成以省级训练备战和业余训练管理两大板块为主要内容的数字化训练管理系统。支持依托训练管理系统，探索建设训练全景交互管理平台，借助人工智能和大数据分析技术，构建贯穿运动员全生命周期的数据模型，为训练管理提供全面监测、科学选材、训练康复、科研教学、辅助决策等一系列科技支撑。推进优秀运动员、教练员职业生涯管理“一件事”改革，实现运动员、教练员职业生涯管理的规范化、标准化、数字化。建立运动员全运动生命周期档案，为运动员进退队管理、训练效果评估、教练员绩效考评、“双百评定”等环节的精准决策提供数据支撑。支持省体育科学研究所及各运动项目管理中心开展竞技训练关键技术联合攻关，推进运动员伤病预防和运动康复。加快数字化体能训练中心建设。

（六）深化体育赛事数字化和服务集成改革

制订赛事科技创新计划，加强生物技术、人工智能、移动穿戴设备、安全防范等技术在智能化办赛领域的应用。鼓励运用5G通信、超高清、云计算等技术提高赛事直播质量，提升观众观赛体验。加快体育赛事“一件事”集成改革，围绕办赛、参赛和观赛子场景，推进赛事跨部门多业务协同场景应用，重点突出路跑赛事，优化赛事“一件事”办事流程。迭代升级赛事服务管理系统，实现省、市、县（市、区）三级体育部门对各类赛事全方位、一体化管理。全面梳理体育赛事核心业务，借助数字化、信息化手段，打造全省体育赛事发布系统，构建跨部门的体育赛事活动综合服务机制。进一步推进建设裁判员基础信息库，深化裁判员服务管理系统建设，实现对省、市、县（市、区）三级裁判员分级注册、分级管理、考试培训、考核评价和选派执裁及裁判信用体系的统一监管和服务。构建全省注册裁判员积分考核管理评价体系，实现对裁判员的推荐选派和晋级管理。建立网上裁判员选用和信用体系。

参考文献

张立、李祥臣、龚健：《数字体育新解》，《体育文化导刊》2012年第7期。

赵谷、孙欣乐：《数字体育在省级层面的实践与发展》，《浙江体育科学》2013年第2期。

郑芳、徐伟康：《我国智能体育：兴起、发展与对策研究》，《体育科学》2019年第12期。

B.12
安徽省体育旅游发展经验

宋述雄　姜同仁　王佳玉*

摘　要：体育旅游产业是在党的十一届三中全会后，伴随旅游业的壮大而逐步兴起的一种体育与旅游交叉融合的新型服务产业，是体育产业的重要组成部分。本报告重点从消费客源、业态融合、载体资源及项目旅游等方面阐述当前安徽省体育旅游的发展优势，综合分析安徽省体育旅游的行业主题以及自驾、民俗等体育旅游的特点，深入探讨了安徽省体育旅游产业在统筹联动、主动融入、协同联动发展方面的经验，并针对安徽省体育旅游产业进行前景展望。

关键词：体育旅游　融合发展　安徽省

随着人们对旅游休闲需求的快速提高，体育旅游逐渐变成一种必不可少的生活内容，体育旅游市场业态不断扩展，经济社会效应不断凸显。安徽省处于华东中部地区，沿江通海，地势横跨新安江、长江、淮河三大水系，位于我国近海内陆地区，既有长久的文化历史积淀，同时也形成了众多的旅游资源，二者交相辉映。近年来，安徽省始终贯彻“品牌引领，融合发展”的战略方向，创新体育旅游市场产品，培育体育旅游

* 宋述雄，安徽科技学院副教授，安徽财经大学体育产业管理与发展研究院特聘研究员，研究方向为体育产业；姜同仁，安徽财经大学教授、体育教学部主任、体育产业管理与发展研究院执行院长，安徽省体育产业重点研究基地常务副主任，研究方向为体育产业；王佳玉，安徽财经大学体育产业管理与发展研究院研究员，研究方向为体育产业。

产业供给体系，不断满足大众的旅游休闲消费需求，为“健康安徽”做出积极贡献。

一　安徽省体育旅游产业发展优势

安徽省自然景色美好，也汇聚了许多体育旅游项目，地区间起点相对较高。全省将持续推进体育旅游业作为转变体育产业发展模式的主要落脚点，发挥项目牵引作用，打造品牌赛事，持续推进区域联动，促使旅游成为“新体育”内涵提升、外延扩大主要且有效的抓手，为持续推动体育强省、旅游强省建设注入新动能。

（一）体育旅游消费客源市场优势

随着人们生活水平的不断提高，以现场观赛、参与体验及参观游览为主要形式的体育旅游消费逐渐成为热选。安徽省依托自身资源优势，推动体育与旅游产业深度融合，逐步形成具有安徽特色的体育旅游产业，满足广大人民群众多层次多样化的体育旅游需求。全球旅游部门相关统计显示，体育旅游业的增长势头强劲，年均增长率达到14%。携程发布的《体育旅游报告》显示，2021 年前六个月通过携程预订体育旅游线路的人数环比增长 400%。近年来，安徽省旅游市场快速发展，现有的统计数据显示，2017 年国内旅游人数为 62627.0 万人次，2018 年已经达到 72147.2 万人次，同比增长 15.20%；2019 年国内旅游人数再创新高，达到 81954.7 万人次，国内旅游收入达到 8291.5 亿元，同比增长 17.94%（见图 1）。依托良好的旅游客源资源，安徽体育旅游市场发展势头强劲。

（二）体育旅游业态融合优势

安徽省人民政府出台的《关于加快发展体育产业促进体育消费的实施意见》明确提出要抢抓皖南国际文化旅游示范区建设等重大发展机遇，坚持“融合协同”战略，让体育产业对其他相关产业的积极带动作用得以

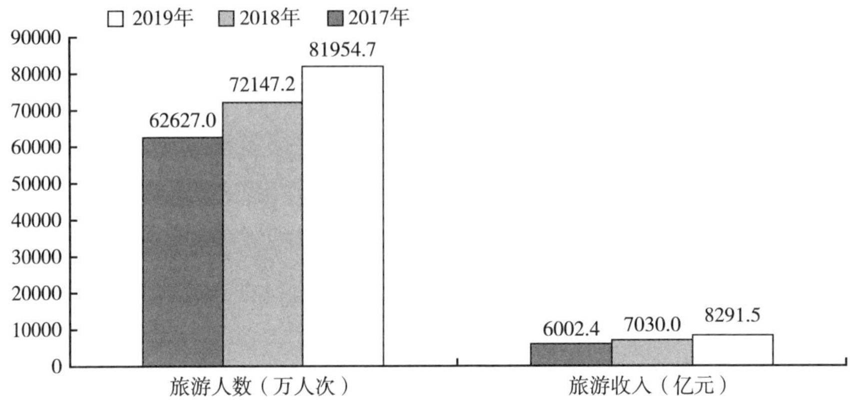

图1　2017～2019年安徽省旅游人数与旅游收入统计

资料来源：《安徽统计年鉴2020》。

充分体现，促进体育旅游、运动康复、体育影视动漫、体育会展、体育传媒、体育产品的文化创意与研发等相关业态的发展，依托旅游资源加快汽车赛场及汽车露营营地建设。近年来，安徽省积极实施“体育+”工程，贯彻一系列国家及省级体育旅游产业发展政策，推进体育与文化、旅游、康养、“互联网+”等产业融合发展，打造体育消费新业态。搭建各级各类体育企业推介平台，持续组织省内优秀企业参加中国国际体育用品博览会、中国体育旅游博览会、中国体育文化博览会和京交会国际体育服务贸易发展大会等一系列重要展会，推动国内外、长三角及中部等区域间体育产业交流合作，不断提升区域间体育旅游产业交流合作水平，加快体育产业各业态间、各区域间的深度融合。

（三）体育旅游载体资源优势

近年来，安徽省通过政策引导、与地方政府合作共建、资金支持以及规划指导等多种方式，不断推动社会资本进入体育旅游产业，一批具有较高水平的体育旅游载体逐步成长起来。目前全省共有国家体育产业示范基地3个、示范单位4个、示范项目5个，全国五星级汽车自驾运动营地3个，汽车自驾运动营地超过50个，国家级运动休闲特色小镇3个，省地共建体育特色小镇15个，省级体育产业基地两批共9个，省级体育旅游产业基地11个，全省规划、在建、建成体育生态公园超过90个。以徽杭古道为代表的全省体育旅游企业共获得中国体育文化·体育旅游博览会体育旅游十佳精品项目（景区、线路、赛事）称号18个（见表1），获得精品项目称号44个，所获奖项总数居全国首位。

表1　安徽省体育旅游载体情况

序号	名称	数量(个)	具体单位
1	国家体育产业示范基地	3	界首、合肥高新区、皖南(县域)国家体育产业示范基地
2	国家体育产业示范单位	4	安徽奥园体育产业集团、安徽华米信息科技有限公司、六安兴茂置业有限公司、安庆永大体育用品有限公司
3	国家体育产业示范项目	5	安徽九华山体育健康产业园、马仁奇峰森林高空体育旅游、三才体育的"三段式"羽毛球、马鞍山郑蒲港启迪乔波冰雪世界、途居黄山露营地
4	全国五星级汽车自驾运动营地	3	途居黄山露营地、途居芜湖龙山露营地、安庆市中联天柱山露营地
5	国家级运动休闲特色小镇	3	九华山瑜伽小镇、金寨县天堂寨大象传统运动养生小镇、六安金安区悠然南山运动休闲特色小镇
6	中国体育文化·体育旅游博览会体育旅游十佳精品项目(景区、线路、赛事)	18	界首市翰墨文化园、六安南山运动休闲特色小镇、水墨汀溪风景区、红杨山汽车体育公园、万佛湖体育旅游线路、徽杭古道、黄山论剑·国际武术大赛、全国福斯特杯钓鱼大奖赛、中国黄山(黟县)国际山地车节、八里河杯国际风筝赛、中国·花亭湖国际公开水域游泳赛、中国池州国际马拉松、中国黄山·歙县新安江山水画廊国际马拉松赛、黄山黟县景区、中国红岭公路、皖西南风景线、房车(汽车)自驾运动游线路、青阳县九华镇
7	省地共建体育特色小镇	15	合肥市包河区大圩马拉松小镇、亳州市谯城区中华五禽戏体育特色小镇、淮北市濉溪县刘桥自行车运动小镇、宿州市砀山县梨都马术运动小镇、滁州市南谯区章广自行车运动小镇、六安市金安区南山休闲运动小镇、蚌埠市蚌山区国际足球小镇、六安市金寨县大象养身气功小镇、芜湖市芜湖县六郎户外运动休闲小镇、宣城市广德县骑趣小镇、马鞍山市博望区新市自行车运动小镇、池州市青阳县九华山瑜伽小镇、铜陵市铜官区农林运动康养小镇、安庆市潜山县源潭滑板运动小镇、黄山市黄山区太平湖水上运动休闲小镇

续表

序号	名称	数量(个)	具体单位
8	省级体育旅游产业基地	11	亳州市望月潭旅游文化发展有限公司、兴茂旅游(来安)有限公司、安徽鹏翔生态农业集团有限公司、安徽怪潭旅游发展有限公司、安徽荣鸿农业开发有限公司、黄山区情义旅游开发有限公司、安徽省九华山莲花峰生态园有限公司、安徽红杨山旅游开发有限公司、铜陵大通文化旅游发展有限公司、黟县悦途体育旅游有限公司、当涂县大青山李白文化旅游区管委会

资料来源：国家体育总局、安徽省体育局。

（四）项目旅游产业后发优势

安徽省既拥有长江、淮河、太平湖等丰富的水系旅游资源，又拥有黄山、天柱山、九华山等独特的山地旅游资源，天然的资源禀赋为安徽打造特色的项目旅游产业奠定了良好的基础，山地户外、水上运动等项目旅游产业优势明显。在“两山一湖”（黄山、九华山、太平湖）的路线上重点打造的攀岩、登山、漂流、划船、划艇、溶洞探险等户外运动项目，“大天柱山旅游圈”重点打造的激流勇进、森林寻宝、登山健步、沙地游乐、攀岩、武术康养、网球基地等，皖南地区重点打造的金梅岭军事体育旅游区、徽杭古道、水墨汀溪体育产业园等正逐渐成为爱好户外旅游的群体的首选。近年来，安徽省通过与地方政府合作共建等方式，激发社会资本投资热情，引导支持社会资本进入各类项目体育旅游产业，支持各地规划建设一批具有体育特色的小镇、生态公园、自驾运动营地和体育旅游综合体等重大项目产业载体，体育旅游产业即将获得更大的成长空间。

二　安徽省体育旅游产业发展特点

安徽省持续推进“品牌引领，融合发展”的战略，充分挖掘和体现体育旅游资源亮点，以培育具有自身特点的体育赛事活动和规划建设重大体育旅游产业项目为抓手，以制定体育旅游相关政策为保障，推进体育与旅游深层次的协同发展，在全方位协同发展的同时，全面满足人民群众的旅游健身与运动休闲的需求，把体育旅游打造成国民经济一个耀眼的增长点。近年来，安徽省体育旅游产业发展初步呈现在区域有影响、在全国有特色的良好局面。

（一）IP 主题活动旅游成效显著

安徽省依托具有自身特色的“三河一湖一园一区”，成功举办“健康安徽”环江淮万人骑行大赛、黄山登山赛、亳州五禽戏养生健身节、全国绿色运动会（池州）、合肥国际马拉松赛、黟县国际山地车节等一系列具有自主品牌的赛事活动，在取得良好社会反响的同时也获取了丰厚的经济效益。其中“健康安徽”2018 环江淮万人骑行大赛全年共举办 22 站，首次实现了省辖市办赛全覆盖，统计数据显示，参赛运动员超过 2 万人次，观看比赛人数首次登上 20 万人次的台阶，整个赛事拉动消费突破 2 亿元大关①；黟县国际山地车节共举行了 13 届，正快速成长为运营模式最合理、赛事规模最大的国内赛事的佼佼者。在 2018 年举办的第五届中国汽车（房车）露营大会上，数百家汽车房车和露营装备制造相关企业、自驾车俱乐部和新款房车集体亮相，已签约的项目数和投资项目的金额数取得历史性突破。这些赛事活动全面体现了安徽特色旅游项目的单一性。

专栏 1　第五届中国汽车（房车）露营大会

2018 年 11 月，安徽省芜湖市成功举行第五届中国汽车（房车）露营大会。本届大会的主题为“露营天下、芜湖为家”，设立“展、论、签、评、游、赛、进”七大亮点板块。本次大会重点推出极具芜湖特色的大会开幕式，举行汽车（房车）及露营装备展览、星级营地展示、全国汽车自驾营地攻防箭大赛、产业发展论坛、芜湖景区房车自驾游、车辆模型比赛、奥运

---

① 安徽省体育局：《“徽商银行杯”健康安徽 2019 环江淮万人骑行大赛新闻发布会实录》，2019 年 4 月 10 日，http：//tiyu. ah. gov. cn/public/21751/118506441. html。

冠军体育明星基层行和青少年笼式足球等系列活动。

国际汽联主席托德、安徽省副省长王翠凤，以及国家体育总局经济司、全国 20 多个省级体育旅游部门的领导、35 个省市自治区汽摩协会的代表、41 家星级营地的代表、220 家自驾房车营地的代表、125 家参展企业负责人和 100 名招商现场会特邀嘉宾和上百家媒体共同见证了开幕仪式。本届大会首次将全国露营产业招商会纳入其中，正式发布新修订的汽车自驾运动营地体育总局行业标准，举行露营产业重大项目签约仪式。

（二）自驾体育旅游渐成气候

安徽省依托山脉、河流和丘陵地带等主要旅游资源，确立了以环城市旅游带、沿交通干线、大景区周边为优先发展区域进行汽车露营旅游产业化建设，重点打造皖南旅游示范区、合肥经济圈旅游区、皖北经济旅游区三大营地集聚区，推动汽车自驾运动营地与体育生态公园、体育特色小镇规划建设串联融合，不断满足大众多层次、多样化的健身休闲需求。依托汽车运动产业形成的良好基础，借助国家级平台，持续扩大安徽体育旅游影响力。长三角地区体育产业协作会正式发布 2019 年度长三角地区最佳体育旅游项目，其中包含长三角最佳体育旅游目的地 26 个、最佳体育旅游线路 14 条，以及最佳汽车运动营地 11 个，安徽 12 个项目入选。其中，安徽皖南川藏线自驾游线路、安徽道源问道—中华传统文化研学之旅自驾游线路、安徽芜湖自驾体育旅游线路入选长三角最佳体育旅游线路；安徽黄山途居奇瑞露营地、安徽芜湖途居龙山露营地、安徽安庆市中联天柱山露营地入选长三角最佳汽车运动营地，居长三角地区前列。在全国范围内，安徽第一个发布《安徽省汽车自驾运动营地发展规划（2018—2025）》，率先成立了全省性的汽车（房车）自驾运动营地协会，有力推动了安徽“体育 + 旅游”产业协同融合发展。

专栏 2　皖南川藏体育旅游线路

皖南川藏线又称“江南天路，位于皖南 318”。该公路线位于安徽省宣城市内，起于宁国市的青龙乡，终于泾县的蔡村镇，其最美、最神秘、最吸引人的路段全长120公里。这条线路穿过皖东南最大的水库和最大的原始森林，是江南一带最令人神往的自驾路线和骑行的好地方。当穿行在险峻的悬崖山壁时，有云端之上的惊心动魄；当穿行于古朴自然的村镇时，又能欣赏江南独特的秀丽乡村美景。此外，还有幽深的原始森林和藏在深闺之中的秘境。整条线路既有桂林的美景，也有云南石林的惊喜，弯弯曲曲连绵，堪比“怒江72弯”，走在如此美丽的道路上，仿佛走在一幅自然山水画中。

皖南川藏线途经摄影基地、水库家园滩涂区、环山水曲路、清房路、疗养胜地青龙湖、秃柏湿地公园、板桥自然保护区、桃陵公路、水墨汀溪风景区、月亮湾万亩竹海，河流、树木、山脉、阳光这些大自然中最美好的事物在人们眼中形成了一道流动的风景线。

（三）民俗特色体育旅游广受青睐

安徽省自然资源丰富，历史悠久的文化孕育出多样的人文资源，淮河文化、皖江文化（桐城文化）、新安文化（徽文化）相互辉映，滋养出具有安徽特色、个性鲜明的民俗体育文化。安徽除了打造黄山、九华山、天柱山、太平湖等一系列国际知名的地理标志外，还依托淮河生态经济带、皖江生态文明示范区、新安江生态经济示范区、巢湖流域生态文明先行示范区、大黄山国家公园、大别山绿色发展示范区构建了具有鲜明“皖域”特色的体育旅游产业，大力创建具有本地特色的民俗体育文化旅游品牌。例如，蚌埠市禹会区冯嘴子村被誉为中国花鼓灯第一村，在这里花鼓灯文化氛围浓郁，花鼓灯表演在当地独具特色，不仅吸引大批游客来此观看演出，还走上了央视和北京奥运会开幕式的舞台；体育健身动作“五禽戏”被列入第三批国家级非物质文化遗产名录后，皖北名镇亳州市相继举办三届中国国际健身气功博览会暨华佗五禽戏养生健身节，在吸引韩国、日本、英国等众多国家和全国各省市健身气功代表队参赛的同时，也吸引了大量游客观光；皖南徽州独具特色的民间艺术“花棍舞”“抬阁”“仗鼓舞”等多次亮相中国国际民间艺术节等活动的开幕式，扩大了皖南民俗文化的影响力，也进一步推动了皖南民俗体育文化旅游的发展。①

专栏3　民俗特色体育旅游——中国花鼓灯

花鼓灯是安徽省蚌埠市的一种传统民间舞蹈，结合了歌曲、舞蹈和戏剧，形成了较为全面系统的艺术形式，具有独树一帜的艺术风格和丰富多彩的艺术语言，广泛传播于淮河流域一带。花鼓灯的舞蹈动作坚韧而质朴、热烈而愉悦、洒脱而壮观，表演风格富有浓郁的传统乡村气息。花鼓灯的音乐大多源于民歌，题材广泛，节奏多变，或高昂激越或婉转纤柔。花鼓灯是汉民族具有代表性和震撼力的民间舞蹈之一，曾被周总理誉为“东方芭蕾”，又有“淮畔幽兰”的美誉。2006年5月20日，花鼓灯经国务院批准列入第一批国家级非物质文化遗产名录，是蚌埠市第一大文化旅游品牌。

中国花鼓灯第一村冯嘴子村，位于蚌埠市禹会区秦集镇西南3公里处，是冯派花鼓灯艺术的发源地，自清朝中期延传至今，已形成内容丰富、体系完整的花鼓灯表演。冯派花鼓灯延承了汉民族传统文化风格，又添加了浓郁的地方特色，形成别具一格的花鼓灯戏，深受当地人喜爱，全村从老人到幼童，几乎人人都会表演花鼓灯。冯嘴子村是文旅部确定的中国花鼓灯原生态保护区，也是被国家认定的中国花鼓灯原生态保护村和中国花鼓灯第一村。

三　安徽省体育旅游产业发展经验

（一）推进统筹联动发展

为推进安徽体育旅游产业的快速发展，安徽省体育局、省财政厅、省

① 资料来源：《2018年安徽省体育旅游工作情况报告》。

发改委、省旅游局等多部门通力合作，推进体育产业配套政策的协同一体化，形成各部门联动发展。安徽省财政厅与省体育局共同出台《安徽省省级体育产业专项扶持资金管理暂行办法》，从财政方面支持体育旅游产业发展；安徽省人民政府和省发改委将“加快体育健康休闲产业园建设”纳入政府工作规划，并在《〈促进中部地区崛起规划〉安徽省实施方案》中予以体现，省体育局与省发改委还共同研制出台《安徽省体育产业基地认定和管理办法》，从制度方面促进体育旅游产业发展；安徽省体育局与省旅游局相继出台《关于加快深化体育旅游改革发展的实施意见》《安徽省省级体育旅游产业基地评定办法》等，共同评选（命名）全省体育旅游示范基地，从机制方面推动体育旅游产业发展；安徽省自然资源厅贯彻落实《关于加快发展体育产业促进体育消费的实施意见》，表明了体育设施用地应在土地利用总体规划和年度用地计划中有所体现，从资源方面保障体育旅游产业发展；安徽省体育局联合省自然资源厅、省住房和城乡建设厅、省交通运输厅、省农委、省水利厅、省林业厅、省发改委等 11 个部门，在全国率先出台了《安徽省汽车自驾运动营地发展规划（2018—2025）》，该规划依托山脉、河流和丘陵地带等主要自然旅游资源，确立以环城市旅游带、沿交通干线、大景区周边为体育旅游优先发展区域推进汽车露营旅游产业化建设，从行动上推动体育旅游产业发展。一系列政策文件的颁布实施，为安徽省体育旅游产业的快速发展提供了政策上的有力保障。

（二）坚持主动融入发展

安徽省体育旅游产业在发展伊始，就充分考虑市场因素，坚持融合发展的思路，主动融入强省建设。一是挤进去。充分展示自身优势，发挥对区域经济社会发展的推动作用，从而挤进省政府重点工作之中，使体育旅游产业成为省政府年度重点工作之一；挤进全省性重大项目规划之中，使体育旅游产业成为皖南示范区建设、中部崛起规划等涉及全省性区域经济发展规划的项目内容。二是融进去。主动参加全省重大活动，积极融入并建言献策，参与政策研制。加强与旅游、文化等部门的合作，通过共同承办中国体育旅游博览会和中国体育文化博览会、共同研制体育旅游实施意见，促进体育与旅游、文化产业的融合发展。三是串起来。充分发挥政府部门的综合协调指导服务作用，整合社会智力资源和资本资源，加强与地方政府的战略合作，投资建设一批重大体育旅游产业项目。安徽省体育局与安徽华宏、华体集团等公司签订了合作投资体育产业的战略合作协议，积极推进省体育局与省旅游局、部分地市政府签订战略合作协议相关工作。

（三）加快协同联动发展

强化与长三角地区、中部地区的战略合作，主动作为，通过合作交流，实现体育产业多层次、全方位协同发展。一是加快融入长三角地区。安徽省积极开展与长三角地区的全方位对接，在芜湖“两博会”上正式签署长三角地区体育产业协作协议，以长三角运动休闲体验季等跨区域大型活动为载体，共同推动区域产业衔接和联动发展，拓展区域体育旅游产业市场，建立互惠互利互通的合作机制，构建体育旅游产业创新政策体系，推进公共服务平台建设，推动长三角体育旅游一体化，规范长三角体育市场有序发展。二是实现与中部地区的合作。安徽与中部五省的体育产业战略合作协议在“两博会”上正式签署，按照《中部六省体育产业战略合作协议》的要求，安徽省将与河南省、山西省、湖北省、湖南省、江西省本着互利互惠、优势互补、产业集聚的原则，共同建立共享重大体育产业项目库，联合策划组织体育赛事活动，相互支持在成员单位区域内举办体育产业推介、营销及赛事等活动，标志着安徽省体育产业合作迈上了新台阶。如六安市金安区悠然南山运动休闲小镇即为六安市政府招商引资打造的一个特色小镇，由政府牵头，在用地、税收等方面给予一定支持，统一管理机构，明确空间边界；景区根据建设项目，开展诸如高尔夫等球类训练、拓展训练及篝火野营等活动，提供体育旅游产业优质服务。

四　安徽省体育旅游产业前景展望

（一）加快体育旅游深度融合，助推体育产业快速发展

为适应经济新常态，促进体育文化与旅游的深度融合，是经济转型的必然选择。安徽省自然旅游资源丰富，人文资源荟萃，加强体育与文化、旅游融合发展，积极拓展新业态，促进康体结合，鼓励交互融通，进而推进安徽经济向好的方向转型发展。深度融合体育与旅游，使体育旅游的认知度、认可度和知名度都得到很大的提升。同时，利用跨域旅游这条体育旅游产业发展的主线串联起体育旅游产业发展的各种亮点，发掘现有资源的深度并升级改造，对城市更新中的老厂房、老街区进行提升改造；对乡村振兴中的村落进行转型升级，在保存历史文化脉络的同时，嫁接新的功能，满足体育旅游消费时代对体育、文化、休闲等的多元需求，创新不同的体育与旅游的发展类型，如体旅融合创新发展型、体旅扶贫富民创新发展型、景城共建创新发展型、景区带动创新发展型、生态依托创新发展型、体育休闲度假创新发展型、体育资源转型创新发展型等跨域类型，这些必将成为推动体育旅游产业蓬勃发展的重要形式。

（二）加快体育旅游潜力释放，凸显对经济发展的贡献作用

近年来，安徽省体育局会同省发改委等部门在全国率先出台《安徽省健身休闲产业发展规划（2017—2025 年）》《安徽省汽车自驾运动营地发展规划（2018—2025）》，会同上海、江苏、浙江等省市体育局联合出台《长三角地区汽车运动产业发展规划（2020—2025 年）》，有效地推动了体育旅游产业健康快速发展，社会投资体育旅游产业热情进一步高涨，体育特色小镇、体育生态公园、汽车自驾运动营地、体育旅游综合体等重大项目相继签约或开工建设。“十四五”期间，为进一步释放体育旅游促进消费的巨大潜力，政府部门要进一步转变职能，推进体育旅游的变革，创

新体育旅游的运营机制，在积极引导体育旅游发展的同时，搭建各级各类体育企业推介平台，继续组织全省优秀企业参加中国国际体育用品博览会、中国体育文化博览会、中国体育旅游博览会和京交会国际体育服务贸易发展大会等一系列重要展会，推动国内外、长三角及中部等区域间体育产业交流合作，不断提升区域间体育旅游产业交流合作水平，为加快体育旅游潜力释放、凸显对经济发展的贡献作用提供强有力的支撑。

（三）加快体育旅游提质增效，推动产业水平不断提升

为贯彻落实《国务院办公厅关于促进全民健身和体育消费　推动体育产业高质量发展的意见》，安徽省在创新引领、协同协作、壮大市场主体等方面将高质量发展落到实处，“十四五”期间将进一步优化发展环境，推进形成结构合理、门类齐全、功能完善的体育旅游产业体系和产品体系；创新发展理念、推进区域高水平协作、培育多元的市场主体将成为今后体育旅游产业高质量发展的主要任务；将高质量发展在实践中扩充，拓宽发展思路，引导优化体育旅游产业结构、深挖体育旅游潜力，在长远发展中高质量发展理念应贯穿始终；主动融入长三角地区、淮河生态经济带、长江经济带等国家新兴战略区，依托资源禀赋发展特色体育旅游，持续培育自主品牌，以创新为引领，将新活力注入品牌中，使安徽省体育旅游能够依托自主品牌获得市场竞争力；加快体育旅游产业供给侧结构性改革，与旅游等部门密切合作，通过资金扶持、示范引导、宣传推广等措施，共同培育体育品牌赛事活动和体育旅游精品线路（景区）；帮助企业做好商标注册、技术研发、质量认证、标准化研制等工作，共同培育体育旅游产业的安徽名牌。

（四）加快体育旅游战略布局，助推乡村振兴持续发展

随着体育产业的快速发展，安徽省应因地制宜发展体育旅游产业，打造一批符合市场规律、具有市场竞争力的体育旅游产业基地，建立区域间的协同发展机制，形成全省体育旅游产业良性互动发展的格局。支

持乡村地区充分利用自身独特的自然资源优势，发展具有区域特色的体育旅游产业；扶持偏远地区发展具有自身文化和自然特色的体育旅游产业，助推乡村振兴持续发展，这将成为新的发展方向。加快推进体育旅游战略布局，科学把握全省体育旅游动态，加强优势体育旅游项目市场化运作，形成区域特色，满足城乡居民的旅游需求，进一步推进乡村全域体育旅游发展，实现高起点规划、高层次融合和高质量推进。以大乡村格局、大民生理念将乡村体育旅游与美丽乡村建设有机融合，并列入旅游总体布局，进一步深入挖掘体育自然资源和人文资源，打造乡村体育旅游功能区。加快乡村体育旅游融合、跨界发展，创新体育 + 自然村落、农家乐、摄影、养生、文创等发展模式，依托全省现有的美丽乡村精品点，提高美丽乡村景区和体育项目间的黏性，延伸体育旅游产业链。强化政策保障，破解资金、土地、人才三大难题。以项目为抓手，充分发挥政府、企业、金融的作用，加大招商引资力度，吸引社会力量投资乡村体育。要在政策上给予扶持与倾斜。重点实施“线上 + 线下”精准营销策略，成立体育旅游产业集团、集散中心，与旅游电商合作；加强对外合作交流，拓展旅游市场。通过与地方政府合作共建等方式，激发社会资本投资热情，引导支持社会资本进入体育产业，支持各地规划建设一批体育特色小镇、体育生态公园、汽车自驾运动营地和体育旅游综合体等重大体育产业项目。

参考文献

姜付高、曹莉：《全域体育旅游：内涵特征、空间结构与发展模式》，《上海体育学院学报》2020 年第 9 期。

姜同仁等：《中国体育产业演进的内在逻辑、政策趋向和高质量发展路径》，《天津体育学院学报》2020 年第 6 期。

王兆红、罗乐：《促进京张体育文化旅游带体育产业高质量发展的战略思考》，《北京体育大学学报》2021 年第 4 期。

袁海强、卢玉、方新普：《非物质文化遗产与体育旅游融合的现状分析及对策——以安徽省为例》，《成都体育学院学报》2015 年第 3 期。

张德利等：《资源禀赋与文化认同：区域体育文化产业的可持续发展研究——基于安徽体育产业发展的思考》，《体育与科学》2019 年第 3 期。

钟华梅、王兆红：《长三角区域体育产业分工与合作研究》，《中国体育科技》2021 年第 3 期。

钟玉姣、许焰妮：《体育与旅游融合发展的产业政策特征分析》，《成都体育学院学报》2021 年第 1 期。

B.13

浙江省金华市“体育+”特色村（居）建设经验

钱寿坤　朱小明　刘 啸*

摘　要：浙江省金华市通过“体育+”特色村（居）建设，不断优化农村外部发展环境，推动人才、土地、资本等要素双向流动，使体育成为乡村振兴的新动能，为浙江省率先进入城乡融合发展阶段做出积极贡献。本报告梳理总结了金华市52个“体育+”特色村（居）发展实践，归纳了其在夯实体育产业基础、创新发展农村体育产业体制机制、创建农村体育产业集群、改善村庄富民宜居等方面的典型做法，为运动振兴乡村发展提供理论依据与经验借鉴。

关键词：运动振兴乡村　“体育+”特色村（居）　金华市

2016年以来，浙江省金华市顺应乡村振兴大趋势，以乡村空间为载体，以特色体育产业为引擎，打造体育产业创新发展集聚区，在全国首创了“体育+”特色村（居）项目。这一项目的整体灵感来自小章村的成功做法。磐安县冷水镇小章村作为无区位优势、无资源优势、无经济优势的典型“三无”农村，利用废旧厂房建成气排球场，在引进全国首届“快乐气排球”比赛之后，知名度迅速提升。2016年，小章村先后承办了80余场全

* 钱寿坤，金华市体育局副局长，研究方向为体育管理；朱小明，金华市体育局法规产业处处长，研究方向为体育管理；刘啸，金华市体育局法规产业处职员，研究方向为体育产业。

国、省、市、县体育赛事和各级各系统职工联谊活动，吸引游客4万余人，实现民宿、农产品销售等收入350万元，成为省内著名的网红运动村。穷乡僻壤之地得以华丽转身，成为赛事带动发展的典型，被称为“小章现象”。金华市体育局通过深度研究解读“小章现象”，提出了创建“体育+”特色村（居）的工作思路，探寻运动助力乡村、激活农村发展的破题之路。

经过5年的培育，目前全市已经建成各具特色、富有活力的“体育+”特色村（居）52个，总投资达20.41亿元，其中引导社会资本投入约10亿元，建设气排球馆、门球馆、足球场、武术馆等体育场馆49个，累计建设用地面积达10.32万亩，共带动乡村增收约1.38亿元，新增就业岗位2914个，聚集中高级人才336人。[①] 这一项目在提供就业机会的同时，提升了当地劳动力的整体素质，拓展了农民外出就业和就地就业的空间，为实现更高质量和更充分的就业做出了巨大贡献。

一 基本概况

为进一步发挥体育在乡村振兴中的推动作用，2016年金华市体育局研究印发了《金华市“体育+”特色村（居）创建（试行）办法》（金体〔2016〕55号），阐明了“体育+”特色村（居）的申报条件、申报程序、监督机制等内容。同年，金华市体育局与市财政局共同制定了《金华市体育事业发展（产业）资金管理实施细则（试行）》（金体〔2016〕117号），将获得命名的单位纳入金华市体育产业发展项目库，通过给予一定奖励的方式鼓励更多的村（居）参与。2017年，金华市体育局进一步细化了《金华市“体育+”特色村（居）创建办法》，明确了培养方向、建设要求、退出机制等内容，加强了对创建的指导功能。2019年，金华市市场监督管理局公开发布《“体育+”特色村（居）管理与评价规范》，开辟了“体育+”特色村（居）建设的标准化之路，逐步建立了科学规范的培育机制。从总

① 金华市体育局提供。

体来看，“体育+”特色村（居）的示范性、带动性不断增强，为促进体育产业载体的创建和形成不断探索新路径。其主要特征可以归纳为以下3点。

一是地域分布相对均衡。金华市下辖婺城、金东2个区，武义、浦江、磐安3个县，兰溪、义乌、东阳、永康4个县级市。现有的52个“体育+”特色村（居）在地理位置的分布上相对平均，每个辖区有4~7个，具体分布如表1所示。

表1　金华市“体育+”特色村（居）区域分布

辖区	数量(个)
婺城区	7
金东区	7
开发区	6
武义县	4
浦江县	4
磐安县	5
兰溪市	4
义乌市	4
东阳市	7
永康市	4
总数	52

二是形成各具特色的“体育+”模式。“体育+”特色村（居）以体育为支点，不断盘活当地可用资源，向当地村民及外地游客提供运动休闲和参与体验等相关产品和服务，形成公共配套导入、体育产业延伸、村庄富民宜居的体育产业新发展空间。每个行政村因地制宜，结合自身优势资源和独特的历史文化，有序开发优势特色资源，形成“体育场馆+民宿”“体育赛事+休闲旅游”“户外拓展+田园观赏”“传统体育+古村落”“休闲体育+影视基地”“休闲体育+农业体验”等各具特色的融合发展模式。

三是产业带动领域广泛。“体育+”特色村（居）建设不仅包含兴建与改善乡村硬性基础设施、体育公共服务配套设施以及提升村庄环境整治水平等空间改造性质的内容，还包含塑造行政村特色乡村风貌、培育乡村体育新产业新业态、打造乡村体育产业链、发掘新功能新价值、打造新载体新模式、培育软性发展机制等多个领域的综合性工作。

二　注重夯实产业基础，做好富民文章

产业是乡村发展的根基，坚实的产业基础才能长足增加村民的经济收入，进一步改善农村农民的生产生活方式。金华“体育＋”特色村（居）坚持把产业兴旺作为着力点，打造覆盖水、陆、空的特色体育项目，形成了农文体旅融合发展的产业发展链条，培育了农村体育发展的新业态新场景，为非“体育＋”特色村（居）乃至其他地区乡村振兴建设提供了有益借鉴。

（一）打造特色项目

“体育＋”特色村（居）的核心特征在于突出“特色”，金华市52个“体育＋”特色村（居）为避免千村一面，因地制宜地布局体育特色项目，推动村（居）差异化发展。这些特色运动项目既包括以体育场馆、体育赛事、民族传统体育等为源发的室内项目，也包括山地户外、水上、航空、汽摩等户外运动项目。特色村（居）既包括由政府因势利导发展起来的“体育＋”特色村（居），也包括因优异资源优势逐步打造形成的一批体育专业村和明星村居。据不完全统计，金华市52个“体育＋”特色村（居）共培育和发展了近25个优势运动项目（见表2）。

金东区澧浦镇蒲塘村通过建设五经拳教授、练习场地，引进金东武术协会和大成拳、蛇拳、健身气功等武术大师工作室，定期举办武林大会、大型武术表演、健身气功习练等活动，打造武术培训传承展演基地，承办全国武术段位制段前级考试，形成村中人人练武术的氛围，目前村内独有的五经拳已被列入非物质文化遗产名录。婺城区琅琊镇上盛村及塔石乡下塔石村、武义县茭道镇朱王村等通过改建气排球馆、引进气排球比赛等方式，打造特色鲜明的明星村居，其中朱王村举办的乡村气排球大赛，每年参赛的团队超过20支，运动员接近1000名。婺城区莘畈乡大立元村开展了徒步登山、定向

越野、野外生存等众多户外体育项目，每年接待游客可达 12 万人次，预计年收入达 950 万元。

表 2　金华市“体育 +”特色村（居）特色项目统计

单位：亩，万元

<table>
<tr><th rowspan="2">序号</th><th rowspan="2">辖区</th><th rowspan="2">村居名称</th><th colspan="2">项目</th><th colspan="2">用地</th><th colspan="2">投入/产出</th></tr>
<tr><th>特色项目</th><th>带动产业</th><th>规划面积</th><th>建设用地</th><th>总投资</th><th>第一年收入</th></tr>
<tr><td>1</td><td rowspan="5">婺城区</td><td>莘畈乡大立元村</td><td>户外露营基地</td><td>步道、农家乐、民宿</td><td>—</td><td>3. 5</td><td>500</td><td>950</td></tr>
<tr><td>2</td><td>琅琊镇上盛村</td><td>气排球馆、滑翔伞</td><td>彩色水稻景观带、水果采摘</td><td>—</td><td>—</td><td>1760</td><td>—</td></tr>
<tr><td>3</td><td>安地镇喻斯村</td><td>水库垂钓、户外拓展</td><td>民宿、农家乐</td><td>4350</td><td>—</td><td>1000</td><td>953. 77</td></tr>
<tr><td>4</td><td>竹马乡方下店村</td><td>门球场、篮球场</td><td>民宿、杜鹃花种植基地</td><td>6000</td><td>—</td><td>1800</td><td>1000</td></tr>
<tr><td>5</td><td>新狮街道沙溪村</td><td>水库垂钓</td><td>千亩花海、国学文化</td><td>1695</td><td>—</td><td>5180</td><td>600</td></tr>
<tr><td>6</td><td rowspan="2">金东区</td><td>塘雅镇竹村</td><td>赛马场、门球场</td><td>竹园景区、步道</td><td>18000</td><td>72</td><td>5225</td><td>3000</td></tr>
<tr><td>7</td><td>澧浦镇蒲塘村</td><td>五经拳、武术大师工作室</td><td>王氏宗祠</td><td>7500</td><td>—</td><td>200</td><td>100</td></tr>
<tr><td>8</td><td rowspan="3">开发区</td><td>罗埠镇后张村</td><td>航模基地</td><td>航模研学基地</td><td>—</td><td>—</td><td>—</td><td>—</td></tr>
<tr><td>9</td><td>罗埠镇罗埠一村</td><td>灯光体育场</td><td>文化广场、古村落</td><td>—</td><td>—</td><td>5000</td><td>—</td></tr>
<tr><td>10</td><td>汤溪镇越溪白鹤村</td><td>水上运动、卡丁车</td><td>青少年研学</td><td>6000</td><td>18</td><td>800</td><td>100</td></tr>
<tr><td>11</td><td rowspan="2">兰溪市</td><td>水亭畲族乡上朱民族行政村</td><td>丛林穿越、跑马场、卡丁车</td><td>农耕文化园、花海</td><td>1005</td><td>200</td><td>4000</td><td>300</td></tr>
<tr><td>12</td><td>永昌街道百凤林村</td><td>越野赛道</td><td>中药基地</td><td>—</td><td>—</td><td>—</td><td>—</td></tr>
<tr><td>13</td><td rowspan="2">东阳市</td><td>歌山镇王村光村</td><td>垂钓</td><td>望湖公园、青枣采摘</td><td>—</td><td>5</td><td>500</td><td>300</td></tr>
<tr><td>14</td><td>南马镇联合村</td><td>越野赛车基地、水上运动等</td><td>古窑遗址、湿地公园</td><td>1500</td><td>192</td><td>4000</td><td>150</td></tr>
</table>

续表

序号	辖区	村居名称	项目		用地		投入/产出	
			特色项目	带动产业	规划面积	建设用地	总投资	第一年收入
15	义乌市	大陈镇马畈村	跑马场、射箭场	步道、花海景观、古街	3750	—	1250	—
16		城西街道何斯路村	山地自行车、赛船	民宿	15000	18.9	200	2000
17		佛堂镇小六石村	滑索、攀岩、卡丁车	龙溪生态游乐园	1950	6	3500	1500
18	永康市	龙山镇里麻车村	全地形车、足球场、赛马场	花海、影视棚、民宿	3450	72	5750	3000
19		江南街道园周村	篮球场	步道、生态公园	3900	3759	50000	—
20	浦江县	檀溪镇潘周家村	汽摩越野、水上项目	九母岛、农家乐、研学基地等	18000	12	5447	2000
21		杭坪镇薛家村	飞拉达、索桥、攀岩	高山生态餐厅、民宿	8025	—	1000	700
22	武义县	茭道镇朱王村	气排球馆、篮球场	民宿	16.5	3.08	220	—
23		王宅镇马昂村	滑翔伞、动力三角翼	民宿	—	—	1035	400
24	磐安县	方前镇下村	垂钓、游泳	滨水游憩园、采摘园	6000	237.4	2900	525
25		尖山镇湖上村	皇城湖水上运动场所	步道、茶叶、荷花	—	—	4260	—

注："投入"部分包括体育用地、农村改造、美丽乡村建设等；"收入"部分主要指由体育项目带来的综合收益。

资料来源：由各行政村上报，金华市体育局统一提供。

部分特色村（居）以汽摩运动、滑翔伞、动力三角翼、热气球、水上皮划艇、水上垂钓等特色户外运动项目为引领，逐步形成了一批体育专业村和明星村。例如，婺城区琅琊镇每年通过举办中国山水四项公开赛吸引超过1000名运动员参赛，赛时农产品销售额超过300万元。兰溪市永昌街道百凤林村、永康市龙山镇里麻车村以汽摩越野运动作为核心特色项目，百凤林村每年由汽摩越野运动直接拉动经济接近300万元。

专栏1　特色村（居）打造户外运动名片

汽摩运动：兰溪市永昌街道百凤林村和永康市龙山镇里麻车村依托独特的山脉优势，修建汽摩越野赛道。百凤林村的汽摩越野赛道长达15公里，专门为汽车和摩托车爱好者提供训练和体验基地，2019年收入达300万元；里麻车村的ATV酷玩小镇定位不同于百凤林村的拉力环山赛道，该村建设了众多不同风格的观光路线，设计包括全地形车、卡丁车等多种类型的赛道，总投资超过5000万元。

航空运动：武义大斗山航空飞行基地拥有5公里的低空空域使用权、12000平方米的标准草坪飞行跑道、500平方米的山顶滑翔伞起飞平台，直接吸引社会资本投资超过1400万元。2019年国庆7天的游客量就超过4万人次，收益超过400万元，迅速盘活了当地经济。

水上运动：磐安县方前镇下村打造以休闲垂钓和竞技垂钓为核心的特色体育乡村。村委会投资超过1000万元建立大型标准垂钓池塘，可容纳500人同时垂钓。目前每年举办大型垂钓比赛超过10场，年接待游客超过10万人次，为下村带动的经济收入超过500万元，推动下村成为名副其实的垂钓乡村。方前镇方前村村集体投资550万元，清理超过12亩河道淤泥，建立游泳综合配套设施，形成基础设施完善的冬泳基地。随后与泳协共同组织和筹办冬泳赛事，先后承办了浙江省冬泳锦标赛、“方前杯”冬泳挑战赛等赛事，吸引大量冬泳爱好者前来，年接待游客可达10万人次，直接收入可达650万元，全面提升了村民的经济收益。

（二）构筑产业链条

“体育+”特色村（居）模式除了发挥体育产业自身的价值外，也注重挖掘产业的正外部性作用，特别是利用体育场馆、体育赛事、户外运动等体育活动带动人流和资金流的集聚，推动乡村民宿业、餐饮业、旅游业等全面发展，形成极具特色的产业链条，成为带动乡村经济增长的新动能。[①]

---

① 张诚、孙辉：《乡村振兴战略背景下乡村体育旅游的发展困境与优化路径》，《湖北经济学院学报》（人文社会科学版）2021年第9期，第40～42页。

一是将体育赛事和休闲旅游相结合。例如，婺城区竹马乡方下店村通过建设标准赛事级别门球场地，引进全国性门球赛事，同时配套国际山茶花种植园和竹马紫藤园等生态旅游资源，打造了一条以赛事为核心，且生态观光、健康养生兼蓄的精品旅游路线。2020 年村里收入达到 1000 万元，为村里探索生态富民之路提供了依据。婺城区琅琊镇先后举办中国皮划艇巡回赛（金华站）和中国山水四项公开赛，赛事活动搭配农产品展销节，2019 年农产品销售额在 300 万元以上。此外，数个特色村（居）通过新建体育场馆进一步加强赛事集聚。武义县茭道镇朱王村先后投资 500 余万元，建起了村体育馆、村集体民宿、全民健身广场、小白溪健身游步道、休闲垂钓场等体育运动休闲场所，动员村民发展民宿，不断提升大型赛事的接待能力，走出了一条“省赛村办”的发展模式，带动当地旅游、民宿、农家乐等收入超过 300 万元。

二是将户外运动与田园风光相结合。婺城区莘畈乡大立元村的核心业态是户外露营拓展基地，涵盖了徒步登山、定向越野、野外生存、野外露营等众多户外体育活动，同时配套莘畈溪景观区，建立了一个生态、开放、融合的户外运动休闲综合基地。自 2016 年成立以来，大立元村项目年吸引游客可达 12 万人次，年收入可达 950 万元，成为村民增收的支柱产业。义乌市大陈镇马畈村投资的农业奇幻乐园建设了跑马场、自行车道、登山游步道、射箭场地、皮划艇等多种不同的体育运动场地，策划千人彩虹跑、亲子马拉松跑、夜光跑、水上冲关等体育娱乐活动，同时乐园推出“田园牧歌”“五彩花海”“鲜果特产”等农业活动体验项目，巧妙地将体育与农耕文化融合，赋予马畈村新的发展活力。

三是将运动休闲与传统文化相结合。兰溪市诸葛镇诸葛村是诸葛亮后裔的聚居地，以“八阵图”建筑集群闻名全国。诸葛八卦村景设置了走迷宫、射边弩、三国争霸（包括云中漫步、攀岩、云梯、迷宫、终点战旗）等一系列拓展游戏，极大地提升了景区的趣味性和参与性。东阳市南马镇联合村围绕“大宋官窑文化创意村、大禹治水文化体验村、百年古树文化传承村”的主题，充分利用村内拥有的宋代官窑遗址等文化资源，植入水上运动、户外拓展、丛林穿越等20多个运动休闲体验项目，走出了一条“体育+传统文化”融合发展之路。

（三）探索发展“新经济”

“体育+”特色村（居）借助网红经济和新媒体发展新机遇，积极通过“体育+云购”“体育+直播带货”等系列活动吸引客流量。

婺城区安地镇喻斯村建设520米长的竹海滑道和1314米长的漂流路线，推出竹海“520”遇上漂流“1314”套餐，开展多元的网络社交平台宣传，吸引众多网红发布动态，在短时间内将喻斯村打造成网红打卡胜地，2019年村内吸引游客达25万人次，年收入达954万元。永康市龙山镇里麻车村依托龙山越野运动小镇建设，以酷玩运动全地形车为核心特色，将影视基地纳入全地形车的途经路线，同时配套500亩花展景观欣赏，独辟“体育+影视+生态”新模式，截至2021年已累计吸引100多家影视剧组前来取景拍摄，吸引游客100万余人次，营业收入超3000万元。

专栏2　网红垂钓大赛，探索“新经济”之路

婺城区新狮街道沙溪村的石垅水库水域面积达128亩，平均水深2米以上，三面环山，是纳凉垂钓的胜地。依托石垅水库，沙溪村在2019年开始举办首届“全国网红垂钓大赛”，邀请参赛人员超过100位，分别是竞技垂钓排行榜前50位的垂钓大师和网络粉丝量前60位的垂钓名人，覆盖人群达3000万人次，快速吸引了众多网络垂钓爱好者的目光。为了更好地宣传营销，垂钓大赛的举办方通过移动客户端和各大网络平台实施全程高清直播垂钓赛事，同时开设6间直播间，使网络观众更加身临其境地感受垂钓、体验乡村风情。

网红垂钓大赛的成功举办快速盘活了当地经济，带动了当地的农产品销售，在比赛期间售罄金华近3个月生产量的火腿。沙溪村乘势而上，持续推出了网红垂钓高峰论坛、网红旅游推介、垂钓网红嘉年华直播晚会等多个项目。沙溪村的网红垂钓大赛全面推动了当地经济的增长，为体育带动乡村振兴提供了范本。

三　注重发展机制创新，做好改革文章

“人”“钱”“地”三要素始终贯穿体育助力乡村振兴战略的实施。充分释放三要素活力，带动资金、技术、管理方式等生产要素向农村回流，也是乡村振兴的重中之重。[①] 在“体育 +”特色村（居）建设过程中，注重机制创新，加强统筹兼顾要素之间的关系，协调发展乡村可利用资源，形成推动乡村改革的新引擎。

（一）激发人的潜力

在城镇人口迅速增加和农村人口持续减少的背景下，农村空心化、农业边缘化、农民老龄化问题最为突出[②]，这也成为实施运动振兴乡村战略的根本着力点。在“体育 +”特色村（居）项目建设过程中，同时关注对当地居民与外来游客的影响，以多元化的人群集聚为依托，为乡村发展注入创新要素，重构未来农村居民主体。金华市“体育 +”特色村（居）通过激发人才活力推动乡村振兴，主要体现在以下两个层面。

第一个层面是充分激发乡村内生动力，发挥村民的主体力量。一是激发乡村领导班子的实干性和创新性，鼓励有见识、有能力、有文化、有乡情的群众投身于家乡建设中。例如，兰溪市永昌街道百凤林村经济相对落后，资金和人才的缺乏成为白凤林村发展的主要瓶颈，村集体决定依托山林资源建设卡丁车运动基地，村支书数次拜访周边企业筹集赞助卡丁车数十辆，同时

① 张克俊、高杰：《乡村振兴视域下的城乡要素平等交换：特征、框架与机理》，《东岳论丛》2020 年第 7 期，第 163 ~ 171、192 页。

② 曲衍波等：《乡村振兴视角下空心村多维形态识别与分类治理——以山东省禹城市房寺镇为例》，《资源科学》2021 年第 4 期，第 776 ~ 789 页。

在项目运行过程中村干部兼具众多职责——修车、售票、服务游客，推动卡丁车基地初具雏形。截至目前，百凤林村卡丁车运动基地年接待游客已经达到1.8万人次，接待游客人数稳健增长。二是充分留住乡村本地人才。“体育+”特色村（居）项目产生了大量就业机会，百凤林村汽摩越野基地建成以来提供的就业岗位超过100个，兰溪市水亭畲族乡上朱民族行政村的新天地户外拓展乐园中90%的工作人员来自本村，为解决农村空心化、农民老龄化等社会问题做出了表率。三是吸引乡贤回村创业。例如，婺城区琅琊镇上盛村乡贤出资1.5亿元建立航空飞行营地，浦江县檀溪镇乡贤回归总人数超过20人。四是形成村民自治。体育精神潜移默化地影响了村民的精神面貌，运动休闲项目不仅改变村民传统的休闲娱乐活动内容，促使村民参与健康体育活动，形成更加积极乐观的生活态度，村民素质素养也得到极大提升。目前部分村庄已经实现体育场馆的村民自治化，在没有专人管理、监督、清理体育场馆的情况下，村民在场馆运动结束后自发地清理场馆、维护设备，使无人监督的场馆依然井然有序开放。

第二个层面是吸引外地优秀人才集聚。一是通过“体育+项目”增加乡村就业机会，吸引外部人才。例如，婺城区莘畈乡聘请的9名户外休闲活动工作人员中7名拥有大学本科学历，为乡村的发展带去新鲜血液。二是通过培训吸引专业人才，助力乡村振兴。例如，武义大斗山航空飞行基地与武义县职业技术学校合作，为体育休闲服务与管理专业的学生提供滑翔伞教练员培训，培养出一批专精多能人才。三是挖掘外地游客的经济价值。“体育+”特色村（居）通过体育赛事吸引大量外地游客，带动周边餐饮、民宿、农家乐等乡村旅游产业的发展。据金华市体育局不完全统计，一场大型的体育赛事可以为村庄增收50万元以上。四是打造乡村振兴“会客厅”。“体育+”特色村（居）融合体育与旅游元素，将户外活动区域扩展到乡村，吸引城镇游客探索自然，使游客与乡村生态环境亲密接触，促进城乡人口交流沟通。

（二）盘活资金活力

资金资源对乡村建设有着决定性作用，金华市“体育+”特色村（居）

从两方面优化配置、提升资金使用效率。一方面，在项目筹建过程中，通过探索多种资金汇入方式，逐步建立形成资金投入稳定增长的长效机制。另一方面，坚持效益为先、模式适宜为用的经营理念，逐步形成科学多元的经营管理模式，为盘活资金要素进行积极探索。

首先，金华市“体育+”特色村（居）形成多元的项目资金启动模式，逐步建立形成资金投入稳定增长的长效机制。一是政府拨款。为了支持“体育+”特色村（居）建设，金华市体育局实施了《金华市体育产业发展专项资金管理办法》（金体〔2020〕20号），对纳入市体育产业发展项目库的“体育+”特色村（居）奖励8万~20万元，补助10万~30万元，对列为省级、国家级的项目补助高达100万元。目前政府财政拨款资金主要用于体育公共设施的建设完善、体育活动的宣传推广、体育赛事的筹划运营等。二是乡村内部集资入股。集资入股一般有两种形式，一种是村集体出资，股份由全体村民共有，收益归村集体所有，村集体按一定的比例给予村民分红；另一种是村民个人购买集资股，股份由村民个人所有。义乌市佛堂镇小六石村为解决资金匮乏问题，启动项目玻璃天桥的400万元资金来源于村两委组织的众筹活动，众筹总共分为800股，每股5000元，其中70%为村内家庭参股，这些村民成为小六石旅游公司的第一批股东；2019年底，众筹的原始股本已全部收回，村民一年可获得两次项目分红。三是引入外部社会资本。仅靠公共预算远远不能满足大量的资金需求，社会资本的引入已成为筹集资金的重要手段。特色村（居）在项目想法初步形成后会通过社会力量的推荐，或与社会资本直接洽谈合作，形成完整的项目推进和资金投入方案。例如，浦江县檀溪镇潘周家村项目推进过程中，村集体以水域资源入股，占股10%，另90%股份通过引入外部社会资本融资。婺城区安地镇喻斯村引进河南华宇旅游服务有限公司并与其签订合约，成功招引社会资本8000万元，成立金华喻斯生态旅游发展有限公司开发建设喻斯生态游览区，目前已建成凤凰山滑道、凤凰山漂流等项目，2019年共接待游客15万人次，实现旅游收入300余万元，摘掉了集体经济薄弱村的帽子。

专栏3　沙溪村和马畈村的筹资创新模式

婺城区新狮街道沙溪村是采用混合集资形式筹集资金的典范。该村规划以体育中心球类运动场为核心，开设滑翔伞运动、直升机观光、热气球体验、千亩花海等项目，项目计划总投资需要5180余万元。沙溪村向政府申请拨款1700万元，占总投资额的33%；村集体投资120万元，占总投资额的2%；农户自筹360万元，占总投资额的7%，距离项目的建成还存在巨大的资金缺口。经过评估，村集体决定通过招商的方式引入外部社会资本，由金华领航园林工程有限公司出资3000万元，占总投资额的58%，最终成功凑集剩余投资额，促成了项目的建立。分红时，将35%的收益划分给村集体，按照一定的分配规则发放给村民；将7%的收益划分给农户，按照每个村民出资所占份额成比例发放；将58%的收益划分给外部出资企业。村集体积极创新项目资金筹措新模式，为项目建成提供了坚实的保障。

义乌市大陈镇马畈村是由村集体和村民共同组织建立村集体开发经营公司作为该村的主体，同时成立自有的村庄管理公司和多种行业协会，成为创新项目资金筹措方式的典范。该村规划建立体育休闲拓展观光乐园，项目初始投资预估为1250万元。马畈村村集体资金不足以承担全部的投资额，因此村集体决定采用混合集资形式筹集资金。经过核算，马畈村村集体决定出资750万元，占项目总投资额的60%，股权为全体村民共有。项目投资还有500万元的缺口，经过评估，决定向马畈村村民征集投资。500万元被分成1000股，每股5000元，每股份额为万分之四，股权由出资村民个人所有，个人所持份额根据出资额累计。通过号召村民集资入股，最终成功凑集剩余投资额，促成了休闲拓展观光乐园的建立。在投资额与实际收益之间，将收益的60%划为村集体收益，按照一定的分配规则发放给村民，剩余40%的收益按照村民个人所持有的投资份额成比例发放。2017年开展了皮划艇、千人彩虹跑、亲子马拉松跑、水上冲关等活动，开业第一年净利润就达千万级别。

其次，金华市“体育 +”特色村（居）坚持模式适宜为用的理念，逐步形成灵活多变的经营管理模式。有些村（居）主要采用一种经营模式，有些村（居）采用混合运营模式，经过多年的实践探索，在多个领域、形成多种项目、采用多种渠道与途径开展经营活动。

一是村企合作经营。例如，兰溪市水亭畲族乡上朱民族行政村采用“企业 + 合作 + 农户”的运营模式，由村集体提供土地，入驻企业负责投资建设和管理，建立包含卡丁车、跑马场等项目的新天地生态示范区，2019 年有效带动了 45 个农民就业。武义县王宅镇马昂村引进浙江博来体育发展有限公司，村集体流转山地，企业负责投资建设，打造了集滑翔伞、动力三角翼、热气球等航空运动于一体的金华航空运动乐园，2020 年带动体育旅游收入超 300 万元。浦江县杭坪镇薛家村通过招商引资成立了浦江薛家旅游开发有限公司，开发共建“趣野吧”户外拓展营地。结合薛家村的自然优势，基地引进户外极限山地运动项目，包括飞拉达、高空索桥、攀岩、真人 CS、速降等多个极具参与性与挑战性的项目，2020 年下半年游客量达 180 万人次，营业额达 250 万元，为周边的民宿、农家乐、农产品销售带来客流。二是村集体直接经营管理。开发区汤溪镇越溪白鹤村村集体以股份制入股的方式自筹资金 100 余万元，投资索道、游船、卡丁车、水上乐园等多个娱乐项目，吸引人流，开展研学运动，创造了一日接待研学游 1500 余名学生的纪录。永康市江南街道园周村成立旅游公司，并先后投入 1.5 亿元，大力打造文化旅游和生态旅游产业链，以优美的生态环境和古老的人文风貌，村内日平均游客量达到 2000 多人次，村级经济和村民收入也是节节攀升，集体资产陡增至 10 亿元，村民户均资产达 500 万元，村民人均年收入达 3.5 万元，被评为国家级生态村。三是社会资本管理运营。金东区孝顺镇低田村的“渔歌小镇”由浙江孝顺渔歌旅游有限公司负责投资建设与运营。武义县王宅镇马昂村吸引社会资本投资建设以航空飞行、山地运动、户外拓展、休闲运动四大板块为特色的大斗山国家航空基地。

（三）盘活土地资源

农村地区相对来说拥有更加广阔的建设体育场地的空间条件，但是土地资源依然是阻碍农村体育产业发展的重大瓶颈之一。

金华市“体育+”特色村（居）在实践过程中，让各业用地发挥最大价值，筑牢产业之基。永康市龙山镇里麻车村引入企业进行市场化运作，在行政村内率先探索建设用地使用权作价入股，将全村域整建制集中归并，并节约出500亩宅基地统一调整为集体经营性建设用地，用于体育商业开发。有的行政村吸引社会资本开办乡村民宿，使农房的租金从按“间”算变成按“平方”算，农民的年租金收入较原先提高2倍，由原来的3万元增长到8万~10万元。有的村则将土地经营权作价入股，实现农民变股民。例如，兰溪市水亭畲族乡上朱民族行政村整合村集体和村民所持有的土地共360亩，以土地流转形式入股体育田园综合体项目建设，使全村增加约300万元的收益。有的村（居）集中土地，用于体育商业开发，如东阳市江北街道荣跃村提供30多亩留用地吸引社会资本，有11家企业共投资2000多万元建设了体育培训综合体，其中包括巨力健身、乐哈游泳馆、奥讯击剑等民间资本企业机构，相关企业集中经营形成集群式发展效应，每年接待游客10万人次，上缴税收100万元，新增就业岗位120个。

四　注重集群创建，做好带动文章

原来的城市化是资本进入城市，土地、资本、劳动力单向地流入城市，这种流动造成了乡村的衰败。[①] 金华市“体育+”特色村（居）通过村与村联动、城乡互动、项目融合等多种渠道，改变资源原来完全流向城市的趋势。人口、土地和资本等从单向配置到城市转变为城乡两个空间的相互流动和配置，由此带来农村农业功能的拓展与形态变化，为资源进入乡村寻找机会提供了实践模板，乡村的价值也得到提升。

① 贺雪峰：《宅基地、乡村振兴与城市化》，《南京农业大学学报》（社会科学版）2021年第4期，第1~8页。

（一）加强村村联动

“体育 +”特色村（居）利用特有的自然优势、和谐的村落关系等进行村与村之间的联动，形成产业集群，促进体育产业发展，提高乡村经济水平。一是打造一体化体育产业集群。部分“体育 +”特色村（居）受到种种原因的限制，无法依靠各自的力量建成较为大型的体育项目，可通过联动周边村庄的方式，共同打造一体化的体育产业集群。例如，婺城区莘畈乡大立元村联动上下游村庄，实施莘畈溪景观改造工程，建成生态的、开放的、融合的户外运动休闲基地。借力“莘畈万人毅行大会”，打造户外运动休闲基地品牌，带动周边农产品销售，拉动周边农家乐创收，建成体育与旅游产业集群。二是创建产业互补合作模式。有些“体育 +”特色村（居）建成了体育项目，但在发展过程中遭遇瓶颈，如配套设施不足，因此它们会与周边村庄寻求合作，提供相应配套设施，创建优势互补的产业集聚区。婺城区竹马乡方下店村以门球场、篮球场等体育场地为依托，与周围的花苗销售和文化旅游产业合作发展，在开展体育赛事、培训的同时，联动周边村庄，充分挖掘外地游客的潜在经济价值。

（二）推动城乡资源互补

城乡一体化是实现乡村振兴的具体途径，也是改变我国城乡二元结构的有效策略。“体育 +”特色村（居）以体育为切入点，实现了城市和乡村的互动，进而助力乡村振兴。一是通过体育产业平衡城乡人口流动。“体育 +”特色村（居）提供了主客共享的新空间，乡村休闲生态景观充分迎合了城市居民希望亲近自然、享受绿色乡土生活的需求，促进了城乡交流，平衡了人口流动。二是以资金为纽带引进优质体育项目。“体育 +”特色村（居）吸引了超过 18 亿元的社会资本，打造了优质体育项目以及以“户外生活 + 乡村旅游”为代表的乡村美好生活项目，撬动社会资本进入体育旅游投资领域。三是以体育建设为落脚点，推动土地资源融合。“体育 +”特色村（居）推动了体育公共服务城乡全域覆盖，是美丽乡村建设的标志性工程中不可或缺的一环。四是加快村庄整治。城市近郊区及县城城关镇所在地的村庄结合城镇化和行政村自身发展需要，加快城乡产业融合发展、基础设施互联互通和公共服务共建共享。重点强化村庄服务城市产业发展、承接城市功能外溢、满足城市消费需求的能力，加快村庄治理向城镇管理水平看齐。

（三）以点带面实现示范引领

金华市“体育＋”特色村（居）发展集中体现了项目推进模式创新、运营内容创新和融合发展创新，塑造了一批可复制、可推广的典型案例。

专栏 4　小六石村运动振兴乡村样本

义乌市佛堂镇小六石村的发展路径充分体现了这一特色，成为体育推动乡村振兴发展的样板之一。

一是项目选取新颖独到。小六石村属于资源紧缺型村庄，资金、人才和自然资源都比较匮乏，为解决这些问题，村支部最大化地利用山地资源，依托山林修建一座观光型玻璃吊桥，同时以玻璃吊桥为核心开发户外运动探险游乐场“熊谷”。在休闲项目选择中，重视参与型、体验型的运动，提升游客的重复游玩频率，提高游乐场的吸引力。

二是实现专业规范管理。小六石村引进专业团队开展项目设施建设规划，同时由村集体成立公司开展统一管理，例如游乐场玻璃吊桥依照规定每年进行安全检查，游乐场食品定价坚持与市场统一原则，为小六石村发展打下坚实基础。

三是推动项目品牌化。随着小六石村在浙中地区的知名度迅速上升，受地域、资源瓶颈制约，村集体于 2018 年底开始计划将“小六石村”品牌向外拓展，并在杭州富阳区新登镇上山村复制打造了“杭州小六石”欢乐园。泰国、江苏省常熟市等众多地区发现了小六石村模式的可塑性，纷纷引资洽谈合作。

五 注重突出重点，做好宜居文章

建立设施齐全、功能完善、宜居宜业的乡村可以切实增强农民的获得感、幸福感与安全感，是振兴乡村、建设社会主义新农村的落脚地和出发点。[①] 随着金华“体育 +”特色村（居）项目的不断推进，农村居民的生产生活条件不断改善，居民的素质素养有效提高，村容村貌较以往有较大改观。

（一）改善农村基础设施

“体育 +”特色村（居）在农村公共体育设施建设方面做出了巨大努力，让原本很少出现在乡村建设中的体育场地成为如今的可选项。

一方面，许多“体育 +”特色村（居）建设的体育场地不仅成了当地村民休闲健身的去处，有的已经达到了承办国际赛事的标准，金华现有村级体育场馆供给已超过 9728 个，52 个村居中涉及了篮球、排球、网球、气排球等 13 种体育运动场地；众多村落都已经建立绿色步道、运动广场、垂钓场地，为村民提供了丰富的健身休闲场所。另一方面，因体育赛事、运动休闲、体育旅游等项目发展的需要，特色村（居）水渠清淤整治、道路清障硬化等基础设施也应进一步完善，村民主动完善各种体育基础设施，开展多种项目经营，有效提升了村容村貌，切实改善了村民的居住环境。

（二）加强自然生态治理

“体育 +”特色村（居）产业发展根植于环境资源。一是农村体育项目践行的理念是将体育融入自然，体育活动依托乡村的山水林田湖草等资源，形成充满自然风情的休闲特色项目。婺城区新狮街道沙溪村为打造体育休闲

① 苏铁柱、王健：《基于乡村振兴的农村体育服务体系建设策略分析》，《湖北农业科学》2021 年第 15 期，第 192 ~ 194 页、第 198 页。

旅游特色村，不断加强生态治理，把自然生态资源转换成具有观光、体验、休闲价值的体育旅游产品。婺城区莘畈乡大立元村聚焦户外露营建设，打造乡村户外休闲基地，年接待游客近10万人次，推动地方实施了水系防护与防洪、生态保护与修复等措施，有效改善了当地生态综合环境。二是“体育+”特色村（居）的建设秉持了现代环境治理理念，将许多闲置的乡村土地资源，例如粮仓、校舍、礼堂等，重新吸收利用，建成对环境有利的体育基础设施，对村（居）良好形象和社会风气的形成有着积极作用。

专栏5　方下店村废弃垃圾场变废为宝

婺城区竹马乡方下店村的高架桥底原本是一块废弃的空地，成为村民堆放垃圾的脏污区，不仅严重影响村容村貌，而且浪费土地资源。同时，方下店村缺乏运动休闲场地，村民的业余生活单一。基于对现实情况的分析，村干部广泛听取群众意见，在竹马乡党委政府的支持下，改造桥下废弃场地，实施“四治两化”，变废为宝。通过垃圾治理、淤泥治理、污水治理、道路治理“四治”，将桥下废弃空地改造为专业的门球赛事场地和标准篮球场。通过土地硬化和村中绿化“两化”，完善运动场地周边的配套设施。一系列治理措施推动了方下店村的村容村貌全面升级，一改往日的乡村环境，形成了一个体育设施齐全、健身休闲功能完善的村庄。

截至2020年，竹马乡方下店村这块场地建设完成10个专业赛事级别的门球场地、8个标准篮球场地，体育运动场地的总面积高达4680平方米。这些运动健身场地极大程度地丰富了村民的业余生活，代替了村民原有的麻将、纸牌等相对不健康的休闲方式，成为推进全民健身、健康中国等政策的有效实践。

（三）提升群众精神风貌

“体育+”特色村（居）景观建设推动村容村貌焕然一新，不断丰富了村（居）的精神文化内涵，盘活了民族特色文化资源，达到了净化农村社会风气、提升村民整体素质的效果。它还充分满足了村民对健身、娱乐、休闲、交流场所的需求，进一步满足了村民对美好生活追求的愿望，也为游客提供了一片净土，使他们融入自然、享受惬意“慢生活”，形成主客共享繁荣乡村的新路径。

浙江省金华市“体育＋”特色村（居）建设为运动助力乡村振兴开拓了新思路。其在创建过程中的好经验、好做法，发挥了示范引领作用，对促进体育产业新发展载体的形成进行了有益探索，为资源进入乡村寻找机会提供了实践模板。下一阶段，在资源环境约束大、体育消费需求日益增加的背景下，随着人口、土地和资本等从单向配置到城市转变为城乡两个空间的相互流动和配置，“体育＋”特色村（居）的价值和功能将被进一步挖掘，必将为非特色村（居）乃至其他地区的运动振兴乡村提供借鉴，为浙江省率先进入城乡融合发展阶段做出更加积极的贡献。

前瞻研究

Prospective Reports

B.14

长三角地区部分城市居民体育消费调查报告

钱若冰　李晨*

摘　要：居民体育消费是指人们为了参与体育活动、获取体育指导服务等与体育相关的消费，主要包括购买体育装备用品的实物型体育消费，使用体育场地、接受教练指导以及观看各类体育赛事的服务型体育消费，以及包括体育旅游、体育彩票等在内的其他体育消费。本报告以2020年度长三角地区国家体育消费试点城市的居民体育消费调查数据和相关报告为基础，对长三角地区国家体育消费试点城市内居民的体育消费总体规模、消费层次、消费结构、人群差异等情况予以梳理呈现。自2020年国家体育总局公布国家体育消费试点城市名

* 钱若冰，上海体育学院上海运动与健康产业协同创新中心研究助理，研究方向为体育产业、体育消费；李晨，上海体育学院上海运动与健康产业协同创新中心研究助理，研究方向为体育消费、产业统计。

单以来，长三角地区10个试点城市通过一系列举措促进体育消费提质扩容，较好地满足了居民健身休闲和体育消费需求，有效促进了体育消费市场发展，对其他区域优化体育产品与服务供给、促进居民个人体育消费具有较大的借鉴意义。

关键词：体育消费　国家体育消费试点城市　分层差异　长三角地区

2021年3月12日，新华社受权发布《中华人民共和国国民经济和社会发展第十四个五年规划和2035年远景目标纲要》（简称《纲要》），《纲要》指出“十四五”时期经济社会发展要“加快培育完整内需体系，加强需求侧管理，建设强大国内市场”“强化国内大循环的主导作用，以国际循环提升国内大循环效率和水平，实现国内国际双循环互促共进”。[①] 消费是“生产—分配—流通—消费”经济循环的终点，也是我国发展内需经济最重要的动力来源。顺应消费升级，把超大规模市场优势和消费潜力充分激发出来，是构建新发展格局的必然要求。随着居民消费水平和消费质量的不断提高，多元化、品质化的消费趋势逐步显现，健康医疗、文化娱乐、休闲旅游、体育等新型消费发展迅速，成为新的居民消费增长点。2020年9月国务院办公厅发布的《关于以新业态新模式引领新型消费加快发展的意见》（国办发〔2020〕32号）中，明确提出要有序发展在线教育、积极发展互联网健康医疗服务、鼓励发展智慧旅游、大力发展智能体育，进一步发展壮大新消费、新业态、新模式，为我国消费升级提供了重要的指引方向。

体育消费作为体育产业健康发展的必要动力、现代生活消费的重要成

① 《中华人民共和国国民经济和社会发展第十四个五年规划和2035年远景目标纲要》，中国政府网，2021年3月13日，http：//www.gov.cn/xinwen/2021-03/13/content_5592681.htm。

分，在建设体育强国和"扩内需、促增长"两方面均发挥着不可或缺的作用。《国务院办公厅关于印发体育强国建设纲要的通知》（国办发〔2019〕40号）、《国务院办公厅关于促进全民健身和体育消费　推动体育产业高质量发展的意见》（国办发〔2019〕43号）等一系列文件不断强调促进体育消费对体育产业高质量发展的重要意义，要促进体育消费、推动体育消费提质扩容，并明确指出建设一批体育消费试点城市、释放市场体育服务与产品供给活力等若干具体举措。① 长三角地区体育产业发展居全国领先位置，居民收入水平和城市经济发展水平相对较高，长三角三省一市在进一步扩大区域体育消费规模、全面提升体育消费质量的工作中不断积累创新，上海市、江苏省分别自2016年、2018年起开展上年度居民体育消费常态化调查和数据发布，浙江省、安徽省在促进机制创新、消费模式创新等方面取得突出成效，体育消费已成为长三角地区驱动市场供给提质、推动产业高质量发展的重要动能。

一　基本情况介绍

（一）数据来源情况

为持续促进我国体育消费规模扩大和结构升级，长三角地区通过激活城市（区）一级体育消费政策、机制、模式、产品和工作创新活力，形成一批具有引领性、创新性和可复制性的典型经验。② 2020年8月，国家体育总局公布了首批40个国家体育消费试点城市名单，其中长三角三省一市共10个试点城市上榜（见表1）。

---

① 国务院办公厅：《国务院办公厅关于印发体育强国建设纲要的通知》，2019年9月2日，http://www.gov.cn/zhengce/content/2019-09/02/content_5426485.htm；国务院办公厅：《国务院办公厅关于促进全民健身和体育消费　推动体育产业高质量发展的意见》，2019年9月17日，http://www.gov.cn/zhengce/content/2019-09/17/content_5430555.htm。

② 国家体育总局：《体育总局办公厅关于开展国家体育消费试点城市申报工作的通知》，2020年5月20日，http://www.sport.org.cn/jdxw/2020/0520/329751.html。

表 1　长三角地区国家体育消费试点城市（区）名单

省(市)	城市(区)
上海市	杨浦区
上海市	徐汇区
江苏省	南京市
江苏省	苏州市
江苏省	常州市
浙江省	宁波市
浙江省	绍兴市
浙江省	金华市
安徽省	合肥市
安徽省	黄山市

资料来源：国家体育总局：《体育总局关于公布国家体育消费试点城市名单的通知》，2020 年 8 月 26 日，http：//www. sport. gov. cn/n315/n9041/n9042/n9143/n9153/c961165/content. html。

根据《体育总局办公厅关于进一步做好体育消费试点工作的通知》（体经字〔2021〕19 号）的要求，各国家体育消费试点城市应全面了解和准确把握居民体育消费的结构、特点和发展趋势，建立长效稳定的居民体育消费调查机制和体育消费信息数据库，要求各试点城市按年度组织开展居民体育消费相关数据的调查、统计和分析，形成各年度居民体育消费调查报告。

2020 年度长三角地区各国家体育消费试点城市的居民体育消费调查均采用线下入户访问的方式进行，各城市样本量均大于 3000 份，根据性别、居住区域和年龄段进行分层随机抽样，数据来源可靠。本报告以 2020 年度长三角地区国家体育消费试点城市的居民体育消费调查数据和相关报告为基础，对长三角地区国家体育消费试点城市内居民的体育消费数据和相关情况予以呈现和分析。

（二）居民体育消费调查问卷情况介绍

长三角地区各国家体育消费试点城市的居民体育消费调查问卷统一采用国家体育总局“居民体育消费调查方案”中的调查表式，部分城市（区）根据当地体育产业发展特色进行一定增补，本报告对消费调查的主要板块解释如下。

体育用品消费：包括居民购买运动服装和鞋帽、运动装备器材、智能体育设备与户外运动装备的消费，其中运动装备器材包括球类、板类、跑步、水上、瑜伽健身、运动康复等装备，智能体育设备包括运动手表/手环、VR运动装备、健身环、体脂秤等，户外运动装备包括帐篷、睡袋、指南针/定位系统、运动水杯、运动包等。

实物型体育消费：包括所有体育用品消费，以及居民购买运动代餐、补剂、饮品等的消费。运动代餐、补剂、饮品等消费指的是居民用于购买营养粉、营养棒等运动代餐，蛋白粉、氮泵、肌酸等运动补剂，能量饮品、营养素饮料等功能性运动饮品的消费。

服务型体育消费：包括体育观赛消费、健身会费及指导费、线上健身指导和咨询消费、体育培训和教育消费、参赛费和报名费、场地和相关器材用品租金、运动保健康复消费等，其中体育观赛消费包括居民付费观看现场、线上体育赛事/展演等的消费，运动保健康复消费包括运动损伤治疗、运动康复治疗和康复指导等的消费。

体育旅游消费：指的是居民到外地或国外观看比赛或参加体育运动而产生的交通费、住宿费、餐饮费以及由之而带动产生的比如旅游、休闲娱乐等其他费用的支出额，包括外出参与徒步穿越、自驾游、滑雪、帆船、潜水等户外运动的消费。

二　试点城市（区）居民体育消费情况概述

（一）居民体育消费规模情况

2020 年，长三角地区 10 个体育消费试点城市（区）居民体育消费总规模达到 1771.6 亿元（见表 2）。上海、江苏 5 个试点城市（区）居民人均体育消费均超过 3000 元，浙江 3 个试点城市居民人均体育消费均超过 2500 元，安徽 2 个试点城市人均体育消费均超过 2000 元。与 2020 年我国居民人均体育消费金额

1330.4 元[①]的水平相比，长三角地区居民人均体育消费金额明显高于全国平均水平，领先趋势显著。从居民体育消费占人均可支配收入的比重情况来看，2020 年长三角地区 10 个消费试点城市（区）的该项占比均大于等于 4.2%，黄山市、常州市、合肥市、徐汇区、金华市、南京市 6 个城市（区）该项占比均超过 5.0%，10 个城市（区）该项占比均高于同年全国居民体育消费占人均可支配收入 4.1% 的水平。从居民体育消费占人均消费支出的比重情况来看，2020 年长三角地区 10 个消费试点城市（区）该项占比除南京市外均高于 5.0%，黄山市、常州市、合肥市和徐汇区 4 个城市（区）均接近或超过 10.0%，且均高于同年全国居民体育消费占人均消费支出 6.3% 的水平（见图 1）。

表 2　2020 年长三角地区体育消费试点城市（区）居民体育消费总规模情况

单位：亿元

消费试点城市(区)	消费总规模
杨浦区	37.9
徐汇区	37.5
南京市	286.9
苏州市	392.2
常州市	161.2
宁波市	252.4
绍兴市	135.7
金华市	213.1
合肥市	227.4
黄山市	27.2

注：总量与分量合计尾数不等，是由数值修约误差所致。

资料来源：2020 年度长三角地区各国家体育消费试点城市（区）居民体育消费调查报告。

（二）居民体育消费结构情况

为了适应居民体育运动需求的变化趋势、反映体育消费领域新业态、新模式和新内容的市场动向，各试点城市（区）在居民体育消费金额的调查

① 国家体育总局体育经济司编《蓬勃发展的中国体育产业（2016～2020 年）》，人民体育出版社，2021。

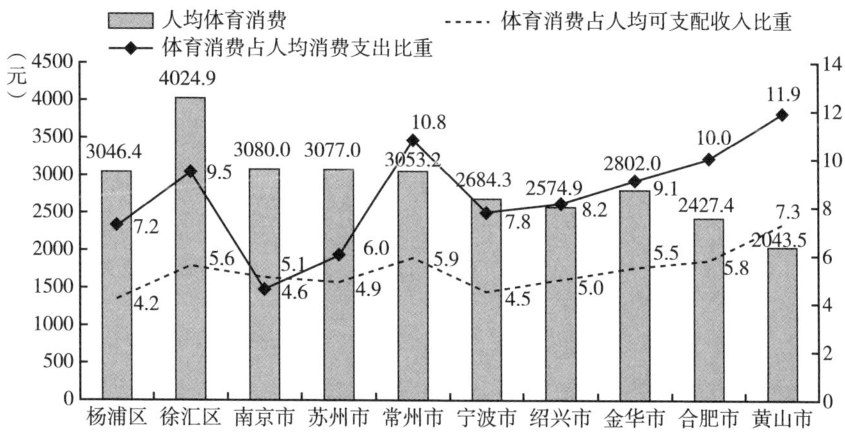

图1　2020 年长三角地区体育消费试点城市（区）居民体育消费情况

注：总量与分量合计尾数不等，是由数值修约误差所致。

资料来源：2020 年度长三角地区各国家体育消费试点城市（区）居民体育消费调查报告。

中进一步细化题项，通过实物型、服务型以及体育旅游、体育彩票及其他三个大类对体育消费进行统计梳理。受 2020 年新冠肺炎疫情的影响，各试点城市（区）居民的服务型消费（尤其是购买赛事现场门票等细项）的金额和占比较低，实物型体育消费呈现占据各试点城市（区）居民体育消费主导地位的趋势，10 个体育消费试点城市（区）的服务型体育消费占比均低于 50.0%，黄山市、常州市、宁波市该项占比低于 30.0%；除南京市、苏州市两个城市（区）外，其他试点城市（区）居民实物型体育消费均明显高于服务型体育消费，最高差值超过 1000 元。从服务型体育消费金额细项来看，2020 年各试点城市居民的健身运动消费（包括健身会费及指导费、线上健身指导和咨询两部分）、体育培训和教育消费构成服务型体育消费的主要部分，场地和相关器材用品租金、运动保健康复消费次之。2020 年各体育消费细项金额情况见表 3，各体育消费结构情况见图 2。

居民个人体育消费中三大细分类别的结构占比在一定程度上可以反映居民体育消费的发展层级，同时也可以直观体现出居民体育活动参与的实际情况。2004 ~ 2013 年，英国居民用于“休闲与文化”板块的体育消费占体育总消费的比重为 73%，而“服饰与鞋类”板块的体育消费占比仅为 27%；

2010～2014 年，日本家庭用于购买“运动用品”和“运动鞋类”的合计消费支出占体育总消费的 40%左右①，由此可见，发达国家体育消费中非实物型体育消费已占据绝对份额。而从目前消费试点城市数据来看，一方面，疫情导致部分服务型体育消费受阻；另一方面，居民本身参与体育活动的程度不深，导致大部分试点城市居民体育消费仍以实物型体育消费为主。但伴随居民健身意识的觉醒和体育旅游等新兴消费的发展，可以预测未来我国居民体育消费的内部结构将发生快速变化。

表 3　2020 年长三角地区体育消费试点城市（区）居民体育消费细项情况

单位：元

消费类别	消费细项	杨浦区	徐汇区	南京市	苏州市	常州市
实物型	运动服装和鞋帽	1030.1	986.5	567.3	552.8	698.1
	运动装备器材	285.7	315.9	156.5	153.5	223.4
	智能体育设备	193.4	198.6	51.5	50.3	102.6
	户外运动装备	197.2	186.8	80.7	80.6	115.9
	运动代餐、补剂、饮品等	106.1	—	—	—	—
	体育期刊、报纸等出版物	—	—	—	—	—
服务型	购买赛事门票(线下观赛)	0.4	68.3	18.7	19.0	30.1
	购买赛事节目(线上观赛)	23.3	70.3	40.7	39.4	18.9
	健身会费及指导费	342.0	573.1	245.7	239.9	263.7
	线上健身指导和咨询	19.2				13.8
	参赛费和报名费	106.1	146.4	28.4	27.9	84.1
	场地和相关器材用品租金	164.3	128.1	112.9	134.0	43.7
	体育培训和教育	197.1	421.5	407.7	419.0	92.6
	运动保健康复	58.1	102.8	308.9	300.5	34.7
	电子竞技消费	—	—	182.0	181.4	85.0
体育旅游、体育彩票及其他	体育旅游	122.5	186.8	224.4	218.7	398.5
	体育彩票	120.5	—	285.9	298.4	344.4
	单位福利或亲朋馈赠	—	—	182.6	179.0	40.9
	其他与体育相关	80.6	201.4	—	—	—

① 马肇国、刘晓蕾：《英、美、日三国居民体育消费现状及对我国的启示》，《南京体育学院学报》（社会科学版）2017 年第 3 期，第 46～51 页。

续表

消费类别	消费细项	宁波市	绍兴市	金华市	合肥市	黄山市
实物型	运动服装和鞋帽	1187.3	575.0	855.6	1055.9	776.9
	运动装备器材	343.6	304.5	428.4	244.4	287.4
	智能体育设备	168.0	274.9	100.8	149.8	104.7
	户外运动装备	144.8	249.5	148.6	36.7	192.6
	运动代餐、补剂、饮品等	—	—	—	—	—
	体育期刊、报纸等出版物	4.2	—	—	—	—
服务型	购买赛事门票(线下观赛)	14.5	94.2	25.2	14.1	9.4
	购买赛事节目(线上观赛)	8.2	48.6	24.9	9.0	7.2
	健身会费及指导费	420.9	607.4	320.1	474.3	188.9
	线上健身指导和咨询					
	参赛费和报名费	29.3		68.7	52.4	17.3
	场地和相关器材用品租金	58.5		61.5	85.4	89.8
	体育培训和教育	84.7	284.5	465.3	115.4	67.1
	运动保健康复	42.1	94.7	102.1	63.0	27.0
	电子竞技消费	47.2	—	—	—	—
体育旅游、体育彩票及其他	体育旅游	47.6	43.6	110.7	80.8	99.1
	体育彩票	58.7	—	—	100.7	54.1
	单位福利或亲朋馈赠	—	—	—	—	—
	其他与体育相关	24.8	—	90.5	146.9	176.1

注：空缺值由相关报告未提及所致。

资料来源：2020 年度长三角地区各国家体育消费试点城市（区）居民体育消费调查报告。

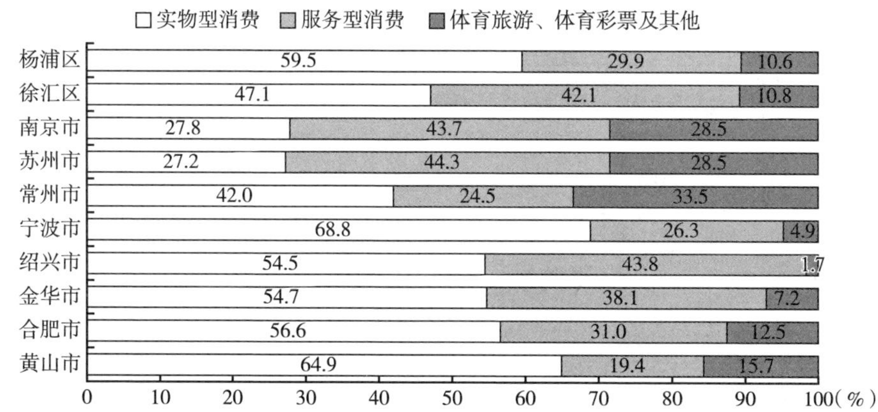

图 2　2020 年长三角地区体育消费试点城市（区）居民体育消费结构情况

注：该图据表 3 制作，未包含各消费试点城市报告中未提及的消费金额。

资料来源：2020 年度长三角地区各国家体育消费试点城市（区）居民体育消费调查报告。

（三）居民体育运动参与情况

居民体育运动项目参与情况可以反映居民体育消费的重点领域和发展阶段，从2020年长三角地区10个体育消费试点城市（区）居民经常参与的运动项目情况来看，跑步/健步走、羽毛球、篮球、户外/登山/徒步等项目是试点城市（区）居民最常参与的运动项目（见表4）。从科尔尼管理咨询公司（A. T. Kearney）于2019年发布的《世界各国参与人数最多的体育运动列表》来看，我国居民主要参与的运动项目前五位分别为健步走、跑步、自行车、爬山、篮球，可以认为长三角地区各试点城市（区）的居民运动程度较高，运动项目的选择也较全国呈现多元化趋势，羽毛球、篮球等对场地设施、运动技能要求相对较高的项目逐渐成为试点城市（区）居民参与运动项目的主流，同时钓鱼、电子竞技等小众运动项目的参与人群也越发广泛，试点城市（区）居民体育活动参与水平逐步向发达国家靠拢。

表4 2020年长三角地区体育消费试点城市（区）居民体育活动参与情况

排序	1	2	3	4	5	6	7	8
杨浦区	跑步、健步走	羽毛球	健身、瑜伽	游泳	跳绳	轮滑、自行车	乒乓球	篮球
徐汇区	跑步、健步走	羽毛球	健身、瑜伽	游泳	乒乓球	轮滑、自行车	户外、登山、徒步	—
南京市	跑步、健步走	篮球	户外、登山、徒步	乒乓球	棋牌类	游泳	羽毛球	—
苏州市	跑步、健步走	篮球	户外、登山、徒步	乒乓球	棋牌类	羽毛球	游泳	轮滑、自行车
常州市	羽毛球	乒乓球	篮球	—	—	—	—	—
宁波市	羽毛球	篮球	户外、登山、徒步	跑步、健步走	健身、瑜伽	游泳	乒乓球	电子竞技
绍兴市	羽毛球	跑步、健步走	篮球	游泳	轮滑、自行车	乒乓球	健身、瑜伽	户外、登山、徒步

续表

排序	1	2	3	4	5	6	7	8
金华市	羽毛球	篮球	户外、登山、徒步	骑自行车	广场舞	游泳	乒乓球	钓鱼
合肥市	羽毛球	跑步、健步走	篮球	户外、登山、徒步	健身、瑜伽	乒乓球	游泳	足球
黄山市	羽毛球	户外、登山、徒步	篮球	跑步、健步走	乒乓球	游泳	足球	健身、瑜伽

注：空缺值由相关报告未提及所致。

资料来源：2020 年度长三角地区各国家体育消费试点城市（区）居民体育消费调查报告。

三 试点城市（区）居民体育消费细项分析

（一）体育用品消费情况

体育用品消费包括居民购买运动服装和鞋帽、运动装备器材、智能体育设备与户外运动装备的消费四项。2020 年，除南京市、苏州市外，其他 8 个体育消费试点城市（区）的居民人均体育用品消费金额均超过 1000 元，杨浦区、徐汇区、宁波市、金华市均超过 1500 元；同时有 7 个城市的体育用品消费占体育总消费的比重超过 40.0%，宁波市、合肥市、黄山市这一比重超过 60.0%，体育用品消费在长三角地区大部分试点城市（区）的居民体育消费中占据核心位置（见表 5）。从具体品类来看，运动鞋和运动服装配饰的消费支出最高，大部分试点城市（区）的运动鞋和运动服装配饰消费在体育用品消费中的占比均过半，包括运动手环、体脂称、帐篷等在内的智能体育设备和户外运动装备的消费吸引能力逐步显现。根据试点城市（区）居民购买体育用品的品类情况进一步分析认为，运动鞋、运动服装配饰是居民主要购买的体育用品品类，特别是运动鞋的购买频次较高，数据显示，过去一年中购买过运动鞋的被调查居民占比在 80.0% 以上；健身器材器械、球类用品、游泳用品和各类智能体育设备的购买频率相对较高，户外运动装备、运动护具和运动康复用品等的购买频率相对较低（见表 6）。

表 5　2020 年长三角地区体育消费试点城市（区）居民人均体育用品消费情况

单位：元，%

城市(区)	运动服装和鞋帽	运动装备器材	智能体育设备	户外运动装备	人均体育用品消费	占体育总消费比重
杨浦区	1030.1	285.7	193.4	197.2	1706.4	56.0
徐汇区	986.5	315.9	198.6	186.8	1687.7	41.9
南京市	567.3	156.5	51.5	80.7	856.0	27.8
苏州市	552.8	153.5	50.3	80.6	837.1	27.2
常州市	698.1	223.4	102.6	115.9	1139.9	37.3
宁波市	1187.3	343.6	168.0	144.8	1843.6	68.7
绍兴市	575.0	304.5	274.9	249.5	1403.8	54.5
金华市	855.6	428.4	100.8	148.6	1533.3	54.7
合肥市	1055.9	244.4	149.8	36.7	1486.8	61.2
黄山市	776.9	287.4	104.7	192.6	1361.5	66.6

注：若分项合计与总计不等，是由数字修约误差或报告未提及所致。

资料来源：2020 年度长三角地区各国家体育消费试点城市（区）居民体育消费调查报告。

表 6　2020 年长三角地区部分体育消费试点城市（区）居民体育用品购买品类情况

单位：%

项目	杨浦区	徐汇区	常州市	宁波市	绍兴市	合肥市	黄山市
运动鞋	82.5	82.6	83.8	95.2	88.2	94.8	93.7
运动服装配饰	61.2	69.0	58.1	73.9	95.2	65.9	65.3
健身器材器械（跑步机、瑜伽垫等）	14.6	16.7	25.0	23.8	28.8	29.9	45.5
球类用品	16.0	15.9	14.8	30.7	22.1	28.3	37.1
户外运动装备（帐篷、睡袋等）	5.8	7.2	9.4	8.3	34.4	6.0	25.0
运动护具（滑雪镜、护腕、护膝等）	8.4	12.1	9.1	7.9	7.8	5.3	7.6
垂钓用品	3.5	5.1	9.6	5.9	5.9	4.2	8.0
骑行运动用品	3.3	4.71	4.4	5.9	10.2	4.0	6.3
运动康复用品（筋膜枪、肌肉贴布、创伤喷剂等）	3.9	2.5	3.1	3.2	3.6	2.1	1.8
游泳用品	11.2	11.6	7.9	11.2	19.2	7.7	9.3
智能体育设备（健身环、运动手表、运动手环、健身魔镜、体脂称等）	14.5	8.8	13.6	13.5	29.4	18.3	16.5
其他	0.9	1.2	1.7	—	—	—	—

注：该表细项数据为调查问卷个案百分比，空缺值由相关报告未提及所致。

资料来源：2020 年度长三角地区各国家体育消费试点城市（区）居民体育消费调查报告。

进一步分析长三角地区体育消费试点城市（区）居民购买体育用品的影响因素，首先从体育用品的产品属性来看，除黄山市未调查该项目外，其他9个试点城市（区）的居民均将质量、实用性、价格依次作为其最为关注的体育用品属性，而产品款式、口碑评价、产品品牌和购买渠道等因素的影响效应较低，可见试点城市（区）居民在购买体育用品过程中更青睐品质务实、性价比高的产品。

从体育用品的购买渠道来看，各试点城市（区）的居民选择网络线上渠道和实体店线下渠道购买体育用品的频率接近，如徐汇区选择线上购买体育用品的人群占比为53.4%，绍兴市选择线上购买体育用品的人群占比为54.0%，常州市选择线上和线下购买体育用品的人群占比分别为44.5%和44.7%，同时常州市两种渠道都有购买的人群占比接近10.0%。与此同时，居民购买具体体育用品品类时，线上和线下渠道出现部分差异，以南京市和苏州市为例，在购买健身器材器械、球类用品、运动护具、骑行运动用品、游泳用品和智能体育设备的过程中，居民更倾向于通过线上渠道购买相关用品，而运动鞋、运动服装配饰等用品的线上和线下的选择差异较大（见图3），一方面可能是居民对运动鞋和运动服装配饰的门店服务、穿着舒适性有一定要求，另一方面线上渠道体育用品的价格更透明、可选择性更高，从而导致了这样的居民选择结果。

此外，《2020年上海市居民体育消费调查报告》[①] 中分析了居民对国内外体育用品的选择和态度差异情况，在对体育用品品牌的选择上，耐克和阿迪达斯是上海市最受欢迎的国外品牌，在国外品牌的选择中分别占比29.4%和26.5%；李宁是最受欢迎的国内品牌，占比28.9%，其次依次是安踏和361°，分别占比17.5%和8.8%。同时国内品牌在质量层面已经有所提升，在看重质量的人群中分别有83.7%、83.1%和82.3%的人选择了361°、安踏和李宁，超越了阿迪达斯和耐克，并在实用性方面较为领先（见图4）。但从品牌力的角度来看，国内品牌与国外相

---

① 《2020年上海市居民体育消费调查报告》为上海市体育局每年开展的居民体育消费动态监测工作成果报告，未对外发布，不属于国家体育消费试点城市的相关报告。

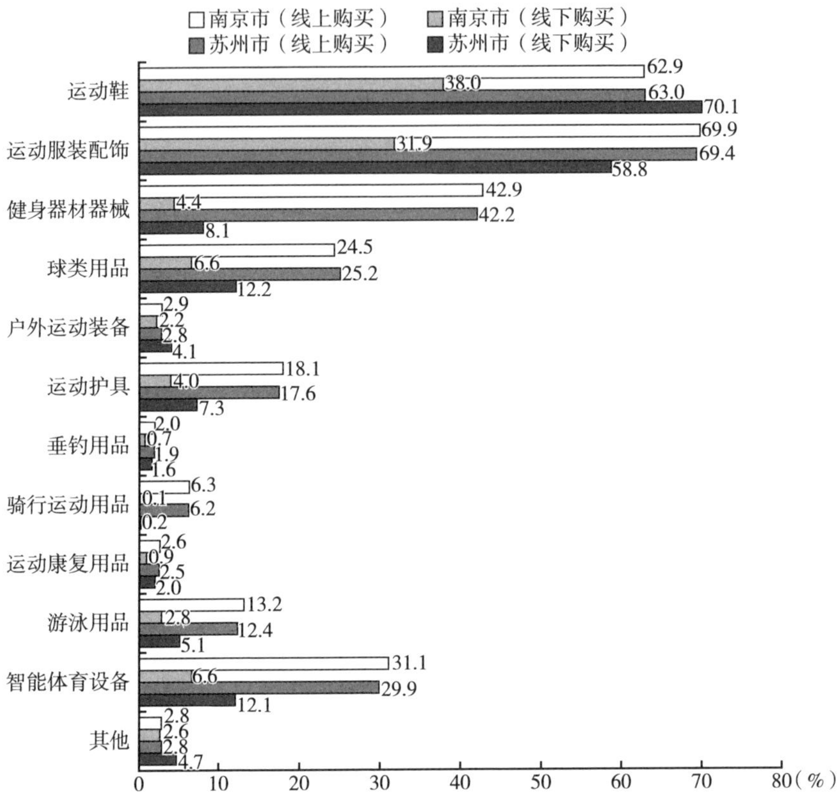

图 3　2020 年南京市、苏州市居民体育用品购买渠道情况

注：该图细项数据为调查问卷个案百分比。

资料来源：2020 年度长三角地区各国家体育消费试点城市（区）居民体育消费调查报告。

比依然存在较大差距，这一点在安踏和斐乐中最能体现，斐乐实际上已经被安踏收购，但是在“看重品牌”这一项中比安踏高出了 8.6 个百分点。

（二）健身休闲消费情况

健身休闲消费是居民体育消费的重要板块，也是服务型体育消费的主要组成部分，受 2020 年新冠肺炎疫情影响，长三角地区消费试点城市（区）居民健身休闲消费（包括健身会费及指导费、线上健身指导和咨询、参赛费和报名费、场地和相关器材用品租金、电子竞技消费五项）除黄山市较低外，其他试点城市（区）均在 450 元以上，徐汇区、杨浦区、合肥市、绍兴市的居民人均健身

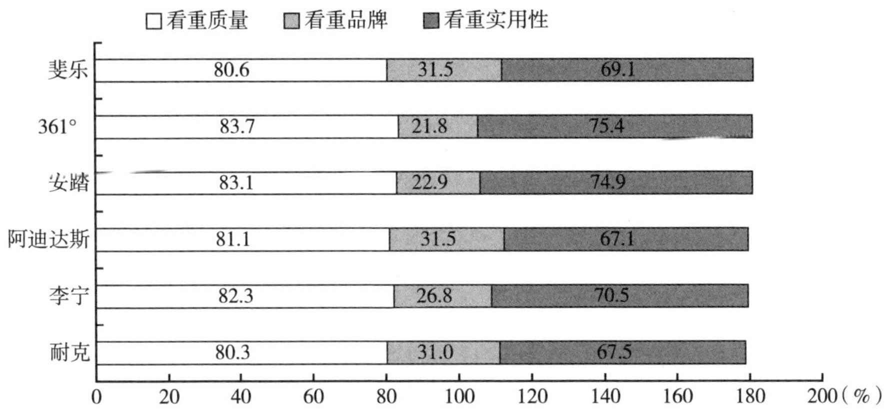

图 4　2020 年上海市居民运动品牌选择意向与因素

资料来源：《2020 年上海市居民体育消费调查报告》。

休闲消费超过 600 元，徐汇区该项人均消费高达 847.6 元，合肥市、绍兴市、徐汇区、宁波市和杨浦区该项目占体育总消费的比重超过 20%（见表 7），但与体育用品消费板块相比，居民健身休闲消费的规模和人均消费均较低。

表 7　2020 年长三角地区体育消费试点城市（区）居民人均健身休闲消费情况

单位：元，%

城市（区）	健身会费及指导费	线上健身指导和咨询	参赛费和报名费	场地和相关器材用品租金	电子竞技消费	人均健身休闲消费	占体育总消费比重
杨浦区	342.0	19.2	106.1	164.3	—	631.6	20.7
徐汇区	573.1		146.4	128.1	—	847.6	21.1
南京市	245.7		28.4	112.9	182.0	569.0	18.5
苏州市	239.9		27.9	134.0	181.4	583.1	19.0
常州市	263.7	13.8	84.1	43.7	85.0	490.2	16.1
宁波市	420.9		29.3	58.5	47.2	555.9	20.7
绍兴市	607.4				—	607.4	23.6
金华市	320.1		68.7	61.5	—	450.2	16.1
合肥市	474.3		52.4	85.4	—	612.1	25.2
黄山市	188.9		17.3	89.8	—	296.0	14.5

注：空缺值由相关报告未提及所致；若分项合计与总计不等，是由数字修约误差或报告未提及所致。

资料来源：2020 年度长三角地区各国家体育消费试点城市（区）居民体育消费调查报告。

进一步分析健身休闲消费细项情况，根据三体云动发布的《2020 中国健身行业数据报告》，受疫情影响，截至 2020 年 12 月我国健身门店数量相较 2019 年底下滑了 11.1%①，但从此次居民消费调查报告来看，居民用于线上和线下健身指导服务的消费依然是居民健身休闲消费的主要部分，占居民健身休闲消费的一半以上，同时 2020 年底我国健身会员达到 7029 万人，较上年增加 217 万人（增幅达 3.2%），健身人口渗透率接近 5.0%，未来我国健身消费市场发展潜力巨大。随着居民居家化、线上化健身趋势越发显著，线上健身服务消费也逐步兴起，杨浦区、常州市对线上健身指导和咨询服务的调查显示，居民该项消费分别达到 19.2 元和 13.8 元，特别是疫情以来移动端健身休闲 App 成为居家健身好帮手。统计结果显示，2020 年有 27.3% 的杨浦区居民使用过互联网健身 App，其中 Keep 的使用率最高，占比达到 41%（见图 5）。

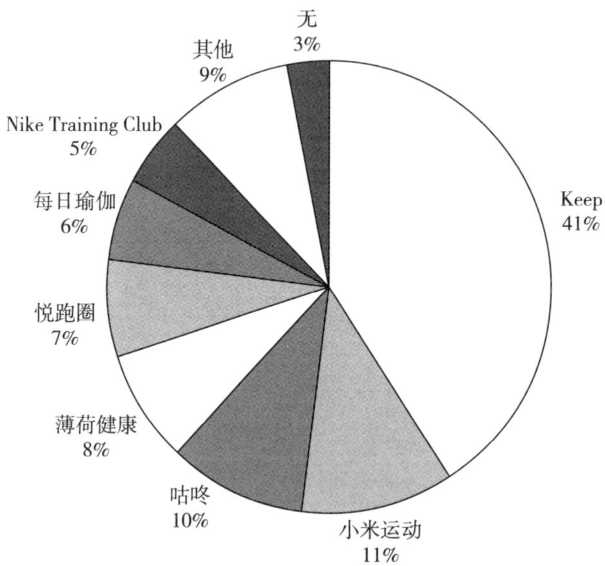

图 5　2020 年杨浦区居民互联网健身 App 使用偏好情况

注：“其他”含悦动圈、Fit 私人健身教练、猫扑运动等。

资料来源：2020 年度杨浦区国家体育消费试点城市（区）居民体育消费调查报告。

① 三体云动数据中心：《2020 中国健身行业数据报告》，https://www.styd.cn/site/energize/data-center.html。

参赛费和报名费在一定程度上体现了区域居民体育赛事活动的参与程度，2020 年上海市倡导线上线下融合的科学健身方式，举办线上线下相结合的第三届市民运动会，共举办赛事活动约 7100 场，吸引 1093 万人次参与。[①] 得益于此，杨浦区和徐汇区居民用于参赛费和报名费的人均消费均超过 100.0 元，徐汇区居民此项消费达到 146.4 元，体育赛事活动对居民体育消费的吸引能力初步显现。此外，作为体育消费新领域，电子竞技消费随着新兴消费观念和体育活动参与形态的改变应运而生，南京市、苏州市居民的人均电子竞技消费分别达到 182.0 元和 181.4 元，电子竞技消费市场潜力巨大。

（三）体育观赛消费情况

在新冠肺炎疫情影响下，长三角地区国际重大体育赛事纷纷停摆，居民观赛消费快速收缩。2020 年，除徐汇区、绍兴市、常州市、金华市外，长三角地区其他消费试点城市（区）居民购买线下赛事门票的人均消费支出均低于 20.0 元。与此同时，随着线上体育内容和传媒产品的快速兴起，居民购买线上赛事节目直播/录播及体育文化传媒产品的消费有所增长，徐汇区、南京市、苏州市、绍兴市居民的此项消费均接近或超过 40.0 元。总体来看，试点城市（区）居民体育观赛消费在体育总消费中的占比在 5.5% 及以下的范围内浮动（见表 8）。

表 8　2020 年长三角地区体育消费试点城市（区）居民人均体育观赛消费情况

单位：元，%

城市（区）	购买赛事门票（线下观赛）	购买赛事节目（线上观赛）	人均体育观赛消费	占体育总消费比重
杨浦区	0.4	23.3	23.7	0.8
徐汇区	68.3	70.3	138.5	3.4
南京市	18.7	40.7	59.4	1.9
苏州市	19.0	39.4	58.4	1.9

① 《疫情刺激市民锻炼需求：沪 2020 年经常参加体育锻炼人口比例提升 2 个百分点》，东方网，2021 年 6 月 29 日，http：//n. eastday. com/pnews/1624960908770128666。

续表

城市(区)	购买赛事门票（线下观赛）	购买赛事节目（线上观赛）	人均体育观赛消费	占体育总消费比重
常州市	30.1	18.9	49.0	1.6
宁波市	14.5	8.2	22.8	0.8
绍兴市	94.2	48.6	142.8	5.5
金华市	25.2	24.9	50.1	1.8
合肥市	14.1	9.0	23.1	1.0
黄山市	9.4	7.2	16.6	0.8

注：若分项合计与总计不等，是由数字修约误差或报告未提及所致。

资料来源：2020 年度长三角地区各国家体育消费试点城市（区）居民体育消费调查报告。

观赏型体育消费长期以来都是体育消费的重要组成部分，2019 年上海市举办了 F1 中国大奖赛、国际田联钻石联赛上海站、世界斯诺克上海大师赛、ATP1000 大师赛、DOTA2 国际邀请赛（Ti9）等众多国际顶级赛事，在诸多大赛吸引下，2019 年上海市居民体育消费调查中有 26% 的人花钱到现场看过比赛，现场观赛人群的人均现场观赛消费额达到741 元①，国际顶级赛事促进了体育旅游和观赛消费市场的蓬勃发展。目前长三角地区上海市、南京市、杭州市等多市提出打造国际级体育赛事名城，未来长三角地区将成为国际顶级体育赛事的集聚区，体育观赛消费市场将迎来新的发展阶段。

（四）体育培训消费情况

体育培训和教育服务是推动群众特别是青少年群体掌握体育运动技能、培养终身运动消费习惯的重要抓手。2019 年，《体育总局　发展改革委关于印发〈进一步促进体育消费的行动计划（2019—2020 年）〉的通知》（体经字〔2019〕13 号）明确提出大力发展体育培训市场；2020 年，国家体育总局和教育部共同发布《关于深化体教融合　促进青少年健康发展的意见》

① 资料来源：《2019 年上海市居民体育消费调查报告》。

（体发〔2020〕1号），进一步支持社会体育组织为学校体育活动提供指导，体育培训和教育服务成为推动体育消费市场发展的新动能。从长三角地区各试点城市（区）居民体育培训和教育消费情况来看，2020年，徐汇区、金华市、南京市、苏州市和绍兴市居民的体育培训和教育消费占体育总消费的比重超过10.0%，金华市最高，达到16.6%，体育培训和教育消费已成为上述试点城市（区）居民体育消费的重要组成部分（见表9）。

表9　2020年长三角地区体育消费试点城市（区）居民人均体育培训和教育消费情况

单位：元，%

城市(区)	人均体育培训和教育消费	占体育总消费比重
杨浦区	197.1	6.5
徐汇区	421.5	10.5
南京市	407.7	13.2
苏州市	419.0	13.6
常州市	92.6	3.0
宁波市	84.7	3.2
绍兴市	284.5	11.0
金华市	465.3	16.6
合肥市	115.4	4.8
黄山市	67.1	3.3

注：若分项合计与总计不等，是由数字修约误差或报告未提及所致。

资料来源：2020年度长三角地区各国家体育消费试点城市（区）居民体育消费调查报告。

从试点城市（区）居民在体育培训和教育服务中选择的主要运动项目来看，居民为自身或子女选择的培训项目丰富多元，羽毛球、游泳和篮球是培训热门，其次是瑜伽、体育舞蹈/街舞/热舞操、足球等，轮滑/平衡车/自行车、乒乓球、网球等培训项目选择人数也较多（见表10）。此外，根据杨浦区的居民培训项目调查结果，跳绳、帆船/皮划艇、击剑、马术、少儿体适能、冰雪等时尚运动项目培训逐步兴起，在一定程度上反映了都市时尚运动项目产业蓬勃发展的势头。从培训环境的选择偏好来看，消费试点城市（区）的居民均将环境设施作为其选择培训服务机构的首要考虑因素，师资质量、地理位置和时间安排为次要考虑因素（见表11）。由此可见，居民在选择体育培训与教育服务时，相较于价格高低、口碑评价等因素，更关注培训机构的服务质量和参与便利性，这在一定程度上也反映出居民参与体育培训活动时品质为先的消费理念。

表10　2020年长三角地区部分体育消费试点城市（区）居民体育培训参与情况

排序	1	2	3	4	5	6
杨浦区	羽毛球	游泳	瑜伽	篮球	足球	体育舞蹈、街舞、热舞操
徐汇区	游泳	羽毛球	乒乓球	篮球	轮滑、平衡车、自行车	瑜伽
南京市	游泳	羽毛球	体育舞蹈、街舞、热舞操	篮球	瑜伽	网球
苏州市	游泳	羽毛球	篮球	体育舞蹈、街舞、热舞操	瑜伽	网球
常州市	羽毛球	乒乓球	篮球	游泳	瑜伽	足球
宁波市	篮球	羽毛球	游泳、潜水	瑜伽	足球	
绍兴市	羽毛球	游泳	篮球	瑜伽	乒乓球	足球
金华市	羽毛球	游泳	篮球	体育舞蹈、街舞、热舞操	瑜伽	轮滑、平衡车、自行车
合肥市	羽毛球	篮球	游泳	—	—	—

注：空缺值由相关报告未提及所致。

资料来源：2020年度长三角地区各国家体育消费试点城市（区）居民体育消费调查报告。

表11　2020年长三角地区部分体育消费试点城市（区）居民体育培训偏好情况

排序	1	2	3
杨浦区	环境设施	地理位置	师资质量
徐汇区	环境设施	师资质量	地理位置
南京市	环境设施	师资质量	口碑评价 = 时间安排
苏州市	环境设施	师资质量	地理位置
常州市	环境设施	地理位置	时间安排
宁波市	环境设施	师资质量	地理位置
绍兴市	环境设施	师资质量	地理位置
金华市	环境设施	师资质量	时间安排
合肥市	环境设施	地理位置	师资质量

资料来源：2020年度长三角地区各国家体育消费试点城市（区）居民体育消费调查报告。

四　试点城市（区）居民体育消费分层差异

（一）城乡差异情况

城镇化是新时代结构性转型期经济增长的重要引擎，是高质量发展的关键目标和实现载体，与包括体育消费在内的居民最终消费支出密切关联并且越发突出。在宏观层面，规模经济使城市在体育产品和体育基础设施的供给、居民收入等方面领先于农村；在微观层面，更大的人群密度以及更发达的通信网络使城市居民的体育消费决策更容易影响其他人，消费促进措施更为有效。从有城乡对比的试点城市（区）调查结果来看，试点城市（区）城镇居民人均体育消费均超过 2500 元，高于同城市（区）农村居民，其中南京市、苏州市、常州市、宁波市城镇居民人均体育消费接近 3000 元，而绍兴市和金华市则已突破 3000 元大关，分别达到 3063.5 元和 3196.6 元（见图 6）。

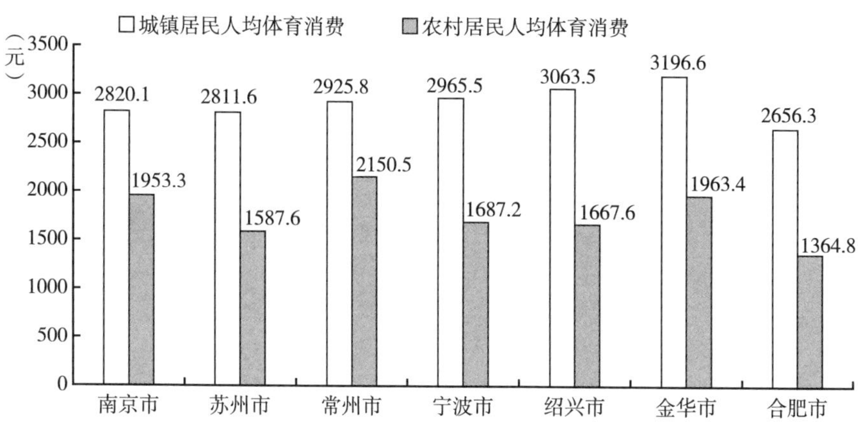

图 6　2020 年长三角地区部分体育消费试点城市城乡居民人均体育消费差异情况

资料来源：2020 年度长三角地区各国家体育消费试点城市（区）居民体育消费调查报告。

（二）性别差异情况

男性是长三角地区体育消费试点城市（区）居民体育消费主力。调查显示，除杨浦区以外，其他试点城市（区）男性人均体育消费均高于女性，其中徐汇区的男性人均体育消费已超过4000元（见图7）。但是，随着女性经济和社会地位的逐步提高，女性消费意识逐步觉醒，女性经济逐渐成为我国各行各业重点开发和培育的新领域。对于体育产业而言，女性拥有注重身材管理、渴望健康的生活方式以及释放生活工作压力等诸多诉求，使得女性体育消费与男性差距逐步缩小，成为体育产业发展的强劲增量。徐汇区、苏州市和绍兴市的男女人均体育消费差距已小于400元；杨浦区18～59岁女性人均体育消费则反超男性，在体育用品、健身俱乐部/健身会所、线上健身指导和咨询服务、体育培训和教育服务、运动代餐/补剂/饮品等方面的消费超过男性（见图8）。

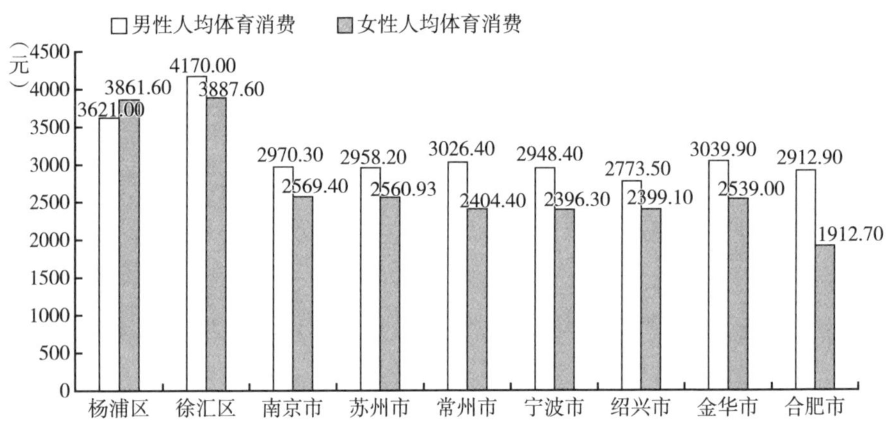

图7　2020年长三角地区部分体育消费试点城市（区）不同性别居民人均体育消费差异情况

注：除杨浦区择取18～59岁年龄段不同性别居民体育消费情况外，其他体育消费试点城市（区）均采用全年龄段居民数据。

资料来源：2020年度长三角地区各国家体育消费试点城市（区）居民体育消费调查报告。

（三）年龄段差异情况

徐汇区、南京市、苏州市、常州市、宁波市、合肥市等大部分试点城市（区）居民的年龄和体育消费水平呈现“中间高、两头低”的关系，即18

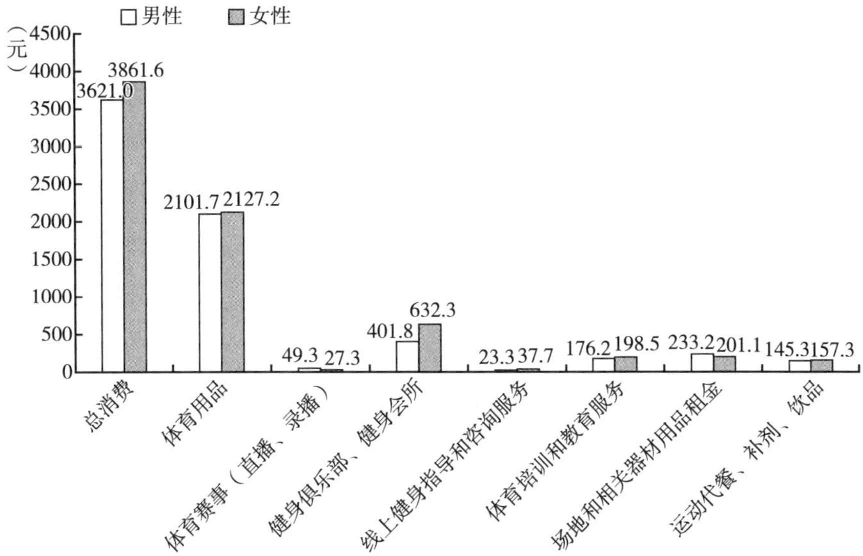

图 8　2020 年杨浦区 18～59 岁不同性别居民部分人均消费情况

资料来源：2020 年度杨浦区国家体育消费试点城市（区）居民体育消费调查报告。

岁以下居民和 60 岁及以上居民人均体育消费相对较低，中间段 18～59 岁居民人均体育消费最高（见表 12）。杨浦区、绍兴市和金华市 18 岁以下居民消费则超过其他年龄段，体现出该试点城市（区）父母对青少年身体素质和综合能力的重视。

表 12　2020 年长三角地区部分体育消费试点城市（区）不同年龄段居民人均体育消费情况

单位：元

年龄段	杨浦区	徐汇区	南京市	苏州市	常州市
18 岁以下	3979.7	6039.2	2777.4	2663.2	2225.5
18～59 岁	3890.6	6113.1(18～34 岁) 4846.7(35～59 岁)	2895.0(18～34 岁) 2922.9(35～44 岁) 3015.3(45～59 岁)	2934.5(18～34 岁) 2999.7(35～44 岁) 2954.5(45～59 岁)	2678.5(18～25 岁) 3373.5(26～40 岁) 2248.1(41～65 岁)
60 岁及以上	1224.8	1372.5	1800.5	1798.6	1457.3 (65 岁及以上)

续表

年龄段	宁波市	绍兴市	金华市	合肥市
18 岁以下	1949.3(19 岁以下)	2723.3	3572.4	1571.3(15 岁以下) 1992.6(15~17 岁)
18~59 岁	2619.8(19~29 岁) 2917.7(30~39 岁) 3005.0(40~49 岁) 2582.5(50~59 岁)	2533.7(18~34 岁) 2651.4(35~59 岁)	2687.1(18~25 岁) 3549.4(26~35 岁) 3103.0(36~45 岁) 2627.7(46~55 岁) 1630.6(56~65 岁)	3358.8(18~34 岁) 2893.0(35~44 岁)
60 岁及以上	1383.8	1550.4	943.1(65 岁以上)	835.3(45 岁及以上)

资料来源：2020 年度长三角地区各国家体育消费试点城市（区）居民体育消费调查报告。

（四）收入水平差异情况

体育产业是收入需求弹性较高的产业，体育消费属于需求层次较高的消费，与个人的收入存在密切联系。如图 9 所示，所有试点城市（区）都呈现收入越高，体育消费水平越高的特点。此外，除了消费能力较强以外，高收入人群的消费热情也持续向好。根据徐汇区的调查，年收入在 10 万元及以上的群体中，有 41.2% 愿意在未来一年体育消费超过 3000 元，其中 22.3% 愿意至少花费 5000 元。与之相对，年收入在 5 万元以下的群体中，仅有 15.6% 愿意在未来一年体育消费超过 3000 元，其中 7.7% 愿意至少花费 5000 元（见图 10）。

a. 徐汇区

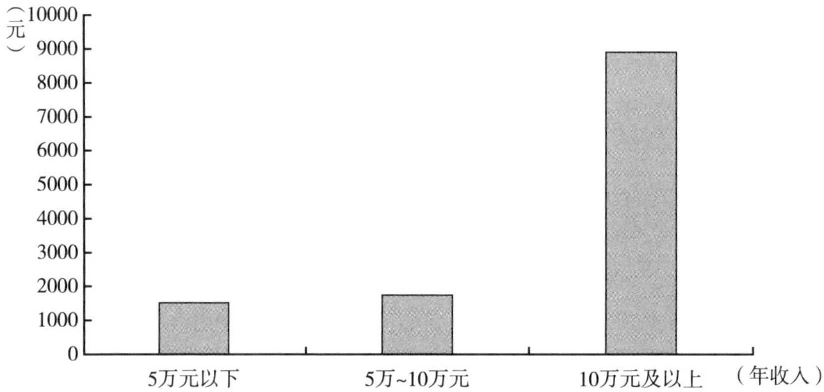

b. 南京市

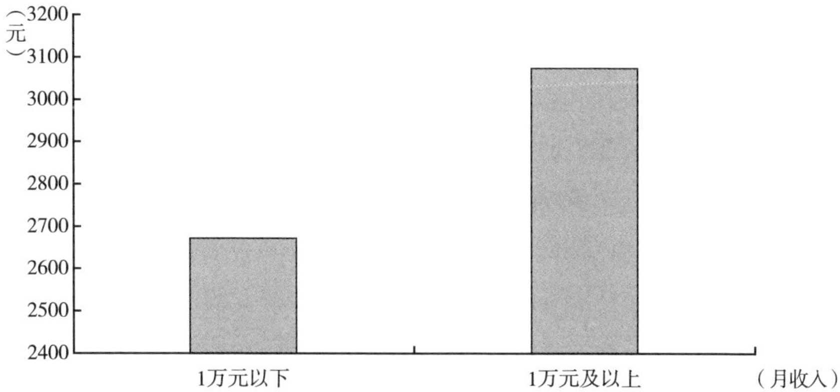

c. 苏州市

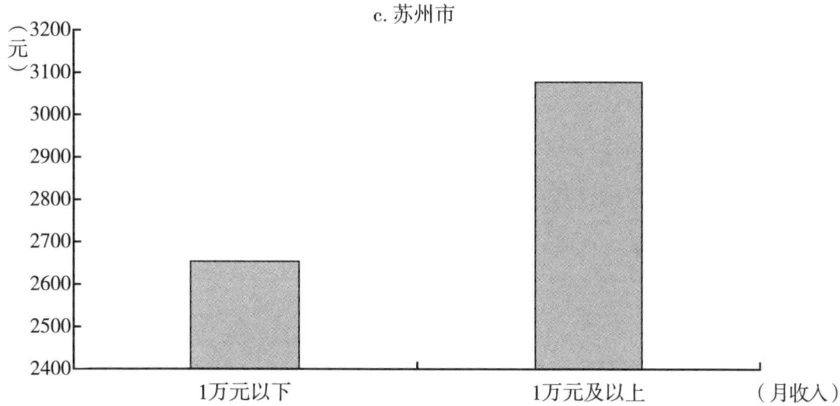

d. 常州市

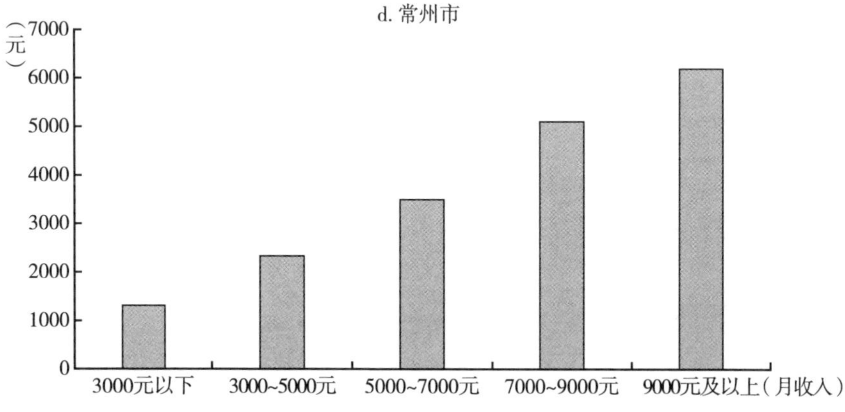

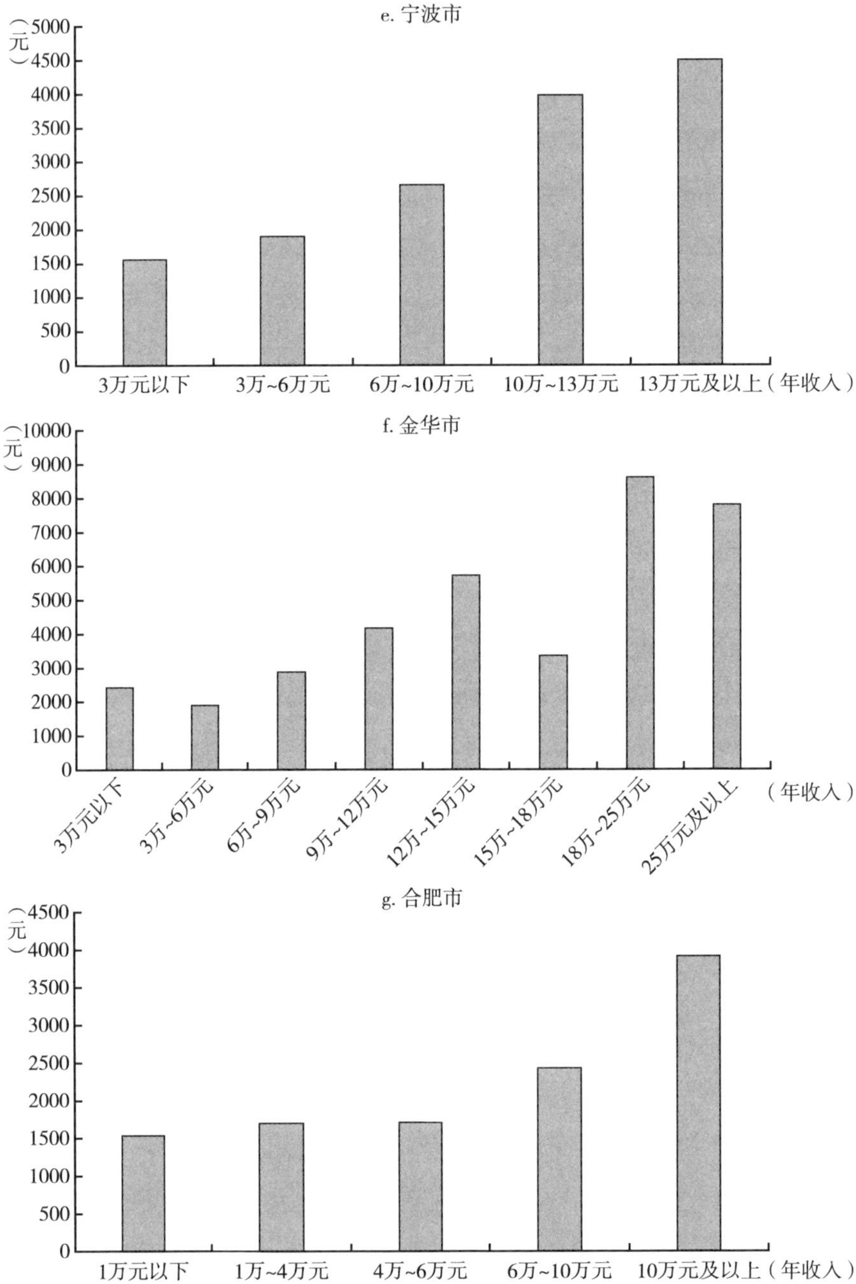

图 9　2020 年长三角地区部分体育消费试点城市（区）不同收入居民人均体育消费差异情况

资料来源：2020 年度长三角地区各国家体育消费试点城市（区）居民体育消费调查报告。

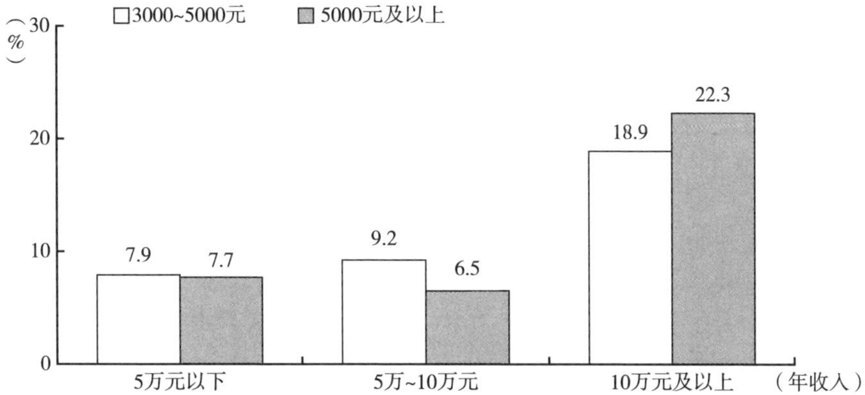

图 10　徐汇区不同收入人群未来一年预计体育消费规模

资料来源：2020 年度徐汇区国家体育消费试点城市（区）居民体育消费调查报告。

（五）职业差异情况

2020 年长三角各试点城市（区）居民在不同职业之间呈现显著的差异性。从职业来看，政府机关在职人员、事业单位在职人员和企业在职人员的居民人均体育消费（除体育彩票）明显较高（见图 11）。其中，常州市和金华市的政府机关在职人员体育消费均已超过 4000 元；苏州市和常州市在校学生的人均体育消费均低于自由职业群体；退休人员的体育消费水平在 4 个城市中均垫底。

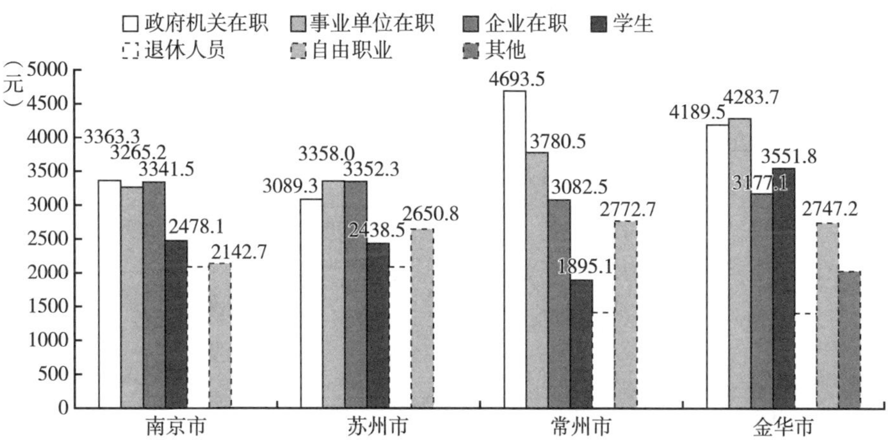

图 11　2020 年长三角地区部分体育消费试点城市不同职业居民人均体育消费差异情况

资料来源：2020 年度长三角地区各国家体育消费试点城市（区）居民体育消费调查报告。

（六）受教育程度差异情况

从受教育程度来看，在杨浦区、南京市、苏州市、常州市、宁波市、绍兴市、金华市和合肥市等大多数试点城市（区），随着学历的增加，人均体育消费呈现逐渐上升的趋势（见图12）。其中，以南京市、苏州市和常州市为代表，南京市和苏州市学历为高中及以下居民的电子竞技消费、体育教育培训费用最高（除体育用品消费外），这主要是由学生群体所致；3个城市研究生学历人群的体育用品、体育健身休闲、体育旅游消费最高，且主要支出在会员费方面（见表13）。

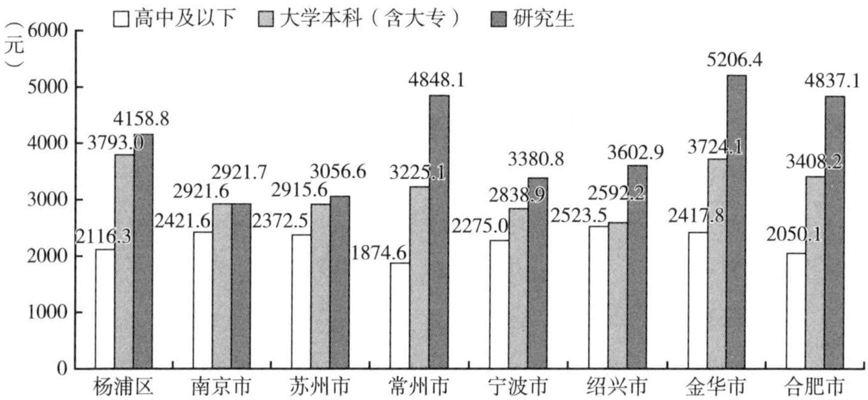

图12　2020年长三角地区部分体育消费试点城市（区）不同受教育程度居民人均体育消费差异情况

资料来源：2020年度长三角地区各国家体育消费试点城市（区）居民体育消费调查报告。

表13　2020年南京市、苏州市、常州市不同受教育程度居民体育消费细项情况

单位：元

具体项目	南京市			苏州市			常州市		
	研究生	大学本科（含大专）	高中及以下	研究生	大学本科（含大专）	高中及以下	研究生	大学本科（含大专）	高中及以下
体育用品消费	1211.8	1016.6	937.6	1215.3	1023.5	849.1	2349.8	1856.32	1217.9
体育健身休闲消费	903.7	415.1	104.5	874.6	428.4	182.9	1112.3	567.2	188
体育观赛消费	46.6	70.5	37.0	50.4	70.7	33.2	108.0	64.0	25.0

续表

具体项目	南京市			苏州市			常州市		
	研究生	大学本科（含大专）	高中及以下	研究生	大学本科（含大专）	高中及以下	研究生	大学本科（含大专）	高中及以下
体育教育培训消费	150.0	427.8	463.3	299.2	401.9	498.3	214.5	118.3	50.0
体育旅游	242.5	229.2	204.7	249.2	230.4	181.8	844.4	400.8	308.2
运动保健康复	130.8	361.5	250.4	131.8	359.5	222.8	67.4	36.7	29.5
电子竞技消费	129.9	133.6	324.6	127.3	134.0	307.4	122.9	127.5	27.4
单位福利发放或亲朋馈赠	49.5	260.8	41.4	49.7	256.7	45.5	28.8	51.2	28.7
除以上方面消费	57.0	6.5	58.1	59.2	10.6	51.6	0	0	0
总额	2921.8	2921.6	2421.6	3056.7	2915.7	2372.6	4848.1	3185.32	1874.7

注：若总额与分量合计尾数不等，是由数值修约误差所致。

资料来源：2020年度长三角地区各国家体育消费试点城市（区）居民体育消费调查报告。

五　试点城市（区）主要经验举措

（一）健全工作机制

国家体育消费试点城市名单公布以来，长三角地区各试点城市积极响应国家体育总局的号召，通过出台消费促进相关文件、建立专项工作团队等措施做好试点统筹工作。

从政策配套情况来看，各市（区）均通过发布工作方案、实施方案的形式部署消费试点工作（见表14）。从方案内容来看，各市（区）均明确提出试点周期内体育消费发展的总体目标和任务举措，居民人均体育消费支出、新增体育场地面积、体育赛事活动数量、经常参加体育锻炼的人数比例是各市（区）重点设计的指标内容；在总体目标部分，多个市（区）提出市场主体活力、产品和服务供给、消费市场环境等方面的目标，由此也可以看出各市（区）将以社会力量为主体的体育产品和服务供给体系作为发展居民体育消费的关键一环；在任务举措部分，壮大体育人口、丰富体育消费业态、拓展体育消费空间、完善体育场地保障、优化营商环境是各市（区）未来重点发展的领域，同时方案均明确指出各项任务的牵头部门与配合部门，统筹成立消费试点城市建设工作领导小组，进一步加快政策落地。如绍兴市制定任务责任清单和工作绩效评价标准，每半年对主要指标、重点任务、项目效果进行评估；金华市编制试点工作三年行动计划，分年度对 21 项工作目标予以推进。

表 14　长三角地区部分国家体育消费试点城市（区）政策配套情况

城市(区)	方案名称
杨浦区	《上海市杨浦区国家体育消费试点城市工作方案》
徐汇区	《上海市徐汇区推进国家体育消费试点城市建设实施方案》
南京市	《南京市建设国家体育消费试点城市工作实施方案》
苏州市	《苏州市推进国家体育消费试点城市建设实施方案》
宁波市	《宁波市推进国家体育消费试点城市建设实施方案》
绍兴市	《绍兴市建设国家体育消费试点城市工作方案》
金华市	《金华市创建国家体育消费试点城市实施方案》
合肥市	《合肥市开展国家体育消费试点城市工作实施方案》
黄山市	《黄山市建设国家体育消费试点城市工作方案》

资料来源：杨浦区、徐汇区材料由上海市体育局提供；南京市体育局：《市政府办公厅关于印发南京市建设国家体育消费试点城市工作实施方案的通知》，2021 年 3 月 23 日，http：//sports. nanjing. gov. cn/njstyj/202103/t20210323_ 2856927. html；苏州市人民政府：《市政府关于印发苏州市推进国家体育消费试点城市建设实施方案的通知》，2021 年 4 月 30 日，http：//www. suzhou. gov. cn/szsrmzf/zfwj/202105/547f1252722e4cbf82b4d9b3bb5aebc5. shtml；宁波市人民政府：《宁波市人民政府办公厅关于印发宁波市推进国家体育消费试点城市建设实施方案的通知》，2021 年 5 月 27 日，http：//www. ningbo. gov. cn/art/2021/5/27/art_ 1229533140_ 1648733. html；绍兴市人民政府：《绍兴市人民政府办公室关于印发绍兴市建设国家体育消费试点城市工作方案的通知》，2021 年 3 月 18 日，http：//www. sx. gov. cn/art/2021/3/18/art_ 1229265242_ 1786586. html；金华市人民政府：《关于印发〈金华市创建国家体育消费试点城市实施方案〉的通知》，2020 年 12 月 31 日，http：//www. jinhua. gov. cn/art/2020/12/31/art_ 1229160383_ 1714850. html；合肥市人民政府：《合肥市人民政府办公室关于印发合肥市开展国家体育消费试点城市工作实施方案的通知》，2021 年 3 月 22 日，http：//www. hefei. gov. cn/xxgk/zcwj/szfwj/106284749. html；黄山市人民政府：《黄山市人民政府办公室关于印发建设国家体育消费试点城市工作方案的通知》，2021 年 4 月 3 日，http：//mzj. huangshan. gov. cn/zwgk/public/6615714/10228687. html。

（二）壮大体育人口

体育人口、运动习惯、场地设施、健身活动与组织等共同筑牢了体育消费市场的基石。从试点城市消费调查中居民经常参与的运动项目来看，路跑、健步走、羽毛球等排名靠前，与发展中国家相比，发达国家绝大多数居民擅长多项运动项目，特别是足球、自行车、橄榄球、水上运动等对场地设施、运动技能等要求相对较高的项目，居民参与比例比较高。

一方面，长三角地区体育消费试点城市从运动项目着手，积极在城市/社区等多级举办羽毛球、篮球、乒乓球、游泳、网球、健身气功、广场舞等群众喜闻乐见、参与度高的活动，以活动激发居民体育消费热情，如绍兴市广泛开展游泳、足篮排、乒羽网等普及程度高的运动项目技能培训和等级评定，通过政府购买服务的形式，引导各类体育企业、协会、俱乐部提供免费或低收费培训服务，推动大众体育培训市场繁荣发展，同时组织开展“社区运动会”等群众身边的体育活动，形成“运动健康、消费健身”社会风尚；宁波市推出了“一人一技”“全民健身大讲堂”等体育公益培训品牌，免费发放游泳、网球等培训班消费券，有效地引导市民学习体育技能，参与体育培训消费。另一方面，加强宣传推广，如合肥市利用电视、网络直播、“运动合肥”App 等媒介专题专栏宣传体育消费理念，营造良好体育消费氛围。宁波市结合各辖区群众收入、体育消费意愿，因地施策，统筹发展，如北仑区与江北区群众收入高，体育消费意愿充足，人均体育消费额度大，应从多元化、定制化、高端化体育服务的供给角度着手推进；海曙区、镇海区、鄞州区群众收入高，体育消费意愿相对不足，应从加大健身宣传、体质监测力度角度，结合消费券等短期的消费刺激政策，培养居民健身消费观念；体育消费意愿和可支配收入相对较低的区域，可同时采取消费刺激政策以及产业发展政策，双管齐下促进体育消费增长。

（三）拓展消费场景

体育消费场景是有效连接体育产品或服务与消费者、普遍体育需求与实际消费需求的纽带，加快推动体育健身场地、体育观赛场地等传统运动空间向承载和吸引体育消费的空间转换，形成新的体育消费体验场景是新时期推动居民体育消费的重要抓手。长三角地区体育消费试点城市在体育消费场景创新中采用了空间与时间统筹推进的手段。

在体育消费空间场景营造方面，一是持续改造城市传统体育休闲场所，打造城市体育服务综合体、体育公园等体育消费新空间，2021 年 5 月上海市体育局出台《关于推进都市运动中心新型体育服务综合体建设的意见》（沪体群〔2021〕79 号），通过对园区型、商区型、户外型三类都市运动中心的业态布局和功能引导，形成体育消费新空间建设标准，同时提出未来实现全市 16 个区都市运动中心全覆盖的目标，目前徐汇区、杨浦区的徐家汇体育公园和杨浦区体育活动中心即属于此类都市运动中心；二是打造户外运动消费新场景，黄山市持续推动太平湖运动休闲基地、歙县桂林网球运动基地等户外运动基地建设，依托基地布局山地户外、水上运动等消费引领性强、覆盖范围广、特色鲜明的体育运动项目，将基地打造成集运动、休闲、文化、健康、旅游、养老、教育等多种功能于一体的体育消费新空间。在体育消费时间场景营造方面，各试点城市利用国家大力发展夜经济的契机，探索休闲运动夜经济、体育观赛夜经济等新场景。如徐汇区举办“上海运动之夜”暨徐汇区体育消费嘉年华活动，活动既有斯伯丁光影系列篮球、舒华智能跑步机、东方体育智能跳绳等知名运动品牌的新品发布会，也有冰雪、电竞、柔道、拳击等时尚体育培训项目的互动体验，为消费者提供了丰富的体育消费选择。合肥市在体育公园、广场、商业街区开展篮球、荧光夜跑、轮滑等特色突出、观赏性强的夜间群众体育活动，同时开展“体育夜市”等专场活动，撬动夜间体育经济。

（四）搭建数字平台

随着政府“数智化”转型力度的不断加大，线上公共体育服务平台成为长三角地区体育消费试点城市着重推进的“数字体育”重点项目。从目前各类平台来看，线上公共体育服务平台承担了宣传推广、信息咨询、赛事承办、消费积分等众多板块功能，成为政府主导推动体育消费便利化的重要阵地。

一是线上公共体育服务平台承担了传统宣传矩阵的功能作用，积极推介科学健身、体育消费、运动答疑等相关信息，培养大众消费意识，如宁波市根据供给侧需求逐步优化“体育宁波”公共服务信息平台，提供智能导航指示、运动健身建议等服务，使该平台成为普及推广全民健身、推动体育产业信息化的重要抓手。二是部分城市配套搭建了全民健身电子地图，完善场馆查询、场馆预订、在线支付、在线约球等全流程运动休闲服务，如南京市打造公共体育器材电子地图“宁体汇”App、杨浦区绘制“韵动杨浦”全民健身电子地图、绍兴市以体育场馆为中心建立体育消费平台“绍兴体育”App。三是通过统筹居民运动大数据，建立“运动积分促消费”体系。金华市与国内互联网龙头企业深度合作，共同研发打造“金华运动银行”服务平台，通过推动全市体育场馆、运动休闲场地和健身器材数字化、智慧化改造，实现运动健康全流程大数据采集；同时，鼓励居民参与健身获取“运动卡路里币”并用于体育及衍生领域的消费，串联运动休闲参与、体育用品销售和体育消费权益保护，打造全新的“全民健身+体育消费”数字生态圈。

（五）促进融合消费

随着体育与旅游、教育、时尚等行业的融合不断加深，体育消费的内涵丰富与外延拓展不断加快，新热点、新模式层见叠出，为推动体育消费高质量发展提供了不竭动力。长三角地区自然资源丰富、文化底蕴深厚、运动康养行业发展基础较好，各试点城市在持续推动“体育+”“+体育”中涌现出一批突出成果。

在体育旅游消费创新方面，黄山市依托迷人的自然风光旅游资源、深邃的人文古迹旅游资源、传统的民俗体育项目等，重点推出“黄山十条体育旅游精品线路”和“黄山十大体育旅游精品目的地”，打开了汽车自驾消费市场，同时利用中国黄山登山、骑行、论剑、越野、水上五大自主品牌系列赛事，丰富体育赛事供给，引导赛事参与型和观赏型消费快速发展。在体教融合消费创新方面，苏州市体育局和苏州市教育局联合发布《关于印发加强苏州市青少年体育工作的指导意见的通知》，并正式启动“献礼建党百年　运动一夏享补贴”线上青少年专项活动，目前苏州市青少年体育类培训机构已纳入体育惠民消费行动定点单位，面向苏州市 18 岁以下青少年发放惠民补贴达百万元，有力地吸引了更多孩子走进体育场馆、培养运动爱好。在体育用品时尚消费创新方面，徐汇区充分利用阿迪达斯、露露乐蒙、哥伦比亚等知名运动装备品牌总部集聚优势，举办体育装备新品首发首秀活动、时尚体育周等节庆活动，进一步激活时尚、潮流的体育运动装备消费市场，促进时尚体育消费发展。

参考文献

黄海燕：《走向强国：新时代体育产业》，社会科学文献出版社，2021。

黄海燕、朱启莹：《中国体育消费发展：现状特征与未来展望》，《体育科学》2019 年第 10 期。

B.15 长三角地区体医融合行业研究

徐 烨*

摘 要： 推动形成以体医融合为主要手段的居民健康服务模式是健康中国行动目标的重要手段和任务。本报告总结了长三角地区推进体医融合实践的四种模式，并在借鉴发达国家体医融合实践经验的基础上，指出未来进一步推动长三角地区体医融合向纵深发展，需要构建多部门协同的多元治理机制框架、试点建立体医融合制度体系、积极鼓励社会力量参与以及加快建立行业协会。

关键词： 体医融合 运动促进健康 运动康复 长三角地区

以人民健康为中心，以主动健康管理为导向，推动健康关口前移是我国建设健康中国的重要理念之一。加强体医融合和非医疗健康干预，不仅仅是对全民健身与全民健康深度融合的积极践行，更是应对现阶段我国国民身体素质问题、人口结构变动的现实诉求。

一 体医融合的历史与现实背景

（一）体医融合的起源

体医融合起源于对居民健康问题的关注。根据 2018 年发布的《健康管

* 徐烨，上海体育学院上海运动与健康产业协同创新中心研究助理，研究方向为体育产业、体育经济等。

理蓝皮书》，我国慢性病发病人数已高达3亿人，且我国慢性病患者基数仍在不断扩大。2019年因慢性病导致的死亡人口占总死亡人口的88.5%[①]，我国已成为名副其实的慢性病大国。慢性病不仅仅带来国民身体素质危机，更给全社会带来沉重的医疗负担。目前我国的医药卫生费用以每年20%的速度增长，其中80%用于慢性病防治。[②] 可以看出，以医疗干预为主要手段的慢性病治理体系，并不能显著改善国民身体素质。而随着近年来西方运动促进健康理念的传入，将体育运动作为健康促进手段的理念越来越普及，并逐渐上升为我国公共健康服务领域的重要内容。2016年8月，习近平总书记在全国卫生与健康大会上提出“把以治病为中心转变为以人民健康为中心”，这代表着全民健康的重心逐步由“医疗健康干预”转移至疾病预防方向。[③]《“健康中国2030”规划纲要》明确提出要“加强体医融合和非医疗健康干预”“发挥全民科学健身在健康促进、慢性病预防和康复等方面的积极作用”。在2021年出台的《全民健身计划（2021—2025年）》中，再次强调“推动体卫融合。探索建立体育和卫生健康等部门协同、全社会共同参与的运动促进健康模式”。加强非医疗健康干预，推动健康关口前移，已成为新时期提升我国居民身体素质的重要手段，也是构建健康中国的重要战略任务之一。

（二）体医融合的内涵

体医融合是运动促进健康的手段之一，即将体育与医疗两种方式结合起来，对居民进行健康干预，以达到疾病预防、治疗和康复的目的。在实践中，体医融合包含体育与医疗两大系统多个领域的融合。首先是理念融合，即将体育科学中的测试技术、运动方法理论等运用于现代临床医学实践中，共同改进治疗手段，提高疾病预防和治疗效果。其次是管理融合。体医融合

① 《国务院新闻办就〈中国居民营养与慢性病状况报告(2020年)〉有关情况举行发布会》，中国政府网，2020年12月24日，http://www.gov.cn/xinwen/2020-12/24/content_5572983.htm。

② 李璟圆、梁辰、高璨、马云：《体医融合的内涵与路径研究——以运动处方门诊为例》，《体育科学》2019年第7期，第23～32页。

③ 上海市体育局编《2019年上海市体育社会科学研究成果报告》，上海大学出版社，2020。

涉及体育和医疗卫生两大部门，在管理方式、体制机制、资源配置、监控维护等方面都各不相同，要促使体育与医疗卫生两大管理系统深度配合和补充，建立分工明确、责任清晰、配合得当的协作机制，发挥体育的预防作用，推进医疗的监督功能。最后是技术手段融合，即在临床诊疗的各个环节，科学地、有方法地融入体育元素。例如，在医院设立运动康复门诊、运动处方门诊等，并参照临床标准与规范，制定和适用标准化的运动处方诊疗流程；将运动风险评估、运动伤害防护、运动伤病诊治等技术手段运用于临床诊疗各环节，强化体育在居民健康促进过程中应有的作用。

（三）体医融合行业发展的意义

1. 应对人口结构压力和公共健康危机

根据第七次全国人口普查公布数据，2020 年我国 60 岁及以上老年人口有 2. 64 亿人，占总人口的 18. 7%，相比 2010 年老年人口比例增长 8. 4 个百分点，相比 2000 年增长 13. 8 个百分点，我国的老龄化进程正呈加速发展的态势。从长三角三省一市情况看，除浙江省 2020 年的老龄化率与全国持平，其余三省市均高于全国平均水平，且长三角地区整体老龄化率已达到 20. 3%，高于全国整体水平（见表 1）。老龄化的日益严重将进一步放大人们对医疗资源的需求。而老龄人口的医疗诉求中有相当一部分来自慢性病、骨关节问题以及失能等，这些问题均可以通过运动手段进行干预，并取得优于传统医疗干预的效果。此外，新冠肺炎疫情以来，在全球范围内人类对共同面临的公共健康危机有了新的认识，健康全周期管理、疾病预防保健及其他非医疗干预手段已成为健康服务消费的新诉求。① 过去医疗系统与体育系统割裂式的公共健康服务体系已经难以满足社会发展需求和人民健康诉求，体育与医疗融合发展的新模式正成为探索应对我国人口问题和公共健康危机的新兴手段。

---

① 李璟圆、梁辰、高璨、马云：《体医融合的内涵与路径研究——以运动处方门诊为例》，《体育科学》2019 年第 7 期，第 23 ~ 32 页。

表 1　2020 年全国及长三角地区老龄化率

单位：万人，%

省(市)	60 岁及以上老年人口数量	老龄化率
全国	26400.00	18.7
长三角地区	4786.25	20.3
上海	581.55	23.4
江苏	1850.53	21.8
浙江	1207.27	18.7
安徽	1146.90	18.8

资料来源：各省市统计局官网。

2. 体医融合产业具有巨大经济潜力

为解决老龄化问题，全球主要发达经济体均较早开始发展体医融合产业。体医融合在产业化不断发展的进程中，显示出巨大的经济潜力。美国是最早提出体育与医疗融合发展的国家，其体医融合产业在全球范围内也最为发达。各类市场主体以运动康复机构的形式，向消费者提供运动康复、物理治疗等相关服务。目前美国的物理治疗市场规模已达到 300 亿美元以上，与美国的娱乐产业市场规模相当。全美提供运动康复服务的机构数量近 40000 家。全欧洲的运动康复服务机构数量约为 45000 家，平均每 4000 人可拥有一家康复机构。[①] 发达国家蓬勃发展的体医融合产业也带动了就业。截至 2016 年，日本包含体医融合在内的健康医疗产业及组织机构共吸纳就业 742 万人。[②] 对比发达国家，我国的体医融合产业仍处于起步阶段。据统计，2018 年我国的康复医疗市场总消费额为 582 亿元（约相当于 90 亿美元），市场规模仅为美国的 1/3。2020 年中国大陆的运动康复服务机构数量大约为 370 家，平均每 381 万人拥有一家康复机构（见表 2）。由此可见，体医融合作为大健康产业的一个重要分支，具有巨大的市场化潜力。

① 运动康复产业联盟：《2020 年版中国运动康复产业白皮书》，2020。

② 黄晶、王世强、刘晴：《日本体医融合健康促进的经验借鉴与启示》，《中国全科医学》2021 年第 18 期，第 2268～2274 页。

表 2　2020 年中国大陆与欧美发达国家运动康复机构发展情况对比

国家	美国	澳大利亚	法国	中国大陆
人口数(亿人)	3.3	0.25	0.67	14.1
人均 GDP(美元)	65000	55000	40000	10000
运动康复服务机构数量(家)	38800	8000	5000	370
机构密度	1 家/8500 人	1 家/3125 人	1 家/13400 人	1 家/381 万人

注：美元汇率以 2020 年平均汇率换算。

资料来源：运动康复产业联盟：《2020 年版中国运动康复产业白皮书》，2020。

二　全球体医融合行业发展经验

西方发达国家是运动促进健康的先行者，在体医融合、推动健康关口前移、慢性病防治模式探索方面取得一定经验成果。本报告结合美国、日本、芬兰、新加坡等国的体医融合实践经验，从顶层设计、指导文件和实操模式三个层面，分析值得中国借鉴的体医融合发展路径。

（一）构建多元主体合作模式

体医融合大多源于国民身体素质问题，因此该项目的推进与执行具有自上而下的特点。各国政府机构结合本国国情，提出一系列有助于推动体医融合项目有效开展的顶层设计方案，其中顶层框架一个重要的特征就是多元主体合作。以美国为例，美国是世界上最早进行体医融合探索的国家，经过近 30 年的实践，形成了行政部门、研究机构、社会组织等多元主体共同参与的格局，其中行政部门作为主导力量，负责制定实施宏观政策；研究机构和社会组织是辅助力量，负责健康宣传和制定专业化的指导方案，联动相关资源，共同推进体医融合项目执行（见图 1）。在芬兰、新加坡等国的慢性病干预防控措施中，同样强调了各级政府、卫生部门、企业、社区、教育机构、新闻媒体的共同参与，形成国家卫生部门负责宏观政策、计划制订，地方卫生部门联合其他主体具体实施开展项目的合作模式。

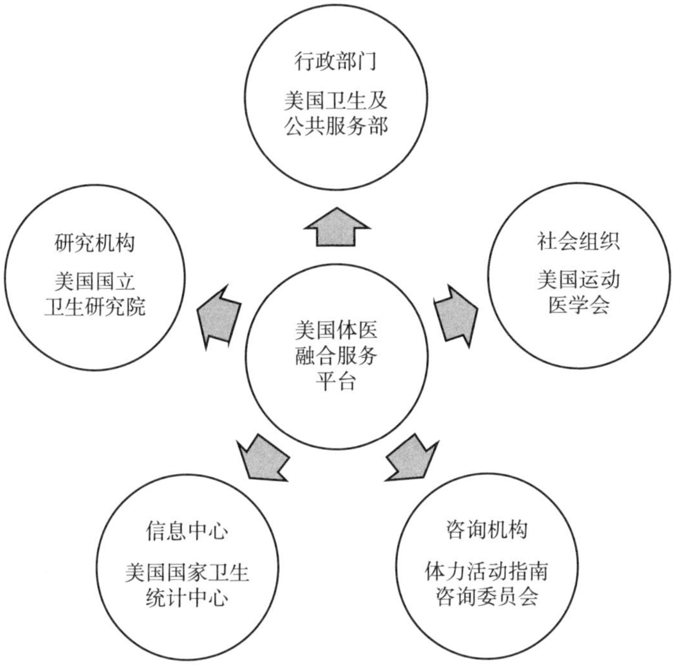

图 1　美国体医融合服务平台

资料来源：彭国强、舒盛芳：《美国运动健康促进服务体系及其对健康中国的启示》，《体育与科学》2016 年第 5 期，第 112～120 页。

（二）发布权威性指南文件

在发达国家的体医融合实践体系中，通常还包括一系列运动健康指导性文件，作为引导各主体和居民参与实施的主要参考。其中，运动处方是体医融合项目的核心技术要点，是开展实际操作的技术指导。《美国人身体活动指南》和《ACSM 运动测试与运动处方指南》是美国在推进体医融合项目时有关运动促进健康的全方位指导手册，其中对青少年、成年人、老年人以及特殊人群参与体力活动的运动负荷、运动量、运动方式等都提出了详细的指导策略。德国、日本也先后发布了针对不同人群不同疾病的运动处方指南，如《日本健身运动处方》《为了增进健康的运动指针》《预防与生活习惯相关的疾病运动指南》等。这些指南以官方文件的形式规范了体医融合项目的操作与执行，为整个行业后续规范化发展奠定了基础。

（三）建立多层次的服务体系

日本是全球老龄化程度最深的国家之一，早在20世纪60年代末就已开始进入老龄化社会。2016年，日本60岁以上人口占比达到33.7%，65岁以上的人口占比达到27.3%，总和生育率由1947年的4以上持续下降至2005年的1.26。① 日本老龄人口的快速增加，以及老年人面临的体质健康问题日益严重，迫使日本长期致力于体医融合实践。同时，日本作为中国的邻国，在文化、社会观念、居民体质等多方面与中国也较为相近，因此在体医融合实践中更具参考价值。

日本的体医融合服务体系由三类机构构成：福利型、整合医疗型和商业型（见表3）。三类机构分别依托不同主体，在全民运动促进健康体系构建中扮演不同角色。福利型体医融合机构是基于社区的公益性体医融合模式，发挥前期诊断、开具运动处方并指导老年人参与运动的功能。由于该模式是政府主导建立的，所以该类机构享受财政补贴，居民可免费享受服务。整合医疗型体医融合机构则是依托各级医院提供运动康复、保健服务。该模式能充分发挥医院资源优势，为居民提供更为专业化的服务，且费用可按照医疗保险比例报销，同样具有普惠和公益性质。商业型体医融合机构由各类私立诊所、康复机构主导，是体医融合产业市场化发展的结果。早在2010年，日本经济产业省就将医疗、护理、康复等产业发展作为推进经济发展的支柱性产业，并对获得“健康经营认证”的企业给予融资利率、政府补助、税费减免等优惠政策。② 在政策的鼓励下，日本的健康医疗产业也极为发达。目前商业型机构主要面向中产阶级以上群体，提供更加多元化、个性化的服务，因此费用也较高。日本的三类体医融合机构呈现多层次特征，分别满足

① 智本社：《我们搞砸了经济学：智本社经济学讲义》，电子工业出版社，2021。

② 黄晶、王世强、刘晴：《日本体医融合健康促进的经验借鉴与启示》，《中国全科医学》2021年第18期，第2268～2274页。

不同人群的健康需求，且市场主体也积极参与其中，在一定程度上促进了行业市场的发展。

表 3　日本体医融合服务体系

类型	基础	人员配置	主要功能	费用支付
福利型	社区综合俱乐部	全科医生、健康运动指导员	开具运动处方，指导体育锻炼	免费
整合医疗型	各级医院	医生	疾病治疗、运动康复	医疗保险按照比例报销
商业型	私营康复医院、疗养中心、养老院、健康中心	医生、运动康复师	疾病治疗、运动康复	自费

资料来源：黄晶、王世强、刘晴：《日本体医融合健康促进的经验借鉴与启示》，《中国全科医学》2021 年第 18 期，第 2268～2274 页。

三　长三角地区体医融合行业实践探索

基于当前我国国民健康的现实问题、运动促进健康的特殊作用，以及一系列政策文件的发布，体育与医疗相结合的新兴行业逐步发展壮大。长三角地区作为我国体育产业、医疗产业发达的区域之一，率先探索体医融合的实践路径，并形成了符合各地实际情况的融合模式。其中，上海的体医融合市场机构最为发达；江苏以各种类型体育医院为主要抓手；浙江充分发挥数字化优势，通过线上手段提供相关服务；安徽则以社区为切入口，为广大居民提供健康干预服务。在三省一市的共同努力下，长三角各地体医融合实践创新不断涌现，并形成各具特色的体医融合经验。

（一）以医疗机构为主体提供体医融合服务

体医融合最早开始于竞技体育领域，为运动员提供医疗保障，随后这类体育医院逐步将服务范围扩展至普通百姓，成为体医融合的重要阵地。医疗机构不仅拥有场地、专业设施设备、专业人员等强大的医疗力量，而且在我国当前的医疗体系下，开办医疗机构需要经过严格审批后获得医疗资质，并接受卫生医疗部门的监管，以此保证其所提供服务的专业性和可靠性。因此，医疗机构具有开展体医融合实践的资源优势。目前在长三角地区，以医疗机构为主体的体医融合典型做法包括在医院设立运动康复门诊，或直接开办以运动康复为特色的体育医院。

1. 体育医院模式

体育医院是具有医疗资质的非营利性公立医疗机构。其中，江苏省的体育医院实践已走在全国前列。2020 年 12 月，江苏省体育局、江苏省卫生健康委员会联合印发的《关于促进体医融合发展的意见》，提出“整合医疗机构和国民体质监测中心”“建设体育运动专科医院、运动健康促进中心”等重点任务。2021 年，江苏省人民医院（南京医科大学第一附属医院）、常州市体育医院、扬州市体育康复医院、南京市溧水区中医院、镇江市丹徒区世业镇卫生院五个单位被江苏省体育局列为运动促进健康中心试点单位，并为其配备必要的场地、设施、器材和人员，鼓励各试点单位探索长效化的建设、管理、运行和服务机制，为全省运动促进健康机构建设探索经验、提供示范。

相比其他专科医院，体育医院呈现以下几方面的特色。在科室设置上，体育医院开设了包括康复科、运动医学科等特色科室，提供体能测试、运动康复评定、运动治疗、康复训练等特色诊疗服务。在治疗手段上，除了采用物理手段进行健康干预外，中医诊疗思想和手段也被广泛运用于体育医院。例如，常州市体育医院和浙江体育职业技术学院附属体育医院都以中医作为诊疗特色，将传统中医疗法与现代先进的康复理疗仪器设备相结合，为患者制定个性化的综合诊疗方案。在器材设备上，除了医院常规的诊疗设备以外，以体医融合为特色的体育医院还配备了专业的康复理疗仪器，如脉动治疗仪、多关节等速测试系统、心肺运动测试仪、足姿评估系统以及一体式体质测试站等先进设备，此类设备从人体运动的角度，测试分析患者健康水平，并提供相应的运动康复治疗。在服务对象上，各类体育医院都面向广大居民提供运动康复相关诊疗服务，部分体育医院，如扬州市体育康复医院还承担着运动员日常保健、训练监控、运动赛事急救、赛事医疗安全保障、赛事医疗保障人员培训等体育场馆和赛事保障职能。浙江体育职业技术学院附属体育医院不同于上述两家医院，主要为国家队运动员提供医疗保障服务，是浙江省内唯一一家专为国家队、浙江省队运动员提供诊疗的指定医院，因此在服务对象上更为有限。在人员配备上，目前体育医院内的医生大多来自骨科、运动创伤科等领域的医生。此外，体育医院作为专科医院，也会通过与综合性医院进行战略合作的方式，引进专业人才、丰富医疗资源、提高管理服务水平。如扬州市体育康复医院于 2021 年 4 月与苏北人民医院北区分院签订紧密型医联体合作协议，借助苏北人民医院作为综合性医院所拥有的医疗资源优势和管理经验，加快提高运动康复医院的医疗水平。

专栏 1　常州市体育医院积极开展体医融合实践①

常州市体育医院作为体育特色医疗机构，积极承担起江苏全省探索体医融合实践的重要任务。除了日常提供运动康复相关服务外，医院还针对不同人群，开展各具特色的运动促进健康干预项目。如 2020 年以来，常州市体育医院针对慢性病人群开展运动干预项目，该项目结合参与会员的体检结果及体质报告，根据参与者身体实际情况设立运动干预的目标心率区间，控制运动强度，从而保障运动干预的科学性和训练效果。针对青少年脊柱健康问题，常州市体育医院于 2020 年 7 月开设常州市脊柱健康关爱夏令营。医院结合长期的运动医学研究及丰富的运动干预经验，总结出一套具有特色的脊柱侧弯康复治疗方法，并由经验丰富的专业治疗师们分别从预防、诊断、评估、治疗、康复等多个方面对青少年进行个体化指导，通过一阶段规范化训练后再次进行系统姿态评估、体态照片对比等，对治疗效果进行阶段性总结后再制定下一阶段干预方案。该夏令营已为百余名脊柱侧弯的青少年提供治疗。

---

① 资料来源：江苏省体育局官方网站。

2. 运动康复门诊模式

国家卫健委印发的《综合医院康复医学科基本标准》《康复医院基本标准》《综合医院康复医学科建设与管理指南》等文件，明确要求三级综合医院设置康复医学科，承担康复医疗早期介入任务。因此，在现有医院内设立运动康复门诊是依托医疗机构提供运动康复服务的另一种常见模式。在医疗机构直接设立运动康复门诊，具有流程简单、成本低、可操作性强等特点，医疗机构只需在当地卫生与健康行政管理部门备案即可开设，且医院本身拥有丰富的医疗资源，部分科室医生具有运动康复相关医学知识，因此能以最快的速度建立起运动医学门诊。如上海华山医院的运动医学科是国内首家在关节镜手术科室内设立专职康复师和随访医师的单位，并在各大关节及其他运动创伤方面已建立自己的康复和随访体系。上海中医药大学附属龙华医院与上海体育科学研究所联合建立运动康复门诊。

（二）以社区为主体提供体医融合服务

社区是城市的基本单元，是居民日常活动的主要场所。① 依托社区向居民提供体医健康服务，是美国、日本等发达国家普遍采用的运动促进健康发展模式，也符合我国现阶段医疗资源有限、居民体质健康问题紧迫的国情，具有门槛低、易于开展、普及范围广的优点。目前长三角三省一市均开展了依托社区卫生服务中心或体育健身站点提供体医健康服务的实践。

1. 政府主导模式

上海的智慧健康驿站是典型的卫生、体育部门联合，依托社区建立的健康管理新兴载体。截至 2021 年 6 月，上海已建成 219 家智慧健康驿站，基本覆盖全市各街镇。② 智慧健康驿站大多依托社区卫生服务中心建立，配备基础的健康检测设备，居民可自主选择 11 项自助健康检测、11 项自助体质检测和 15 项健

① 戴红磊、苏光颖：《我国社区体医健康服务模式困境及发展路径》，《体育文化导刊》2020 年第 3 期，第 62 页。

② 上海市卫生健康委员会：《对市政协十三届四次会议第 0430 号提案的答复》，2021 年 6 月 7 日，http：//wsjkw. sh. gov. cn/zxtadf/20210607/48fcf379b53e489b82a8e62d9be8221e. html。

康量表自评服务。[1] 驿站定期邀请各社区卫生服务中心家庭医生、体育指导员对居民进行有针对性的健康干预与运动指导。在智慧健康驿站测评产生的健康数据会并入居民健康账户，作为居民进行自我健康管理的依据。此外，随着居民健康诉求的进一步扩大，智慧健康驿站还将进驻机关企事业单位、产业园区、商务楼宇、学校、养老机构等功能社区，为不同人群提供专业化的体质健康服务。智慧健康驿站的最主要意义在于通过早期体质健康测试，及早筛查可能存在的健康风险，并根据初步检测结果，推荐适当的健康干预方案，推动健康关口前移。以社区为主要阵地的体医融合实践模式也在长三角其他地区广泛开展。

专栏2　安徽省全面深化体医融合试点工作

安徽省合肥市庐阳区、肥西县、界首市和芜湖市弋江区是安徽全省开展体医融合工作的试点，四个县区从基层入手，开展不同类型的体医融合实践，为全省体医融合试点工作贡献宝贵经验。如芜湖市建立“健康教育与科学健身指导中心”，承担起基础公共卫生服务中的健康教育和公共体育服务中的科学建设指导职能，同时配合组建专家团队，建立干预方案库，方便社区医生和社会体育指导员开展工作。界首市建立了50个以上“科学健身示范点”，并以此为阵地补充和优化社区大众健身内容、开展社区居民体医融合慢性病运动干预工作等。自实践开展以来，已有3个街镇、15个乡镇、8000余人直接参与其中，影响人口在15万人以上，形成“科学健身知识普及+科学健身指导服务+大众健身赛事”相结合的新型社区综合性全民健身活动模式。肥西县将试点工作与创建“国家级慢性病综合防控示范县”结合，开展多样化的慢性病防控、干预和宣讲工作，并得到中科院合肥物质科学研究院和省内多所体育类院系的科研团队提供的技术支持。

---

① 上海市卫生健康委员会：《对市政协十三届四次会议第0430号提案的答复》，2021年6月7日，http://wsjkw.sh.gov.cn/zxtadf/20210607/48fcf379b53e489b82a8e62d9be8221e.html。

2. 政企合作模式

在传统的社区体医融合实践模式下，政府作为主导力量，既要解决场地、设备、人员问题，又要组织提供专业化的服务，不仅前期投入成本高，而且实际效果也难以得到保证。因此，通过政府采购服务的方式引入社会力量，充分调动市场机构参与体医融合的积极性，能有效减轻政府运营负担，同时保证服务质量。尚体乐活空间（长者运动健康之家）就是基于政企合作的社区老年人健康服务中心。政府提供500~1000平方米的场地，向社会机构购买服务，采购专业设备或运营管理服务。在这种模式下，政府执行监管职能，社会主体提供设备和服务，并收取较低的费用，保障社区老年人的运动健康需求。目前尚体乐活空间已探索形成纯公益性质和半公益性质的两种收益模式。在纯公益模式下，政府建设或提供场地，向企业购买设备和服务，企业依靠设备利润和服务费获益，场地免费开放。在半公益模式下，政府免费提供场地，企业仅收取较低的会员费，并向会员提供专业化的运动健康指导服务。这两种模式都充分发挥了政府和企业在体医融合实践中各自具有的优势，并实现了社会效益和企业经济效益的统一，是具有可复制性、可推广性的体医融合模式。

（三）以市场机构为主体提供体医融合服务

随着居民健康需求的增长，运动康复中心、工作室、诊所逐渐成为近年来蓬勃发展的一种新兴业态，并成为市场机构参与体医融合行业的重要形式。这类机构通常借助物理手段和运动手段，针对不同人群，提供疾病预防和运动损伤康复等服务。在长三角三省一市中，上海的体医融合市场发展最为繁荣，各种类型的机构纷纷推出相关服务，成为行业发展的重要力量。

从进入门槛看，市场机构进入体医融合行业的门槛较低，没有特殊的资质审批要求。大部分提供运动康复服务的机构在经营范围上都包含“健康管理咨询”“营养健康咨询”“保健按摩服务”“健身服务”“养生保健”等内容，甚至部分健身房、健身工作室也会推出运动康复类课程，仅有少部分机构具有医疗资质，属于营利性医疗机构，如上海邦能康复医学门诊部、上海赟动康复医学门诊部等。从服务项目看，各类运动康复中心主要提供运动损伤康复、骨科术后康复、脊柱康复、体态矫正、肩颈腰康复等服务。近几年，一些运动康复机构还推出了孕产康复等项目，充分满足细分市场的特殊需求。从从业人员看，各类运动康复机构会配置数名运动康复师，作为提供运动康复服务的主要人员。少部分具有医疗资质的机构还会配置康复医师、康复治疗士（师）等。大多数机构因不具有医疗资质，其从业人员资质也十分多样化。大多数从业者都持有运动康复师或运动处方师资质，这两类职业资格分别由人社部和中国体育科学学会颁发，但证书获得的门槛不高。大多数机构从业人员来自运动人体科学、运动康复学等专业，拥有明显的体育背景，而临床医学知识及经验较为薄弱。从客户群体看，术后康复、运动损伤人群是前来消费的最主要群体，年龄集中在18～45岁。以骨科术后康复为例，医师在术后会给患者提供康复治疗建议，但患者由于自身能力有限，往往会前往二级医院或者市场机构进行相关康复。运动损伤恢复也是这类机构重要的客户构成。运动人群对个人的健康关注度更高，也面临更大的运动损伤风险，因此会在发生损伤后选择各类市场机构进行康复训练。从收费水平看，市场机构提供的运动康复课程的单次价格在600～1800元/小时不等，具体价格取决于服务项目、治疗师等级、购买次数等，但均远远高于公立医院100元/半小时的价格。

（四）人才培养及其他

除了上述通过医院、社区或市场主体建立体医融合机构、提供运动康复服务等形式，长三角三省一市也在人才培养、慢性病干预试验项目、创新服务方式等方面展开实践探索。例如，南京体育学院是长三角地区唯一获得国家体育总局批准的运动处方师培训基地，2020年共开办面向执业医师的运动处方师培训4期，开办面向体育科研人员、群众体育工作者的E系列培训1期，受培训人数超过400人。浙江省是国家体育总局设定的开展运动处方培训的试点省份之一，自2018年以来，在全省各地积极开展全科医生运动处方业务培训，全面提高从业人员的专业性。

此外，长三角三省一市各地积极开展各种形式的体医融合服务模式创新。上海体育学院结合学科、人才优势，联合上海市杨浦区人民政府，于2020年6月发起“社区健康师”项目，向社区老年人提供“老年人防跌倒18招”“走进心理学，走进你自己”“太极健骨法”“肩周炎的康复指导”等一系列课程，项目启动一年以来，社区健康师已进入社区服务160次，服务居民近5000人次。同时，通过官微推送了4门专题的15个科普视频，还开展了26次线上直播课，累计活跃粉丝共8万人，① 这大大提高了老年人参与体育运动的科学性、安全性。浙江省上线了多个体医融合互联网平台，其中浙江省运动康复小程序、浙江省全民健身公共服务平台通过在线提供体质健康知识科普、常见病症运动处方、体质健康评价等多种功能，免费为市民开展运动康复训练提供指导。杭州彩虹鱼运动康复项目长期致力于骨科和运动损伤康复、儿童青少年康复、慢性病康复业务，2019年入选“国家体育产业示范项目”，是全国康复行业的标杆和创新引领者。安徽省芜湖市开展示范性干预项目，邀请符合干预条件的慢性病患者参加体质测评与运动风险评估，筛选进入干预组后实施运动干预，并取得一定成效。

四　长三角地区体医融合行业面临的现实问题

随着体医融合项目的深入开展，一些涉及体制机制、顶层设计层面的问题也进一步暴露出来，并成为体医融合深入开展、行业规模进一步扩大的瓶颈。本报告结合长三角地区体医融合实践，提出以下几点亟须解决的问题。

（一）体医融合推进机制尚未建立

长三角地区体医融合实践首先面临的就是顶层设计不完善、体制机制尚未建立的问题。已发布的涉及体医融合的政策文件，都提到了由体育部门和

① 吴越：《社区健康师，让更多人科学地动起来》，《解放日报》2021年6月28日，第21版，https：//www.jfdaily.com/staticsg/res/html/journal/detail.html？date = 2021 - 06 - 28&id = 316388&page = 21。

卫生部门牵头推进。但在实操过程中，体育与卫生部门既没有成立调动双方资源的协作工作小组，也没有具体的合作机制或模式。已有的探索实践多是以体育或卫生部门其中一方为主导力量，动员各自拥有的主要资源来开展的。例如，基于社区卫生医疗服务中心的体医融合项目大多是由卫生部门主导，体育部门参与较少。即使一些地方体育与卫生部门签署战略协作协议，但双方并没有就体制机制层面的合作进行深入探讨与探索，因此合作也相对浮于表面。

（二）执行标准尚未推广

体医融合作为体育与医疗深度结合的健康干预方式，理应具有与医疗手段相类似的操作标准，以规范评估、诊断、治疗各个环节。尤其在运动处方制定与执行阶段，涉及处方的制定标准问题，不同病因需要不同的运动处方，并结合个体差异进行适度调整，以及在运动效果评价阶段，如何根据检测结果调整处方内容等。目前在国家层面，国家运动处方库的建设已经启动，其中运动处方内容系统包括理论体系、标准体系和应用体系。作为与实际操作息息相关的应用体系，其涵盖了针对不同年龄段人群的运动处方，但鉴于目前国家运动处方库建设尚未完成，在从业者层面也未进行宣传推广，因此未能发挥指导作用。

（三）付费问题尚未解决

体医融合实践中面临的另一大现实问题就是由谁买单的问题。医疗服务的公共属性决定了居民可以通过医保来获得医疗服务。虽然体育也具有公共属性，但大多体现在政府提供免费公共场地等方面，而有关体育服务的消费依然需要由居民自己买单。因此，在体医融合服务模式下，究竟由谁来支付这笔费用成为一个值得探讨的问题。若将体医融合项目纳入医保范围，一是不符合医保作为居民生命健康最后保障的初衷，二是容易引发资金套现等问题。若将体医融合项目置于医保之外，则难以保证在广大居民尤其是老年人群中广泛开展该项服务。

五　长三角地区体医融合行业发展展望

长三角地区作为引领全国高质量发展的先行区，应当在体医融合领域展开多层次、多维度的先行先试探索。本报告结合长三角地区近年来开展的体医融合实践、存在的问题，以及发达国家形成的经验做法，提出长三角地区开展体医融合行业发展的几点展望。

（一）探索构建多部门协同的多元治理机制框架

发达国家体医融合的实践经验表明，多元主体共同参与是推进体医融合过程中必不可少的环节，美国、芬兰、新加坡等国在体医融合推进历程中都建立了跨部门的多元治理框架。长三角地区体医融合的实践探索不同于国家层面的探索，在体制机制、协作模式上都更具灵活性和自主性。因此，随着体医融合的进一步深入开展，应率先试点建立汇集体育、卫生两大行政部门，以及其他相关社会力量的协同治理框架。框架应当具有以行政力量为主导的统筹机构，该机构可以由三省一市体育和卫生部门各自抽调人员组成，共体负责区域体医融合项目的实施。框架还应积极吸纳体育与医疗领域的专业化社会组织以及高等院校，将其作为促进项目有序推进的协助性机构，并提供专业化建议和指导。

（二）试点建立体医融合制度体系

制度是经济增长的动力之一。体医融合作为一个近 20 年才在中国兴起的行业必须有制度约束，才能确保整个行业在有限的框架下自由发展。虽然目前我国的医疗卫生体系已建立了较为完备的制度体系，但在体医融合的交叉领域制度建设尚且空白。体医融合制度体系应当包含准入标准、服务标准、运动处方库、人才培养和认定、监督管理等内容。构建体医融合制度体系需要充分参考现有的医疗体系构建原则，要突出体医融合行业的自身特色，赋予各类主体充分的主动性和能动性。长三角地区经济发展水平高、医疗卫生条件好，并且居民对新兴事物的接受程度高。同时，长三角地区也是我国区域一体化发展的先行区，理应率先开展各个领域的试点探索。当前健康中国战略已将体医融合作为重要抓手，长三角地区应当在过去行业自发发展的基础上，加快探索构建体医融合制度体系，为整个行业下阶段发展提供保障。

（三）鼓励社会力量积极参与体医融合实践

发达国家体医融合行业发展都呈现以政府为主导、以市场主体为主要力量的特征。虽然在社区层面，政府积极利用已有资源开展体医融合推广项目，但社区资源远不能满足居民的运动健康需求。因此，推广体医融合项目、改善国民身体素质，必须借助市场力量。市场主体的广泛参与不仅能提供更加充足、多样化的体医融合服务，还能在竞争机制的作用下，提高服务效率、改善服务水平，促进行业整体发展。长三角地区市场经济发达，并且各类体医融合市场机构已率先布局长三角主要城市，因此具有开展体医融合市场化实践的优势。政府应通过给予企业优惠融资利率、资金补助、税费减免等政策，鼓励市场主体进入体医融合行业；同时也应加快完善体医融合市场监督体系，通过开展体医融合机构等级评定等措施，规范市场秩序，促进体医融合行业良性发展。

（四）加快建立行业协会

体医融合的发展离不开企业等市场主体的参与。国外体医融合行业的发展历程也表明，各类提供体医融合服务的市场机构才是构成行业快速发展的中坚力量。目前长三角地区各类运动康复机构方兴未艾，为满足居民健康需求提供多样化的产品和服务，是对政府层面所提供的有限体医融合服务的重要补充。可以预见，未来各类市场机构还将进一步壮大。行业协会是架设在政府与企业之间的中介组织，发挥着行业自治、自律的重要作用，同时发挥着服务本行业企业的重要功能。目前长三角地区各类提供体医融合服务的机构蓬勃兴起，但尚未建立代表企业共同利益的行业协会组织，各类市场主体的利益无法保障，也缺乏行业内部的自治和管理。因此，亟须建立各个地方的体医融合行业自治组织，通过行业自治，加强行业规范化管理。

参考文献

余清、秦学林:《体医融合背景下运动康复中心发展困境及对策分析》,《体育与科学》2018 年第 6 期。

B.16 长三角地区体育产业人才供需研究

徐开娟　刘金荣*

摘　要： 本报告以长三角地区2018～2021年体育产业人才培养相关资料、智联招聘长三角地区体育产业人才需求数据（2021年3～6月）为基础，对长三角地区体育产业人才的供需现状、发展趋势等情况予以梳理呈现。当前，长三角地区体育产业人才主要通过学校教育、竞技体育系统和企业培训转化等来源渠道供给，人才需求侧正逐步适应体育产业升级和融合发展的新趋势。长三角地区在建设体育产业人才培养基地、推进产教融合再升级等创新载体、创新模式方面的探索实践走在全国前列。但鉴于当前长三角地区体育产业人才在数量、结构和质量方面的供求状况存在不同程度的错配关系，本报告面向未来体育产业人才发展趋势，提出加强人才培养顶层规划、加快人才培养生态体系建设、鼓励人才区域流动与合作等具体发展建议。

关键词： 体育产业　体育产业人才　长三角地区

创新驱动的本质是人才驱动。2018 年 12 月 18 日，习近平总书记在庆祝改革开放40 周年大会上的讲话指出“我们要坚持创新是第一动力、人才是第一资源的理念”。目前我国体育产业阶段性任务已经完成，正朝着新的目标前

* 徐开娟，博士，复旦大学博士后，上海体育学院上海运动与健康产业协同创新中心副教授，研究方向为体育政策、体育产业管理；刘金荣，上海体育学院硕士在读，研究方向为体育赛事运作。

进，必须牢牢抓住人才这一资源，实现人尽其才、才尽其用，推动体育产业持续高质量发展，使其成为国民经济的新支柱。2020年由长三角三省一市体育部门联合印发的《长三角地区体育一体化高质量发展的若干意见》也明确提出："营造区域体育人才高质量集聚的生态环境。"体育产业人才是驱动长三角地区体育产业创新和发展的核心资源，一方面，体育产业日益成为长三角地区经济发展和产业变革的助推器，而体育产业人才的数量、结构和质量在很大程度上决定了产业的发展水平；另一方面，对于以服务化生产为典型特征的体育企业而言，体育产业人才是服务创新和持续创造价值的核心竞争力所在，人才驱动产业创新和发展的重要性更加突出。因此，长三角地区体育产业人才供需情况成为多方主体关注的焦点。本报告剖析了长三角地区体育产业人才的供需现状、供需趋势，为长三角相关高校和企业改善体育产业人才供需状况提供参考，为相关部门制定产业政策、人才政策提供决策依据。

一 长三角地区体育产业人才供给现状

（一）体育产业人才来源

近年来，长三角地区已经逐渐形成多样化、多层次的体育产业人才供给渠道。体育产业人才的主要来源包括竞技体育系统、学校教育以及企业培训转化（见图1）。体育产业人才来源渠道的多样化发展，在短期内为快速发展体育产业提供了较为良好的人才支撑。

学校教育作为长三角地区体育产业人才培养的重要摇篮，面对区域内体育产业发展的新格局，被赋予了新的使命与发展内涵。目前长三角区域内学校教育培养体育产业人才的力度逐渐加大，涵盖了研究生、本科、专科、高职、中职等教育层次，开设体育院系（专业）的高校类型丰富，包括师范类院校、综合类院校、工科类院校、体育类院校、财经类院校以及艺术类院校（见表1）。从高校分布来看，高等院校扎根在上海、南京、杭州、合肥等重点城市，为体育产业人才培养做出了重大贡献。

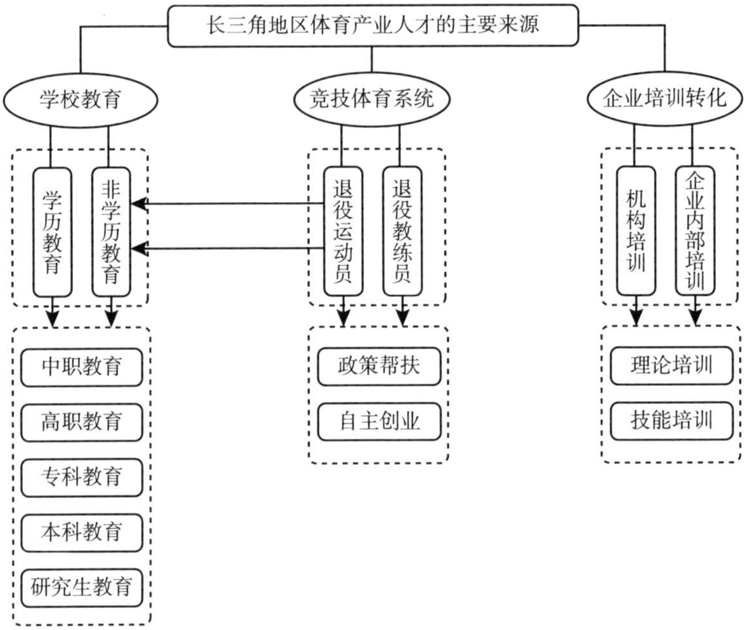

图 1　长三角地区体育产业人才的主要来源

表 1　长三角地区部分开设体育类专业的高校基本情况

院校名称	院校类型	学历教育层次	院校所在地
上海体育学院	体育	本科、研究生	上海市
华东师范大学	师范	本科、研究生	上海市
上海师范大学	师范	本科、研究生	上海市
上海财经大学	财经	研究生	上海市
上海交通大学	综合	研究生	上海市
上海大学	综合	研究生	上海市
南京师范大学	师范	本科、研究生	江苏省
南京体育学院	体育	本科、研究生	江苏省
苏州大学	综合	本科、研究生	江苏省
苏州市职业大学	工科	高职(专科)	江苏省
南通师范高等专科学校	师范	高职(专科)	江苏省
南京视觉艺术职业学院	艺术	高职(专科)	江苏省
浙江大学	综合	本科、研究生	浙江省
杭州师范大学	师范	本科、研究生	浙江省
浙江师范大学	师范	高职(专科)、本科	浙江省

续表

院校名称	院校类型	学历教育层次	院校所在地
绍兴文理学院	师范	高职(专科)、本科	浙江省
丽水学院	师范	高职(专科)、本科	浙江省
丽水职业技术学院	综合	高职(专科)	浙江省
安徽绿海商务职业学院	综合	高职(专科)	安徽省
宿州学院	师范	高职(专科)、本科	安徽省
合肥财经职业学院	财经	高职(专科)	安徽省
安徽体育运动职业技术学院	体育	高职(专科)	安徽省
阜阳幼儿师范高等专科学校	师范	高职(专科)	安徽省
安徽师范大学	师范	本科、研究生	安徽省

资料来源：根据阳光高考网院校信息库、研招网硕士专业目录数据整理。

除了学校教育培养的体育产业人才外，我国竞技体育系统每年也会产生至少4000名的退役运动员和退役教练员，大量退役人员会选择投身于体育产业。[①] 大部分退役运动员、退役教练员会选择在相关政策的帮扶下再就业，或通过自主创业的形式进入体育产业。2019年7月，安徽省体育局主办了安徽省退役运动员转型健身教练培训班，通过将运动员专业技能优势转化为职业技能优势，将退役运动员培养成适合社会发展需要的高素质专业型健身教练。[②] 在退役运动员职业转换过渡期，江苏省连续13年提供综合素质教育、体育职业技能和中小学教师资格证相关培训与服务，2008～2019年底，共计培训退役运动员2429人，其中1578人获得了健身教练、游泳教练员、救生员等国家职业资格证书。[③] 这类人才同样构成了长三角地区体育产业人才。

企业培训转化也是长三角地区体育产业人才供给来源之一。其一，面对

① 任荣伟、康涛：《我国退役运动员就业创业研究——基于创业机会理论的视角》，《技术经济与管理研究》2019年第12期，第35～40页。

② 安徽省体育局：《2019年安徽省退役运动员转型健身教练培训班开班》，2019年7月22日，http：//tiyu. ah. gov. cn/jhtx/ztzl/ydybz/118459451. html。

③ 江苏省体育局：《2020年江苏省优秀运动员退役仪式在南京举行》，2020年8月4日，http：//www. sport. gov. cn/n14471/n14481/n14518/c958449/content. html。

体育产业人才的发展桎梏，部分机构敏锐地捕捉到商业机会，顺势搭建起体育产业人才培养的商业平台，面向市场推出人才培养业务，拓展了体育产业人才培养的来源。这类人才通常是自身想要在体育产业中寻求发展，从而借助这些机构进行培训，获得接触和了解体育产业的机会。国家体育总局人力资源开发中心于2018年开始遴选相关企业承办体育经理人等级培训。据统计，近年来体育经理人学员能力测评通过率近90%，项目影响力覆盖体育从业者300万人，直接影响从业者超过10万人次。① 其二，部分体育企业通过从与体育产业相关或不相关的行业里吸纳管理和服务人员，使他们经过体育企业内部岗位培训后上岗。这类经过企业培训转化的人才拥有丰富的工作经验和过硬的业务能力，培养成本也相对较低，在长三角地区吸纳的体育产业人才中扮演了极为重要的角色。

（二）体育产业人才供给专业类型

长三角地区体育产业的业态结构正在持续优化以适应发展需求，长三角地区相关高等院校不断完善体育学科体系，扩大招生规模。在学校教育专业设置方面，根据长三角地区体育产业发展需要，相关院校开设了多样化的相关专业。作为长三角地区体育类代表院校，上海体育学院先后开设了22个本科层次、25个硕士研究生层次、7个博士研究生层次的专业（见表2）；南京体育学院先后开设了14个本科层次以及8个硕士研究生层次的专业（见表3），持续稳定地为长三角地区体育产业发展输送人才。在专业类型特征方面，体育院校的众多专业中不乏贴合产业融合发展趋势，旨在培养具有跨界融合意识、专业能力的复合型体育产业人才的新兴专业、复合型专业。从上海体育学院专业设置情况来看，上海体育学院正积极主动地顺应跨学科交叉发展的趋势，贯彻和落实国家相关战略，近年来根据体育产业发展的需要陆续开设了体能训练（2018年获批）、数据科学与大数据技术（2018年

① 《体育经理人校友会创立大会暨文体旅高峰论坛召开丨体育商业新未来》，维宁网，2020年11月30日，http：//www. vning. net/Singlenews/desc/id/312/aid/3723. html。

获批）、体育旅游（2019 年获批）、运动能力开发（2019 年获批）和运动与公共健康（2020 年获批）等新兴专业。

表 2　上海体育学院专业设置情况

教育层次	专业名称
本科	体育教育、运动训练、社会体育指导与管理、武术与民族传统体育、运动人体科学、运动康复、休闲体育、体能训练、体育旅游、英语、运动能力开发、市场营销、体育经济与管理、康复治疗学、应用心理学、运动与公共健康、新闻学、汉语国际教育、数据科学与大数据技术、舞蹈编导、表演、播音与主持艺术
硕士研究生	民族传统体育学、体育教育训练学、体育管理、体育赛事运作、体育人文社会学、休闲体育学、新闻传播学、运动康复学、运动人体科学、康复治疗学、临床营养学、医学检验学、影像技术学、体育工程学、心理学、体育教学、运动训练、社会体育指导、电影、广播电视、舞蹈、新闻与传播、旅游管理（MTA）、工商管理（MBA）、公共管理（MPA）
博士研究生	民族传统体育学、体育管理、体育教育训练学、体育人文社会学、运动康复学、运动人体科学、体育工程学

资料来源：根据上海体育学院官网历年招生信息整理所得。

表 3　南京体育学院专业设置情况

教育层次	专业名称
本科	体育教育（师范）、运动训练、社会体育指导与管理、武术与民族传统体育、运动人体科学、运动康复、休闲体育、体能训练、体育经济与管理、体育经济与管理（中外合作办学）、康复治疗学、新闻学、舞蹈表演、表演
硕士研究生	民族传统体育学、体育教育训练学、体育人文社会学、运动人体科学、运动康复学、体育教学、运动训练、学科教学（体育）

资料来源：根据南京体育学院官网历年招生信息整理所得。

此外，除了上海体育学院和南京体育学院，长三角地区其他各类院校也逐渐开设了与体育相关的交叉学科（见表 4），同样反映了体育产业人才培养专业类型逐渐多样化。根据教育部官方网站公布的《学位授予单位（不含军队单位）自主设置二级学科和交叉学科名单》中长三角地区各院校自主设置体育类相关专业的开设情况，体育类专业的一级学科不再局限于体育学、教育学，材料科学与工程、工商管理和生物学等一级学科也与体育学科进行了交叉融合，由此产生了体育运动材料、体育经营管理和体育产业管理、运动生物学等交叉学科专业，为长三角地区乃至全国培养了多样化的复合型体育产业人才。

表 4　长三角地区各院校自设体育类相关专业名单

高校名称	一级学科名称	自设体育类相关专业
华东理工大学	材料科学与工程	体育运动材料
上海外国语大学	教育学	体育教育学
上海财经大学	工商管理	体育经营管理
上海体育学院	体育学	运动康复学、体育赛事运作、休闲体育学、体育管理、体育工程学（运动工效学方向）
南京大学	教育学	体育教育与训练学
南京工业大学	工商管理	体育产业管理
南京体育学院	体育学	运动康复学
浙江工业大学	教育学	体育教育与训练学
杭州师范大学	体育学	休闲体育
安徽师范大学	体育学	体育产业运营、大众体育学
	生物学	运动生物学

资料来源：教育部：《学位授予单位（不含军队单位）自主设置二级学科和交叉学科名单》，2021 年 8 月 20 日，http：//www.moe.gov.cn/jyb_ xxgk/s5743/s5744/A22/202108/t20210820_ 552722.html。

（三）体育产业人才供给规模

长三角地区体育产业人才供给数量稳中有升。在学校教育供给方面，长三角地区体育类院校主要包括上海体育学院、南京体育学院、浙江体育职业技术学院和安徽体育运动职业技术学院。从体育产业人才供给规模来看，这些体育类院校作为区域内重要的体育产业人才来源，供给规模比其他类型的院校更大。上海体育学院是长三角地区体育产业人才供给规模最大的高校，本科生、硕士研究生招生规模逐年扩大，博士研究生招生规模维持稳定，2021 年招生规模达到本科生 1095 人、硕士研究生 666 人、博士研究生 95 人，共计

1856人（见表5）。南京体育学院的招生规模也在逐年扩大，2021年本科生招生1115人、硕士研究生招生251人，共计1366人（见表5）。这两所著名的体育类高校，目前体育产业人才年供给总规模仅3000人左右，虽然招生规模逐年扩大，但这样的供给规模和增长速度无法与日新月异的体育产业相匹配。

表5　上海体育学院、南京体育学院2018～2021年招生规模

单位：人

高校名称	教育层次	招生规模			
		2018年	2019年	2020年	2021年
上海体育学院	本科	990	1010	1030	1095
	硕士研究生	575	599	600	666
	博士研究生	92	100	97	95
	总计	1657	1709	1727	1856
南京体育学院	本科	990	990	1000	1115
	硕士研究生	175	185	190	251
	总计	1165	1175	1190	1366

资料来源：根据各高校官网2018～2021年招生信息整理所得。

长三角地区快速发展的体育产业引致了旺盛的人才需求，但单纯靠体育类院校的供给远远无法满足旺盛的体育产业人才需求，因此其他综合类、师范类、理工类和财经类高等院校体育专业的开设显得尤为重要。2021年长三角地区部分综合类、师范类院校体育类专业2021年招生计划如表6所示。但这些院校中的体育类专业与其他专业（如文学类专业）相比，在整体招生规模方面依然存在不小差距。从各院校的体育类与文学类专业的招生规模来看，体育类专业虽然在开设专业的数量上占有优势，但其总招生规模并不如文学类专业。随机选取若干院校对比发现，体育类专业招生规模相比文学类专业有一定收缩，规模相差数十人到数百人不等。这充分反映了长三角地区体育产业人才通过各类高校培养的规模还不够壮大，难以培养足够的高层次体育产业人才，体育产业中更大规模的人才是通过竞技体育系统和企业培训转化来完成供给的。

表 6　长三角地区部分综合类、师范类院校体育类专业 2021 年招生计划

单位：人

高校名称	教育层次	专业名称	招生规模
南京师范大学	本科、研究生	体育教育、社会体育指导与管理、体育学、运动训练	214
华东师范大学	本科、研究生	体育教育、运动训练、社会体育指导与管理	208
安徽师范大学	本科、研究生	体育教育、社会体育指导与管理、休闲体育、舞蹈表演(体育舞蹈、健美操方向)、运动训练、体育学(体育人文社会学、体育教育训练学、运动人体科学、民族传统体育学、体育产业运营、体育健康教育方向)	554
苏州大学	本科、研究生	体育教育、运动训练、武术与民族传统、体育学(体育人文社会学、体育产业理论与实践、运动人体科学、运动康复理论与实践、体育教学的理论与实践、运动训练的理论与实践、民族传统体育学)	88
扬州大学	本科、研究生	体育教育、社会体育指导与管理、武术与民族传统体育、体育人文社会学、运动人体科学、民族传统体育学、体育教育训练学	245
宁波大学	本科、研究生	体育教育、体育学(体育人文社会学、运动人体科学、体育教育训练学、民族传统体育学)	194

资料来源：根据各高校官网 2021 年招生信息整理所得。

二　长三角地区体育产业人才需求现状

（一）数据来源

从体育产业人才需求数据可得性方面出发，本报告选择在智联招聘网站上定期采集在线招聘信息，共获得 2021 年 3 ~6 月 7860 条招聘信息作为长三角地区人才需求现状分析的原始数据。经过数据清洗，进一步筛选、剔除不属于体育产业人才的需求数据后，获得 2928 条可靠、有效数据，数据集包含了岗位薪资区间、岗位能力要求、企业地址、企业规

模等字段。本报告以此数据集为例，对长三角地区体育产业人才需求进行需求主体、需求岗位、薪酬等维度的描述性统计分析，并对分析结果予以呈现。

（二）总体概况

人才是驱动长三角地区体育产业创新和发展的核心资源。长三角地区体育产业的业态结构正在持续优化，人才需求结构与产业升级相互呼应。目前长三角地区基本形成了体育管理活动、体育经纪与代理、体育健身休闲活动、体育竞赛表演活动、体育广告与会展、体育表演与设计服务、体育传媒与信息服务、体育教育与培训、体育场馆设施服务、体育用品及相关产品制造、体育用品及相关产品贸易服务等反映体育产业总量规模的产业集群。与此同时，运动康复、体育传媒、体育旅游等体现体育产业融合发展特征的新兴业态在长三角地区迅猛发展，加之人工智能、互联网、物联网等新兴技术的应用，加速了体育产业人才向融合化、广泛化和特色化方向发展，使体育产业人才需求结构随之转型。

长三角体育产业各地区之间差异明显，人才需求各方面也存在较大差异。各省市体育产业人才薪酬水平存在较大差距，上海处在领先地位。根据长三角地区体育产业一体化的要求，各省市依托当地资源禀赋，发展特色体育产业，因此区域内各省市对岗位人才需求存在差异。从各城市体育产业人才招聘热度来看，上海、南京、杭州、合肥等经济发展水平相对较高的城市更为活跃，长三角地区体育产业人才需求的区域分布总体上已经形成多核心、差异化的集聚形态。2021 年 3 ~6 月，上海、杭州、南京、合肥的体育产业人才需求主体基本上呈“强单核”分布，但上海对比其余三个省会城市，除了拥有一个强核心外，还拥有多个围绕着强核心的人才需求主体弱核心，表明上海体育产业人才需求主体的人才招聘活动较其他城市更活跃，空间分布更均匀。此外，杭州和南京也各有一个距离强核心较近的次核心。体育产业人才需求主体格局将随着体育产业的发展在长三角地区呈现更加活跃的变化。

（三）体育产业人才需求主体分析

需求主体的规模分布可以在一定程度上体现体育产业人才需求的层次分布，目前在长三角地区体育产业人才需求主体中，小型、微型企业仍然占据主流地位。从需求主体规模分布情况来看，2021 年 3～6 月从业人员为 20 人以下的企业占比为 34.5%，20～99 人的企业占比为 19.4%（见图 2），说明小型、微型企业占比超过半数，体现了小型、微型企业仍然是吸纳体育产业人才就业的主力军。多数体育小微企业的主营业务范围为体育竞赛表演活动、体育健身休闲活动、体育教育与培训等体育产业业态，加之小微企业的规模特征，决定了其人才吸引力不如规模更大的企业。小型、微型企业人才招聘需求活跃的同时也反映出其在人才吸引、人才留存方面面临的巨大压力。

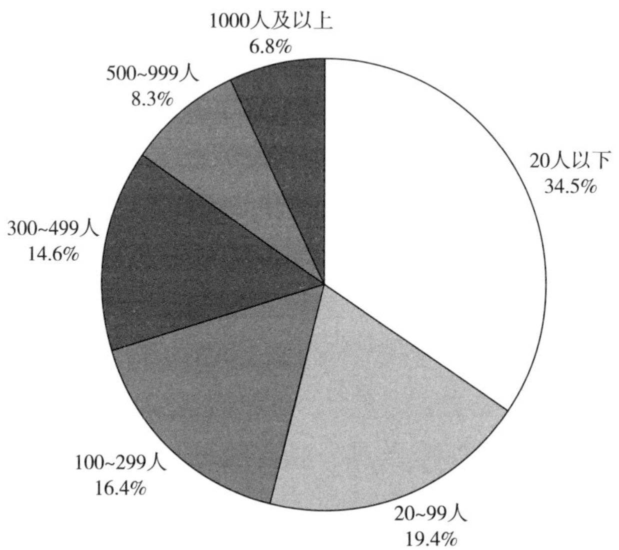

图 2　2021 年 3～6 月长三角地区体育产业人才需求主体规模分布

资料来源：根据智联招聘采集的长三角地区体育产业人才需求数据所绘。

从中型、大型企业的规模分布情况来看，中型企业（100～299 人）占比 16.4%，大型企业（300 人及以上）占比 29.7%，两者总占比达到

46.1%。中型企业的规模介于小微企业和大型企业之间，在经营上相比小微企业具备规模优势，对人才的吸引力更大。大型企业则主要由国内乃至国际知名的体育用品（品牌）企业、体育用品及相关产品制造企业或兼营体育相关业务的大型综合性企业等组成。中型、大型体育企业的人才需求更多围绕着能够胜任品牌公关、渠道销售、法律事务、招投标和营销策划等职务的高层次体育产业人才。中大型企业对比小微企业在吸引人才、留存人才等方面具有巨大优势，尤其是在就业稳定性保障方面。

（四）体育产业人才需求岗位分析

从长三角地区 2021 年 3～6 月社会体育指导员、运动健身教练需求情况来看，相比其他岗位，该类型岗位的人才需求占比近六成，与其他岗位的人才需求形成鲜明对比（见图 3）。其主要原因在于：一方面，我国推动全民健身计划实施，注重群众体育发展，使得体育健身休闲的价值逐渐深入人心，大众通过体育休闲活动促进身心健康已经成为潮流趋势；另一方面，我国全面深化体教融合，各方联手推动市场中专业化程度较高的体育资源通过政府购买服务的方式引进校园，对社会体育指导员、运动健身教练人才的需求显著提升。从前瞻产业研究院于 2021 年发布的《2021 年中国健身行业全景图谱》中健身场馆建设情况来看，截至 2020 年末，中国线下健身场馆总量为 9.79 万家，其中上海目前运营的健身场馆数量最多，为 6900 余家，折射出健身休闲市场对人才的强劲需求。[①] 长三角地区作为我国体育产业的核心增长极，体育健身休闲、体育培训与教育行业市场的繁荣直接带动了相关岗位人才需求量的增长。

从 2021 年 3～6 月其他类型岗位的人才需求情况来看，行政管理、商务渠道/市场经理、策略运营、课程销售/课程顾问和客户服务等岗位人才需求量占比均仅为 5.0% 左右，不到同时期社会体育指导员、运动健身教练需求量的

① 前瞻产业研究院：《预见 2021：〈2021 年中国健身行业全景图谱〉（附市场现状、竞争格局和发展趋势等）》，2021 年 7 月 10 日，https://www.qianzhan.com/analyst/detail/220/210709-0c8d5915.html。

1/10；赛事策划/运营/执行、体育场馆设施运营、体育用品销售员和新媒体运营等岗位人才需求量占比为1%左右。推测出现这种情况的原因可能是目前长三角地区体育产业中体育教育与培训行业人才需求较大，需要大量提供教学、销售课程、客户服务和教务安排方面的人才。至于社会体育指导员、运动健身教练的需求量相对庞大，通过对需求数据中的“岗位描述”字段进行进一步分析，得出原因：大多数小微企业从成本角度考虑，对社会体育指导员、运动健身教练的工作要求不仅是专门负责培训，还需要在其余时间负责销售课程、客户服务和教务安排等任务，进而削减了对其他类型人才的需求。

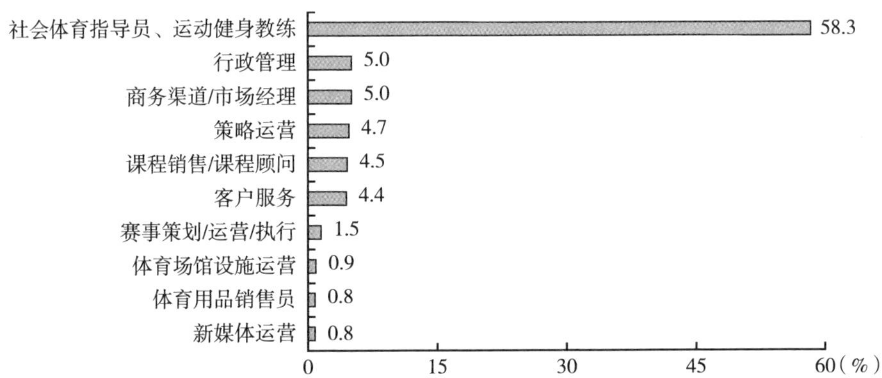

图3　2021年3~6月长三角地区体育产业人才需求岗位分布（前10）

资料来源：根据智联招聘采集的长三角地区体育产业人才需求数据所绘。

从社会体育指导员、运动健身教练岗位的具体需求运动项目来看，长三角地区运动项目培训种类丰富，存在超过25种不同运动项目教练员岗位需求。其中篮球教练的需求最为突出，需求量接近三成（29.2%），远超同期其他运动项目教练需求，其次是羽毛球、游泳、网球和足球等运动项目教练需求，占比分别为9.3%、7.8%、7.6%和7.4%，说明篮球、羽毛球、游泳、网球、足球等较为传统且开展比较广泛的运动项目热度依旧，人才需求仍然旺盛（见图4）。体适能教练的需求占比达到6.2%，与青少儿体适能训练近年来受到市场热捧有关。健身、武术、田径和健美操等项目教练的需求次之，分别占4.7%、4.4%、4.2%和3.3%，人才需求潜力还有较大的

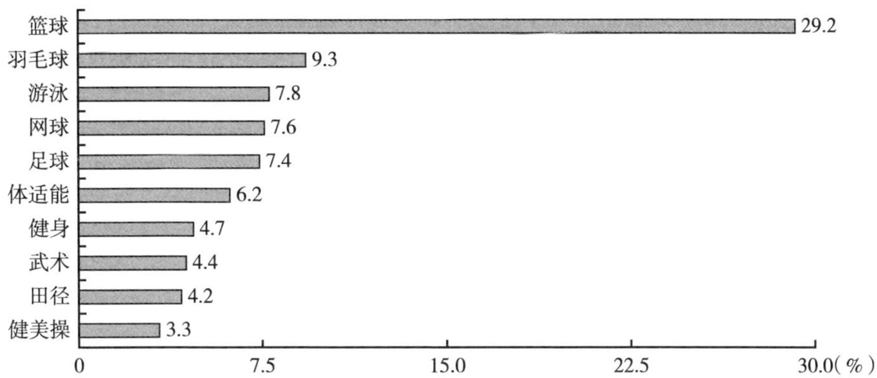

图4　2021年3~6月长三角地区各运动项目教练需求分布（前10）

资料来源：根据智联招聘采集的长三角地区体育产业人才需求数据所绘。

开发空间。其他运动项目教练的需求量占比均低于3%，马术、射箭、潜水、水上运动、户外拓展等新兴时尚运动项目人才需求所占比重暂时还不够突出（见图5），但凭借新兴时尚运动项目在体育产业中的亮眼表现，长三角各地更加重视新兴时尚运动项目的发展，人才需求逐渐凸显。截至2021年，长三角运动休闲体验季已成功举办了8届，旨在加强长三角地区体育产业协作、展现长三角各地运动休闲风貌、共同培育运动休闲市场，并进一步探索运动化、时尚化、年轻化的长三角运动休闲产业发展路线。①

从长三角地区体育产业人才岗位的核心能力需求来看，企业对各个岗位的核心能力需求虽然存在差异，但也存在一些通用的能力素质要求（见表7）。长三角地区体育产业商业模式加速更迭，要求体育产业人才的工作方式和方法必须快速应变，使得卓越的沟通能力和持续的学习能力成为各岗位人才的基本素养要求。另外，企业还特别关注与岗位业务相关的核心能力提升，如社会体育指导员、运动健身教练需要熟练掌握运动训练方法，拥有突出的教学指导能力；媒介经理、品牌经理、公关经理需要拥有沟通谈判、客户关系维护、危机公关等核心能力。

① 上海市体育局：《2021年第八届长三角运动休闲体验季启动》，2021年5月10日，http://tyj.sh.gov.cn/tycy4/20210510/cb2d27f3dd0a4cd5befeb1d8c8b03007.html。

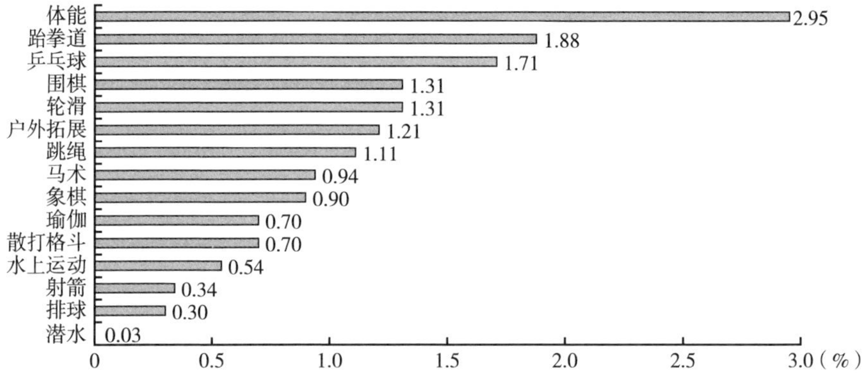

图 5　2021 年 3～6 月长三角地区各运动项目教练需求分布（后 15）

资料来源：根据智联招聘采集的长三角地区体育产业人才需求数据所绘。

表 7　长三角地区体育产业人才岗位核心能力需求

岗位名称	核心能力需求
媒介/品牌/公关经理	沟通谈判、客户关系维护、危机公关能力
商务渠道/市场经理	商务人脉广、沟通能力、能洞察商业机会
风险分析管理专员	对体育产业和政策的变化高度敏感、各类风险分析和应对能力
数据分析师	高度的业务敏感性与数据敏感性、数据分析能力和呈现能力
项目经理	项目管理能力、沟通能力
策略运营	根据目标客户的特征和需求有针对性制定运营策略
社会体育指导员/运动健身教练	熟练掌握运动训练方法、特定运动水平和教学指导能力突出
行政管理	具备体育培训教务管理经验、文书能力、事务处理能力、应急能力
人力资源	人力资源专业知识、沟通能力、表达能力、组织协调能力
客户服务	客户服务能力、沟通能力
赛事策划/运营/执行	赛事活动策划、赛事运营、组织执行能力
新媒体运营	创意、文案策划、新媒体技术应用能力
课程销售/课程顾问	销售能力、沟通能力
体育用品销售员	销售能力、客户服务能力、沟通能力
体育场馆设施运营	具备大型体育场馆、文化馆、博物馆设施等运营管理相关工作经验

资料来源：根据智联招聘采集的长三角地区体育产业人才需求数据整理所得。

社会体育指导员、运动健身教练的运动技能需求逐渐复合化，呈现适幼化、适老化等趋势。针对青少年人口肥胖率、近视率上升问题，长三角地区对运动项目人才的运动技能要求增加，要求运动项目教练掌握多项运动技能，如时下火爆开展的青少年减肥训练、体适能等项目的技能。同时随着老龄人口的逐渐增多，体育产业面对“银发经济”，针对老年人口的健身消费市场逐渐进入相关体育企业的视野，例如上海首家银发健身房试运营，开业首月接待顾客超 800 人次，未来针对适宜老年人的运动项目人才需求将持续上涨。①

（五）体育产业人才薪酬比较

长三角地区体育产业人才需求月平均薪资对比，能够反映各地体育产业人才需求的薪资水平差异情况。同时，各地人才需求月薪资的平均数、中位数和众数等样本统计量对比，能够进一步了解各地体育产业人才需求的薪资结构差异情况。2021 年 3 ~6 月，长三角地区体育产业人才需求月薪资平均数为 8511 元，中位数为 7500 元，众数为 9000 元（见图 6）。长三角地区各省市体育产业人才整体薪资水平存在较大差距，分布格局呈现较为明显的阶梯状。上海市体育产业人才需求薪酬待遇水平居长三角地区首位，月薪资平均数达 10418 元，是月平均薪资唯一超过万元的地区，中位数为 9500 元，众数为 9000 元，反映了上海市体育产业人才需求薪资水平拥有显著优势，对体育产业人才的吸引力极强。浙江省体育产业人才需求月薪资平均数为 8876 元，中位数为 8000 元，众数为 9000 元，与上海市相比存在较大差距。江苏省体育产业人才需求月薪资平均数和中位数与上海、浙江也有一定差距，安徽省体育产业人才需求月平均薪资水平最低，仅为 7084 元，中位数和众数也仅为 7000 元，均不及长三角地区总体水平。

进一步对比 2021 年 3 ~6 月长三角地区各省会城市体育产业人才需求的月薪资水平后发现，上海市相比杭州市、南京市和合肥市在薪酬待遇方面仍然拥有较大优势。此外，杭州市、南京市和合肥市的薪酬水平均超过所在省份的平均水平，说明各地省会城市体育产业人才需求的薪资水平在省内占据优势，人才吸引力也会更强。上海市、南京市和杭州市三地在平均薪酬水平上均超过长三角地区总体平均水平，仅合肥市体育产业人才需求的月薪资平

① 《99 元/月的老年健身房火了！老人健身需求暴增，背后的市场潜力空间巨大》，腾讯网，2021 年 4 月 11 日，https：//new. qq. com/omn/20210411/20210411A039F500. html。

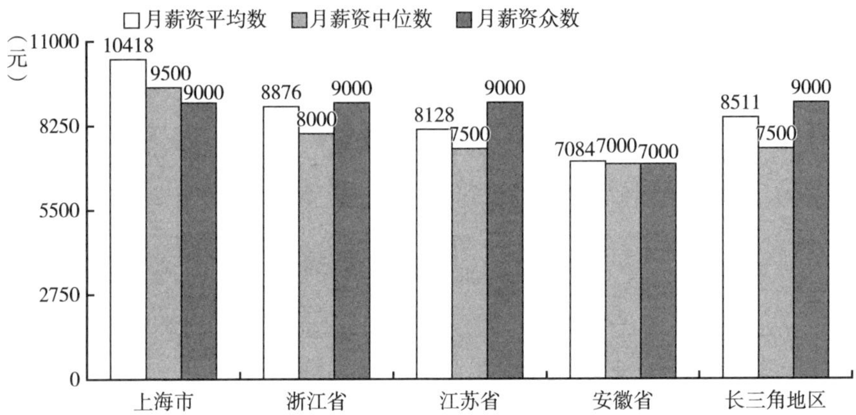

图 6　2021 年 3～6 月长三角地区体育产业人才需求月平均薪资对比

资料来源：根据智联招聘采集的长三角地区体育产业人才需求数据整理所得。

均水平比长三角地区总体平均水平低 12.1%（见图 7）。综合来说，较低水平的薪资在一定程度上对合肥市体育产业人才流入产生了较大影响。根据泽平宏观携手智联招聘发布的 2021 中国城市人才吸引力排名 100 强榜单，杭州市、上海市和南京市三地进入前 10 位，合肥市则排在第 25 位，说明合肥市的人才吸引力仍有待提升。①

随着工作年限要求的变化，长三角地区体育产业人才需求的薪资也有较大幅度的增长。对于工作年限为 3 年以下、3～5 年和 5 年及以上的体育产业人才，招聘企业愿意支付的月平均薪资分别为 8545 元、11061 元和 14466 元。相比工作年限为 3 年以下的人才薪资，3～5 年的薪资增幅达到 29.4%，5 年及以上的薪资增幅更是高达 69.3%（见图 8），说明具备丰富工作经验的人才更容易在体育产业中获得高薪的工作机会。但从人才需求的工作年限要求分布来看，工作年限要求为 3 年以下的人才需求比例较大，工作年限要求为3～5 年和 5 年及以上的人才需求比例较小，并且工作年限较高的岗位对应的大多是中层及以上管理人才，同时期的需求数量规模并不大（见

① 《任泽平：2021 中国城市人才吸引力排名》，腾讯网，2021 年 7 月 2 日，https://new.qq.com/rain/a/20210702A02QLI00。

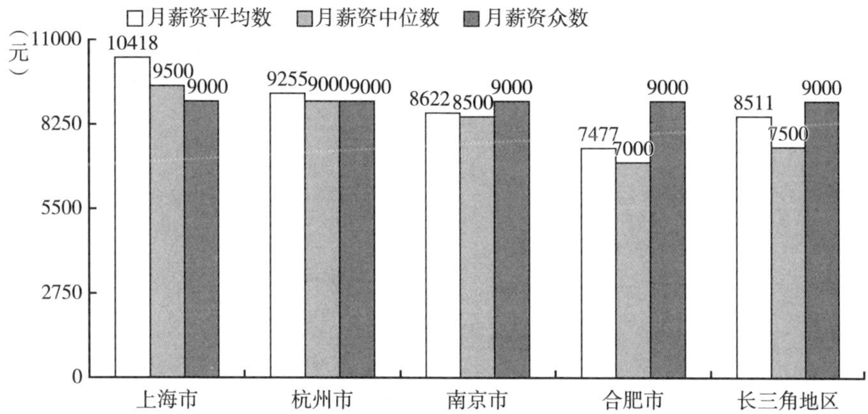

图7　2021 年 3～6 月长三角地区各省会城市体育产业人才需求月平均薪资对比

资料来源：根据智联招聘采集的长三角地区体育产业人才需求数据整理所得。

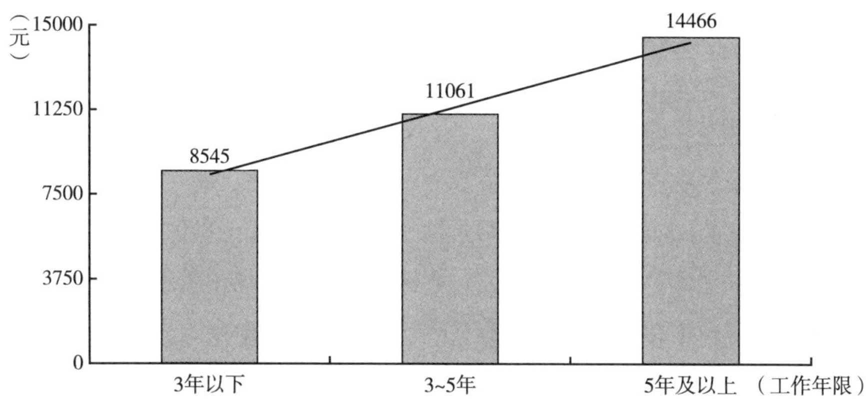

图8　2021 年 3～6 月长三角地区体育产业不同工作年限人才需求月平均薪资变化

资料来源：根据智联招聘采集的长三角地区体育产业人才需求数据整理所得。

图9）。长三角地区体育产业中还有大部分岗位对工作经验没有太多要求，同时这些岗位的薪酬水平不高，维持在平均水平。

长三角地区体育产业各岗位的薪资水平差异较大，这与体育产业内部业态、薪酬体系和公司规模等因素有关。2021 年 3～6 月需求量最大的社会体育指导员、运动健身教练的平均薪资仅为 8380 元/月，赛事策划、运营、执行人才的平均薪资仅为 7244 元/月，薪酬待遇普遍偏低（见图 10），原因在

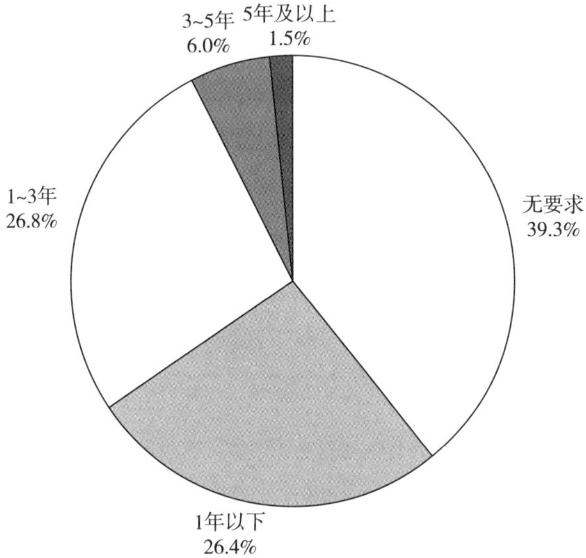

图 9　2021 年 3～6 月长三角地区体育产业人才需求的工作年限要求分布

资料来源：根据智联招聘采集的长三角地区体育产业人才需求数据整理所得。

于：其一，需求主体中大部分为小微型民营企业，一线岗位薪资水平不如中型、大型企业的同类型岗位，平均月薪资集中在 6000～8000 元；其二，对于大部分需求主体而言，一线岗位人才目前在就业市场中供给普遍饱和，加上受到疫情不确定性影响，体育赛事活动数量、规模受限，企业进一步掌握薪酬定价话语权。2021 年，长三角地区体育赛事仍面临较大的不确定性，2021 赛季 F1 赛程中上海站被移除、上海世界赛艇锦标赛取消、苏州世界杯预选赛部分赛程临时移至迪拜等情况，对一线岗位的冲击较大。

根据前程无忧发布的《2021 上半年度体育产业人才供需简报》，2021 年以来，前程无忧平台上的体育产业有效发布职位信息超过 7.7 万条，平均薪酬集中在 6000～8000 元，占比 37.1%，其次是 0.8 万～1 万元和 1 万～1.5 万元，分别占比 30.0% 和 27.2%。[①] 换言之，体育产业有约七成新岗位

① 《〈2021 上半年度体育产业人才供需简报〉：教学类人才占国内体育行业从业者近七成》，人民网，2021 年 7 月 30 日，http://sh.people.com.cn/n2/2021/0730/c134768-34845348.html。

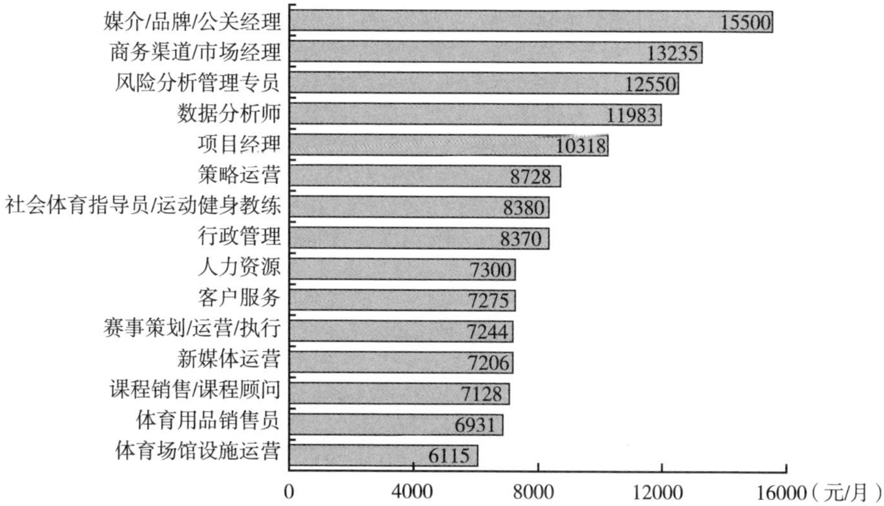

图 10　2021 年 3～6 月长三角地区体育产业人才需求岗位月平均薪资

资料来源：根据智联招聘采集的长三角地区体育产业人才需求数据整理所得。

每月薪酬低于 1 万元，这与本报告体育产业人才需求数据反映的结果较为吻合。根据科锐国际发布的《2021 人才市场洞察及薪酬指南》中长三角区域相关篇章内容，以跨境电商行业运营专员的薪资水平为对照，其基本年薪 25 分位数为 10 万元，中位数为 20 万元，75 分位数为 30 万元①，而体育产业人才需求薪资数据中运营专员相关岗位的基本年薪普遍集中在 9 万～10 万元，与智能制造、互联网、房地产、跨境电商、云计算和金融等行业相比，长三角地区体育产业人才薪酬水平还有较大的差距。

三　长三角地区体育产业人才供需趋势分析

（一）复合型人才需求逐步上升

长三角地区体育产业发展紧跟体育消费发展新趋势，对复合型人才的需

① 科锐国际：《2021 人才市场洞察及薪酬指南》，2021 年 1 月 28 日，https：//www.careerintlinc.com/whitepaper/31.html。

求逐步上升。长三角地区体育产业与互联网、金融、教育、医疗康养、文化、旅游等领域交叉融合发展，带动了各种体育消费新业态、新产品、新服务不断涌现，复合型人才需求上升趋势日渐凸显。“职能治疗、康复医学、特殊教育、心理学等专业优先”“掌握一定的用户研究方法，具备一定的数据分析能力”“广告、体育营销、市场、公关策划相关专业优先”等要求成为当下企业招聘需求的典型证据。

（二）产教融合培养模式初步形成

长三角地区作为我国体育产业发展的战略高地，产教融合需求尤为迫切，传统的人才培养模式已无法适应在一体化高质量发展要求下快速变化的产业需求。在此背景下，长三角院校依托学术研究优势、专家智库资源，企业立足于商业经验积累与实际行业需求，在政策和市场的驱动下，正在积极构建并初步形成了优势互补、资源共享的产教融合人才培养模式，逐步发展成为长三角地区体育产业人才培养的主导力量。2021 年 5 月 8 日，以“产教融合再升级”为主题的首届上海体育产业产教融合发展峰会在上海体育学院举行，旨在探讨如何在新时代将“教育链、人才链与产业链、创新链”有机衔接，实现更深程度、更高层次的产教融合。①

（三）人才培养生态体系建设重要性凸显

单纯依靠产教融合培养模式无法满足长三角地区日益提升的体育产业人才需求，人才培养生态体系建设的重要性正在凸显。“十三五”时期，国际国内人才“争夺战”此起彼伏，人才战略地位愈加凸显；进入“十四五”时期，人才竞争有望更加理性，以产业、平台、政策、环境等为基础构建的人才生态系统将成为吸引人才的关键，区域内人才资源共享将成为新趋势。② 在此趋

---

① 国家体育总局：《上海体育产业产教融合发展峰会在上海体院举办》，2021 年 5 月 10 日，https：//www. sport. gov. cn/n20001280/n20745751/n20767297/c21116067/content. html。

② 《人才生态系统作用凸显　区域人才共享或成趋势——“十四五”时期我国人才竞争前瞻报告》，中国社会科学网，2020 年 12 月 21 日，http：//sky. cssn. cn/skyskl/skyskl_ jczx/202012/t20 201221_ 5234871. shtml。

势下，长三角“政产学研用”各主体逐步协同打造人才资源共享网络，推动主体之间的知识创新与应用，同时建立完善的人才体系，适应长三角地区体育产业快速发展的需要。

四　长三角地区体育产业人才发展建议

当前长三角地区体育产业人才发展应以普及产业相关知识及技能为基础，以培养体育产业人才为核心，推动构建以产业需求为导向的“政产学研用”一体化人才培养体系。一方面，加强长三角地区体育产业人才培养的顶层规划，引导体育产业人才培养工作有序开展；另一方面，加快体育产业“政产学研用”畅通的人才培养生态体系建设，促进体育产业人才供给与产业发展需求相匹配。同时，加强长三角地区体育产业人才交流合作，鼓励区域人才流动。

（一）加强人才培养顶层规划

以《长三角地区体育一体化高质量发展的若干意见》为工作准则，以产业需求为导向，以长三角地区体育产业发展一体化和治理结构一体化为目标，加强体育产业人才工作的顶层设计，有效拉动体育产业人才一体化。一方面，完善体育相关专业学科建设布局，利用好上海体育学院、浙江省黄龙体育中心、南京体育学院、安徽财经大学等体育产业人才培训基地，强化研究型人才与应用型人才的协调培养与发展；另一方面，由地方政府牵头，强化企业和高校在体育产业人才培养中的主体作用，由高校、企业、科研院所、运动项目协会联合培养人才，推动更多高校培养适应市场需求的体育产业人才。同时，建立体育产业人才工作的协调机制，对各人才培养主体进行统筹协调和广泛激励，密切关注体育产业人才培养的落实情况，促进“政产学研用”培养模式发展。

（二）加快人才培养生态体系建设

政府、高校、科研院所、企业、运动项目协会等多元参与主体各尽其能，通过校企合作、产教融合、专业共建等培养方式，推动长三角地区体育产业“政产学研用”人才培养生态体系搭建。具体应从制定全方位的岗位能力标准、打造与产业发展相适应的课程体系、形成深层次的人才培养合作关系、探索各种注重实效的合作模式、建设虚拟和现实并重的大型招商引才平台、制定各类重点及特色体育产业人才需求清单、加强体育产业人才培养师资队伍建设以及打造精准就业的人才服务体系等八个方面展开工作，加大人才供求引领力度，确保长三角地区体育产业人才供给与需求的匹配程度有效提升。

（三）鼓励人才区域流动与合作

为人才流动打造良好条件，鼓励长三角各地区之间体育产业人才有序流动与合作。一方面，适当利用市场需求优化体育产业人才的空间配置，扶持各省市体育企业的发展，并鼓励行业领军型企业在长三角异地设立分支机构、建设跨地区联动的众创空间和“双创”孵化器，提供人才流动与合作的机会；另一方面，推动欠发达地区体育产业发展，制定相应的优惠政策吸引体育产业人才由人才资源集聚的发达地区向部分人才资源匮乏的欠发达地区流动，以达到体育产业人才集聚与区域经济发展相匹配的最优状态。同时，积极培育行业协会、人才中介机构等人才评价和监管主体，推进长三角地区体育产业人才标准统一化、人才评价结果互认，打破人才跨区域流动的诸多不合理壁垒，实现优势互补。

参考文献

白丽、孙晨晨：《互联网时代体育产业人才的培养》，《体育学刊》2016 年第 4 期。

黄海燕：《推动体育产业成为国民经济支柱性产业的战略思考》，《体育科学》2020 年第 12 期。

王凯：《体育产业高质量发展的人才需求与高校“产业、专业、创业”融合培养路径研究》，《南京体育学院学报》2020 年第 6 期。

案 例 篇

Cases

B.17

发挥产业集群优势 建设全球电竞之都

——以静安区珠江创意中心体育产业集聚区为例

静安区体育局课题组*

摘 要： 2021年静安区珠江创意中心成功获选首批上海市体育产业集聚区，园区以电子竞技产业为核心特色，聚集了多家电竞俱乐部企业、大型新文创企业、影视公司、动漫公司及文化产业公司，形成了健康、可持续发展的体育产业聚集生态圈，助力上海建设全球电竞之都。未来，珠江创意中心将针对电竞、影视、动漫、教育、地产、互联网六大主题，打造电竞赛事场馆、赛事运营、电竞教育培训、直播经纪、生态孵化MCN、潮流IP运营、动漫人物手办制作的全产业链体育科技创新平台。

* 执笔人：张祺，上海市静安区体育局社会体育管理科副科长（主持工作），研究方向为公共体育服务、体育产业等。

关键词： 体育产业集聚区 全球电竞之都 会展活动

珠江创意中心于2009年投入使用，占地面积为28859平方米，建筑面积为62557.4平方米，位于上海市静安区中部大宁国际社区内，地处灵石路近共和新路，毗邻上海马戏城（与地铁1号线马戏城站步行距离约5分钟）、大宁国际商业广场、大宁音乐广场、大宁灵石公园等上海市标志性城市生活设施，周边交通发达、商业成熟、配套完善。截至2019年，珠江创意中心入驻企业128家左右，年度税收超过1.5亿元。

一 项目优势

（一）基础设施质量优

珠江创意中心是由广东珠江商贸集团携手国际资深团队在沪打造的首个5A甲级写字楼项目。它由3幢多种形态的创意建筑围合而成。其中1号、2号办公楼是传统文化与现代商务文化的完美融合体，既满足了体育产业工作者的硬件需求，又突出了建筑的文化特色和设计美感。3号商务办公主楼坐拥大宁CBD制高点，简约而现代的直线设计外观凸显了独特的未来品质。珠江创意中心体育产业集聚区内部参照国际领先标准配套银行、酒店、停车场等各种商务和生活设施，另有中心工作人员随时提供全天候的周到服务。

（二）政策扶持力度大

上海市静安区一直高度重视电竞产业的发展。自上海市发布“文创50条”“电竞20条”以后，2019年，静安区就发布了《关于促进电竞产业发展的扶持政策》《关于促进电竞产业发展的实施意见》《电竞产业发展规划》，确立了打造“灵石中国电竞中心”的发展目标。

在此基础上，静安区联合市电竞协会、区仲裁委员会等行业组织和部门，不断提升企业服务能级，增加电竞企业在静安区的获得感和满足感。2021 年 5 月，上海市电子竞技运动协会法律工作委员会在静安区正式宣告成立，同时电竞法律服务平台正式挂牌。法律服务体系的构建是上海市电竞产业发展过程中的又一项具有引领意义的标准体系建设，可以为电竞主体健康存续保驾、为电竞产业良性发展护航①。

二　项目成就

（一）搭建新文创电竞产业招商平台

珠江创意中心聚集了超竞互娱、EDG 电子竞技俱乐部、NICE 电竞生活馆、香蕉计划集团、AHQ 电子竞技俱乐部、七煌信息、伐木累等产业内耳熟能详的新文创电竞企业，打造了“一站式”企业交流商业闭环，有效增进了企业之间的合作、交流，提升了珠江创意中心对新文创企业的吸引力②。为扩大园区规模，提升园区质量，珠江创意中心与园区内多家电竞头部企业共同开展招商引资工作，由头部企业牵头对新入驻企业进行业务帮助。园区先后成功引进 30 余家电竞企业，主要有阳川电子（EDG 战队）、立洲文化（演出经纪）、热竞（视频后期制作）、斗竞（NICE 电竞生活馆）、七煌信息（主播、经纪）、七煌原初（JDG 战队青训）、厚翰信息（WE 战队旗下伐木累 App）等。

（二）举办电竞赛事以及延伸活动

结合多年经验，自 2019 年起珠江创意中心举办了多频次、多元化、高质

---

① 刘福元：《电子竞技场域中政府主体的身份转型与路径重设——从“举办和参与”到“监管和服务”》，《上海体育学院学报》2021 年第 2 期，第 32～42 页。

② 沈克印、寇明宇、吕万刚：《数字经济时代体育产业数字化的作用机理、实践探索与发展之道》，《上海体育学院学报》2021 年第 7 期，第 8～21 页。

量的电竞落地活动。首先，办好电竞赛事。2019 年，园区先后举办“荣耀空间——合生商业王者荣耀联赛”、《守望先锋联赛》第三阶段决赛直播、第九届 DOTA2 国际邀请赛（TI9）官方线下观赛等活动，促进电竞文化氛围的形成。其次，丰富电竞会展活动。2019 年，园区举办了“漫威电影宇宙英雄特展”，这是漫威官方首次在中国大陆的亮相，在2400 平方米的超大空间内，观众体验了 MCU10 年历程 23 部电影的无限魅力。最后，加强电竞文化宣传。2019 年以来，园区先后组织开展了第一届“新文创电竞产业联盟”交流沙龙、“Chinajoy 电竞之夜”等活动，邀请腾讯电竞、游戏汇制作人和灵石路上的知名电竞人进行产业解读分析及召开座谈峰会。2019 年 10 月起，园区每周五录制腾讯电竞公开课节目《竞然如此》，集结电竞从业者、运动员、跨界新知和文体大咖等不同类型嘉宾，分享其与电竞共成长的经历，并与现场观众交流对于电竞的思考与认知，分享他们对电竞的热爱与坚持。

（三）搭建“新文创电竞产业联盟”服务平台

“新文创电竞产业联盟”服务平台通过产业资源整合、资源共享，增强园区内企业的成长力，实现企业间融合发展，从而降低入驻企业的成本并提升综合效益，带动电竞产业链上下游企业共同发展。如对园区内电竞产业相关企业开展深入调研，调研内容包括园区入驻企业情况、人才需求现状、行业标准等，从而输出专业的企业报告或行业报告，进而推动电竞企业的业务规范化、专业化，并为相关企业提供未来运营的思路①。

此外，“新文创电竞产业联盟”服务平台联合园区内的教育企业开展企业内部培训及外部培训，推动电竞教育板块的发展。如成立 KPL 俱乐部培训营，完成 KPL 联盟东部赛区战队选手的定制化培训，让职业选手们可以在优越的电竞环境里学习专业课程，帮助职业选手们拓展专业能力、提升个人素养、加强自我管理，为选手们的职业长远发展助力。

---

① 王雪莉、白宫鼎、王鹏：《中国体育服务贸易成果、趋势与高质量发展路径研究》，《北京体育大学学报》2021 年第 7 期，第 9～24 页。

B.18

盘活城市土地资源　打造都市运动中心

——以上海市宝山顽酷运动工厂为例

宝山区体育局课题组*

摘　要：上海市宝山顽酷运动工厂于2020年底正式开业，该工厂的目标是建设以休闲健康为主题的园区型都市运动中心，将时尚滑雪、高空矩阵、少年探洞等各类运动体验相融合，成为宝山区休闲运动文化的展示窗口。通过举办赛事活动、开设体育培训课程、宣传体育文化等方式，上海市宝山顽酷运动工厂提升了其在市民中的吸引力和影响力。

关键词：都市运动中心　休闲运动　文化产业融合

上海市宝山顽酷运动工厂原是宝钢旗下的存量工厂，随着周边社区的增多，人口密度上升，工厂在保护工业文明遗存场地的同时，又为广大社区创造了一座充分发挥运动服务功能的“连接之桥”，将大量的体育健身功能以及多变主题冒险空间注入场地之中。

一　基本情况

上海市宝山顽酷运动工厂位于上海市宝山区长江西路855号博秀荟文创

* 执笔人：徐冰，上海市宝山区体育局党组成员、副局长，研究方向为体育产业、公共体育服务等。

园 E 区，是目前上海市第一家多项目综合休闲运动中心，占地总面积近4000 平方米，隶属缘界集团旗下的子品牌顽酷运动。

以“体育 + 活力中心”为定位，工厂以打造上海宝山休闲运动文化展示窗口为目标，旨在通过旧工业厂房的改造和区块产业联动，建设以休闲健康为主题的都市运动中心，努力发展成为宝山区的新地标。

二　项目特色

（一）运动功能多元

上海市宝山顽酷运动工厂是园区型都市运动中心，厂内提供的运动项目种类丰富、功能广泛，场景包括大型旱雪坡单板公园、攀岩馆、高空矩阵区、蹦床区、主题探洞区、健身区、运动商店等。其中，攀岩馆占地面积共有 1500 平方米，是上海市最大的攀岩馆，内部设有难度区、抱石区、速度区、攀岩训练区、功能教室（瑜伽）、商店，并配有全国最优秀的攀岩管理团队，是国内配置最齐全的综合性攀岩馆之一。主题探洞区的主题化场景设计给参与者提供了多条探险线路和多种冒险风格的选择，可以激发玩家的自主探索欲望。高空矩阵区设立了 50 多个互动游戏关卡，有利于提升参与者的脑思维能力和身体机能。

（二）参与体验感强

上海市宝山顽酷运动工厂作为室内运动工厂，尽量模拟室外环境，还原真实的运动场景。如超高仿真滑雪坡，配有面积达 766 平方米的旱雪坡，旱雪仿真度达到 90%；3 台高山速降机和 6 台高端滑雪机，让参与者在沉浸式的感官世界里感受无与伦比的真实滑雪体验；350 平方米的蹦床公园中拥有 3 个奥运会级别的专业赛事蹦床，公园也开设了滑雪相关的技巧课程和蹦床课程，让参与者从中最大限度地获得运动带来的快感。

（三）配套服务齐全

场馆设有健身区，参与者可以在正式开始运动前进行热身运动，防止运动中出现意外受伤情况。场馆还提供有浴室、更衣间，保证玩家从头到尾清新、整洁。高空探索区域内提供各类趣味游戏，可供个人娱乐、朋友聚会、公司团建；该区域还开设了由国家级运动员指导的专项课程。此外，场馆内设立了运动单品新零售创新体验店，旨在为少儿和家长带来丰富、专业的运动消费体验，满足各年龄段儿童在专业运动项目中的需求。

三　项目经验

（一）发挥社交功能，激发全民体育热情

上海市宝山顽酷运动工厂将体育与商业结合，以组织承办多样的体育赛事活动为工作重点，充分利用体育赛事聚人气的特点来支撑整个园区的商业内容，目前园区累计会员多达万人，已经成为周边一公里范围内居民首选的体育锻炼场所，为园区在更大范围内持续提升品牌影响力奠定了基础①。

（二）产城融合，促进体育产业发展

上海市宝山顽酷运动工厂筛选出具有专业能力且愿意将专业体育知识和技能普及给大众的体育运动培训师，通过体验和培训的方式，向大众普及专业的体育知识和技能，让居民真正体会到体育运动带来的乐趣。体育运动区设置的项目类型丰富，3～100 岁的居民都可以在这里找到自己热爱和适合的运动，真正做到“全民运动”。其还注重满足儿童和青少年的运动需求，

① 叶海波：《新发展阶段数字经济驱动体育产业高质量发展研究》，《体育学研究》2021 年第 5 期，第 9～18 页。

通过推出适合儿童、青少年的运动项目，提升其体适能、培养其专注力。此外，园区也积极举办各类体育赛事，让社区居民和企业参与竞赛，促进个人身体素质提升、企业团队成长①。

（三）融合发展，提升健康文化修养

上海市宝山顽酷运动工厂以体育产业为核心、体育文化为辅助，让居民在通过体育运动获得身体健康的同时，心灵也得到享受和提升，让运动习惯与健康生活接轨。体验项目和课程能满足不同年龄段的需求，务求打造一个底蕴丰厚、改善邻里关系、注重亲子教育和互动、促进大健康生活方式发展的运动中心②。除此之外，工厂每周、每季度会推出不同主题的体育运动分享课和赛事，力争形成“周周有亮点、月月有高潮”的运动氛围，更好地满足市民群众健身需求，促进体育与文化的结合。

---

① 李在军、崔亚芹：《中国冰雪旅游产业融合发展的机制与推进路径研究》，《首都体育学院学报》2021 年第 3 期，第 299 ~ 307 页。

② 黄谦等：《“双循环”新发展格局下体育产业高质量发展的动力诠释与实现路径》，《西安体育学院学报》2021 年第 3 期，第 297 ~ 306 页。

B.19

积极应对疫情挑战　提振体育消费市场

——以江苏省体育局促进体育消费工作经验为例

徐光辉　王丽丽　陈　艳*

摘　要：江苏省体育局积极应对新冠肺炎疫情挑战，及时出台多份政策文件，从促进政策落实、提振体育消费、扶持信贷金融、强化宣传服务等方面促进体育企业复工复产。相关做法取得了良好的经济和社会效益,并获得国家体育总局的肯定和推广。南京、苏州、淮安等地也推出特色举措，提振当地体育消费市场。

关键词：体育消费市场　体育产业　江苏省

新冠肺炎疫情的突袭而至给体育产业带来了较大挑战，体育赛事活动、体育场馆和健身场所以及体育培训企业等一度停摆。为支持体育企业应对疫情，渡难关稳发展，2020 年 3 月江苏省体育局及时出台《关于应对新冠肺炎疫情影响促进体育产业健康稳步发展若干措施的通知》（简称“体育产业 15 条”），并联合省发展改革委印发《关于促进全民健身和体育消费推动体育产业高质量发展行动方案》，采取发放体育消费券等多种方式，提振、扩大体育消费市场，进一步激发体育消费动能。

* 徐光辉，江苏省体育产业指导中心副主任，江苏省体育产业研究院副院长，研究方向为体育产业；王丽丽，江苏省体育产业指导中心（江苏省体育产业研究院）部长，研究方向为体育产业政策；陈艳，江苏省体育产业指导中心（江苏省体育产业研究院）部长，研究方向为体育产业政策。

一 主要做法

（一）落实“体育产业15条”纾困政策

新冠肺炎疫情发生后，江苏省体育局及时出台“体育产业 15 条”纾困政策，围绕体育产业供给和需求两端，助力体育企业渡难关稳发展。下达中央和省大型体育场馆免费低收费开放补助资金、省体育产业发展专项资金、省健身俱乐部专项资金等 1.85 亿元；省体育局系统政府采购首付款支付比例达 60%，采购总额达 2.04 亿元；分别联合中国建设银行江苏省分行、江苏银行推出金融助企措施，中国建设银行江苏省分行成功给予 464 个客户 5.08 亿元信贷支持，江苏银行体育产业实贷余额 10.28 亿元。江苏省体育局支持体育企业复工复产相关做法被国家体育总局肯定推广，新华社、央视 1 套《晚间新闻》等多家中央媒体对此给予了广泛报道，取得了较好的社会反响。

（二）制定实施体育产业高质量发展行动方案

省体育局、省发展改革委联合印发《关于促进全民健身和体育消费推动体育产业高质量发展行动方案》，从进一步深化“放管服”改革、着力提升体育产业发展质效、持续释放体育消费动能等 7 个方面明确 23 项任务措施，努力推动体育产业高质量发展，促进体育消费提质升级。制定贯彻该行动方案重点工作责任分解方案，形成 56 项工作任务责任清单，分别由局领导牵头，有关处室单位负责落实，确保各项任务措施落地落实①。

（三）面向全省发放体育消费券

为应对新冠肺炎疫情影响、促进体育消费市场复苏，省体育局及时面向全省发放 5000 万元体育消费券，体育消费券定点使用场馆超过 500 个，覆

① 徐俊、林向阳：《中国体育产业抗疫复工复产政策的影响效应及优化策略》，《北京体育大学学报》2021 年第 7 期，第 47 ~ 57 页。

盖所有县（市、区）。通过江苏全民健身卡向江苏省赴湖北参加新冠肺炎疫情防控的一线医务人员、工作人员赠送每人 2000 元共计 700 万元的突出贡献群体体育消费券。此外，为加强体育扶贫和青少年体育工作，还通过江苏全民健身卡向苏北两个设区市的 3000 名青少年发放 300 万元健身培训券。

（四）加快推进体育消费载体建设

南京、苏州、常州三市成功入选首批国家体育消费试点城市，三市 2020 年居民人均体育消费分别达到 3080 元、3077 元、3053 元。4 家单位获评新一批国家体育产业基地，3 个小镇被整合纳入体育类省级特色小镇创建名单，102 家单位被认定为省级体育产业基地，16 家单位被认定为第三批省级体育服务综合体，苏州奥体中心等 4 个综合体入选国家体育总局体育服务综合体典型案例。苏州市率先发布国家体育产业联系点城市（苏州）建设工作指标体系。

（五）完善体育产业平台建设

成功举办 2020 江苏体育产业大会暨中国（淮安）淮河生态经济带体育产业发展论坛。12 个项目获评中国体育旅游博览会体育旅游精品项目（其中 4 个项目获评全国十佳）。12 个项目入选长三角地区精品体育旅游项目，完成长三角运动休闲体验季无锡站承办组织工作，推进长三角区域体育产业协作重点项目落实。推介发布冬季、五一（春季）、十一黄金周“江苏时尚体育好去处”，编辑印发 3 期《江苏体育产业》杂志，出版全国首个体育产业发展报告（“体育产业蓝皮书”）。

（六）强化体育产业政策宣传服务

通过电视、报纸、网站、微信公众号等各类媒体，以及拍摄专题片、媒体采风等方式，对体育产业复工复产和体育消费市场复苏情况进行持续跟踪报道[①]。设立“支持体育企业应对疫情影响复工复产帮扶政策库”“江苏体

① 孙科等：《危机与应对：新型冠状病毒肺炎疫情下的中国体育叙事》，《上海体育学院学报》2020 年第 5 期，第 1 ~ 15 + 46 页。

育企业发展服务政策库”，编印《江苏体育企业发展服务政策指引》。疫情防控常态化期间，各地暂停经营高危险性体育项目许可事项的实地核查，改由网上办理。在全国首次发布2019年全省体育产业和体育消费统计公报，并发布《2020年江苏体育产业复工复产情况调研报告》。

二　地方特色举措

（一）南京市

南京市体育局联合市发展改革委、市财政局出台了《积极应对疫情影响提振体育消费促进体育产业健康稳步发展九条举措》，帮助体育企业渡过难关，促进体育消费市场复苏。为解体育企业燃眉之急，南京市体育局提前3个月完成了2020年度省、市级体育产业引导资金和社会力量举办体育赛事资助资金共计31个项目约2860万元的拨付工作。为促进体育消费市场复苏，通过发放体育消费券、运用新媒体举办体育明星直播带货等营销活动，打响“夜健金陵”“体育夜市”品牌。市体育局还向市民发放5万张价值1000万元的“体育健身消费券”；通过“直播+短视频+电商”的模式，联合紫金山视频邀请中国花样游泳世界冠军顾笑在抖音平台发起“跟着世界冠军一起健身”运动专场带货直播；在热门商圈举办轮滑、瑜伽、篮球等共计5场体育主题夜市活动，参加体育夜市各项赛事的选手约1200人，在体育夜市中展示销售的体育企业达68家，平均每场体育夜市活动都能够吸引约5万人参与。

（二）苏州市

苏州市体育局印发《关于应对新冠肺炎疫情支持体育企业复工复产稳定发展的实施办法》，针对全市受到新冠肺炎疫情影响、生产经营遇到困难的体育中小微企业，明确从政策扶持、金融支持、租金减免、拉动消费等方面落实支持政策，支持苏州体育企业复工复产、稳定发展。苏州市体育局还修订了《苏州市市级体育产业补贴项目实施细则》，出台了《苏州市市级体育产业贷款贴息项目实施细则》，力求通过“体育惠民＋体育消费”方式，有效地鼓励体育消费行为、丰富体育消费活动、提升体育惠民消费健身场所经营和服务水平。在“苏州市体育惠民消费行动”中，苏州市体育局专门安排1000万元体育惠民消费行动专项资金，发行5万张“体育惠民卡”，满足居民体育消费需求。此外，全市举办“姑苏八点半·体育夜市”活动30余场，在“逛夜市＋享运动＋看球赛＋品美食＋领福利”新模式的影响下，有400多家商户参与，直接消费金额达275万元，间接带动消费3000万元。

（三）淮安市

为积极应对疫情冲击、助推体育行业复苏，淮安市体育局牵头举办“你消费，我补贴”江苏首场“体育消费大卖场活动”，创新采取“线下摆摊＋线上直播”方式，吸引了近百家体育用品生产厂家、省体育消费券定点健身场馆、健身培训俱乐部等的参加。活动围绕“你健身，我补贴”主题，分为“免费低收费场馆展示区、体育俱乐部培训甩卖区、体育休闲旅游促销甩卖区、小型家用器材展示区”四大区域，在为参展商提供优质展销平台的同时，给予广大市民良好的参观、休闲和消费体验，《新华日报》、交汇点、中国江苏网等30多家主流媒体对活动进行了宣传报道。据不完全统计，此次“体育消费大卖场活动”各类体育消费补贴和折扣近400万元，现场成交额达270余万元，直接、间接拉动体育消费3800万元。

B.20

加强战略协同合作　推动体旅融合发展

——以江苏省体育局推动体旅融合工作经验为例

徐光辉　王丽丽　孙海燕*

摘　要： 江苏省充分加强部门协同、地区联动，在推动体旅融合发展上获得显著成效。江苏省依托体育、旅游特色资源及产业优势，培育出多家体育骨干企业，形成了以户外运动、赛事活动、参观游览为核心的体育旅游产业体系，带动了当地餐饮、住宿、交通、游览观光等相关产业的发展。

关键词： 体旅融合　战略协同　供给侧结构性改革

体育旅游是体育产业和旅游产业深度融合的新兴产业形态，体育是旅游产业发展的重要资源，旅游是体育产业发展的重要动力。近年来，为丰富体育旅游产品供给，江苏省体育、文旅部门加强战略协同合作，积极开发体育旅游资源，培育了体育产业基地、体育服务综合体、体育特色小镇等嵌合旅游功能的平台载体，推出了赛事型、观赏型、休闲型、节庆型、民俗型、数字型等多样化体育旅游产品，大力推进体育旅游融合高质量发展。

---

* 徐光辉，江苏省体育产业指导中心副主任，江苏省体育产业研究院副院长，研究方向为体育产业；王丽丽，江苏省体育产业指导中心（江苏省体育产业研究院）部长，研究方向为体育产业政策；孙海燕，江苏省体育产业指导中心（江苏省体育产业研究院）部长，经济师，研究方向为体育产业。

一　主要做法

（一）完善体育旅游产业体系，释放体旅融合市场潜力

加强体育旅游供给侧结构性改革，充分利用体育、旅游特色资源及产业优势，推动形成以体育运动为核心，以现场观赛、参与体验及参观游览为主要形式的结构合理、门类齐全、功能完善的体育旅游产业体系，体育旅游市场活力不断迸发。体育赛事活动游、健身休闲度假游、户外运动体验游、体育遗产观光游、体育节庆活动游、体育主题公园游、体育教育研学游、特色体育线路游等业态蓬勃发展①。体育旅游市场主体不断壮大，涌现出江阴海澜飞马水城、常州嬉戏族、泰州溱湖文化旅游等一批骨干企业。

（二）丰富体育旅游供给，打造特色体旅融合产品

体育旅游基础设施进一步完善，截至2020年底，全省建成体育公园1016个，拥有冰雪场地47块，水上运动场194个，汽车赛车场、卡丁车运动场及摩托车运动场102个，航空运动机场15个，全省人均体育场地面积3.15平方米，为群众提供了体育旅游休闲好去处。顺应居民消费升级需求，培育打造了赛事型、观赏型、休闲型、节庆型、民俗型、数字型等丰富的体育旅游产品，红色体育旅游、冰雪运动旅游、体育研学旅游等渐成时尚，体育旅游夜经济成为新热点。

（三）促进体育旅游跨产业融合，带动赛事旅游效益提升

推动体育赛事与旅游活动紧密结合，“一带一路”“大运河”“环太

---

① 蒋依依等：《全生命周期视角下体育与旅游融合发展研究》，《北京体育大学学报》2020年第12期，第46～57+70页。

湖”等系列品牌赛事活动，以及马拉松、自行车等群众参与广、旅游拉动功能强的赛事活动呈现综合效益持续提升态势。以马拉松为例，2019年在江苏举办的各类马拉松及路跑相关赛事共计185场，总规模高达75万人次，其中认证赛事41场；据不完全统计，受新冠肺炎疫情影响，2020年全省举办马拉松及路跑类赛事18场。2019年无锡马拉松参赛人数达3.3万人，共吸引27.92万人观赛及旅游休闲，产生餐饮、住宿、交通、游览观光的经济效益约1.8亿元。扬州马拉松主打“唐宋元明清从古跑到今”的“赛事+文化+旅游”名片，连续8年获得国际田联马拉松金标赛事称号①。

（四）推进体育旅游载体建设，打造体旅融合多元品牌

随着体旅融合不断深化，江苏省逐步形成了一批以体旅融合为主题和特色的体育产业基地、体育服务综合体、体育特色小镇等平台载体。在国家体育产业示范基地6个县（市、区）中，体育旅游均是重点和特色发展领域；培育徐州贾汪茱萸山体育健康小镇、扬州仪征枣林湾运动小镇、南通通州区开沙岛旅游度假区运动休闲特色小镇、苏州太湖体育运动休闲小镇等体育旅游主题特色小镇，打造海澜马术表演、江南环球港、盐城大纵湖等一批体育旅游方向国家体育产业示范项目；拥有太湖湾露营谷、苏州澄湖航空飞行营地等一批特色户外运动基地。

（五）健全体育旅游政策体系，优化体旅融合发展环境

近年来，各级体育、文旅部门加强合作，完善体育旅游融合发展政策体系，体旅融合发展环境进一步优化。2018年省体育局和省旅游局签署了战略合作协议，印发了《江苏省体育旅游发展行动计划（2018—2020年）》，并会同省有关部门先后出台了水上、山地户外、冰雪、航空等多个运动项目

① 鲁志琴、陈林祥、沈玲丽：《我国“体旅文商农”产业融合发展的内在逻辑、作用机制与优化路径》，《中国体育科技》2021年第XX期，第1~7页。

产业发展规划或行动方案，南京、无锡、盐城等地也都出台了促进体育和旅游融合发展的意见。

二　典型区域

近年来，江苏各地积极利用各类旅游及体育空间和专业体育内容，拓展体育旅游新产品、新业态，涌现了一批特色鲜明、产业优势明显的体育旅游特色项目和基地。

国家体育产业示范项目——总投资 100 亿元的江阴海澜飞马水城融合马术运动与表演、马文化展示、商贸旅游休闲等多元业态，成功打造体文旅商一体化的马运动特色基地，2019 年营业收入 4.5 亿元，接待游客 380 万人次；2020 年营业收入 3.1 亿元，接待游客超 200 万人次。

徐州贾汪茱萸山体育健康小镇是国家级运动休闲特色小镇、体育类省级特色小镇，该小镇集聚了漂流、滑雪、飞行滑翔、攀岩、山地运动、马术体验等 20 余个时尚运动项目，配套有墨上集民俗文化园、紫海蓝山文化创意园、锦鲤文化产业园、磨石塘全国乡村旅游重点村等功能区，以及多家星级酒店、民宿、农家乐等休闲旅游设施，日接待游客量高达 2 万人次，成功打造了以时尚运动为特色的综合性体育旅游基地。

苏州太湖体育运动休闲小镇是体育类省级特色小镇，位于苏州太湖国家旅游度假区，小镇以体育休闲产业为核心，建有苏州市太湖足球运动中心、渔洋湾水上运动基地、棒垒球基地、文体中心、太湖蓝和湖滨红健身步道等体育设施，配套有太美香谷里酒店、太湖万豪万丽酒店、太湖湖滨湿地、太湖新天地、苏州海洋馆，可满足游客吃住行游购娱等多方位需求。自 2018 年起，小镇承接了国家男足集训、女足集训、中超联赛驻地训练，中国足协男足、女足青训中心均已落户小镇；2019 ~ 2020 年，举办 500 人以上体旅赛事活动近 100 场，直接拉动周边酒店、餐饮、景区观光收入 6000 万元。

B.21
妙用生态优势之笔　描绘体育产业画卷

——以浙江省安吉县户外运动基地为例

安吉县文体旅游局课题组*

摘　要： 近年来，浙江省户外运动产业发展迅猛，户外运动基地如雨后春笋般不断涌现。安吉县依托青山绿水资源，不断丰富“体育+”内涵，培育体育产业新业态，先后成功申报浙江省体育强县、浙江省运动休闲基地、国家体育产业示范基地等，践行了“绿水青山就是金山银山”的发展理念。

关键词： 户外运动　体育旅游　乡村振兴

安吉县位于浙江省西北部，地处长三角地理中心，是上海黄浦江的源头、杭州都市圈重要的西北节点，县域面积1886平方公里，下辖8镇3乡4街道，共215个村（社区），户籍人口47万人。2005年8月15日，习近平总书记在安吉余村首次提出了“绿水青山就是金山银山”的科学论断。多年来，安吉全县上下始终牢记习近平总书记的谆谆嘱托，忠实践行“绿水青山就是金山银山”理念，逐步探索走出了一条生态美、产业兴、百姓富的高质量绿色发展之路。在实践探索中，安吉县依托青山绿水资源，不断丰富“体育+”内涵，有效促进体育产业新理念、新产品、新空间优势相互叠加，大项目、大平台、大品牌内容相互融合，讲成果、讲规范、讲作风蔚然成风，先后成功

* 执笔人：何海军，安吉县文化和广电旅游体育局党委委员、副局长，研究方向为体育产业、体旅融合等。

申报浙江省体育强县、浙江省运动休闲基地、国家体育产业示范基地等。2020年，全县实现地区生产总值487亿元，同比增长4.3%；完成财政总收入100.1亿元，同比增长11.1%，其中一般公共预算收入59.8亿元，同比增长11.6%；城乡居民人均可支配收入分别为59518元和35699元。

一　基本情况

作为中国户外运动基地、浙江省运动休闲基地，安吉聚焦“体育现代化　健康大安吉”总体目标，坚持“讲体育也是讲生态　有体育才会有生机　爱体育就是爱生活”发展理念，有效实现了体育、旅游两大领域融合发展，初步形成了有安吉特色的体旅融合发展模式。主要表现在：市场主体结构优，2020年全县拥有各类体育企业369家，其中运动休闲企业90家，占比24.4%，年度实现产业增加值9.8亿元，占GDP比重为2.01%；产业平台基础好，拥有省级运动休闲乡镇1个、省级运动休闲旅游示范基地3个，建成灵溪、营盘山等一批大体量、高标准、现代化体育主题公园；运动产品内容精，拥有徒步、骑行、越野、漂流、滑雪等全方位、宽领域、成系列运动产品，获评省运动休闲旅游精品线路1条、省运动休闲旅游优秀项目7个；品牌影响范围广，拥有全国山地户外运动多项赛、“两山”徒步大会、中国安吉体育舞蹈公开赛等一批高等级品牌赛事和活动，乡村体育节等一批群众健身活动影响日益扩大，统计资料显示体育赛事活动引流游客突破200万人次/年。

二　发展优势

（一）县域空间清丽宜动，体育旅游生态环境良好

境内“七山一水两分田”，拥有101万亩竹林、海拔1587米的浙北第一高峰龙王山、总面积1244公顷的安吉小鲵国家级自然保护区。全县植被覆盖率、森林覆盖率均常年保持在71%以上，地表水、饮用水、出境水达

标率均为100%，2021年以来空气优良率保持在99%以上，被誉为气净、水净、土净的“三净之地”，获评全国首个生态县，还是联合国人居奖首个获得县，在绿水青山间运动、发展体育旅游条件得天独厚。

（二）绿色发展低碳先行，体育旅游经济基础扎实

全县拥有1个国家级农业科技园区、1个国家级旅游度假区、1个省级经济开发区和1个省际承接产业转移示范区。初步构建了绿色家居、生态旅居两大传统优势产业，以及生命健康、通用航空等五大战略性新兴产业的“2+5”现代产业体系，三次产业结构为5.8∶44.4∶49.8，连续3年实现“三二一”的产业结构。云上草原、五峰山运动村、灵溪运动公园等一批绿色低碳体育产业项目强势崛起，2020年共接待游客2104.7万人次，旅游总收入305亿元，连续两年获评全国县域旅游综合实力百强县第1名。

（三）幸福生活美美与共，体育旅游交通体系建设完善

安吉人文底蕴深厚，全民健身氛围浓厚，全县体育场地总面积达到185万平方米，人均拥有体育场地面积达3.7平方米，同比增长6.3%，位居全国前列。全县拥有高铁1条、高速公路2条、通用航空机场1座、吞吐量排全国前三的内河航运码头1座，初步实现30分钟到杭州、湖州，90分钟到上海、苏州、南京、合肥的快捷出行。在2017年中央农村工作会议上，习近平总书记在讲话中指出：“像浙江安吉等地，美丽经济已成为靓丽的名片，同欧洲的乡村相比毫不逊色。”①

三　经验做法

（一）借力气候特色资源，开展山地滑雪运动

紧紧抓住国家体育产业示范基地创建契机，以项目建设为重要手段，不

① 习近平：《论坚持全面深化改革》，中央文献出版社，2018，第404页。

断推进运动元素与旅游业态相结合，全力打造符合游客需求的新型运动型旅游产品①。围绕户外滑雪专题，重点依托大型水电项目、高山旅游景区等载体，充分利用特殊区位优质气候资源，初步形成了江南天池等 3 家全国知名的户外山地滑雪运动场。例如安吉云上草原旅游景区项目于 2016 年启动建设，项目计划总投资 30 亿元，规划建设面积 5000 亩，在景区核心地带嵌入 13 万平方米的滑雪场地，备受国内外游客欢迎。2020 年，景区接待游客 46 万人次，实现营业收入 1.2 亿元，有效带动了一批民宿、酒店、农家乐等体旅融合关联业态发展。

（二）打造休闲运动品牌，开拓标准训竞市场

充分利用省运会、全运会、奥运会等重大体育赛事契机，有效对接国家、省相关专业运动员外训和赛事计划，对标国家相关领域运动员训练要求，高标准规划建设一批专业训练场馆，配套餐饮、住宿、娱乐等一条龙服务软环境，为国家乃至各省区市运动员外训提供标准化封闭训练条件，有效补齐专业训竞场所市场化服务供给短板。例如安吉五峰山国际营地精准把握市场需求，规划建成国体馆，打造中国国家体操队康复训练基地，同时设有标准篮球馆、恒温泳池、康复理疗中心等。2020 年 12 月，五峰山国体馆迎来了浙江省体操队的教练员和运动员近 200 人，经济社会效益显著。

（三）突出户外山水优势，开拓研学培训市场

聚焦户外团建蓬勃发展态势，充分发挥安吉优质山水资源优势，突出体旅融合发展主题，统筹整合各类教育培训资源，规划建成一批体旅融合研学培训示范点。积极联合省内外重点学校、骨干企业，有序开发野外拉练、攀爬协作、科学健身等教学课程，组织实施青少年户外拓展训练，着力提升个体身体素质，增强团队执行力水平。例如安吉大里户外拓展基地于 2014 年

① 朱鹏、陈林华：《体育助力乡村振兴的经验与价值及路径选择》，《体育文化导刊》2021 年第 2 期，第 28～35 页。

启动建设，总投资约 5000 万元，占地 150 亩，设有人防教育、军事训练、体能拓展等六大区域，深受研学市场欢迎。截至 2020 年，基地接待各类培训 30 万人次，营业收入年均增长 25%。

（四）激活乡村要素资源，开发新兴运动业态

充分发挥中国美丽乡村品牌优势，以“运动振兴乡村”为指引，精心做好乡村经营山水文章，规划布局一批乡村漂流项目，丰富乡村振兴战略落地的体育内涵①。安吉县因地制宜，科学规划，以“村集体+工商资本+村民”形式，建立利益联结机制，创新开发河道、溪道、玻璃栈道等多种形式漂流新业态，为乡村旅游发展融入了更多运动体验。例如天子湖镇荣耀天空之城项目总投资超 4.87 亿元，占地 3800 亩，充分利用水库、沙滩等生态资源，植入云端玻璃栈道漂流等新型体育项目，游客体验感、获得感大大提升。2020 年，该项目实现游客 7 万人次、营业收入 700 万元，有力带动了属地村庄实现“运动强村”目标。

四　社会影响

（一）体育产业发展坚定绿色发展之路

“读懂了绿色，就读懂了安吉，就读懂了当代中国的发展理念”，体育产业在安吉的强劲发展，充分彰显了“绿水青山就是金山银山”与体育产业融合发展的理论指导力，广大干部群众更加坚定了绿色发展之路，全社会普遍形成了良好的生态自觉。随着“绿水青山就是金山银山”理念升温，安吉县对“大好高”项目的吸引力剧增，目前已有天子湖航空运动基地、中南百草原运动世界、云上草原等项目入驻。

① 余守文：《体育助力区域扶贫：美国的经典案例和我国的启示》，《体育与科学》2021 年第 3 期，第 7~15 页。

（二）体育产业发展助力美丽乡村建设

安吉森林覆盖率、植被覆盖率、空气质量优良天数等环境指标均保持在积极健康的区间，在公路旁配建骑行道、沿着山体建设步道等，在安吉成为一种时尚。全县的健身、骑行、登山步道，被统一命名为“两山绿道”。户外运动产业在“绿水青山就是金山银山”发展理念的引导下，更加以保护、回馈、提升的生态体育机理护美绿水青山。一路走来，相继收获了美丽乡村建设实现全覆盖等一批生态环境建设成果。

（三）体育产业发展增强区域经济实力

2005 年以来，在户外运动等绿色低碳产业的加持下，安吉的地区生产总值从 89.3 亿元增加到 2020 年的 487 亿元，年均增长 12%；财政收入从 7.8 亿元增加到 2020 年的 100.1 亿元，年均增长 19%，成为全国百强县；体育产业规模也在不断扩大，2020 年的体育产业总规模近 18 亿元，产业增加值近 10 亿元。

（四）体育产业发展提高居民生活质量

2005 年以来，农村居民人均可支配收入从 7034 元增加到 2020 年的 35699 元，城镇居民人均可支配收入从 14688 元增加到 2020 年的 59518 元，2020 年的城乡收入之比为 1.67∶1；百姓健身房、笼式足球场、全民健身广场等一批体育基础设施建设不断推进，居民进行体育运动、提升身体素质的愿望越发强烈，各村先后组建起篮球、排球、柔力球、地掷球球队等，参加县市比赛，在群众生活物质精神双丰收的同时，乡风文明程度也得到进一步提高。

五　发展建议

（一）坚决贯彻习近平新时代中国特色社会主义思想

2020 年 3 月 30 日，习近平总书记时隔 15 年再次到安吉视察并赋予安吉

“再接再厉、顺势而为、乘胜前进”的新指示新期望。安吉全县上下应始终高举习近平新时代中国特色社会主义思想伟大旗帜，在中央和省市委的坚强领导下，忠实践行“绿水青山就是金山银山”理念，全面深化“体育+”产业发展内涵，为建设中国最美县域、加快建设新时代浙江（安吉）县域践行“两山”理念综合改革创新试验区做出体育贡献。

（二）重视顶层设计引领作用

体育产业发展既需要基层的实践探索，也需要自上而下的顶层设计支持，特别是在体育、文化、宣传、旅游、市场等各相关工作领域要抓好体制机制方面的一体化设计，全面整合山水、文化、田园、乡村等运动资源，发挥全域旅游优势，推动体育产业发展迈向更高层次。

（三）提升功能融合整体能力

体育产业发展需要走有特色、有创新、有市场的新路子，而目前体育产业发展过程中还存在不同程度的粗放式做法。例如存在把体育元素强行插入景区、旅游服务简单进入体育空间等现象，缺乏整体协调性，体旅融合水平较低，难以达到预期效果，社会、市场认同度不高。

（四）促进改革创新系统集成

体育产业发展是一项系统工程。特定领域的改革和创新可以带来一定范围内的较好影响，但要实现更具长久性的常态化突破，需要对基层各类好的创新做法进行梳理，推动做法变经验、经验变制度、制度变规章，支持引导各领域的改革创新，通过基层一系列探索实践反过来促进体育产业改革集成。

B.22

建设国家体育消费试点城市打造体育消费新标杆

——以浙江省绍兴市建设国家体育消费试点城市为例

绍兴市体育局课题组*

摘　要：2020年8月，国家体育总局公布了国家体育消费试点城市名单，绍兴市是首批40个试点城市之一。此后的工作实践中，绍兴市在体育消费方面成效显著，2020年人均体育消费水平达到国内先进水平。未来绍兴将以全国首批体育消费中心城市作为发展目标，打造体育消费新标杆。

关键词：国家体育消费试点城市　体育消费调查　城市品牌

绍兴市不仅仅是浙江省的绍兴，也是大湾区的绍兴，更是亚运城市绍兴，作为杭绍主中心和浙江山水名城，“十三五”时期，绍兴市以打造“国际赛会目的地城市”为目标，构建了竞技体育实力快速提升、群众体育蓬勃发展、体育产业提质增效、体育文化独具魅力、体育改革不断创新的体育发展新格局。2020 年 8 月，绍兴市被列入首批国家体育消费试点城市名单，这助推绍兴市体育消费机制的多方面创新发展。

一　创建目标

绍兴市积极打造体育消费城市品牌，坚持差异化发展，围绕打造“国

---

* 执笔人：施春晓，绍兴市体育局产业处副处长，研究方向为体育产业、体育消费等。

际赛会目的地城市”①，彰显体育赛事新经济特色，探索建立全年度体育消费及赛事经济统计监测评估模型，形成体育消费“绍兴指数”，争取成为全国首批体育消费中心城市。

二　经验做法

（一）做好顶层设计

首批试点无经验可循，根据总局文件精神，绍兴市体育局在充分调研、广泛征求意见、反复修改完善的基础上形成相关政策、方案代拟稿，经市政府常务会议审议通过并经市委常委会议同意，2021 年 3 月 15 日正式发布《绍兴市人民政府办公室关于印发绍兴市建设国家体育消费试点城市工作方案的通知》（绍政办发〔2021〕8 号），明确了主要目标、实施步骤和 5 方面 15 项重点工作，成立了由市长任组长、3 位副市长任副组长、25 个市级相关部门和 6 个县（市、区）政府一把手为成员的工作领导小组，办公室设在市体育局。同时召开全市动员大会进行部署。

（二）开展体育消费调查

按《体育总局办公厅关于进一步做好体育消费试点工作的通知》（体经字〔2021〕19 号）要求，市体育局在国家统计局绍兴调查队专业指导下，于 2021 年 4 月 12 日制定下发《关于开展 2020 年度绍兴市居民体育消费调查的通知》（绍体消办〔2021〕1 号），确定委托第三方机构执行绍兴试点期间居民体育消费调查工作。2020 年度 3000 份样本按各县（市、区）常住人口、年龄比、性别比、城乡比科学分配展开问卷调查，于 5 月底完成数据分析、形成调查报告，经省局审核后报总局。同时，绍

① 邓芳啸、布特：《经济转型背景下的居民体育消费》，《山西财经大学学报》2021 年第 2 期，第 35 ~ 37 + 52 页。

兴将探索建立以全市居民体育消费、大中型赛事消费、单位（集团）体育消费三大块内容为主体的全年度体育消费统计监测评估模型，最终形成体育消费“绍兴指数”。

（三）发放体育消费券

创建期间绍兴每年安排3000万元财政资金用于体育消费券发放，其中市本级600万元，6个县（市、区）各400万元。市体育局前期已与支付宝平台多次对接研商，初步拟定了消费券发放方案，以月为单位分3期在2021年8月8日全民健身日首发，参与活动对象包括健身服务类和体育零售类等核准企业（单位）。

（四）扶持体育企业

绍兴自2018年起设立绍兴市体育产业发展专项引导资金，每年安排2000万元重点扶持运动休闲项目、先进体育用品、体育品牌赛事、体育健身服务以及体育相关产业等。企业通过绍兴市奖励政策兑现系统实现网上申报，奖补资金由市级财政“点对点”直接拨付到企业，改变以往“市级财政—县级财政—县级体育部门—企业”的拨付方式。2020年度绍兴市体育产业发展专项引导资金于3月中旬兑付2000万元整，惠及80个项目68家企业（单位），其中：省级产业项目库9项，奖补670万元；品牌赛事17项，奖补731.01万元；体育服务业示范企业44家，奖补545.74万元；省级运动休闲旅游项目7个，奖补25万元；参展补助4家，奖补28.25万元。此外，柯桥区和上虞区已出台相应政策并设立每年1000万元体育产业引导资金。

（五）培育品牌赛事

持续打造“国际赛会目的地城市”，大力发展具有自主IP的品牌体育赛事。2021年绍兴计划举行“越马”“女排世俱杯”等9项省重点培育体育品牌赛事以及全国田径奥运选拔赛、全国轻型飞机锦标赛等13项大型赛事。通过全年全市近千场大中型赛事，促进人民群众的体育消费[1]。

三　体育消费情况

（一）人均体育消费水平国内领先

根据调查报告数据可得，2020 年有 82.73% 的绍兴市居民进行过体育消费，该指标高出浙江省平均水平 23.03 个百分点，绍兴市居民的体育消费能力处于全国领先水平。

（二）体育消费结构正在转型升级

根据调查报告的数据分析可知，绍兴市居民体育消费结构变中趋好，实物型体育消费趋于转型升级。2020 年绍兴市居民体育消费中实物型消费占比达 54.52%，位列第一，其次为参与型和服务型消费，最后为观赏型消费。尽管实物型消费仍为主要消费形式，但是参与型和服务型消费比例已达 40%，它们的差距逐渐缩小。

（三）在职人群为体育消费主力

对绍兴市体育消费人群从性别、年龄和职业 3 个方面进行了数据归类分析，结果表明：在职状态的女性消费人群规模大于男性消费人群，但人均消费水平低于男性消费人群，不同年龄段消费人群在实物型消费上的侧重点也有所不同，中年人群的体育消费能力相较于其他年龄段有明显提升。

（四）体育用品消费性价比是关键需求

调查显示，羽毛球、跑步（健步走）、篮球、游泳是 2020 年绍兴市居

---

① 花楷：《体育新经济高质量发展：学理逻辑、现实困境与实现路径》，《天津体育学院学报》2021 年第 5 期，第 574 ~ 580 页。

民前4项最常参与的体育项目。绍兴市居民认为激发其体育用品消费需求的关键因素排名前三的分别是质量（32.62%）、实用性（28.01%）和价格（18.70%），这表明性价比是体育用品消费中的重要影响因素。

四　未来建设方向

2021年作为3年试点期承上启下的关键一年，体育部门将以《2021年度绍兴市建设国家体育消费试点城市工作清单》为抓手，重点从以下几方面推进试点工作。

（一）聚焦赛事拉动作用，促进体育产业提档升级

以“杭州亚运会”促进体育产业提档升级。鼓励支持体育企业“小升规”。绍兴市财政局每年继续安排2000万元用于体育产业发展专项引导，支持地方体育企业发展壮大。积极实施《绍兴市亚运城市行动计划》。以“杭州亚运会”为契机，推进体育基础设施发展，按照高水平的国际标准建设棒（垒）球未来社区、羊山攀岩中心等，建造完善篮球、排球等体育竞赛场馆。

（二）顺应数字化改革趋势，提升体育治理水平

以“数字化改革”推动试点工作稳步前行。建设“智慧化数字体育平台”，围绕人民健康优化体育消费场景，升级城市体育资源整合能力，实现区域体育信息科学汇聚，数字赋能提升绍兴体育治理水平，引导绍兴人民健康消费、幸福生活。

（三）挖掘市场潜力，扩大体育消费规模

以“体育消费券”激发全民健身热情。未来，绍兴市政府将拨款3000万元用于发放“运动赋能，健康绍兴”体育消费券，以体育消费辐射周边经济圈，出台体育消费新举措，鼓励开展线上线下“双线”体育活动，培育体育消费新模式。

B.23

发展体育特色小镇　做大运动健康产业

——以安徽省九华运动休闲特色小镇试点项目为例

江海滨*

摘　要：安徽省九华山依托良好的生态环境和区位优势，将体育休闲元素融入其中，2017年获评全国运动休闲特色小镇，培育出体育旅游、体育商贸、运动康养等多元复合业态，为当地创造了良好的经济和社会效益。未来，九华运动休闲特色小镇将以“体育运动基地、休闲度假天堂、活力老人乐园”为定位，建成国内一流、国际知名的宜居、宜游、宜业的运动休闲特色小镇。

关键词：运动休闲特色小镇　运动健康产业　“体育+”

安徽省池州市青阳县九华运动休闲特色小镇，是安徽省第二批特色小镇，坐落于九华山北麓，区位优越，交通便捷，生态环境良好。小镇创建以来，积极满足人民群众对美好生活的需要，以“共享绿色九华，开启健康生活”为主题，依托九华山的禀赋，融入体育休闲元素，做强赛事培训品牌，先后获批国家运动休闲特色小镇、国家首批健康旅游示范基地、国家体育产业示范园、安徽省首批旅游小镇、安徽省首批健康小镇，是健康中国论坛的永久会址。

* 江海滨，安徽嘉润体育文化传播有限公司常务副总经理，研究方向为特色小镇建设、赛事活动运营与管理等。

一　优势特色

（一）共享绿色九华，做优特色产业

“山上旅游、山下消费”是过去九华山旅游产业的典型特征。九华山虽然拥有大量游客，但消费结构单一，且由于缺少消费场景，游客消费乏力。考虑到目标群体对健康生活的需求，九华运动休闲特色小镇积极向运动休闲健康产业转型，围绕气功、瑜伽、太极拳、柔力球、门球等全民健身项目，先后建成全民健身体育馆、气膜体育馆、九华山门球场、九华山国医馆、九华航空飞行营地等训练场馆，并创办国际健身气功联合会九华山学院自主 IP 品牌，与国家体育总局、省体育局等联手开发运动处方，建成国家体育总局社会体育指导中心九华山健身瑜伽营地、中国老年人体育协会九华山活动基地、中国门球协会九华山活动基地等 12 个体育赛事和培训基地，发展多元化的运动休闲产业，由小变大形成规模品牌①。

（二）开启健康生活，引领绿色消费

九华运动休闲特色小镇以搭建“体育 + 旅游”“体育 + 互联网”“体育 + 养生”“体育 + 商贸”创新创业平台为目标，与国家体育总局各运动项目中心、安徽省体育局、中国老年人体育协会等 14 个部门签订长期合作协议，先后举办国内、省内赛事活动 300 余场，教练员、裁判员等高端特色培训 300 余场，承办国内体育联盟、协会等会议会展 400 余场，接待各类赛事培训人员达 25 万人次。健康大讲堂人均消费 4500 元、赛事活动人均费用 1500 元，各类活动带来直接经济效益 4.5 亿元；“皖南 300 村”实现农特产品线上、线下销售收入 2000 万元。2019 年，小镇吸引游客 87 万余人次，主营业务收入达 6600 万元，带动就业 700 余人。

---

① 范尧等：《新发展理念下运动休闲特色小镇发展的实践路径》，《体育文化导刊》2021 年第 2 期，第 89 ~95 页。

（三）发挥组织优势，创新工作方式

2020 年，突如其来的新冠肺炎疫情让九华运动休闲特色小镇遭受较大冲击，所有线下赛事培训活动全部停滞，小镇运营遇到较大的困难，小镇收入断崖式下跌。地处九华运动休闲特色小镇的中国老年人体育协会柔力球专项委员会，积极主动作为，因地制宜、求实创新，充分运用现代科学技术打造“网络培训模式”，坚持整合资源、精心筹备，注重协调三步走，闯出一条全时空、常态化的柔力球网络学习培训之路。2020 年 5～12 月，共举办了 4 期柔力球网络培训班，培训内容涵盖竞技和套路，吸引海内外近万名柔力球爱好者报名参训。无论是全国覆盖面还是报名参与人数，均创历史新高。此外，柔力球专委会联合太极拳专委会举办了“全国老年 26 式各式太极拳公益讲堂”，分别邀请国家级非物质文化遗产陈氏、杨氏、吴氏、孙氏、武氏、和氏太极拳项目代表性传承人为广大太极拳爱好者授课，受到全国各地太极拳爱好者的热烈追捧，正式注册报名参加培训的超过 2.4 万人，专用教学平台当天总访问量达到 41.21 万次，极大地丰富了老年人体育健身生活。

二　经验做法

近年来，九华运动休闲特色小镇充分发挥池州山水人文生态区位综合优势，积极打造体育赛事品牌，加快建设健身气功国际培训基地、九华山健身瑜伽营地，规划九华山体育产业园，在促进体育、旅游、文化、经济长效融合方面做了积极有效的探索，推进了池州市体育产业的新发展。

（一）体育品牌赛事持续举办

九华运动休闲特色小镇成功举办了第六届世界传统武术锦标赛、2015 年全国高校健身气功比赛、2015 年全国绿色运动健身大赛暨安徽省健身气功站点联赛、2016 年全国健身瑜伽公开赛（池州站）、2016 年全国健身瑜伽总决赛、2019 年全国高校健身气功锦标赛、连续三届的国际铁人三项赛

和中国国际健身气功交流比赛大会等多项在国内外颇有影响力的体育赛事活动。吸引来自70多个国家和地区以及国内各省区市的参赛选手、媒体记者及客商等10余万人次来池州参加体育赛事活动。

（二）健身气功培训基地投入使用

2013年小镇与国家体育总局健身气功管理中心建立起战略合作伙伴关系，以九华运动休闲特色小镇拥有的水街项目为依托成立培训基地，该培训基地被国际健身气功联合会、中国健身气功协会授予“国际健身气功联合会九华山培训基地”“中国健身气功协会九华山国际培训基地”称号。基地成立以来多次承办国家体育总局健身气功管理中心主办的各类比赛、研讨会和国内外培训活动。

（三）九华山健身瑜伽营地投入使用

2015年小镇与国家体育总局社会体育指导中心进行战略合作，国家体育总局社会体育指导中心授予九华运动休闲特色小镇水街“全国健身瑜伽指导委员会九华山健身瑜伽营地”称号，开展了多期健身瑜伽裁判员及教练员培训工作，并成功举办了2016年全国健身瑜伽分站赛及总决赛。现今担负着健身瑜伽星级场馆评定、健身瑜伽段位考级的重任。

（四）新建场馆助力全民健身

九华运动休闲特色小镇为更好地承办赛事，加大对体育设施的建设力度，投资1000万元人民币，在九华山建设“全民健身体育馆”。该馆已建设完成且投入使用，并成功举办了第二届、第三届中国国际健身气功交流比赛大会、2016年全国瑜伽公开赛分站赛及总决赛、2017年全国瑜伽总决赛等重要国际国内赛事。

（五）加快体育产业基地建设

九华运动休闲特色小镇项目法人安徽九华山投资开发集团有限公司先后

被授予“安徽省省级体育旅游产业基地”“安徽省省级体育产业基地”称号。九华运动休闲特色小镇充分依托九华山作为皖南国际文化旅游示范区核心区平台的优势，加强与国家体育总局、安徽省体育局等单位在体育文化、体育旅游方面的交流合作，将健身气功、健身瑜伽、老年柔力球比赛打造成为“中国体育旅游精品赛事活动”。

（六）常态化疫情防控工作

小镇成立了赛事期间疫情防控和医疗保障工作领导小组及安全事故应急处置领导小组，与卫生防疫部门建立联防联控机制，对所有参赛人员（包括参赛运动员、各类工作人员等）进行风险评估，并进行管理，切实保障参赛人员、游客等的身体健康和生命安全。

三　社会影响

（一）经济效益

自九华运动休闲特色小镇一期建成且投入使用以来，每年均吸引了数以万计的游客，年销售收入达 2.33 亿元，年上缴税金近 400 万元，就业人数达 1000 人。二期项目全部完成建设之后，年收入与创造的就业岗位将翻一倍。

（二）产业效益

九华运动休闲特色小镇的建成紧扣产业升级趋势，符合转型升级要求，同时也充分挖掘了小镇最有基础、最具优势和最富特色的产业，避免同质化竞争。九华运动休闲特色小镇的建设符合《池州市人民政府关于加快发展体育产业促进体育消费的实施意见》提出的优化产业布局的目标任务：打造“一核两带”，着力构筑“一核两带”的体育产业发展格局；打造以九华山、牯牛降—仙寓山—秋浦河、升金湖等为节点的南部户外运动产业带。

（三）社会效益

随着城市化速度的加快，大量资源向大城市集中，乡镇与农村建设缺少各种顶级的资源。特色小镇建设把政府和市场投资的注意力重新吸引到城乡接合地带，带动了该区域经济、社会、环境等的建设。特色小镇建设集中了“产城人文”四位一体的新型空间、新型社区，使人们的生活方式、生产方式产生了一系列的综合性重大改变，是打破城乡二元结构的有效抓手。

（四）生态效益

体育产业是绿色产业，以体育为载体的体育特色小镇，其自身不会带来严重的环境污染和资源的消耗，同时在改善经济结构和缓解社会矛盾等方面也发挥着重要的作用。体育健康小镇的建设与发展能够解决传统的城镇化模式存在的资源大量消耗、环境严重污染等生态问题。

四　未来计划

未来几年内，九华运动休闲特色小镇将力争打造“体育运动基地、休闲度假天堂、活力老人乐园”，形成主题定位鲜明、建设风格独特、生活环境整洁、基础设施完善、主导产业成熟的特色小镇。[①] 坚持绿色、低碳、可持续发展的原则，按照“运动休闲 + 文化 + 健康 + 旅游 + 养老 + 教育培训”等多功能一体化发展目标要求，充分利用优越的地理条件、一流的生态环境和优美的田园风光，积极推进体育与旅游、文化、养老、休闲、娱乐等产业的深度融合，努力建成国内一流、国际知名的宜居、宜游、宜业的运动休闲特色小镇。

---

① 王先亮：《体育特色小镇的产业聚集与空间分布》，《中国体育科技》2021 年第 9 期，第 90 ~ 97 页。

B.24

科技与体育融合 助力马拉松产业行稳致远

——以波动体育科技集团为例

陈 理*

摘 要： 波动体育科技集团是安徽省首个体育科技集团，在承办多项品牌化、专业化马拉松赛事的同时，大力加强体育技术创新，不断拓宽业务发展领域，打造完整的体育产业链条；重视赛事服务，构建赛事运营管理体系，提升管理人员专业化水平。波动体育科技集团不仅创造了良好的经济效益，还积极承担了企业责任。未来，波动体育科技集团会继续深耕马拉松产业，顺应体育数字化、科技化发展潮流，助力马拉松产业行稳致远。

关键词： “科技+体育” 品牌赛事 马拉松产业

波动体育科技集团（以下简称“波动体育”）成立于2007年，是一家专注于体育赛事运营、群众性体育项目推广、群众体育培训、体育场馆运营、体育综合体运营的全国性、综合性专业体育公司。2016年波动体育以“体育+”为理念，以选手参赛体验为核心，在各大赛事中充分融合赛事举办地的自然、人文等特色，深度挖掘赛事亮点，致力于让马拉松成为传播城市文化的平台。

* 陈理，波动体育科技集团董事长，研究方向为体育科技、运动健康、赛事活动运营与管理等。

一　基本情况

作为安徽省首个体育科技集团，波动体育是安徽省体育产业龙头企业，是以体育赛事运营为主营业务的全国性体育科技公司，公司将体育与科技融合，力促马拉松产业行稳致远，并积极研发数字体育、体育综合体、体教融合、体医结合等体育服务领域内的高新技术。波动体育始终以马拉松产业品牌化发展为己任，在2019年，波动体育首次运营中国—东盟国际马拉松，颠覆了以往的运营模式，邀请东盟十国大使参赛，搭建起中国与东盟民心相通、文化相融的桥梁，是继上合组织马拉松后又一国际标志性系列赛事。波动体育不仅是安徽省体育产业示范单位，也是全国双创典型示范企业。2020年2月，在跑者公会公布的《2019中国马拉松赛事公司50强》名单中，波动体育居第7位。

二　项目经验

（一）坚持“安全第一”办赛理念

波动体育在赛事运营上始终高标准高水平精细化完成各项筹备工作：一是疫情之下在原有赛事应急预案“熔断”机制的基础上，建立赛前“熔断”机制，一旦赛事相关人员中出现新冠肺炎确诊病例或无症状感染病例，并有扩散隐患，立刻由赛事疫情防控工作领导小组研判决策，视情况严重与否发出赛事取消指令；二是通过组织应急处置演练、增加健康状态自查要求、做好健康码及行程筛查、严格审核参赛者提交的材料、加强赛前防疫宣传提示等方式，不断完善赛前防疫措施；三是杜绝替跑、蹭跑现象，细化起跑集结安排，做好参赛者追溯、赛事补给、收容车配置、医疗保障等各个防疫细节，完善赛区防疫规范及比赛日的防疫措施；四是加强合作，波动体育邀请其他社会组织和个人参与赛事管理，高度重视和密切配合各方工作，扎实落实各项要求[①]。

（二）坚持体育与科技融合发展

波动体育坚持体育与科技融合发展，科技给体育赋能，不断加大研发投入。2018 年公司研发费用为 157.1 万元，2019 年研发费用为 175 万元，2020 年在受疫情影响较为严重的情况下仍然保持研发投入 171.26 万元，基本与 2019 年持平。2020 年波动体育与吉林大学共同成立由全国 20 多个省区市的专家参与的全国首个马拉松研究院——波动马拉松产业研究院。此外，波动体育积极将现代信息技术运用于马拉松赛事运营管理中，提高运营效率和服务精准度，降低马拉松赛事风险。同时，波动体育重视对科技成果的保护，共获得 16 项赛事智慧化运营相关软件著作权和 1 项改善运动的发明专利，得到政府的高度认可和跑友的好评。

（三）坚持多元化融合发展路线

在“体育强省”的政策指引下，波动体育坚持“体育 +”的多元化融合发展路线，构建完善的体育产业链，打造体育产业航母。波动体育根据市场需求，合理划分五大板块业务，分别为：“马拉松 +”（城市马拉松赛、马拉松产业研究院、马拉松俱乐部、马拉松衍生品研发及销售）；体育综合体（波动体教综合体、波动 T-HUB、波动众创空间、智慧场馆、0 健身）；体育赛事承办（综合运动会、公开水域赛、城市自行车赛、徒步大会、城市定向赛、儿童滑步车赛）；体育直播（赛事直播、电商直播、马拉松一万个故事）；智慧马拉松赛道[②]。

---

① 沈圳等：《新型冠状病毒肺炎疫情下的体医融合：“方舱模式”的例证与解析》，《上海体育学院学报》2021 年第 10 期，第 1 ~ 14 页。

② 尤传豹、高亮：《人工智能与体育》，《体育学研究》2021 年第 4 期，第 2 页。

三　未来计划

（一）塑造马拉松品牌赛事

打造精品马拉松赛事，让每个城市拥有独一无二的马拉松赛事，是赛事运营者的宗旨。迄今为止，波动体育已成功举办多项马拉松赛事。如中国最年轻的双金赛事合肥马拉松、池州“诗意马拉松”、亳州“养生马拉松”、凤阳“改革开放马拉松”“大圩马拉松小镇”等。未来波动体育将进一步深度挖掘城市文化底蕴、产业特点、地方特色，将城市文化融入马拉松，努力通过马拉松品牌赛事的举办，提升品牌效益、打造城市名片，从而促进城市马拉松产业链的发展。

（二）建立高标准办赛体系

波动体育在坚守办赛安全红线的基础上，将不断提升专业化水平，为政府和跑友提供更好的专业化服务。现已建立了系统规范的九大办赛体系，分别为品牌策划、赛事报告、赛事传播、政府协调、竞赛管理、安全保障、医疗急救、物料呈现和选手服务。未来，波动体育将进一步统筹九大办赛体系的协同运行，提高服务体系运营效率；不断招募专业赛事管理人才，提升办赛队伍的整体素质和专业化程度，争取获得更多赛事荣誉和口碑评价。

（三）发展马拉松产业

波动体育以马拉松赛事运营为基础，立足于省内区域性发展，打造安徽品牌体育赛事，延伸马拉松产业链条，发挥乘数效应，逐步构建完整的产业发展链。在地域上立足合肥总部，分别在省内池州、黄山、亳州设立分公司，通过参与实现“体育强省”，带动安徽全省体育产业的发展。未来，波动体育将扩大马拉松赛事运营规模，谋划市场战略布局，在各省区市乃至海外设立分公司或办事处，以跟上“体育强国”“健康中国”大战略发展规划的步伐，把握和运用好以马拉松产业为窗口的发展机遇。

此外，波动体育深挖马拉松产业，打造“马拉松 +”。充分发挥波动马拉松产业研究院作用，提高中国马拉松赛事运营水平，加强赛事运营公司标准化操作，建立联盟内部相关岗位的专项技能培训体系，规范马拉松健身、训练、赛事、保障运营、服务等系列的科学化发展，充分发挥研究院在马拉松产业规划、健身与训练指导、技能与方法培养、赛事组织与运营规划、产品研发方面的作用。

（四）推动体育数字化发展

波动体育作为体育服务领域的高新技术企业，将利用更多科技技术打造精品马拉松并为其保驾护航，不断提升体育与科技的融合度；波动体育计划联合中国科技大学和合肥工业大学，将 5G 技术运用至马拉松赛事运营管理以及其他赛事管理中，通过与高校开展产学研合作，积极推动打造数字体育项目；波动体育还将开发智慧赛道，通过超高频信号采集器采集跑步数据，集大数据、云计算及物联网技术于一体，以竞技体育、全民健身为基本架构，打造全新的大数据生态系统。

四　社会效益

（一）创新运营理念，发挥马拉松带动作用

波动体育经营多个省内外城市的大型马拉松赛事，深度挖掘城市特性，坚持“马拉松 +”的运营理念，采用全媒体宣传，在最大程度上发挥马拉松带动作用，产生了良好的社会效益和经济效益。波动体育年度经营万人赛事 15 场以上，带动体育旅游消费人口 50 万，促进体育消费亿元以上。同时与多家媒体合作，不断提升波动体育所经营的体育赛事的知名度。据不完全统计，2016 ~ 2019 年关于马拉松赛事各级媒体分别发稿报道 1878 篇、2156 篇、3136 篇和 3895 篇。

（二）热心公益，承担社会责任

波动体育利用体育科技行业优势，积极引领跨界直播。其中“体育 + 扶贫”系列公益直播带货活动，聚集波动体育 10 年马拉松文化积攒的 60 万名跑友的力量，用创新营销模式、积极承担决胜脱贫攻坚的社会责任助力安徽脱贫攻坚，系列直播带货活动受到了中国网等多家媒体的关注和报道。为表彰波动体育的突出贡献，2020 年中共合肥市委网信办授予其“合肥市互联网企业‘战疫战汛战贫’爱心公益先进单位”的荣誉称号。

Abstract

Since the integration of the Yangtze River Delta has become a national strategy in 2018, President Xi Jinping has repeatedly issued important instructions, indications and speeches on taking solid steps to promote the integration of the region. In 2020, in the Yangtze River Delta symposium hosted in Hefei, President Xi delivered important speech, pointing out that the Yangtze River Delta region should have a deep understanding of its position and role in the country's economic and social development, take the lead in forming a new development pattern, and give full play to the advantages of the Yangtze River Delta in talent, science, technology, industrial chain and supply chain, market potential and so on, in order to explore the path to a new development pattern.

The sports industry is one of the first areas to explore integration in the Yangtze River Delta, which has made gratifying achievements during the nine-year period. In 2019, the total size and added value of the sports industry were 1020.25 billion yuan and 341.3 billion yuan respectively, each accounting for about one third of the national sports industry; the added value of the sports industry accounted for 1.44 percent of the region's GDP, higher than the national average. The development and expansion of the overall scale of the sports industry has also led to the optimization of the internal structure of the industry and the consolidation of the industrial base. This is reflected in the large number and scale of the market players of the sports industry, the continuous consolidation of the sports population, the upgrading of the quality of the sports space, the rising level of sports consumption, the abundance of sports events resources, and the development of various demonstration projects. In terms of high-quality development of the sports industry integration, the Yangtze River Delta has also made innovative exploration and formed development experience with reference significance, including forming a cooperation mechanism with the contents of "One Cooperation System", "One Coordination Organization" and "One Overall Planning", and taking projects as the key to promote the integration and cooperation of the sports industry in an all-round way, exploring the integration of sports and tourism, sports and medicine, developing the outdoor sports industry, developing digital sports and intelligent manufacturing, responding to the impact of the COVID-19 epidemic situation, continuing deepening the reforms to streamline administration and delegate power, improve regulation, and upgrade services and speeding up the standardization of the sports industry.

Ever since the strategy of the integration of the Yangtze River Delta has been implemented, the four provinces have worked closely together to promote the collaboration in the sports industry, which is entering a period of accelerated development. In the future, the region will focus on the goal of seizing the commanding height of the competition and cooperation strategy of the global sports industry, building an internationally leading modern sports industry cluster, playing a leading role in China's new dual-circulation development pattern, forming the high-quality development of the national sports industry and a demonstration area for the integration of regional sports industry. And the region will take actions in eight areas, including forming a modern sports industry system, building new industrial space patterns, strengthening the demonstration and guidance of the integration, expanding market players, inspiring innovative factors, intensifying the linkage of regional sports events, innovating the system and mechanism of the integration, enhancing the contribution to regional development, in order to explore a deeper and higher level of integration model of the sports industry.

Annual Report on the Development of Sports Industry in the Yangtze River Delta (2020 - 2021) is a report reflecting the development of sports industry in this region. The book was organized by the Yangtze River Delta Sports Industry Cooperation Association. The sports administrations of the four provinces, Shanghai University of Sport, Nanjing Sport Institute, Ningbo University, Anhui University of Finance and Economics and other units jointly participated in the writing of some chapters. This book mainly divides into six parts. The first part is the general report, which comprehensively summarizes the overall status quo of the development of the sports industry in the Yangtze River Delta since 2020, analyzes the development highlights of cooperation mechanism innovation, industrial integration innovation, sports science and technology innovation, and puts forward new thinking on the development of the sports industry in the Yangtze River Delta under the new pattern of double-cycle development. The second part is the regional reports, respectively elaborated Shanghai, Jiangsu, Zhejiang and Anhui sports industry development general situation, work measures, outstanding achievements and future development ideas. The third part is the industry reports, respectively analyzed the development of the competition performance industry, fitness leisure industry and sports goods industry in the Yangtze River Delta. The fourth part is the experience, in-depth analysis of the scientific management of Shanghai games, jiangsu county sports industry, Zhejiang digital sports, Anhui sports tourism and other key areas of development in three provinces and one city. The fifth part is experience reports, which makes an in-depth discussion on the sports consumption of residents in the Yangtze River Delta, the development of sports and medical integration industry, and the supply of talents in the sports industry. The sixth part is cases, selects several typical cases of the development of the sports industry in the Yangtze River Delta, summarizes and shares the development experience. For each colleague to learn from exchange.

Keywords: Sports Industry Integration; High Quality Development; Yangtze River Delta

Contents

Ⅰ General Report

Abstract: The sports industry in the Yangtze River Delta has always been the leader in national sports industry. It plays a leading role in terms of industrial scale and industrial development trend, etc. During the past two years, the sports industry in the Yangtze River Delta has made progress in various dimensions such as industrial scale, industrial structure, market players, sports population, sports space, sports consumption, sports events and demonstration projects. The sports industry in the Yangtze River Delta made breakthroughs in integration and cooperation, including industrial integration, digital sports and policy innovation. A sports industry development model with the characteristics of the Yangtze River Delta has been gradually formed. In the future, the sports industry in the Yangtze River Delta will face opportunities from the " dual-circulation development pattern", major sports events and the benefits from policies. efforts will continue to be made around the key tasks, including building a sports industry system with distinctive features, building a new pattern of industrial space, building demonstration projects in core areas and strengthening the principal position of sports enterprises. The sports industry in the Yangtze River Delta will make contributions to national strategies like building a leading sports nation and the

"Yangtze River Delta Integration Plan" .

Keywords: Yangtze River Delta Integration; Sports Industry; Industry System

Ⅱ Regional Reports

B.2 Report on Development of the Sports Industry in Shanghai

Yu Shiping / 030

Abstract: This report summarizes the overall development of Shanghai's sports industry from 2018 to 2020, and analyzes the highlights in the development of Shanghai's sports industry, including experience and practices under the COVID-19 epidemic, cultivating emerging project industries, improving the competition mechanism, promoting industrial integration and improving the level of industrial intelligence. Combined with the current economic and social environment and changing trend at home and abroad, this report analyzes the development opportunities and challenges of Shanghai sports industry. Finally, combined with the development foundation of Shanghai Sports Industry and the important mission of leading the integrated development of the Yangtze River Delta, the future development direction and goal of Shanghai sports industry are determined.

Keywords: Sports Industry; Yangtze River Delta Integration; Shanghai

B.3 Report on Development of the Sports Industry in Jiangsu Province

Xu Guanghui, *Wang Lili* / 058

Abstract: In order to achieve the goal of building a leading sports province, Jiangsu Province has made full efforts to develop the sports industry in recent years. In terms of industrial work, The Administration of Sports actively implemented policies to help enterprises cope with the epidemic. At the same time, measures were also taken to boost the demand side so as to stimulate sports consumption and promote the construction of sports consumption pilot cities. In addition, Jiangsu has comprehensively carried out a series of work and achieved remarkable results in aspects of industrial carrier, integration of sports and tourism, overall utilization of two funds, building industrial development platform and strengthening policy guidance services. Facing the problems in the development of sports industry in Jiangsu Province, it will make continuous efforts in promoting sports consumption, optimizing industrial system, activating market vitality, enhancing development energy level, expanding development space and creating a high-quality development environment, so as to strive to achieve the goal of building a leading sports province.

Keywords: Sports Industry; Leading Sports Province; Work and Production Resumption

Abstract: This report systematically combs the development of sports industry in Zhejiang Province in recent years. It also analyzes the industry's main characteristics, including injecting power into high-quality development through system and mechanism innovation, social forces running sports to form a national typical demonstration, creating a new engine for digital and intelligent development of sports industry, developing outdoor sports, practically consolidating the core position of the sporting goods industry and enriching the form of facility supply. In the next stage, the sports industry in Zhejiang Province will make solid progress in improving the industrial policy system, expanding the consumer market, cultivating advantageous enterprises, deepening the development of outdoor sports, implementing the "sports +" project, building industrial demonstration platforms, accelerating digital sports development, promoting the integration of the Yangtze River Delta, consolidating the foundation of industrial development and strengthening the supervision of the sports market, etc. And it will steadily promote the high-quality development of the province's sports industry.

Keywords: Outdoor Sports; Digitalization; Social Forces

B.5 Report on Development of Sports Industry in Anhui Province

Abstract: The development of sports industry in Anhui Province has achieved remarkable results in recent years. While maintaining the rapid growth of the industry, the structure is further optimized and the contribution to the economy is gradually improved. During this period, the development of sports industry in Anhui Province achieved outstanding results in carrier construction, event brand building, industrial integration development, regional coordinated development and so on. Among them, the core business forms of sports service industry such as fitness and leisure, competition performance and venue services have a good momentum of development, and the transformation of sporting goods industry has been accelerated. Although the development of the province's sports industry still faces some difficulties, in the future, Anhui Province will take a series of measures to optimize the industrial development environment, promote industrial integration development, high-quality industrial development and coordinated development, and solidly promote the deployment of building a leading sports province.

Keywords: Sports Industry; Industry Integration; Regional Synergy

Ⅲ Industry Reports

Abstract: The sports competition performance industry is the main engine of sports industry, which plays an extremely important leading role in the high-quality development of sports industry. Under the joint action of government policy guidance and market innovation, the competition performance industry in the Yangtze River Delta has achieved rapid development in recent two years. At present, the Yangtze River Delta competition shows the trend of steady growth in industrial scale, continuous improvement in scale of sports events, vigorous development of brand sports events, increasingly significant overall benefits of events, continuous improvement of occupation events, increasing standards of running competitions, and continuous improvement of market environment. However, the COVID-19 pandemic also causes huge losses to the Yangtze River Delta sports competition performance industry. Main development experience: Explore a new mechanism for co-hosting competitions; create a new pattern of industrial development; explore the digital transformation of sports events and cultivate a new model of sports events; explore the multi subject competition mode and improve the professional level of competition operation; release the multiple functions of sports events; promote the integrated development of "sports +" "+sports"; explore the refined competition mode; comprehensively improve the level of safe competition. However, there are still some problems in the competition performance industry in the Yangtze River Delta, such as the quality of events needs to be further improved, the efficiency of events needs to be further enhanced, and the reform of "release, management and service" of sports events needs to be deepened. In the future, to promote the development of competition performance industry in the Yangtze River Delta, we need to improve the competition management service system, create a high-level sports event brand, promote the digital transformation of sports events, and promote the integrated development of sports events in the Yangtze River Delta.

Keywords: Competition Performance Industry; Sports Events; Yangtze River Delta

B.7 Report on Development of Fitness and Leisure Industry in Yangtze River Delta *Xu Kaijuan, Zeng Xinfeng* / 132

Abstract: With rich natural resources, strong market demands and high-quality service supplies, the fitness and leisure industry in the Yangtze River Delta has developed rapidly in recent two years. This report systematically combs the development status of the fitness and leisure industry in the Yangtze River Delta, and holds that: On the whole, the fitness and leisure industry in the Yangtze River Delta has the advantages of rapid industrial scale growth, increasingly prominent industrial contribution, increasingly perfect fitness and leisure service system, continuous improvement of market environment, good progress in carrier construction, continuous optimization of infrastructure, huge fitness and leisure consumption potential, the investment and financing market is still active, and it also presents many new highlights and models such as the continuous deepening of regional cooperation, the initial system of outdoor sports industry, the emergence of new indoor fitness business models and new products, the new highlights of sports and leisure consumption, the acceleration of intelligent and intelligent upgrading of the industry, and the coverage of fitness services for all ages. Finally, some development suggestions are put forward from the aspects of optimizing industrial structure and layout, promoting the integration of sports, cultivating leading enterprises and perfecting system design.

Keywords: Fitness and Leisure Industry; Outdoor Sports; Indoor Fitness; Yangtze River Delta

B.8 Report on Development of Sporting Goods Industry in Yangtze River Delta *Ren Bo* / 157

Abstract: The sporting goods industry is an important part of the sports industry. The development scale of the sporting goods industry in the Yangtze River Delta is the largest industry among the sports industries in the Yangtze River Delta. In recent years, the development of sporting goods industry in the Yangtze River Delta has shown the characteristics of agglomeration growth, significant role of headquarters economy, extension of sporting goods manufacturing industry to service, development of sporting goods to multiple categories, development of sporting goods to all channels, development of sporting goods sales to online, and development of sporting goods manufacturing to intelligence. At this stage, there are some problems in the development of sporting goods industry in the Yangtze River Delta, such as relatively low investment expenses, relatively few high-end sports equipment manufacturing enterprises, relatively few well-known sports brands, large regional development gap and so on. In view of this, this report puts forward the development strategies of sporting goods industry in the Yangtze River Delta, such as building a new highland of high-end intelligent manufacturing, developing new retail of sports goods, promoting the digital level of proxy processing and production of sports goods, promoting the agglomeration and development of sporting goods industry, and giving full play to the positive role of sports resources trading platform in the Yangtze River Delta.

Keywords: Sporting Goods Industry; Sports Goods Manufacturing; Sports Goods Trade Industry; Yangtze River Delta

Ⅳ Experience Reports

B.9 Experience in the Construction of Scientific Management System of Sports Events in Shanghai

Xu Kaijuan, Liu Weiyu / 174

Abstract: Building a scientific management system of sports events is of great significance to further promote the reforms to "streamline administration, delegate powers and improve services" in the sports competition and performance industry, improve the quality and efficiency of sports events, and accelerate the improvement of the level of the refined urban governance. The scientific management system of sports events in Shanghai has a good development foundation. Summarizing the relevant experience of Shanghai has a certain reference value for promoting the integrated development of sports events in the Yangtze River Delta. After years of practice, Shanghai has built a top-level design for scientific management of sports events, and has formed effective practices in event information collection, event financial support, event certification, event evaluation, event standardization, scientific management and urban linkage. Combined with the overall goal of high-quality development of sports events in Shanghai and the Yangtze River Delta, this report puts forward suggestions, such as further promoting the integration of management and service, expanding the scope of scientific management of sports events, improving the collaborative management ability of multiple departments of sports events, improving the digital level of scientific management of sports events, and dynamically analyzing the management and service needs of event hosts.

Keywords: Sports Events; Scientific Management; Reform of "Streamline Administration, Delegate Powers and Improve Services"; Event Hosts; Shanghai

Abstract: With the rapid development of social economy, the continuous improvement of people's living standards and the continuous enhancement of residents' awareness of sports fitness, Jiangsu has vigorously developed the county sports industry through diversified ways, achieved good economic and social benefits and formed certain characteristic experience. Overall, Jiangsu county sports industry has a solid economic foundation, strong cultural heritage and diverse industry carriers. Among them, the effect of county sports industry bases, projects and demonstration units is prominent, various county sports service complexes are developing rapidly, sports health characteristic towns are diverse, and the construction of sports parks has achieved remarkable results. Under the good development situation, Jiangsu county sports industry has formed some basic development experience: paying attention to the transfer of the advantages of the original manufacturing industry and forming the leading layout of sports industry development; developed counties and districts represented by the national sports industry demonstration bases focus on policy guidance and special guidance; pay attention to the mining and integration of regional sports industry resources and overall layout; the county sports development pays attention to the overall layout and explores the characteristic development at the same time; pay attention to the coordinated development of sports industry and sports undertakings; respect more for the capital allocation role of the market and pay attention to the industrial dominant position of social forces. In this context, in order to better promote the development of county sports industry in Jiangsu, it is proposed to coordinate the development of county sports industry, help rural revitalization, improve industrial infrastructure, promote coordinated development of county, optimize the layout of industrial structure, create event brands with regional characteristics and promote the upgrading of sports consumption.

Keywords: County; Sports Industry; Jiangsu Province

B.11 Innovation and Development Experience of Zhejiang Digital Sports *Lian Tao, Chen Yangyang* / 218

Abstract: Digital sports is an important part of the construction of digital Zhejiang. It is also a strategic measure for the provincial sports system to change the mode of sports development, innovate sports public services and cultivate new economic growth points. At present, the digital reform of sports in Zhejiang has achieved remarkable results, the layout of digital sports industry has accelerated, the digital sports development policy has been continuously improved, the construction of digital sports projects has been orderly promoted, the organization and leadership system and mechanism have been gradually improved, and there are many bright spots in the development of various fields, but there still exists many problems. During the 14th Five Year Plan period, Zhejiang should focus on the significant aspects like accelerating the value of sports data elements, continuously deepening the reform of sports digitization, accelerating the digitization process of sports industry, improving the digital sports public service management system, promoting the digital empowerment of sports training management, and deepening the reform of sports digitization and service integration, further promote the innovative development of digital sports of the whole province.

Keywords: Digital Sports; Sports Governance; Zhejiang Province

B.12 Development Experience of Sports Tourism in Anhui Province *Song Shuxiong, Jiang Tongren and Wang Jiayu* / 236

Abstract: Sports tourism industry is a new service industry with the cross integration of sports and tourism, which gradually rises with the development of China's tourism after the Third Plenary Session of the Eleventh Central Committee of the Communist Party of China. Sports tourism industry is an important part of the sports industry. This report focuses on the current development advantages of sports tourism in Anhui Province from the aspects of consumer source, business integration, carrier resources and project tourism, comprehensively analyzes the characteristics of sports tourism such as industry theme, self driving and folk customs of sports tourism in Anhui Province, and deeply discusses the experience of sports tourism industry in Anhui Province in overall linkage, active integration and collaborative linkage development. This report also makes a prospect for the sports tourism industry in Anhui Province.

Keywords: Sports Tourism; Integrated Development; Anhui Province

Abstract: Through the construction of "sports +" characteristic villages (residences), Jinhua City in Zhejiang Province continuously optimizes the external development environment of rural areas, promotes the two-way flow of elements such as talents, land and capital, makes sports a new driving force for rural revitalization, and makes a positive contribution to Zhejiang Province's taking the lead in entering the stage of urban-rural integration development. This report combs and summarizes the development practices of 52 "sports +" characteristic villages (residences) in Jinhua City, and summarizes their typical practices in consolidating the foundation of sports industry, innovating and developing the system and mechanism of rural sports industry, creating rural sports industry clusters, improving villages to enrich people and be good-living, so as to provide theoretical basis and experience references for sports to revitalize the development of rural areas.

Keywords: Sports Revitalize Rural Areas; "Sports +" Characteristic Villages (Residences); Jinhua City

V Prospective Reports

B.14 Investigation Report on Sports Consumption of Residents in Some Yangtze River Delta Cities

Qian Ruobing, Li Chen / 271

Abstract: Residents' sports consumption refers to people's sports related consumption in order to participate in sports activities and obtain sports guidance services, mainly including physical sports consumption of purchasing sports equipment and supplies, service-oriented sports consumption of using sports venues, receiving coach guidance and watching various sports events, as well as some other sports consumption, like sports tourism and sports lottery. Based on the survey data and relevant reports of residents' sports consumption in the national sports consumption pilot cities in the Yangtze River Delta in 2020, this report combs and presents the overall scale, consumption level, consumption structure and population differences of residents' sports consumption in the national sports consumption pilot cities in the Yangtze River Delta. Since the General Administration of Sport of China announced the list of national sports consumption pilot cities in 2020, ten pilot cities in the Yangtze River Delta have promoted the physical expansion of sports consumption through a series of measures, better met the residents' demand for fitness, leisure and sports consumption, effectively promoted the development of sports consumption market, and has good reference significance for other regions to optimize the supply of sports products and services as well as promote residents' individual sports consumption.

Keywords: Sports Consumption; National Sports Consumption Pilot Cities; Stratification Differences; Yangtze River Delta

B. 15 Prospective Study on Sports and Medicine Integration Industry in Yangtze River Delta

Xu Ye / 305

Abstract: Promoting the formation of residents' health service model with sports and medicine integration as the main means is an important mean and task of Healthy China Initiative. This report summarizes the four modes of promoting the practice of physical and medical integration in the Yangtze River Delta. Based on the practical experience of physical and medical integration in developed countries, it points out that in order to further promote the in-depth development of physical and medical integration in the Yangtze River Delta in the future, it is necessary to establish a multi-sectoral collaborative multiple governance mechanism framework and build a three-dimensional medical integration pilot system, actively encourage social forces to participate and accelerate the establishment of industry associations.

Keywords: Sports and Medicine Integration; Exercise Promotes Healthy; Exercise Rehabilitation; Yangtze River Delta

B. 16 Research on Sports Industry Talents' Supply and Demand in Yangtze River Delta

Xu Kaijuan, *Liu Jinrong* / 324

Abstract: Based on the data related to the talent training of sports industry in the Yangtze River Delta from 2018 to 2021 and the demand data of Zhilian recruitment of sports industry talents in the Yangtze River Delta (2021 March-June), this report combs and presents the current situation and development trend of sports industry talents in the Yangtze River Delta. At present, the sports industry talents in the Yangtze River Delta are mainly supplied through school education, competitive sports system and enterprise training transformation. The demand side of talents is gradually adapting to the new trend of sports industry upgrading and integrated development. The exploration and practice of the Yangtze River Delta in building a talent training base for the sports industry and promoting the integration and re-upgrading of industry and education is at the forefront of China. However, in view of the mismatch between the supply and demand of sports industry talents in the Yangtze River Delta in terms of quantity, structure and quality, facing the future development trend of sports industry talents, this research puts forward some specific development suggestions, such as strengthening top-level talent planning, building an ecological system of talent training, and speeding up the regional flow of talents.

Keywords: Sport Industry; Sports Industry Talent; Yangtze River Delta

Ⅵ Cases

B.17 Take Advantages of Industry Cluster and Build a Global E-sports Capital City

—*A Case Study of the Sports Industry Cluster of the Zhujiang River Innovative Factory in Jing'an District*

Research Group of Jing'an District Sports Bureau / 347

Abstract: The Zhujiang River Innovative Factory in Jing'an District was successfully selected as the first batch of Shanghai Sports Industry Cluster in 2021. With the core feature of e-sports industry, it gathers a number of e-sports club enterprises, large new cultural and creative enterprises, film and television companies, animation companies and cultural industry companies, forming a healthy and sustainable sports ecosystem, which will help Shanghai build a global E-sports Capital City. In the future, the Zhujiang River Innovative Factory will build an innovative platform for sports technology innovation, focusing on six themes of e-sports, film and television, animation, education, real estate and the Internet. The platform will includes E-sports venues, event operation, E-sports education and training, live broadcasting brokerage, ecological incubation MCN, trend IP operation and hand-made animation characters.

Keywords: Sports Industry Cluster; Global E-sports Capital City; Convention and Exhibition Activities

Abstract: Shanghai Baoshan Vankoo Sports Works was officially opened at the end of 2020. The factory gathers various sports experiences such as fashion skiing experience, high-altitude matrix and juvenile cave exploration, aiming at building up an Urban Sports Center focusing on leisure an health. It is also becoming a display window of leisure sports culture in Baoshan District, which has improved its attraction and influence among the citizens by holding sports events, setting up sports training courses and propagating sports culture.

Keywords: Urban Sports Center; Leisure Sports; Culture Industry Integration

Abstract: Jiangsu Administration of Sports actively responded to the challenges of COVID-19 and issued a number of policy documents in a timely manner to promote the resumption of sports industry by promoting the implementation of policies, boosting sports consumption, credit financial support and strengthening publicity services. Such practices achieved economic and social benefits and was affirmed and promoted by the General Administration of Sports of China. Nanjing, Suzhou, Huai'an and other cities have also launched characteristic measures to boost the local sports consumption market.

Keywords: Sports Consumption Market; Sport Industry; Jiangsu Province

B.20 Strengthen Strategic Coordination and Cooperation to Promote the Integration of Sports and Tourism

—A Case Study of the Working Experience of Promoting Sports Tourism Integration of Jiangsu Provincial Sports Bureau

Xu Guanghui, Wang Lili and Sun Haiyan / 360

Abstract: Jiangsu province achieved remarkable results in promoting the integration of sports and tourism by mobilizing departmental coordination and regional linkage. Relying on the characteristic resources and industrial advantages of sports and tourism, Jiangsu province has cultivated a number of sports backbone enterprises, and formed a sports tourism industrial system with outdoor sports, focusing on event activities and sightseeing. it drives the development of local catering, accommodation, transportation, sightseeing and other related industries.

Keywords: Sports and Tourism Integration; Strategy Coordination; Supply Side Structural Reform

B.21 Depicting the Picture of Sports Industry with the Pen of Ecological Advantage

—A Case Study of Anji County Outdoor Sports Base in Zhejiang Province

Research Group of Anji County Bureau of Culture, Sports and Tourism / 364

Abstract: In recent years, the outdoor sports industry in Zhejiang Province has developed rapidly, and outdoor sports bases have sprung up. Relying on its mountains and waters, Anji County has continuously enriched the connotation of "sports +" and cultivated new business forms of sports industry. It has been successfully selected as a strong sports County in Zhejiang Province, a sports and leisure base in Zhejiang Province and a national sports industry demonstration base. Anji has made its way of implementing the concept of lucid waters and lush mountains are invaluable assets.

Keywords: Outdoor Sports; Sports Tourism; Rural Revitalization

Abstract: Shaoxing was selected as one of the National Sports Consumption Pilot City in 2020. After the first year's exploration, Shaoxing has achieved remarkable results in building a national sports consumption pilot city. The per capita sports consumption level reaches the domestic advanced level in 2020. In the future, Shaoxing will take the first batch of national sports consumption center cities as the development goal and create a new benchmark for sports consumption.

Keywords: National Sports Consumption Pilot City; Sports Consumption Survey; City Brand

Abstract: Jiuhua Mountain in Anhui Province is featured with good ecological environment and beneficial location. It integrates sports and leisure elements into the development of the town and was rated as a national sports and leisure characteristic town in 2017. The town cultivates diversified composite business such as sports tourism, sports trade and sports health care, creating economic and social benefits for the local area. In the future, Jiuhua Sports and Leisure Characteristic Town orients to build a "sports base, leisure and vacation paradise and vitality paradise for the elderly" to provide first-class sports and leisure environment for living, tourism and industry.

Keywords: Sports and Leisure Characteristic Town; Sports Health Industry; "Sports +"

B.24 Integrate Technology and Sports and Assist the Marathon Industry Go Steady and Far

—A Case Study of Boden Sports Technology Group

Chen Li / 382

Abstract: Boden Sports Technology Group is the first sports technology group in Anhui Province. While undertaking a number of branded and professional marathon events, it vigorously strengthens sports technology innovation, constantly expands business development fields and creates a complete sports industry chain. The company attaches importance to event service, builds event operation management system and improve the professionalism of managers. Boden Sports not only creates economic benefits, but also actively takes corporate responsibility. In the future, Boden Sports will continue to work in the marathon sports industry, comply with the development trend of sports digitization and science and technology, and help the marathon industry go steady and far.

Keywords: "Technology + Sports"; Brand Event; Marathon Industry

皮 书

智库成果出版与传播平台

皮书定义

皮书是对中国与世界发展状况和热点问题进行年度监测，以专业的角度、专家的视野和实证研究方法，针对某一领域或区域现状与发展态势展开分析和预测，具备前沿性、原创性、实证性、连续性、时效性等特点的公开出版物，由一系列权威研究报告组成。

皮书作者

皮书系列报告作者以国内外一流研究机构、知名高校等重点智库的研究人员为主，多为相关领域一流专家学者，他们的观点代表了当下学界对中国与世界的现实和未来最高水平的解读与分析。截至 2021 年底，皮书研创机构逾千家，报告作者累计超过 10 万人。

皮书荣誉

皮书作为中国社会科学院基础理论研究与应用对策研究融合发展的代表性成果，不仅是哲学社会科学工作者服务中国特色社会主义现代化建设的重要成果，更是助力中国特色新型智库建设、构建中国特色哲学社会科学“三大体系”的重要平台。皮书系列先后被列入“十二五”“十三五”国家重点出版规划项目；2013~2022 年，重点皮书列入中国社会科学院国家哲学社会科学创新工程项目。

S 基本子库
UB DATABASE

中国社会发展数据库（下设 12 个专题子库）

紧扣人口、政治、外交、法律、教育、医疗卫生、资源环境等 12 个社会发展领域的前沿和热点，全面整合专业著作、智库报告、学术资讯、调研数据等类型资源，帮助用户追踪中国社会发展动态、研究社会发展战略与政策、了解社会热点问题、分析社会发展趋势。

中国经济发展数据库（下设 12 专题子库）

内容涵盖宏观经济、产业经济、工业经济、农业经济、财政金融、房地产经济、城市经济、商业贸易等12个重点经济领域，为把握经济运行态势、洞察经济发展规律、研判经济发展趋势、进行经济调控决策提供参考和依据。

中国行业发展数据库（下设 17 个专题子库）

以中国国民经济行业分类为依据，覆盖金融业、旅游业、交通运输业、能源矿产业、制造业等 100 多个行业，跟踪分析国民经济相关行业市场运行状况和政策导向，汇集行业发展前沿资讯，为投资、从业及各种经济决策提供理论支撑和实践指导。

中国区域发展数据库（下设 4 个专题子库）

对中国特定区域内的经济、社会、文化等领域现状与发展情况进行深度分析和预测，涉及省级行政区、城市群、城市、农村等不同维度，研究层级至县及县以下行政区，为学者研究地方经济社会宏观态势、经验模式、发展案例提供支撑，为地方政府决策提供参考。

中国文化传媒数据库（下设 18 个专题子库）

内容覆盖文化产业、新闻传播、电影娱乐、文学艺术、群众文化、图书情报等 18 个重点研究领域，聚焦文化传媒领域发展前沿、热点话题、行业实践，服务用户的教学科研、文化投资、企业规划等需要。

世界经济与国际关系数据库（下设 6 个专题子库）

整合世界经济、国际政治、世界文化与科技、全球性问题、国际组织与国际法、区域研究 6 大领域研究成果，对世界经济形势、国际形势进行连续性深度分析，对年度热点问题进行专题解读，为研判全球发展趋势提供事实和数据支持。

法律声明